《穀梁传》研究

简逸光 著

中国社会科学出版社

图书在版编目（CIP）数据

《榖梁传》研究 / 简逸光著 . -- 北京：中国社会
科学出版社，2025. 8. -- ISBN 978-7-5227-5089-7

Ⅰ. K225.04

中国国家版本馆 CIP 数据核字第 2025T2A151 号

出 版 人　季为民
责任编辑　韩国茹
责任校对　张爱华
责任印制　张雪娇

出　　版　中国社会科学出版社
社　　址　北京鼓楼西大街甲 158 号
邮　　编　100720
网　　址　http://www. csspw. cn
发 行 部　010 - 84083685
门 市 部　010 - 84029450
经　　销　新华书店及其他书店

印刷装订　北京市十月印刷有限公司
版　　次　2025 年 8 月第 1 版
印　　次　2025 年 8 月第 1 次印刷

开　　本　710×1000　1/16
印　　张　19.5
插　　页　6
字　　数　300 千字
定　　价　118.00 元

亭于東方盜殺陳夏區夫

十有二月螽

十有四年春西狩獲麟鹿引

取之也狩地不地不狩也

非狩而曰狩大獲麟故大其

適也其不言來不外麟於

图一：《春秋穀梁传》，唐石经

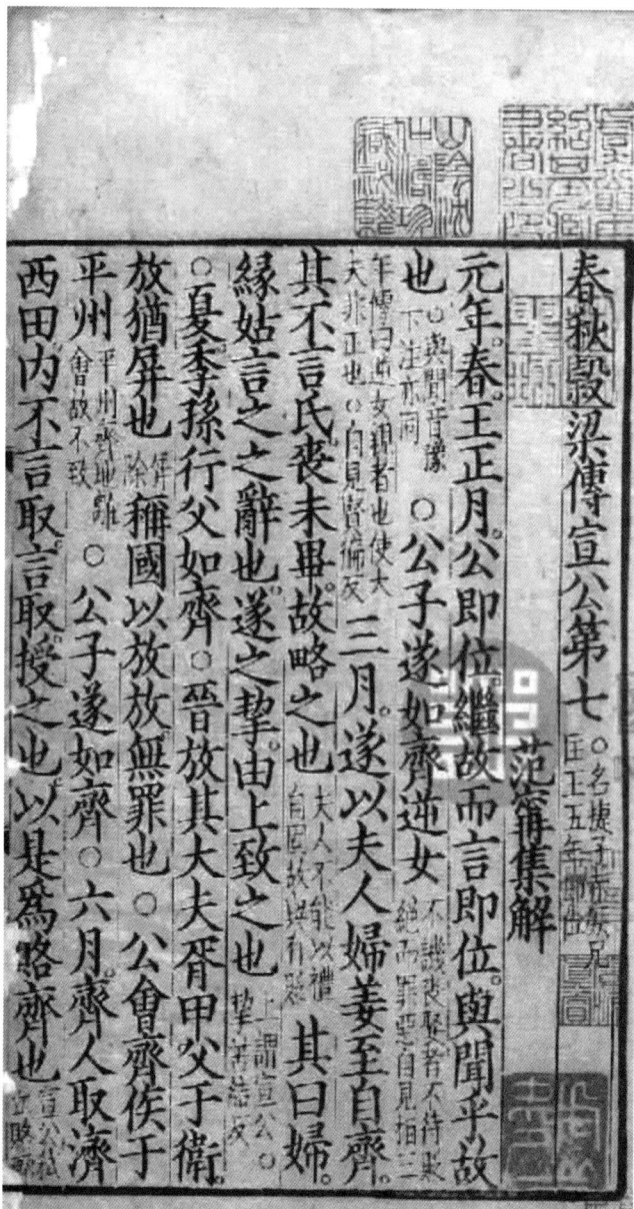

图二：《春秋穀梁传》，存六卷，宋绍熙二年余仁仲万卷堂刻本

图三：《穀梁春秋》，不分卷，宋刻本

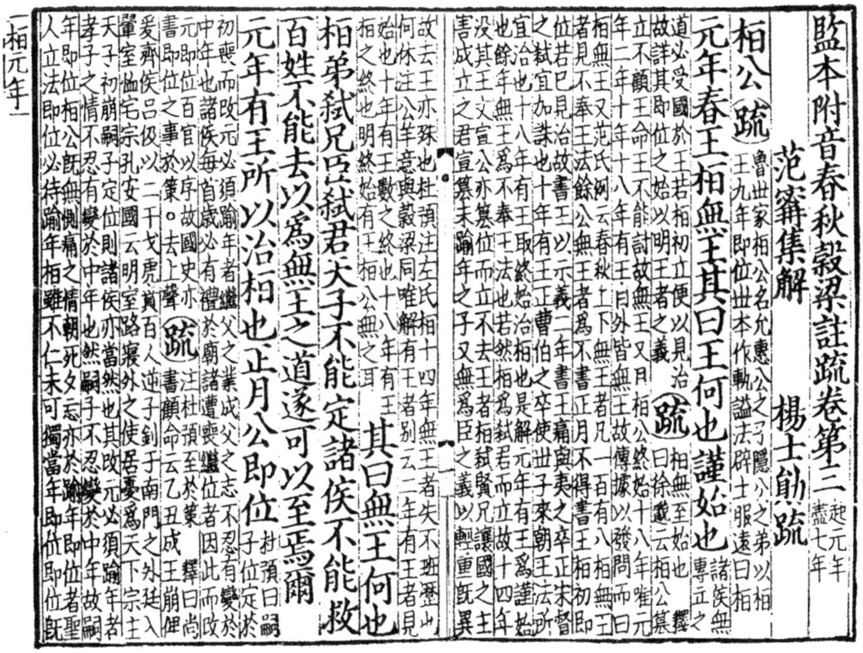

图四：《监本附音春秋穀梁注疏》，二十卷，宋刻本

范甯集解

楊士勛疏

春秋穀梁傳隱公第一(疏)

秋者此書之大名傳之○釋曰春秋者此書之大名也曰春秋者以史官編年記事年有四時之序春先於夏秋先於冬故舉春秋二字以包之賈逵云取法陰陽之中故舉以示法陰陽之中知非也玉藻云春秋祭祀則左史書之言則右史書之左史書春秋是也則春秋立名必是仲尼必挺三代以來不審誰立之耳仲是也則春秋立名必是仲尼所脩循謂之經經者常必聖人大典可常遵目故謂之經穀梁斷不敢輒取遵示於人而已故謂之傳象世家隱公名息姑惠公之子周公八世孫以平王四之傳象世家隱公名息姑惠公之子周公八世孫以平王四十九年即位隱者諡也周書諡法曰隱拂不成曰隱諸侯爵攘臣子言之故謂之公說文訓隱爵攘臣子言之故謂之公說文訓次謂次第之中當其一故謂之第一

元年春王正月

隱公之始年周王之正月也杜預曰凡人君即位欲其體元以居正故不言

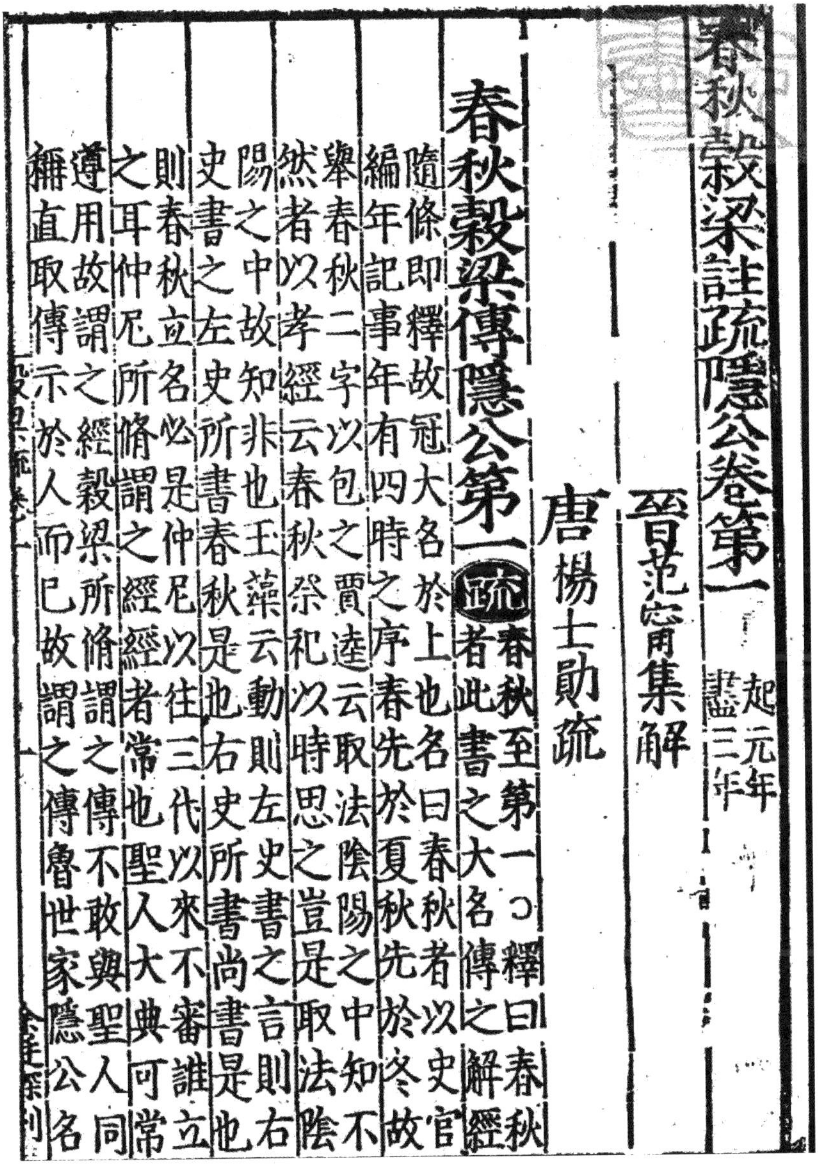

晉范甯集解
唐楊士勛疏

春秋穀梁傳隱公第一

【疏】者此書之大名　○釋曰春秋

隨條即釋故冠大名於上也先名曰春秋者以史官

編年記事年有四時之序春秋先於冬夏者以知陰不

舉者以孝經二字以包之賈逵云取法陰陽之中知陰

然者以春之中故知非也王藹云動則左史所書書

史書之中立史所必是仲尼是也右史所書尚書是也右

則耳故所脩謂之經者常也聖人大典可以常立

之用仲尼所脩謂之經者傳不敢與聖人同

遵直取傳示於經穀梁所脩謂之傳魯世家與隱公名

補直取傳設於人而已故謂之傳

图六：《春秋穀梁注疏》，二十卷，明嘉靖李元阳刻本（闽本）

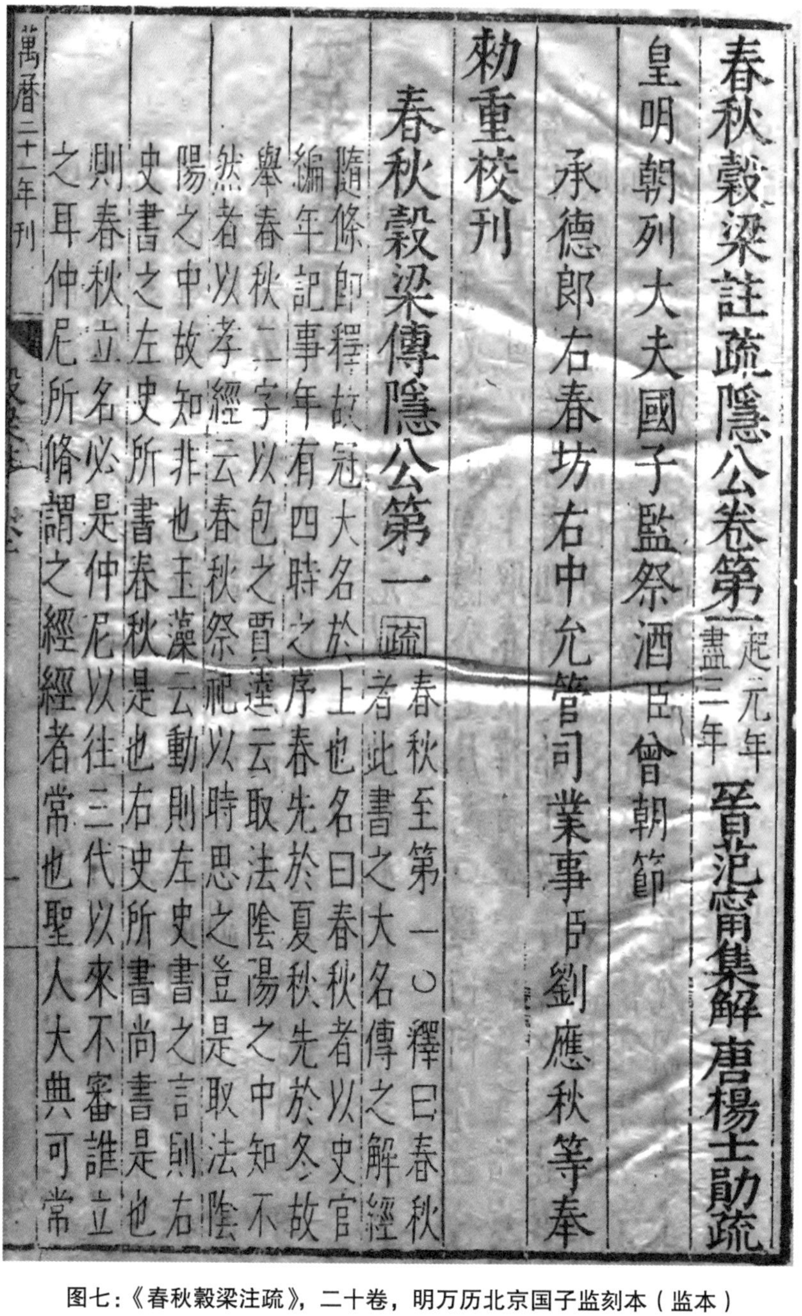

春秋穀梁註疏隱公卷第一　起元年　盡三年　晉范甯集解唐楊士勛疏

皇明朝列大夫國子監祭酒臣曾朝節

承德郎右春坊右中允管司業事臣劉應秋等奉

勅重校刊

春秋穀梁傳隱公第一　[疏]者此書之大名於上也名曰春秋者以史官記事年有四時之序春先於夏秋先於冬故舉春秋二字以包之賈逵云取法陰陽之中知不然者以孝經云春秋祭祀以時思之陰陽之義是取法陰陽之中故知非也王藻云動則左史書之言則右史書之是也右史所書尚書是也左史所書春秋是也則春秋立名必是仲尼以往三代以來不審誰立之耳仲尼所脩謂之經經者常也聖人大典可常

春秋至第一　○釋曰春秋者以史官記事年有四時之序春先於夏秋先於冬故不…隨條即釋故冠大名於上也名曰春秋者編年記事年有四時之序春先然者以孝經舉春秋二字以包之賈逵云取法陰陽之中知不

图七:《春秋穀梁注疏》,二十卷,明万历北京国子监刻本（监本）

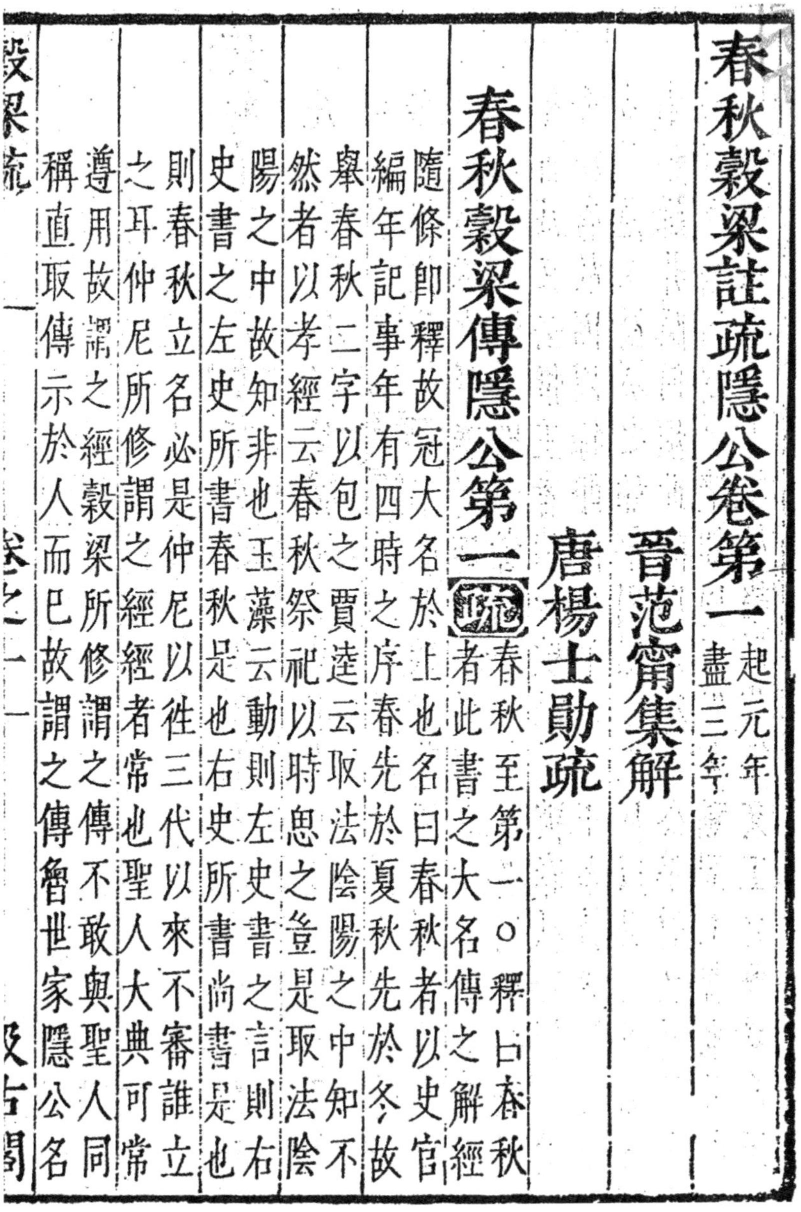
春秋穀梁註疏隱公卷第一 起元年盡三年
晉范甯集解
唐楊士勛疏
春秋穀梁傳隱公第一【疏】春秋至第一○釋曰春秋者此書之大名傳之解經隨條即釋故冠大名於上也名曰春秋者以史官編年記事年有四時之序春先於夏秋先於冬故舉春秋二字以包之賈逵云取法陰陽之中知不然者以孝經云春秋祭祀以時思之豈是取法陰陽之中故知非也玉藻云動則左史書之言則右史書之左史所書春秋是也右史所書尚書是也則春秋立名必是仲尼以往三代以來不審誰立之耳仲尼所修謂之經經者常也聖人大典可常遵用故謂之經穀梁所修謂之傳傳不敢與聖人同稱直取傳示於人而已故謂之傳魯世家隱公名
穀梁疏　卷之一　一　汲古閣

图八：《春秋穀梁注疏》，二十卷，明崇祯毛氏汲古阁刻本（毛本）

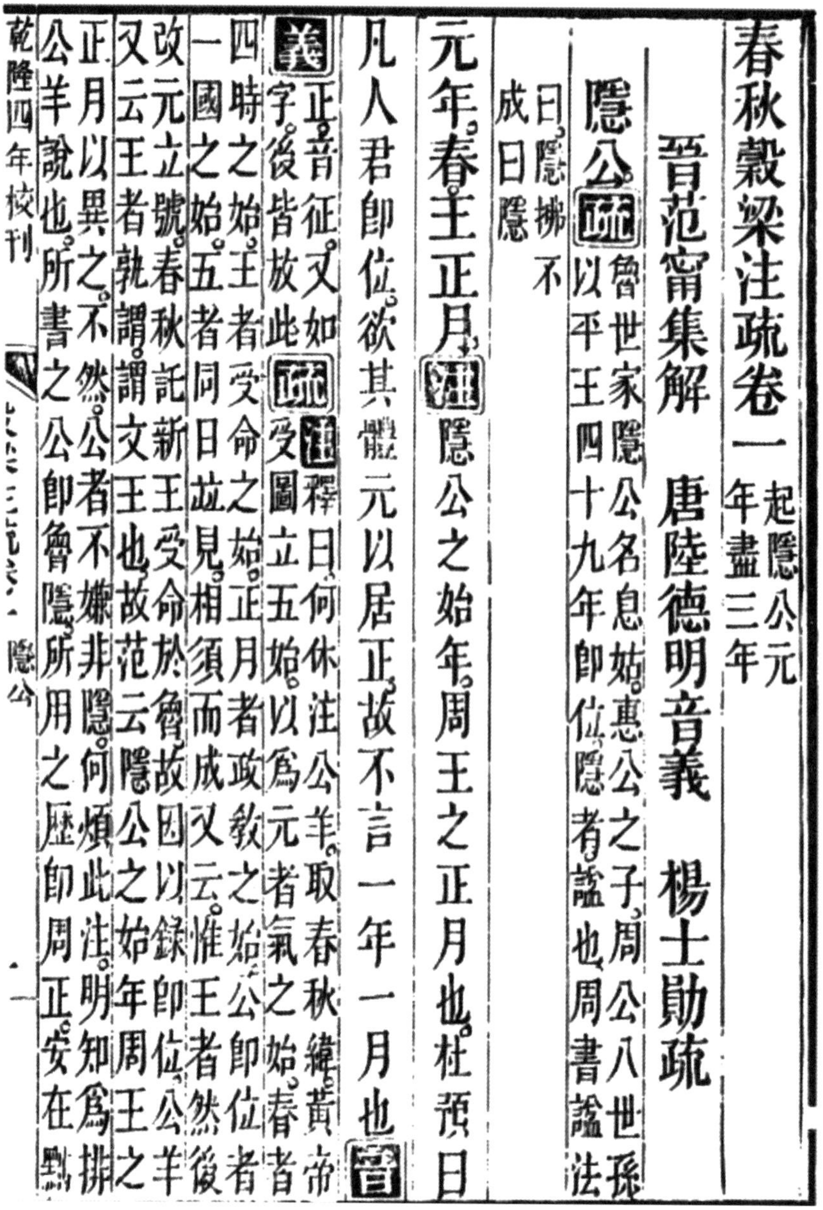

春秋穀梁注疏卷一 起隱公元年盡三年
晉范甯集解　唐陸德明音義　楊士勛疏
隱公【疏】魯世家隱公名息姑惠公之子周公八世孫以平王四十九年卽位隱者謚也周書謚法曰隱拂不成曰隱
元年春王正月【注】隱公之始年周王之正月也杜預曰凡人君卽位欲其體元以居正故不言一年一月也【音義】正音征又如字後皆放此【疏】【注】釋曰何休注公羊取春秋緯黃帝受圖立五始以爲元者氣之始春者四時之始王者受命之始正月者政教之始公卽位者一國之始五者同日並見相須而成又云惟王者然後改元立號春秋託新王受命於魯故因以錄卽位公羊又云王者孰謂謂文王也故范云隱公之始年周王之正月以異之不然公者不嫌非隱何煩此注明知爲排公羊說也所書之公卽魯隱所用之歷卽周正安在黜

乾隆四年校刊　隱公　一

图九：《春秋穀梁注疏》，二十卷，清乾隆四年武英殿刊本（殿本）

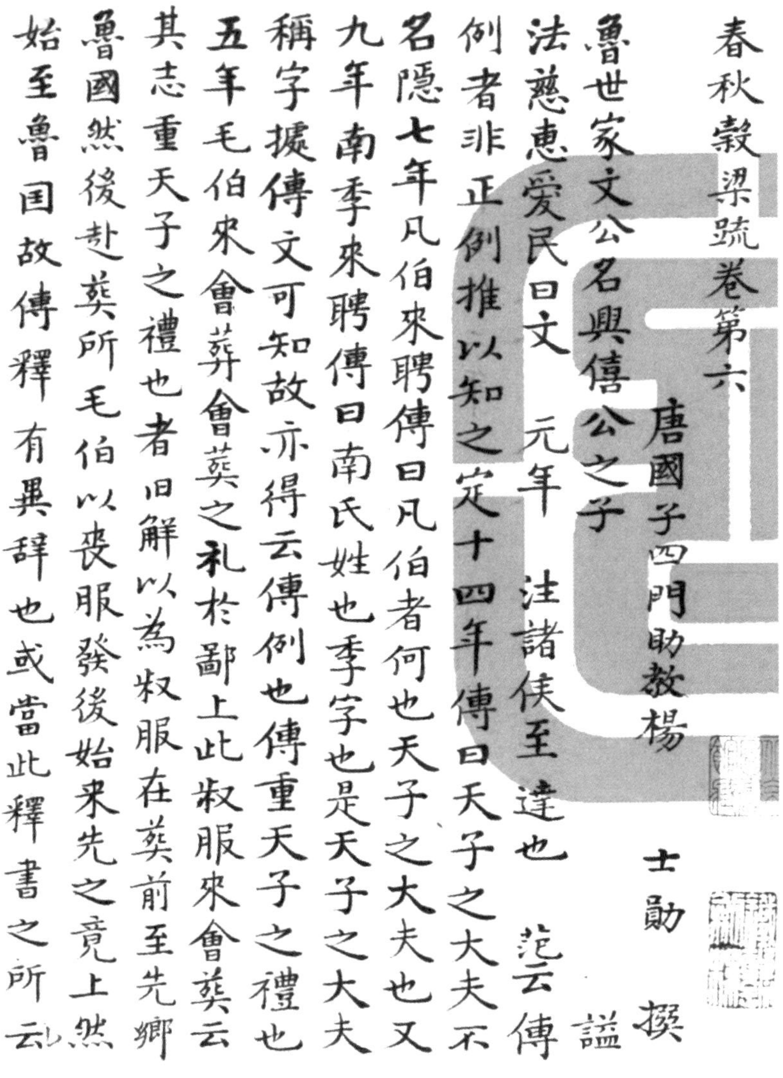
春秋穀梁疏卷第六
唐國子四門助教楊士勛撰
魯世家文公名興僖公之子謚
法慈惠愛民曰文 元年 注諸侯至達也 范云傳
例者非正例推以知之定十四年傳曰天子之大夫不
名隱七年凡伯來聘傳曰凡伯者何也天子之大夫也又
九年南季來聘傳曰南氏姓也季字也是天子之大夫
稱字據傳文可知故亦得云傳例也傳重天子之禮也
五年毛伯來會葬會葬之礼於鄙上此叔服來會葬云
其志重天子之禮也者旧解以為叔服在葬前至先卿
魯國然後赴葬所毛伯以喪服發後始来先之竟上然
始至魯国故傳釋 有異辭也或當此釋書之所云

图十：《春秋穀梁疏》，存七卷，唐杨士勋撰，清抄本

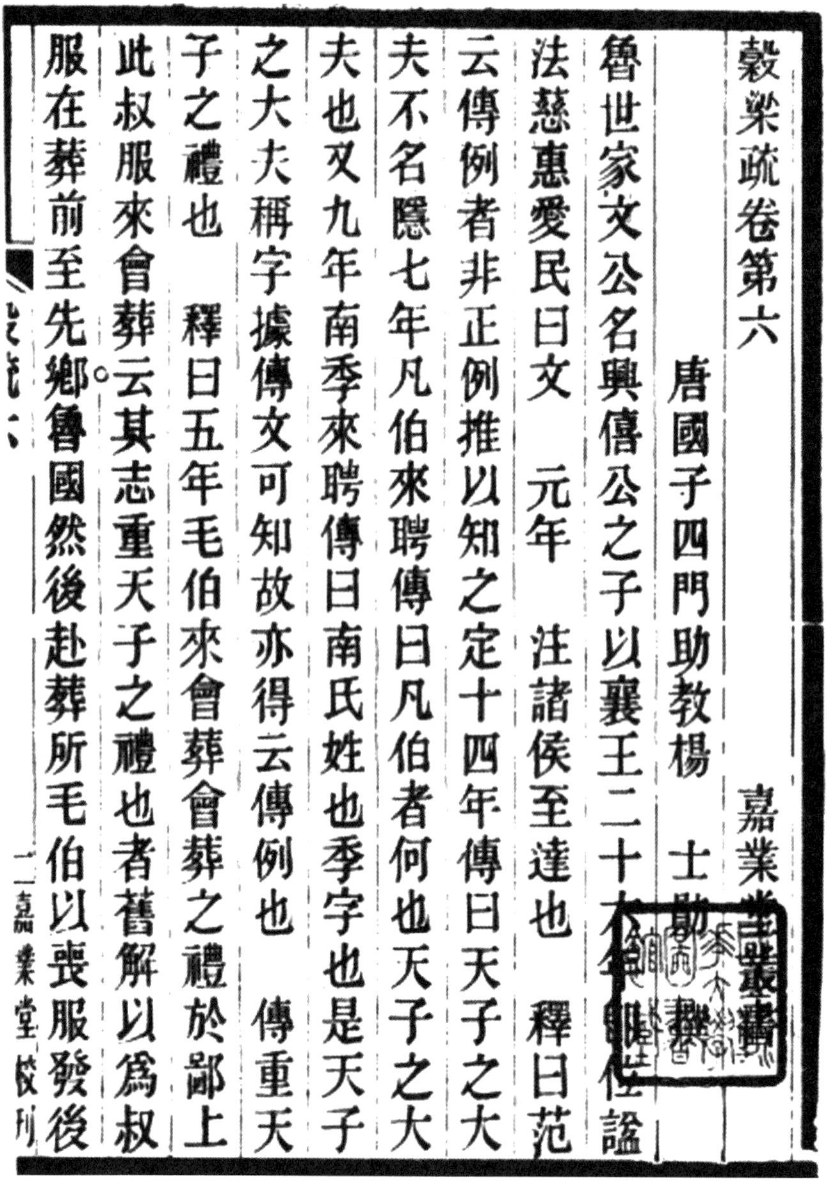
穀梁疏卷第六　　　　　　　　嘉業堂叢書
唐國子四門助教楊　士勛撰
魯世家文公名興僖公之子以襄王二十六年即位謚
法慈惠愛民曰文　元年　注諸侯至達也　釋曰范
云傳例者非正例推以知之定十四年傳曰天子之大
夫不名隱七年凡伯來聘傳曰凡伯者何也天子之大
夫也又九年南季來聘傳曰南氏姓也季字也是天子
之大夫稱字據傳文可知故亦得云傳例也　傳重天
子之禮也　釋曰五年毛伯來會葬會葬之禮於鄙上
此叔服來會葬云其志重天子之禮也者舊解以爲叔
服在葬前至先鄉魯國然後赴葬所毛伯以喪服發後
穀梁六　　一　嘉業堂校刊

图十一：《穀梁疏》，存七卷，唐杨士勋撰，民国刘承幹《嘉业堂丛书》刻本

目　录

下篇：书法义例

前　言

　　《穀梁传》为《春秋》三传之一。最初口传师授，至西汉书于竹帛，晋范宁为之集解、唐杨士勋作疏，至宋代，注疏合刊。在经典传播过程中，产生了许多有待厘清的学术问题，如经、传、注、疏的分附，陆德明《经典释文》的分系，《穀梁传》写本、石经、刻本的差异，《穀梁传》与《左传》《公羊传》的异同，范宁、杨士勋的义例之学，著书时代、授受源流、解经方法等，后世学者主要围绕这些议题展开。要言之，版本、校勘、义例，为《穀梁传》学研究之核心。

　　本书针对《春秋穀梁传注疏》版本校勘与义例等议题进行研究。全书分为上下两篇。

　　上篇为版本校勘，包含余仁仲刊本《春秋穀梁传集解》考辨、《穀梁传》注疏合刻与单疏本考、《钦定四库全书·春秋穀梁传注疏》探析、《春秋正义》征引《穀梁传》及其方式。重点在于梳理《穀梁传》不同版本间的关系与异同，除了现存古籍善本，也将近代古籍影印未经交代的修订、描润问题纳入讨论。尤其强调单疏本在修订出文与疏文分附问题上具有重要的参考价值，因为宋代注疏合刊时将整段疏文割裂为数段分别附于经传之下，若无单疏本参照，读者对于注疏本中的改动基本无从得知，由此可知单疏本对于古籍整理具有重大价值。又《穀梁传》单疏本为唐代杨士勋所撰，于宋代之前多通过抄写传布，宋代注疏合刻之后，单疏本被成为主流的注疏本排挤，几乎不流传。仅剩极少部分的残本在清代藏书家中传抄，因此目前尚得略见一二。有意思的是流传的几个版本均号称祖本来自明代李中麓抄本，经比对却不然，说明单疏本在清代有两种以上的版本在流传。基于此，凡翻印或誊缮者虽称据某原书云云，研究者都应亲自重新核对，不可尽信翻印或誊缮者所言，比如武英殿本《春秋穀梁注疏》与继以传抄的《四库全书》本和《四库全书荟要》本也不尽相同，只有亲自比对过才能够对相关版本的关系做出正确的判断。如同过去刻工非一人，抄者非一人，经过逐条分析也能发现《春秋正义》引用《穀梁传》传说时，非成于一人，乃是出于众人之手，且部分对《穀梁传》的解释也非全合乎《穀梁传》意旨。

下篇为书法义例。包括内外例——《穀梁传》的内外观与《春秋》书法义例、卒葬例——《穀梁传》卒葬例释、姓氏名字例——《穀梁传》姓氏名字例释、杀弑例——《穀梁传》杀弑考。其中《穀梁传》的内外观很值得注意，它不仅以国境区分内外，也以文明区分中国夷狄，并且内外的分法与《公羊传》不同，《公羊传》区分国（王治之所／假鲁以为京师）、诸夏、夷狄，《穀梁传》则以齐桓公与鲁国国君为核心，外一层为中国，再外为夷狄。这样的内外观直接影响了书法义例。比如体现在卒葬例，凡鲁公、夫人之薨葬必书日，大夫卒而不葬，有故则葬，正则日，恶则不日。外诸侯不分大小国，正则卒日，不正不日，时卒恶也，月卒不正不恶。夷狄之君不书卒，少进书卒，复进则日之，皆不葬。又尊卑有别，书法便不同。比如诸侯、天子之大夫不书名，书之则有失国、致庙、恶也之义；诸侯之大夫则书名。又如汉代之后强化了君尊臣卑的思想，经师传承《穀梁传》于"杀""弑"的用法也逐渐改变仅限于特定对象。

附录两篇论文，分别为《傅隶朴〈春秋三传比义〉之解经方法》《傅隶朴〈春秋三传比义〉"弑君"探析》。这两篇均为研究过程中思考版本校勘与义例研究的相关论文，比如傅隶朴反对三传"弑君称君，君无道"之说，其认为弑君大罪，不可云君有罪，若传云君有罪则促成臣弑君的合理性。并针对《穀梁传》"诸侯卒日正也"，认为鲁史据赴告书日无褒贬义。又通过三传经义的比较得出"传事"与"释义"两种解经方法。这些观点皆在研究《穀梁传》时可供参考。

第一章　前人研究成果的回顾与
研究方法的反思

有关《穀梁传》学之研究，以清代学者为代表，概而言之，有三方面：一是校勘，二是义例，三是补正。

1.校勘

阮元《穀梁注疏校勘记》《穀梁释文校勘记》、孙诒让《十三经注疏校记》、杨守敬《余仁仲万卷堂穀梁传考异》、严可均《唐石经校文》等，重点在于异文比勘，比如成公九年"城中城"，范宁云"不德能卫其人民"，阮元《穀梁注疏校勘记》云："闽本同余本、监本、毛本，'德'作'复'。"

2.义例

柳兴恩《穀梁大义述》、许桂林《春秋穀梁传时月日书法释例》，针对《穀梁传》微言大义、凡例，加以归纳、整理、阐发。

3.补正

侯康《穀梁礼证》、钟文烝《穀梁补注》、王崇燕《穀梁集解纠谬》、柯劭忞《穀梁传注》、廖平《穀梁古义疏》、王闿运《穀梁申义》等，校订前人讹误或补充注疏之不足。比如，庄公二十三年"公会齐侯盟于扈"，范宁引公如齐观社，引尸女之说为例。钟文烝云："注说未然，此当从孙复、程子、叶梦得说，以为婚盟亦与诸桓盟不同，故还从常例书日也。"此即补正之例。

综观以上三类，其特点有文献考证、义例探寻、注疏补正，成果丰硕。

20世纪以来，《穀梁传注疏》研究主要有以下几点：

1.注重版本考释

长泽规矩也《正德十行本注疏非宋本考》、汪绍楹《阮氏重刻宋本

〈十三经注疏〉考》、梁煌仪《春秋穀梁传校证》、张丽娟《宋代经书注疏刊刻研究》《〈穀梁〉单疏本与注疏合刻本考》、王天然《穀梁文献征》等，皆是讨论注疏版本源流的重要著作，如张丽娟总结前人对阮元将元代翻刻十行本误作宋刻本之看法，其论证结论已被学界接受。

2. 重新探讨《穀梁传》义例

如王熙元《穀梁范注发微》、吴智雄《穀梁传思想析论》，从《穀梁传》义例阐述义理。过去发扬夷狄观与尊王思想，近人则阐发亲亲之道、重民思想，或论《穀梁传》中的妇道与婚姻。

3. 梳理经学史脉络

如王熙元《穀梁传传授源流考》、赵伯雄《春秋学史》、吴连堂《清代穀梁学》、文廷海《清代前期春秋学研究》等，借由经学史，呈现《穀梁》学之历史内涵和经学发展的关系。

日本学界对《穀梁传》的研究以山田琢、野间文史、吉田笃志、斋木哲郎为主，就《穀梁传》之成书、流传，及义例变正、传文构造、君主观等进行讨论，如山田琢《春秋学的研究》、野间文史《春秋学：公羊传与穀梁传》，岩本宪司则将范宁《春秋穀梁传集解》翻译成了日文。

回顾过去研究，略有以下几点可作为今人接续前贤、继续努力的地方。今人可在版本、校勘、考证上再作补充。

1. 版本搜集更全

阮元据引宋槧残本为余仁仲万卷堂本，然此本缺宣公以前，阮元未亲见其书，乃据何煌校本。而今可见宋刻本（前印本）残卷，与柴学士邦彦旧藏，狩谷望之据余仁仲万卷堂本之影钞本（重校本），首尾完具，以此可补何煌、阮元之所未见。此外不同时期修订的阮刻本，如清嘉庆二十年刻本、道光六年朱华临重校本、同治十二年江西书局据道光六年朱华临重校本再次校印，彼此仍存在正误互参的情况，这是过去校勘较少关注的，也都有校勘价值。

2. 校勘更加细密

如成公十八年，筑鹿囿。阮刻本《疏》："天子囿方十里，伯方七里"，按杨士勋引《毛诗》传云："囿者，天子百里"，二说明显不合。查《穀梁疏》原文："天子囿方百里，公侯方十里，伯方七里"，若阮元得见单疏本，即知此乃注疏本合刊时阙漏所致，问题迎刃而解。

3.考证更加周严

如襄公二十二年，秋七月辛酉，叔老卒。阮元《穀梁注疏校勘记》云："十行本'辛酉'二字误作注，闽、监、毛本不误。"此处宋刻十行本无"酉"字，作"辛叔老卒"，与阮元所述不同。实则阮元所见乃是元刻明修本，其"辛酉"二字正为夹注。今日皆可考证还原是非。

总之，版本、校勘、考证，均是今人可继续完善的地方。

第二章　文本的形成

　　《穀梁传》从口说至书于文字，遗留部分口述语言特征，部分文字则经过书面语修饰，两种形态同时存在。在形诸文字后的传播过程，《穀梁传》的文本一直存在文字的变动，若正俗字、通假字、错讹、脱衍皆有，但基本不影响经义传承。较大的变动发生在口传至书成文字的过程中，它必须考虑口传书成文字的转换，还有如何处理先师所传与同是传承穀梁师说的其他穀梁家言，以及其他传说，最终汇整成《穀梁传》。后世理解《穀梁传》，若不考虑前面阶段的变化过程，或以为《穀梁传》即是穀梁子将口传书于竹帛耳。

　　汉代曾立穀梁春秋博士 ①，《史记》《汉书》多处载云"为穀梁春秋""受穀梁春秋"者②，知其时《穀梁传》已与《左氏传》《公羊传》分属不同的传经系统。穀梁为名之前，乃孔子弟子传其学，如司马迁云："七十子之徒口受其传指，为有所刺讥褒讳挹损之文辞不可以书见也。"③《汉书·艺文志》亦云：

　　　　有所褒讳贬损，不可书见，口授弟子，弟子退而异言。丘明恐弟子各安其意，以失其真，故论本事而作传，明夫子不以空言说经也。《春秋》所贬损大人当世君臣，有威权势力，其事实皆形于传，

---

① "立梁丘易、大小夏侯尚书、穀梁春秋博士"，参见（汉）班固著，（唐）颜师古注《宣帝纪》，《汉书》卷8，中华书局1983年版，第272页。

② "瑕丘江生为穀梁春秋"，参见（汉）司马迁《儒林列传》，《史记》卷121，中华书局1963年版，第3129页。"受穀梁春秋"，参见（汉）班固著，（唐）颜师古注《楚元王传》，《汉书》卷36，第1967页。

③ （汉）司马迁：《十二诸侯年表》，《史记》卷14，第509页。

是以隐其书而不宣，所以免时难也。及末世口说流行，故有公羊、
穀梁、邹、夹之传。四家之中，公羊、穀梁立于学官，邹氏无师，
夹氏未有书。①

司马迁提到孔子将《春秋》之义口授于弟子，班固云孔子传《春秋》，"传"
不以文字传，仅口授其义，诸家未兴之前，七十子之徒退而传之已有异言，
及后之公羊、穀梁、邹、夹四家所传"事实"，估计亦不尽相同。穀梁为
七十子之徒再传，有师承，于时有书，立于学官，是穀梁书于竹帛也。每一
个节点，都可能存在文字与意义的新增与遗漏，碍于文献不足，不可能将每
一环节的差异体现出来，但仍有一小部分可以证成。从穀梁初始受于口传，
后书于竹帛，所书既非纯粹口述文本，亦非纯粹书写文本。辨析文本哪些留
有口语形态，哪些在书写的过程中被修饰过，就能理解《穀梁传》文本与原
七十子之徒所传有异，说明经典存在变动的事实。

一 口授形诸文字

语言形诸文字的痕迹在《穀梁传》中可分为两类情况：一是将口述语言
用文字书写下来，如《穀梁传》中的问答，云："及者何？内卑者也。""来
者，来朝也。其弗谓朝何也？寰内诸侯非有天子之命，不得出会诸侯。不
正其外交，故弗与朝也。"②此或是生问师答，或是自问自答，可视作口说传
承的痕迹。另一是原本以口述方式解经，转化成书面文字时，因为口语无
形，文字有体，所以不得不改变原来发传的次数与位置。例如，意义相同
的经文，在口说时可以屡屡言之，形成文字后，若于相同处皆发传则颇显
繁累，为略去重复，假以义例统摄其他相同经文的意义。这是由口传书于
文字时的变动。

见隐公元年，公子益师卒；僖公十六年，秋，七月甲子，公孙兹卒；
僖公十六年，三月壬申，公子季友卒。《穀梁》均发传，云："大夫日卒，

① （汉）班固著，（唐）颜师古注：《艺文志》，《汉书》卷30，第1715页。
② 隐公元年。参见（战国）穀梁赤著，（晋）范宁集解，（唐）杨士勋疏《监本春秋穀梁注疏》卷1，
台北：艺文印书馆1997年版，据清嘉庆二十年阮元校勘十三经注疏本影印，第6页b—7页a。

正也。"

其余《春秋》记公子、大夫卒者，多矣，但无发传。如文公十年，春，王三月辛卯，臧孙辰卒。成公四年，夏，四月甲寅，臧孙许卒。成公十五年，三月乙巳，仲婴齐卒。成公十七年，十有一月壬申，公孙婴齐卒于狸脤。襄公五年，十有二月辛未，季孙行父卒。襄公十九年，八月丙辰，仲孙蔑卒。襄公二十二年，秋，七月辛酉，叔老卒。襄公二十三年，八月己卯，仲孙速卒。己亥，仲孙羯卒。昭公四年，冬，十有二月乙卯，叔孙豹卒。昭公七年，冬，十有一月癸未，季孙宿卒。昭公十五年，二月癸酉，叔弓卒。昭公二十一年，八月乙亥，叔辄卒。昭公二十三年，春，癸丑，叔鞅卒。昭公二十四年，春，王二月丙戌，仲孙貜卒。昭公二十五年，冬，十月戊辰，叔孙婼卒。昭公二十九年，夏，四月庚子，叔倪卒。定公五年，秋，七月壬子，叔孙不敢卒。哀公三年，秋，七月丙子，季孙斯卒。等等。虽未发传，以传例通之，意皆为"鲁内大夫卒日正也例"之义。

又如隐公元年，冬，十有二月，公子益师卒。《穀梁传》云："大夫不日卒，恶也。"另宣公五年，秋，九月，叔孙得臣卒。宣公八年，夏，六月，仲遂卒于垂。未发传，其义亦同"鲁内大夫不日卒恶也例"之义，遂不复陈其辞。

以上相同经例，其义相同，唯对象有异，若为口传，见则说之，口出见义，若弟子晓得其义，亦可不提。凡书文字者，若同者皆发传，不胜其烦，故不尽书。若不尽书，如何能够在无传的经文下体现经义？即以传例解之，义同可知。

另如《穀梁传》书"入者，内弗受也"十四次[1]，《春秋》书入者，共计四十三次，皆未发传，盖省文耳。至于何处发传，何处减省，或首书之，或书或不书，无甚定则，此可视为口说过渡文字的痕迹。口语发传，原则上在有经文处，对经义娴熟的经师皆可解经；文字解经时，除了所见经文，还必

---

[1] 隐公二年，莒人入向。无侅帅师入极。隐公五年，卫师入郕。隐公八年，我入邴。隐公十年，齐人、郑人入郕。庄公三年，纪季以酅入于齐也。庄公六年，卫侯朔入于卫。庄公二十四年，夫人姜氏人。僖公二十八年，晋侯入曹，执曹伯，畀宋人。宣公十一年，楚子入陈。昭公二十一年，宋华亥、向宁、华定自陈入于宋南里以叛。昭公二十二年，刘子、单子以王猛入于王城。定公十一年，入于萧以叛。哀公六年，齐阳生入于齐。

须在经师见到经文时有意识解经，才可能被记录下来，如果经师在前面经文未发生意识，于后面经文底下才有意识，那么就在后面的经文下发传，这可能是传例不于首出的原因之一。

一般而言，传例应在首见经文下发传，以统于后，但《穀梁传》若于前面经文未发传，至后面经文才发传，可能是经师看到后面的经文才意识到，所以解之，故有些在首出经文发传，有些则否。当然，从口传至书于文字，即便书于文字，必然经过反复斟酌，多次修改，不是一次就定稿，不可能没发现经文之前已出现，然而于后发传者，不仅传传例，往往附加解经，且与上下文相贯，所以即便后来看到前传同例，想在首发经文下发传，可能还得重新考虑经传问题，遂不再发传。例如，昭公十三年，《穀梁传》："弑君者日，不日，比不弑也。"①此是弑君传例，凡"弑君者，日"，在此之前有：隐公四年，戊申，卫祝吁弑其君完；桓公二年，春，王正月戊申，宋督弑其君与夷；庄公八年，冬，十有一月癸未，齐无知弑其君诸儿；等等。均书日，未有传。

又如昭公十三年，《穀梁传》："变之不葬有三：失德不葬，弑君不葬，灭国不葬。"②言外诸侯书卒，不葬者有此三故。在此之前，庄公二十五年，夏，五月癸丑，卫侯朔卒。范宁："犯逆失德，故不书葬。"桓公二年，春，王正月戊申，宋督弑其君与夷。此弑君不葬。若非见昭公十三年传例，于此处恐疑外诸侯卒何以不葬乎，至此方知弑君、失德，不书葬。

不同于文字有固定的位置，口传不存在发传在首出还是在后出的问题，即便口传在首出经文底下未发，而是在后面经文下发传，只要回顾一下前面的经文，马上就能将理解补上，当经师向另外一位弟子口授时，也可能就在首出经文下发传，但因为未有实体，所以事实上并不存在发传在前在后的问题，而书于文字就会存在首出或后出的问题。

所以，无传之经，究竟是原本无传，还是口传至书于文字时的省文、遗漏？值得进一步思考。

又，《穀梁传》中以"言"提词者，大多标志着其乃口语。例如，隐公元年，郑伯克段于鄢。《穀梁传》："克者何？能也。何能也？能杀也。

---

① （战国）穀梁赤著，（晋）范宁集解，（唐）杨士勋疏：《监本春秋穀梁注疏》卷17，第13页b。
② （战国）穀梁赤著，（晋）范宁集解，（唐）杨士勋疏：《监本春秋穀梁注疏》卷17，第15页b。

何以不言杀？见段之有徒众也。"隐公七年，叔姬归于纪。《穀梁传》："其不言逆何也？逆之道微，无足道焉尔。"隐公八年，公及莒人盟于包来。《穀梁传》："可言公及人，不可言公及大夫。"桓公六年，寔来。《穀梁传》："寔来者，是来也。何谓是来？谓州公也。其谓之是来何也？以其画我，故简言之也。"[①]虽然所述是文字，但传者不自觉地用"言"字彰示着口语面貌。

《穀梁传》书于竹帛，遗存口述特征，部分传文为便于视读则经过改写修饰，下文就此论之。

二　修饰以书面语

与"言""曰""谓"相比，"志""书""录""辞"是书写成文字的陈述。如"志"者，隐公二年，伯姬归于纪。《穀梁传》："吾伯姬归于纪，故志之也。"庄公二十年，齐大灾。《穀梁传》："其志，以甚也。"均是说明《春秋》经文以文字记载之故。又"书"者，隐公九年，秋，七月。《穀梁传》："无事焉，何以书？不遗时也。"桓公五年，州公如曹。《穀梁传》："外相如不书，此其书何也？过我也。""录"者，庄公十七年春，齐人执郑詹。《穀梁传》："将有其末，不得不录其本也。"成公十七年，公至自伐郑。壬申，公孙婴齐卒于狸蜃。《穀梁传》："致公而后录，臣子之义也。""辞"者，僖公二年，城楚丘。《穀梁传》："其言城之者，专辞也。"成公十三年，晋侯使郤锜来乞师。《穀梁传》："乞，重辞也。"[②]等等，均以对象为文字者言之。

除此之外，《穀梁传》部分内容会因为要符合书面的视读，对原口说内容进行叙述层次与表述的修饰，从而成为书面文字。例如，故事叙事或是言制度者，其对内容的完整性要求较对答性口语更为详尽细密，呈现先后铺陈次序有当、逻辑缜密环环相扣的特点，此是从文章角度修饰后的结果。如言

---

① 分别参见（战国）穀梁赤著，（晋）范宁集解，（唐）杨士勋疏《监本春秋穀梁注疏》卷1，第4页a；卷2，第6页b；卷3，第12页a。

② 分别参见（战国）穀梁赤著，（晋）范宁集解，（唐）杨士勋疏《监本春秋穀梁注疏》卷1，第10页a—b；卷6，第2页a；卷2，第11页b；卷3，第11页b；卷5，第20页b；卷14，第13页a；卷7，第4页b；卷14，第5页a。

故事者：僖公十年，晋杀其大夫里克。《穀梁传》：

> 称国以杀，罪累上也。里克弑二君与一大夫，其以累上之辞言之
> 何也？其杀之不以其罪也。其杀之不以其罪奈何？里克所为杀者，为
> 重耳也。夷吾曰："是又将杀我乎？"故杀之不以其罪也。其为重耳弑
> 奈何？晋献公伐虢，得丽姬。献公私之，有二子，长曰奚齐，稚曰卓
> 子。丽姬欲为乱，故谓君曰："吾夜者梦夫人趋而来，曰：'吾苦畏。'
> 胡不使大夫将卫士而卫冢乎？"公曰："孰可使？"曰："臣莫尊于世
> 子，则世子可。"故君谓世子曰："丽姬梦夫人趋而来，曰：'吾苦畏'，
> 女其将卫士而往卫冢乎？"世子曰："敬诺。"筑宫，宫成。丽姬又曰：
> "吾夜者梦夫人趋而来，曰：'吾苦饥。'世子之宫已成，则何为不使祠
> 也？"故献公谓世子曰："其祠。"世子祠。已祠，致福于君。君田而
> 不在。丽姬以鸩为酒，药脯以毒。献公田来，丽姬曰："世子已祠，故
> 致福于君。"君将食，丽姬跪曰："食自外来者，不可不试也。"覆酒于
> 地而地贲，以脯与犬，犬死。丽姬下堂而啼，呼曰："天乎天乎，国，
> 子之国也，子何迟于为君？"君喟然叹曰："吾与女未有过切，是何与
> 我之深也。"使人谓世子曰："尔其图之。"世子之傅里克，谓世子曰：
> "入自明。入自明则可以生，不入自明则不可以生。"世子曰："吾君
> 已老矣，已昏矣。吾若此而入自明，则丽姬必死，丽姬死，则吾君不
> 安。所以使吾君不安者，吾不若自死。吾宁自杀以安吾君，以重耳为
> 寄矣。"刎脰而死。故里克所为弑者，为重耳也。夷吾曰："是又将杀
> 我也。"[①]

此处《穀梁传》将晋献公与丽姬、世子申生的故事作为传文，与多数以义解
经有别，俨然为一篇散文故事，用字精准，没有赘语，若由口述言之，难以
达到如此境地，应是先师口授故事，后世弟子继以修饰文章，遂成此文采斑

---

① （战国）穀梁赤著，（晋）范宁集解，（唐）杨士勋疏：《监本春秋穀梁注疏》卷8，第7页a—8
页b。

斓之文。

又如言制度者：哀公元年，夏，四月辛巳郊。《榖梁传》云：

> 此该郊之变而道之也。于变之中又有言焉。鼷鼠食郊牛角，改卜牛，志不敬也。郊牛日展，觕角而知伤，展道尽矣。郊，自正月至于三月，郊之时也。夏四月郊，不时也。五月郊，不时也。夏之始，可以承春；以秋之末承春之始，盖不可矣。九月用郊，用者，不宜用者也。郊三卜，礼也；四卜，非礼也；五卜，强也。卜免牲者，吉则免之，不吉则否。牛伤，不言伤之者，伤自牛作也，故其辞缓。全曰牲，伤曰牛，未牲曰牛，其牛一也，其所以为牛者异。有变而不郊，故卜免牛也。已牛矣，其尚卜免之何也？礼，与其亡也，宁有。尝置之上帝矣，故卜而后免之，不敢专也。卜之不吉则如之何？不免，安置之，系而待六月上甲始庀牲，然后左右之。子之所言者，牲之变也，而曰我一该郊之变而道之何也？我以六月上甲始庀牲，十月上甲始系牲。十一月、十二月牲虽有变，不道也，待正月然后言牲之变，此乃所以该郊。郊，享道也，贵其时，大其礼，其养牲虽小，不备可也。子不志三月卜郊何也？郊，自正月至于三月，郊之时也。我以十二月下辛卜正月上辛，如不从，则以正月下辛卜二月上辛；如不从，则以二月下辛卜三月上辛，如不从，则不郊矣。①

此言郊卜牛之时间与规矩，前后相贯，系统介绍，若非以文字陈述，仅凭口语要将内容如此精要地传与弟子，恐非易事，故疑先师以口语授之，弟子书成文字时再次斟酌推敲，方成今日所见之文。

凡此故事叙事，言制度者，传文会改成适合视读的文字。大抵《榖梁传》的改动非一时一地一人所为，其文与孔子口授七十子之徒时原貌不尽相同，说明《榖梁传》文本经过后人改动而形成今日所见的文本。

---

① （战国）榖梁赤著，（晋）范宁集解，（唐）杨士勋疏：《监本春秋榖梁注疏》卷20，第1页a—4页a。

三 《穀梁传》所传与其他穀梁家的失传

三传所录《春秋》经文，有部分异文是师承有别、传者录字不同所致，这反映在经文用字上，可知穀梁家除了传《穀梁传》，还有《春秋》。例如，文公十三年，邾子蘧蒢卒。钟文烝："唐石经《左氏》初刻作'蘧蒢'，后并磨去艹头。板本同初刻。唐石经《公羊》初刻并从竹，后并改从艹。板本则上字从艹，下字从竹。惟《穀梁》石经、板本皆并从竹，为得其正。段玉裁曰：'二字并当从竹。蘧蒢，竹席也，此以器为名。'"[①] 三传录字不同，各家所传不同故也。

又如，文公十八年，秦伯罃卒。《公》《穀》经文皆作"罃"，何休于昭公五年注云"秦伯婴"，虽徐彦云"婴字者误也"[②]，此或何休当时所见经文即作"婴"也。再如襄公十七年，邾子瞷卒。《左氏》作牼。钟文烝云："案从闲从肩及从开从巠之字，声转得通。"[③] 钟文烝以声转得通解之，说明二字相通。然而，二字或可通，人不应二名，究其字异原因乃是先师口传，经师传写时辨音著字，择字不同所致。

类似之例不少，僖公三十二年，郑伯捷卒。《公羊》作"接"。文公六年，晋侯骕卒。《公羊》作"谨"。宣公十八年，楚子吕卒。《公》《左》作"旅"。成公二年，卫侯速卒。《公羊》作"遫"。哀公五年，齐侯杵臼卒。《公羊》作"处"。等等。姑且不论是非，三传用字出入乃传者所传，则三传所传《春秋》经文不同也。

另外，文公七年，宋公壬臣卒。钟文烝："壬，本或作'王'，唐石经作'王'，《左氏》《公羊》作'王'。《左》亦或作'壬'。"又如，襄公十七年，《穀梁》"春王二月"，唐石经《公羊》初刻作"三月"[④]。凡壬王、二三之异者，其音不同，应是书于文字后的传抄之误。同音异文或为口传书于竹帛时发生；形近错讹，应为之后传抄所致。

---

① （清）钟文烝撰，骈宇骞、骈骅校点：《春秋穀梁经传补注》，《儒藏》（精华编89），北京大学出版社2015年版，第733页。

② （汉）何休注，（唐）徐彦疏：《春秋公羊传注疏》卷32，台北：艺文印书馆1997年版，据清嘉庆二十年阮元刻十三经注疏本影印，第11页a。

③ （清）钟文烝撰，骈宇骞、骈骅校点：《春秋穀梁经传补注》，第852页。

④ 分别参见（清）钟文烝撰，骈宇骞、骈骅校点《春秋穀梁经传补注》，第719、852页。

若然，后世传《传》者，理应同时传《春秋》，《春秋》经文在各家传承的过程中，或有变动，《春秋》遂有异文。故知《榖梁春秋》与《公羊春秋》《左氏春秋》经文不同。

除传者不同，据史载，秦火后，经籍佚乱，两汉均曾由官方主导进行校改，整齐脱误，是正文字。《汉书·艺文志》云：

> 孝武世，书缺简脱，礼坏乐崩，圣上喟然而称曰："朕甚闵焉！"于是建藏书之策，置写书之官，下及诸子传说，皆充秘府。至成帝时，以书颇散亡，使谒者陈农求遗书于天下。诏光禄大夫刘向校经传诸子诗赋。[1]

又《后汉书·孝安帝纪》云：

> 诏谒者刘珍及五经博士，校定东观五经、诸子、传记、百家艺术，整齐脱误，是正文字。[2]

虽然未具体列出修订书目，但已可说明朝廷曾经对经籍进行校订整理。又如朝廷曾于石渠阁、白虎观召五经名儒，集将、大夫、博士、议郎、郎官、诸生议五经同异；熹平四年诏诸儒正五经文字，刻石立于太学门外等，多次对经传进行校定。

以熹平石经《春秋》为例。时立《春秋》于学官，仅公羊一家，则熹平石经经文当为公羊家所传习之本，然今本《公羊传》所录《春秋》经文有异于石经《春秋》，说明至少从石经《春秋》到《公羊春秋》，除了经过汉代官方修订，不同公羊家的传承仍有传之于后世者，并在流传过程中相互影响。《榖梁春秋》虽不见于石经，若以今本《公羊传》经文者相较之，今本所传《榖梁春秋》与石经《春秋》亦不同也，或曾改也。例如昭公二十年，《公》《榖》经文"盗杀卫侯之兄辄"，"辄"石经春秋作"絷"。襄公二十九

---

[1] （汉）班固著，（唐）颜师古注：《艺文志》，《汉书》卷30，第1701页。
[2] （南朝宋）范晔撰：《孝安帝纪》，《后汉书》卷5，中华书局1965年版，第215页。

年，《公》《穀》经文"仲孙羯会晋荀盈、齐高止、宋华定、卫世叔仪、郑公孙段、曹人、莒人、邾人、滕人、薛人、小邾人、城杞"，"段"石经春秋作"**鄼**"；襄公二十六年，《公》《穀》经文"卫宁喜弑其君剽"，"弑"石经《春秋》作"杀"①等，皆可证石经《春秋》与今本《公》《穀》所传经文不同。

除了三传所传经文不同，同是传承穀梁师说，亦不尽相同。如《汉书》云："《穀梁春秋》有尹、胡、申章、房氏之学。"②《后汉书》："逵悉传父业，弱冠能诵左氏传及五经本文，以大夏侯尚书教授，虽为古学，兼通五家穀梁之说。"③均提到当时有多家传穀梁学，传者不同，其传本或与今日传本亦有不同。见陆贾引"穀梁"文，曰："仁者以治亲，义者以利尊。万世不乱，仁义之所治也。"④今本《穀梁》不见该文，此穀梁家所传非今《穀梁传》也。

班固引"穀梁传"曰："天子有六军，诸侯上国三军，次国二军，下国一军。"⑤查襄公十一年，《穀梁传》作"古者天子六师，诸侯一军。作三军，非正也。"又引"穀梁传"曰："林属于山曰麓，沙其名也。"⑥僖公十四年，秋，八月辛卯，沙鹿崩。《穀梁传》作"林属于山为鹿。沙，山名也。"与班固引文不同。

另，荀悦引"穀梁传"曰："其不称名氏。以其存祖位。尊之也。"⑦班固引"穀梁传"曰："其不称名姓，以其在祖位，尊之也。"⑧桓公二年，《穀梁传》作"孔，氏，父，字谥也。或曰其不称名，盖为祖讳也，孔子故宋也。"与二人引"穀梁"文不同。

范晔引"春秋穀梁传"曰："五谷不登，谓之大侵。大侵之礼，百官备

---

① "鄼""鄼""杀"，参见马衡《汉石经集存》，上海世纪出版股份有限公司、上海书店出版社 2014 年版，第 36 页 b，35 页 b。

② （汉）班固著，（唐）颜师古注：《儒林传》，《汉书》卷 88，第 3620 页。

③ （南朝宋）范晔撰：《郑范陈贾张列传》，《后汉书》卷 36，第 1235 页。

④ （汉）陆贾：《道基》，《新语》卷 2，张元济等编：《四部丛刊》正编，台北：台湾商务印书馆 1979 年版，据上海涵芬楼景印明弘治刊本影印，第 5 页 b。

⑤ （汉）班固：《三军》，《白虎通德论》卷 4，张元济等编：《四部丛刊》正编，台北：台湾商务印书馆 1979 年版，据元大德覆宋监本影印，第 1 页 b。

⑥ （汉）班固著，（唐）颜师古注：《五行志》，《汉书》卷 27 下之上，第 1455 页。

⑦ （汉）荀悦：《孝成皇帝纪》，《前汉纪》卷 25，张元济等编：《四部丛刊》正编，台北：台湾商务印书馆 1979 年版，据上海涵芬楼用梁溪孙氏小绿天藏明嘉靖本影印本影印，第 9 页 b。

⑧ （汉）班固著，（唐）颜师古注：《杨胡朱梅云传》，《汉书》卷 67，第 2925 页。

而不制，群神祷而不祠。"①襄公二十四年，大饥。《穀梁传》作："五谷不升
为大饥。一谷不升谓之嗛，二谷不升谓之饥，三谷不升谓之馑，四谷不升谓
之康，五谷不升谓之大侵。大侵之礼，君食不兼味，台榭不涂，弛侯，廷道
不除，百官布而不制，鬼神祷而不祀，此大侵之礼也。"与范晔引文亦不同。

以上所引"穀梁传"与今本《穀梁传》文字多有出入，盖孔子口授七十
子之徒，弟子再传，后书于文字，又传穀梁者非一，各有其本，虽同名"穀
梁传"而文字有异。

对口传而言，即便经过经师逐一口授，再传承时产生增减或遗漏亦在所
难免，所以彼此之间存在差异是可能的；对流传的文本而言，影响力最大的
文本可能会吸收他家师说并入自己的传说内，而这可能是导致其他穀梁家所
传的文本失去需求而亡佚的原因之一。

四　钟文烝《穀梁传》兼存说

钟文烝认为《穀梁传》之"或曰""其一曰"，是穀梁先师疑兼存之。
其云：

> 诸称"或曰"、"其一曰"者，文同而异义也，皆示《传》疑兼存之，
> 师说如是。②

钟氏之意与《穀梁传》"信以传信，疑以传疑"之义类近。桓公五年，春，
正月甲戌、已丑，陈侯鲍卒。《穀梁传》："鲍卒，何为以二日卒之？《春秋》
之义，信以传信，疑以传疑。"对于不能确定的内容，兼存二说，不以己意
断之。

如"或曰"者。隐公二年，纪子伯、莒子盟于密。《穀梁传》："或曰纪
子伯莒子而与之盟。或曰年同爵同，故纪子以伯先也。"钟氏云："此两'或
曰'与下八年异，师并疑之，《传》亦并载之，非以前说为较常也。《传》于

---

① （南朝宋）范晔撰：《樊宏阴识列传》，《后汉书》卷32，第1127页。
② （清）钟文烝撰，骈宇骞、骈骅校点：《春秋穀梁经传补注》，第533页。

师所受，无疑信皆存。"① 又隐公八年，无侅卒。《穀梁传》："无侅之名，未有闻焉。或曰'隐不爵大夫也'，或说②曰'故贬之也'。"按此应二存疑说，不可断定。杨士勋疏称"后'或曰'是也"，其依据"不日则恶可知矣"，推断此经文有贬义。而钟文烝认为"不定从后说者"，其依据是无侅帅师入极已发贬义，且如前说，则本不当称氏；如后说，则本当称氏。此"无侅"是名非氏，故不当从后说。③ 实则，"或曰"者，即两存其说，以两存解之，不有违碍。

如"其一曰"者。如庄公二年，公子庆父帅师伐于余丘。《穀梁传》："国而曰伐。于余丘，邾之邑也，其曰伐，何也？公子贵矣，师重矣，而敌人之邑，公子病矣。病公子，所以讥乎公也。其一曰，君在而重之也。"此处"其一曰"，亦不知两者何是，存此二说，即钟氏疑兼存之之意。

不过，钟氏所举"或曰""其一曰"，是穀梁先师闻有二说不敢断，故兼存之，不是指孔子的存疑，而是孔子传弟子之徒后所产生的异说。说明《穀梁传》所传的内容不能够全部视作穀梁一家的思想，即便内容均是穀梁先师所传，但可能兼存其他家的传说在其中。

另有引他传之说而非疑者，"传曰"之属是也。《穀梁传》中注明"传曰"者，后世穀梁家范宁、钟文烝对此理解不同。见隐公四年，莒人伐杞，取牟娄。《穀梁传》："传曰：言伐言取，所恶也。诸侯相伐取地于是始，故谨而志之也。"范宁云：

称"传曰"者，穀梁子不亲受于师，而闻之于传者。④

钟文烝云：

全《传》称"传曰"者十，皆正解《春秋》之文，此盖七十子杂记

① （清）钟文烝撰，骈宇骞、骈骅校点：《春秋穀梁经传补注》，第 435 页。
② 王引之认为"说""故"均衍文。转引自（清）钟文烝撰，骈宇骞、骈骅校点《春秋穀梁经传补注》，第 464 页。
③ （清）钟文烝撰，骈宇骞、骈骅校点：《春秋穀梁经传补注》，第 464 页。
④ （战国）穀梁赤著，（晋）范宁集解，（唐）杨士勋疏：《监本春秋穀梁注疏》卷 2，第 1 页 a。

之书，乃皆闻诸夫子者。穀梁子直用其成文，故特言"传曰"以相别，当亦闻之于师也。《春秋繁露》称闵子、子贡、子夏、曾子、子石、公子肩、世子、子池之伦，皆论《春秋》，或当时诸子皆有书也。古书通称为"传"，非必说《春秋》之专书。[①]

范宁认为"传曰"是穀梁子不受于师之说，而是另闻于他之传者。其推论依据是《穀梁传》中出现"传曰"者不多，此若是师说，则其他传文亦应冠上，但其他则无，说明这些少部分的"传曰"非传自其师。钟文烝认为有几种可能：其一，此"传曰"仍是其师所传，唯出自七十子之徒杂记之文，为别之，故冠上"传曰"；其二，穀梁子转引他家解《春秋》之说，非其师所传；其三，穀梁子转引自非解《春秋》之古书，此亦非其师所传，唯穀梁子闻而记之。

因此，《穀梁传》中存在他家传说，理解《穀梁传》思想时，应注意到这部分不纯粹性与不确定性。

范宁与钟文烝二人均未提到"传曰"内容为何，或以为全段皆是"传曰"。笔者认为"传曰"只"言伐言取，所恶也"一句，后文"诸侯相伐取地于是始，故谨而志之也"是穀梁子借之阐发的内容。何以知之？盖"谨"之说，于《穀梁传》多矣，如"虽无事，必举正月，谨始也"；"其月，谨之也"；"不正其乘败人而深为利、取二邑，故谨而日之也"；"桓无王，其曰王何也？谨始也"；"君子危之，故谨而志之也"[②]。若《公羊传》则无，《公羊传》多曰"托始""讥始""疾始"[③]，不用"谨"，故下文"诸侯相伐取地于是始，故谨而志之也"应是穀梁子对经文于此发传的补充。以此论之，"传曰"虽引自他传，却得到穀梁的认同，加以阐发，故以其为穀梁之意亦非不可。

相同例者，昭公元年，晋荀吴帅师败狄于大原。《穀梁传》："《传》曰'中国曰大原，夷狄曰大卤'，号从中国，名从主人。""号从中国，名从主

① （清）钟文烝撰，骈宇骞、骈骅校点：《春秋穀梁经传补注》，第445页。
② 参见（战国）穀梁赤著，（晋）范宁集解，（唐）杨士勋疏《监本春秋穀梁注疏》卷1，第1页b；卷2，第2页a、12页a；卷3，第1页a；卷6，第17页a。
③ 参见（汉）何休解诂，（唐）徐彦疏《春秋公羊传注疏》卷2，第2页b、4页a、12页a。

人"不包含在"传曰"内，理由是此语多见于《穀梁传》，是穀梁解经用语。襄公五年"吴谓善伊，谓稻缓。号从中国，名从主人"，昭公五年"狄人谓贲泉失台，号从中国，名从主人"[①]，皆有此文。

以上为经师所传，兼引他家之传说，此非孔子授七十子之徒所言，当是弟子再传时，或有异言，不可断定是非，遂二存其说，或参引他传传说来补充自己先师之说之未明者。

小　结

《穀梁传》的变动主要有两方面：其一是成书前至成书阶段中产生的变动；其二是成书后的传播过程产生的变动。后者通常是错字、通假字、脱衍文、倒错等，仅是文字上的变化，这种改变对于经文的影响不大，除非是有意改动文字产生的异文异义，才会对经义产生影响。变动较大的是在"穀梁传"书成《穀梁传》的这一段过程中。首先，《穀梁传》在纯粹性上不是完全继承孔子或七十子之徒，至其成书时已有许多传说存在，然后穀梁先师经过选择判断，决定纳入或排除，慢慢形成今日所见《穀梁传》的雏形。今见两汉诸多文献中，颇有引"穀梁传"与今本不同者，说明今本《穀梁传》仅是当时诸多传承穀梁传说之一，故不能不加分辨地将之"辑佚"视为今本《穀梁传》的内容。成书过程中，先师自会有闻于其他穀梁家或其他传说的机会，若自家穀梁先师未传或不知疑信的情况下，《穀梁传》或不相信他说，或兼存二说，或采他传说而阐释。之后，诸多穀梁家在竞争的过程中，有一穀梁文本成为主流，渐使其他穀梁家说消亡，自此之后，《穀梁传》文本基本固定，不再有太大变化。

文字的变动虽然说明文本的不稳定性，说明其处于变动状态，但在《春秋》之义的传承上，其主旨与关键思想仍被传承着，即《穀梁传》的大义仍然非常稳定地传承着。经典所承载的经义附于文字，它可以用不同的方式来陈述，但读者最终会自行推敲出文字后的意义。是以经典变动这一事实在传播过程中并未被强调，甚至被忽略不谈，久而久之，口传至书于竹帛的过

---

① 参见（战国）穀梁赤著，（晋）范宁集解，（唐）杨士勋疏《监本春秋穀梁注疏》卷17，第1页b；卷15，第4页b—5页a；卷17，第5页a。

程，便顺理成章地在"经学史"上被一笔带过。本章正是想要强调这一在"经学史"中不应被忽略的部分。

另外，经典形诸文字后，经师功能开始变化，原本通过口授传承经典的经师依靠的是背诵，书于文字后，不再要求经师口传记诵，因此经师的功能发生了转向。东汉时，王充曾批评仅会背诵的时儒，云：

> 以经明带徒聚众为贤乎？则夫经明，儒者是也。儒者，学之所为也。儒者学；学儒矣。传先师之业，习口说以教，无胸中之造，思定然否之论。邮人之过书，门者之传教也，封完书不遗，教审令不遗误者，则为善矣。传者传学，不妄一言，先师古语，到今具存，虽带徒百人以上，位博士、文学，邮人、门者之类也。[1]

说明到东汉王充时，传经的传统尚未全然改变，却已见改变迹象。不久，何休、郑玄登场，注解经典成为更被推崇的传经之法。此时注解经典与以义例阐述经典的意义，成为经师被期待的新价值。

---

[1] （汉）王充：《定贤》，《论衡》卷27，张元济等编：《四部丛刊》正编，台北：台湾商务印书馆1979年版，据上海涵芬楼藏明通津草堂本影印，第9页a—b。

第三章 "穀梁传史"与"穀梁学史"

近百年来关于"经学史"如何书写，以及"重写经学史"，已有不少成果。然而如何书写仍有讨论空间。以《穀梁传》为例，笔者区分"穀梁学史"为《穀梁》学者诠释与研究《穀梁传》的历史；"穀梁传史"为《穀梁》版本流传及版本对读者影响的历史；"经学史（穀梁传）"为《穀梁传》在经学发展史中的情况。目前"经学史（穀梁传）"的撰写多侧重"穀梁学史"，忽略"穀梁传史"。其实二者同样重要。

比如，常见经学史的作者会从前人著作中梳理出《穀梁》学者的师承关系及《穀梁》对后世经学的影响等脉络。原本应该是一些客观的描述，然而不同作者或因学力差异，或因对文本的评价不同，进而产生主观上的差异，经学史也就呈现出不同的样貌。[①] 百年来，"经学史"对于《穀梁传》的书写，大多以依时间先后次序介绍历代研究《穀梁》著作，为"经学史（穀梁传）"。如皮锡瑞《经学历史》、刘师培《经学教科书》、本田成之《中国经学史》、马宗霍《中国经学史》等。亦有单经学史，如赵伯雄《春秋学史》，也有断代单经学史，如吴连堂《清代穀梁学》、文廷海《清代春秋穀梁学研究》《清代前期春秋学研究》等。这些经学史著作除了介绍《穀梁传》的传承与历代研究著作，也会阐述一些《穀梁》思想、义例，是目前常见的经学史写作范式。

这些经学史著作多不讨论《穀梁传》的版本，更未论及经学家读何种《穀梁传》版本及相关著作，把师承当作唯一影响。然而研究者生发学术创

---

① 章权才在回顾前人成果时云：皮锡瑞《经学历史》封建遗毒不少，刘师培《经学教科书》囿于古文经学的派别之见，马宗霍《中国经学史》缺乏思想，本田成之《中国经学史》立论有许多偏颇之处。参见章权才《两汉经学史》，台北：万卷楼图书有限公司1995年版，第311—324页。

见，往往是自学时构想出来的，而这个构想的触发，来自其当下阅读的内容，比如读本为某一版本。

那么"前人读何书？"这样的问题意识，为什么现在才提出？因为它必须经过近百年来"经学史"研究与"经学通论"的书写，然后才能发现"经学史"与"经学通论"写不到的地方，才能发现问题所在。[①]

一般读者或认为过去阅读者与当下自己阅读的是相同的《穀梁传》，这是错觉。因为读者以为都是一样的《穀梁传》，没意识到彼此有异，但仔细一想，便能发现所读不同。例如版式不同，字体形状、大小、粗细、行款不同，还有误字、脱文、衍文等，且大字、顶格、加粗字体，往往也在暗示读者文字的轻重。又如单疏本及注疏本的疏文，其版式、行款皆会影响阅读感受与理解，进而影响读者思考问题的方向。另外单疏本合刊前后，经典性也会产生变化，合刊后的疏文，读者会因其被选入《十三经注疏》，认为比未入选疏本更权威，其经典性加强了。

书写经学史，为何要特别强调"穀梁传史"与"穀梁学史"？因为文献研究者着重"穀梁传史"，思想研究者着重"穀梁学史"，彼此未能同时处理二者。文献研究者将历代版本流传调查清楚，就可以呈现《穀梁传》流传史，但他们多重视版式、行款，及文字差异与时代先后，而未讨论经眼不同时代版本会产生什么思想变化。而思想研究者着重"《穀梁》学"，而未讨论穀梁家手上看的是哪个版本，或他看过多少《穀梁传》相关著述等。

故本书提出经学史撰写应注意"穀梁传史"与"穀梁学史"，并重二者分量。"穀梁传史"是《穀梁》版本流传及版本对历代读者影响的历史；而"穀梁学史"是《穀梁》学者诠释与研究《穀梁传》的历史。同时讨论二者，不是为将二者区分，相反，是要将二者更紧密地联系在一起，说明二者不可分割。

---

① 近百年来经学研究开始出现大量的经学史与经学通论相关著作，使用"经学通论"一名，由皮锡瑞开其端。其《经学通论》书分为五卷，包括《易经通论》《诗经通论》《书经通论》《三礼通论》《春秋通论》。以"经学通论"为名者，尚有龚向农《经学通论》、伍宪子《经学通论》、胡熊锷《经学通论》、李源澄《经学通论》、陈汉章《经学通论》、陈钟凡《经学通论》、王静芝《经学通论》以及叶国良、夏长朴、李隆献编著的《经学通论》等。

一 《穀梁传》版式、行款

"穀梁传史"首先可检视目前流传版本，了解版式、行款、字体，之后讨论版式等对读者的影响。因版式可以通过设计，暗示读者重点所在。例如，余仁仲刊刻《春秋穀梁传》，经文以两种方式表示，一是顶格，一是经前加"○"。经、传字体一样，注文、释文字体一样。这种版式，经、传区隔不明显，读者如对《春秋》不熟，易与传文混淆。虽然经、传与注文、释文字体大小差距明显，读者可综览经、传，再细看注文。但以范宁集解、释文割裂经、传，随注其下，对经、传的语气，常有阻断。

宋刻《监本附音春秋穀梁传注疏》将疏文合刊其中，疏文是双行，前有"疏"标志，字体大，经眼时非常显著。经、传字体一样，疏文与注文、释文字体一样。

李元阳刻《春秋穀梁传注疏》，经文顶格，余降一格，传、注、疏以"傳、註、疏"表示，放大范宁集解字体，大小在经、传与疏文间，单独成行。此版式影响明崇祯毛氏汲古阁本。在清代阮元刻《十三经注疏》前，以此版式为主。虽然余仁仲刻《春秋穀梁传》及现存宋刻《十三经注疏》本在当时仍有流传，但传播不广，常人不得见。

版式将经、传、注、疏明显区隔开来，读者阅读会不断受到经、传、注、疏的提示。

毛本之后，清代版式、行款另有调整。比如武英殿本、摘藻堂四库全书荟要本、四库全书本，均将"经"顶格，"传"以下文字降一格，凸显"经"的经典性。同时对陆德明《经典释文》附以"音义"之名，对读者有提示效果，加深其对《释文》的印象。同时卷首将"陆德明音义"刻在"范宁集解"与"杨士勋疏"间，抬升陆德明在"注疏本"中的地位，使其成为"注疏"的正式组成部分，而非附加部分。

阮元刻《监本附音春秋穀梁传注疏》，以元刻明修十行本为底本，版式皆同宋十行本。

北京大学标点本，有简体横排与繁体竖排两种。经文开始空两格。校勘记随页注。

虽然现存许多《穀梁》版本，近人读经仍多以阮刻本为主，这是清代嘉庆以降的选择，以阮刻本参校诸版本并附校勘记，有较高学术价值。今另有翻印本，如北京中华书局 1980 年影印出版阮元刻《十三经注疏》，然注疏字小，台北艺文印书馆影印，字体稍大，读来仍费眼力，民国以来翻印皆如此。但诸如李元阳本或毛氏汲古阁本，其字体阅读质量竟比我们现在的条件要好。注疏之学难兴，或与文献阅读条件不佳有关。

二　版式变化与分期

　　决定版式、行款的人多不是《穀梁》学者。换句话说，《穀梁》学者认真钻研学问，但他们是被动读书，未参与版式改造。如今之学者研究哪个版本好，哪个版本错误多，但绝少主动去创造一个完美的版本。古代经典出版亦是如此，它不是由穀梁家来指导改版，而是藏书家基于文献喜好而定，或官方为制订定本重新厘定。以《穀梁传》为例，余仁仲、李元阳、阮元皆不是研究《穀梁传》的专家，但是他们决定了今日大多数读者所见的《穀梁》版式。

　　"穀梁传史"有一个重点，即要了解版式如此呈现的原因。以阮元刻本为例，阮元注意到经传合并的问题，其云：

　　　　今所传本未审合并于何时也。《集解》则经传并释，岂即范氏之所合与？[1]

阮元以范宁经传皆释，推测经、传、集解合并或是范宁所合。阮元未提范宁因什么理由进行经、传、集解合并？这样的版式对于读者又有何影响？不过大多数人对于注疏本版式最普遍的说法是"方便读者阅读"。如杜预以经传别行，分经之年与传之年相附，随而解之，成《经传集解》。杜预将《春秋》《左传》《集解》合于一书，一开始是否如同现存宋代以降的刻本依经、传、集解分大字、小字，单行、双行，即经、传同字体，集解为双

---

[1]　（清）阮元：《春秋穀梁传注疏校勘记序》，载（战国）穀梁赤著，（晋）范宁集解，（唐）杨士勋疏《监本春秋穀梁注疏》，第 16 页。

行小字这样的版式来抄写，还是不分大小字呢？我们已经不得而知，但是无论如何它都必定改变了经书的阅读方式。范宁似乎有同样想法，但分经、传不以年，而以单经单传相配，随而解之。

阮元在版式上以元刻明修十行本为底本，用不同版本校勘。[①]见《校勘记》：

> 监本附音春秋榖梁注疏隐公卷第一
>
> 闽、监、毛本无"监本附音"四字，后卷并同。
>
> 范宁集解　杨士勋疏
>
> 闽、监、毛三本，范上有"晋"字，杨上有"唐"字，后卷并同。
>
> 春秋榖梁传隐公第一
>
> 石经、《释文》同。案石经、《释文》并以每公为一卷，石经每卷首题春秋榖梁传某公第几，八分书大字，《释文》此卷与石经同，余卷止称某公第几。注疏本余卷只存某公二字，又此题目十行本顶格，与石经合，闽、监、毛本上空一字，疏又低一字。
>
> 元年
>
> 自此已下，十行本行行顶格，每一年提行另起，与石经合。又每经之上，十行本皆作"〇"界之。闽、监、毛本以经文提行顶格，次行以后并上空一字。
>
> 隐公之始年
>
> 十行本注文双行夹写，闽、监、毛本改为单行，上加"注"字。[②]

闽、监、毛本注文单行，十行本注文双行。经、传单行，彰显经、传经典意涵，若将注文单行，是区隔注与疏之别。这些不同版式，对于今人是显而易见的差异，但对于只有一个版本可读的学者，其将受所见版本影响，自己却

---

① "康熙间长洲何煌者，焯之弟，其所据宋椠经注残本、宋单疏残本，并是稀世之珍，虽残编断简，亦足宝贵。元曾校录，今更属元和生员李锐合唐石经、元版注疏本，及闽本、监本、毛本已校十行本之讹。"参见（清）阮元《春秋榖梁传注疏校勘记序》，《春秋榖梁传注疏》，第16页。

② （清）阮元撰，卢宣旬摘录：《榖梁传注疏》卷一《校勘记》，载（战国）榖梁赤著，（晋）范宁集解，（唐）杨士勋疏《监本春秋榖梁注疏》，第19页。

不一定能意识到受到影响。

不论官刻本、私家刻本，或坊刻本，因不同目的及对文献熟悉程度，会有不同版式设定。然而决定版式的人，如明万历本：国子监祭酒曾朝节、承德郎刘应秋重校刊；殿本：广东按察使钟谦钧校刊；阮刻本：江西巡抚阮元审定，武宁县贡生卢宣旬校，新建戴效先、程亦珍、谈巨川刻字，临川李显才刷印，卷末新建知县郑祖琛、浮梁县知县刘丙同刊；北京大学标点本：夏先培整理，杨向奎审定①。这些人非以穀梁闻名，但决定了版式，对《穀梁传》传播有重大影响。

除了版式的决定者，就经学史而言，版式的另一个重点是合刊。若以合刊作为版式变化的关键加以分期，"穀梁传史"在历史上有四次重大转变：第一是经、传合刊；第二是经、传、注合刊；第三是经、传、注、释文合刊；第四是经、传、注、释文、疏合刊。若能依四个阶段作为经学史分期，相信会有不同于今日经学史的书写。

三　文字变化与版本系谱

版本好坏或以文字错误率论其是非，然这些文字差异，还可作为判断版本系谱的依据。如王天然《穀梁文献征》将《春秋穀梁传》铁琴铜剑楼旧藏本（《四部丛刊》本）与日本柴邦彦旧藏本（《古逸丛书》本）对校，得出异文四十五条。②通过异文可以看到《古逸丛书》本的修正痕迹，说明《四部丛刊》翻印的底本是前印本，《古逸丛书》覆刻的为重校本。

笔者将宋代建安地区余仁仲万卷堂所刻《穀梁传》经注本与宋代建安书肆刻《监本附音春秋穀梁传注疏》做了一个比对③，如表3-1所示。

---

① 案，北京大学标点本整理审定虽为夏先培、杨向奎两位先生进行，但版式应该是李学勤主编率领的工作委员会与计算机制作团队、出版社共同决定。

② 王天然：《〈穀梁〉文献征》，社会科学文献出版社2014年版，第21—24页。

③ 案，余仁仲刻《春秋穀梁传》有前印本、重校本。前印本仅有残卷，余宣公之后，今《四部丛刊》即据此影印，缺者以《古逸丛书》本补。《古逸丛书》是杨守敬至日本访书时见狩谷望之使人精摹柴邦彦旧藏本《春秋穀梁传》，此本亦是余仁仲刊刻，卷末有"癸丑仲秋重校"，是余仁仲后来重校重刊。

表 3-1 经注本与注疏本校勘表

编号	出处	铁琴铜剑楼旧藏本（铁本）	日本柴邦彦旧藏本（柴本）	理正	宋刻《监本附音春秋穀梁传注疏》
1	宣公元年释文	与闻	与门	铁本	同铁本
2	宣公元年集解	故言帅	故言师	柴本	同铁本
3	宣公五年集解	犯伯姬	杞伯姬	柴本	同柴本
4	宣公十二年集解	灵公之罪	灵公之恶	柴本	同柴本
5	宣公十二年传	其败事也	其事败也	柴本	同柴本
6	宣公十六年集解	善其器	贵其器	柴本	同柴本
7	成公二年集解	无"高傒"	"盖言高傒、处父亢礼"	柴本	同柴本
8	成公七年集解	贤若	贤君	柴本	同柴本
9	成公十七年传	无"壬申"	"壬申乃十月"	柴本	同柴本
10	襄公七年释文	无"反"	"于诡反"	柴本	同柴本
11	襄公十一年集解	郑者	郑地	柴本	同柴本
12	襄公十七年经	无"桃齐高厚帅师伐我北鄙围"	"伐我北鄙，围桃，齐高厚帅师伐我北鄙，围防"	柴本	同柴本
13	襄公二十年传	兄弟	弟兄	柴本	同柴本
14	襄公二十年集解	逐之	遂之	铁本	同铁本

续表

编号	出处	铁琴铜剑楼旧藏本（铁本）	日本柴邦彦旧藏本（柴本）	理正	宋刻《监本附音春秋穀梁传注疏》
15	襄公二十九年集解	无"以见之书日"	"录日以见之，书日"	柴本	同柴本
16	襄公二十九年集解	有言有燕者	有言□燕者	柴本	同柴本
17	昭公元年集解	太原	大原	柴本	同柴本
18	昭公元年释文	上，郎古反	卤，力古反	柴本	同柴本
19	昭公二年集解	无"有疾"	"至河有疾乃复"	柴本	同柴本
20	昭公七年传	无"平者成也"	"平者成也"	柴本	同柴本
21	昭公十一年集解	世子座	世子痤	柴本	同铁本
22	昭公十八年集解	许也	许地	柴本	同柴本
23	昭公二十年释文	力呈及	力呈反	柴本	同柴本
24	昭公二十二年集解	俱夫定也	俱未定也	柴本	同铁本
25	昭公二十二年经	无"朔"	"癸酉朔"	柴本	同柴本
26	昭公二十三年释文	无"父"	"鸡父"	柴本	同铁本
27	定公元年集解	書王[1]	书王	柴本	同柴本
28	定公元年传	无"冬大雩非正也"	"冬大雩非正也"	柴本	同柴本
29	定公元年集解	各禾	冬禾	柴本	同柴本

续表

编号	出处	铁琴铜剑楼旧藏本（铁本）	日本柴邦彦旧藏本（柴本）	理正	宋刻《监本附音春秋穀梁传注疏》
30	定公四年传	无"归"	"归乃用事乎汉"	柴本	同柴本
31	定公四年释文	土达	士达	铁本	同柴本
32	定公六年释文	丁亮反	下亮反	铁本	同柴本
33	定公十年释文	封土	封上	铁本	同铁本
34	定公十年释文	七旬	一旬	铁本	同柴本
35	定公十二年传	造乎齐	边乎齐	柴本	同柴本
36	定公十四年经	无"吴子光卒"	"吴子光卒"	柴本	同柴本
37	哀公二年传	无"不受也以辄"	"不受也，以辄不受父之命"	柴本	同柴本
38	哀公二年集解	无"郑世子"	"郑世子乎复归于郑"	柴本	同柴本
39	哀公四年集解	称其君	弑其君	柴本	同柴本
40	哀公六年传	无"其"	"则其曰君何也"	柴本	同柴本
41	哀公十三年集解	不如	不知	柴本	同柴本
42	哀公十三年经	许公	许元公	柴本	同柴本
43	哀公十四年集解	有恒	其恒	柴本	作"其常"

注：［1］案王天然将此缺损字判定为"正"，笔者传疑，不敢辄定。见王天然《〈穀梁〉文献征》，第23页。

上列四十三个例子，宋刻《监本附音春秋榖梁传注疏》有三十六个同于日本柴邦彦旧藏本，特别要注意的是 31、32、34 三个例证，日本柴邦彦旧藏本虽有错，宋刻本也一样错。说明宋刻本参考余仁仲癸丑仲秋重校本的可能性极大。从文字异同可见版本关系，例如"故言师"，刻成"故言帅"，辞意不通，版本在前有误，后人知之则改，不知则循。因此版本文字差异不仅是对错问题，也能作为判定版本是否为同一系统的依据。

张丽娟云：

> 十行注疏本为明清以后通行注疏合刻本的源头，阮元即据其翻刻，至今影响深远。从上述《礼记》《公羊》及《左传》经注异文及《释文》文本的比较来看，十行本注疏本的经注、释文文字与余仁仲本有密切的渊源关系，在十行注疏本文本形成过程中，余仁仲本（或是余仁仲同一系统的版本）曾经发挥重要的作用，他或许即是十行本注疏本经注、释文部分的文本来源。[①]

张丽娟比较《礼记》《公羊》《左传》经注异文及《经典释文》，认为余仁仲本是后代十行本的部分文本来源。在此可进一步补充，不仅可从《礼记》《公羊》《左传》见出余本对后世十行本的影响，亦可以余仁仲修订后的《春秋榖梁传》比对宋刻《监本附音春秋榖梁传注疏》，即可看到十行本继承余仁仲修订后的《春秋榖梁传》的痕迹甚为明显。此也可呼应余仁仲所言"《公羊》《榖梁》二书，书肆苦无善本"，即在余本前，书肆要出版《榖梁传》注疏合刊，因没有善本故无法做到，等余仁仲将《春秋榖梁传》之文字、体例都重新校正整理后，书坊才能在地利之便与成果承继的情况下，在差不多时间，推出《监本附音春秋榖梁传注疏》。据张丽娟推断宋刻十行本刊刻时间似当在南宋中期光宗、宁宗间。[②]而笔者从宋刻《十三经注疏》本袭用余仁仲《春秋榖梁传》的情况，进一步说明，余仁仲绍熙二年（1191）完成《春秋榖梁传》后，书坊便开始进行

---

① 张丽娟：《宋代经书注疏刊刻研究》，北京大学出版社 2013 年版，第 159 页。
② 张丽娟：《宋代经书注疏刊刻研究》，第 361 页。

《春秋穀梁传注疏》的合刊工作①，后来绍熙四年见余仁仲重校此书，便又将余仁仲重校本拿来修改已刊刻的《监本附音春秋穀梁传注疏》，因此会有大部分据修订版文字进行修订的情况，但也有少部分被漏掉。其中有一个很明显的依改的例证，在哀公十三年，前印本作"不如冠有差等"，后来余仁仲修订为"不知冠有差等"，而此宋刻本也从原字"如"改为"知"，修改痕迹明显。

四　"穀梁传史"研究对"经学史"的补充

"穀梁传史"是研究版本流传及版式对读者影响的历史。我们在研究过程中注意到过去未曾思考的问题，或可补充"经学史"。如看似"流传"不断地重刊重印，但不同版本之间的关系并不是复制。现在对复制的理解是图片式的"影印"，过去包括重刻、重抄、重编，皆不可能如影印照相般如出一辙，故不同版本之间必然有差异，包括版式变化、用字（古今字、异体字等），或修正前人脱衍倒讹等，这些差异说明版本流传中存在不断的变化。

如此，便能讨论刊刻者与版式、版式与阅读者间的关系。一般阅读者并没有意识到不同版式造成的影响，因为我们通常只读一个版本，第二个版本就很难全心投入地读，除非放弃对前面版本的阅读状态，才能进入第二个版本。且不同时代的阅读者，对字体、版式等的接受不一样，所以应该要注意阅读者对于它们的接受。从阅读者的角度来看待《穀梁传》，是强调阅读与《穀梁传》版式间的关系。

如宋代注疏合刊，将解释罗列在经传之下，但注疏的问题意识必然会影响读者对经传的理解，且割裂原文阅读是片段式读法，或说是一种碎片化阅读②。假设阅读从经文读起，对经、传有所了解，再参考注疏，这样的阅读程序与一开始即从注疏学起会有不同。因为注疏是以割裂状态在读经，一个字

---

① 官刻本启动，坊刻本随之。南宋以前《十三经》未有注疏合刊，当时仅有经传本、经传注本、单疏本。经、传、注、疏的合刻，始自南宋初年两浙东路茶盐司。由绍熙三年（1192）两浙东路茶盐司黄唐跋《礼记正义》，可知《毛诗》《礼记》的注疏合刻由其主事，前一任两浙东路茶盐司已经开始进行注疏合刊。八年后，绍兴知府沈作宾完成《春秋注疏》。

② 此处"碎片化阅读"并无贬义，单指"随而解之"的注疏形式。它的割裂状态，使读者在片段阅读中去理解整体。

一个字、一句话一句话地解释，有时注疏中讨论的问题并不是经传讨论的重点，便离题了。另外，阅读对象不同所费时间也不同，以注疏本为例，"经"的文字约是传文的三分之一至四分之一，故"传"的阅读时间是"经"的三倍至四倍；注文与传文字数差不多；疏文是经文的十倍以上，故读疏文所费的阅读时间最长。占据阅读时间最长的疏文，定然会影响读者的阅读意识与问题意识导向。唐末啖助学派主张重新读原典，就是意识到阅读不从原典开始，很容易受到传注引导，从而失去对经典原意探索能力。所以笔者认为啖助等人，一开始并非对传注不满，而是意识到自己无法摆脱前人传注的影响，故借此摆脱前人束缚，超越前人。

另外，因为出版技术进步，当代多数阅读者已经习惯计算机字体，这种习惯会使阅读者对不同字体产生排斥，进而影响理解。这种情况不仅是文字差异，而且是版式差异、字体、字形让阅读者不习惯。故要论前人的影响，不只是指师承影响，另一个重要影响来源，是阅读的版本。

过去经学史注意经学家的著作，笔者认为不仅要注意经学家的研究成果，还要注意经学家使用了什么版本，进一步讨论版本的版式等对其研究的影响。依此，便要问范宁撰写《春秋穀梁传集解》时，其桌案《穀梁传》版本为何，这样"经学史"研究或许便能有新的视野。

小　结

综合以上，略作几点说明。

其一，目前大多数撰写"经学史（穀梁传）"的模式是"穀梁学史"，着重介绍历代研究《穀梁传》的著作。其实"经学史（穀梁传）"还可以包含"穀梁传史"。补充《穀梁传》各种版本的流传变化，可以更完整地呈现《穀梁传》在历史中流传的全貌。

其二，"经学史"除了介绍历代《穀梁》注疏与研究，还可以补充《四库全书考证》、浦镗《十三经注疏正字》、阮元《十三经注疏勘记》、孙诒让《十三经注疏校记》、汪文台《十三经注疏校勘记识语》等校勘考证成果，以及公羊家等对《穀梁传》的疑义与批评。公羊家虽然与穀梁家立场不同，往往针对《穀梁传》的疑难提出疑问，但正因为如此研究《穀梁》者才更应该注意。

其三，部分研究《穀梁传》的成果散见于笔记或学术期刊，内容亦有创见，过去"穀梁学史"以介绍专著为主，未来可以将散见的成果择善补充入"经学史（穀梁传）"，当有其价值。

上 篇

版本校勘

第四章 余仁仲刊本《春秋穀梁传集解》考辨[*]

宋刻余仁仲《春秋穀梁传集解》，今仅残存一部六卷本，曾为铁琴铜剑楼收藏，今藏台北"故宫博物院"。另有一部覆刻本，为黎庶昌覆刻狩谷望之影摹阿波侯藏，后收入《古逸丛书》。经比对，二书有异，铁琴铜剑楼所藏为前印本，于日本国影摹者为重校本。《四部丛刊》刊印《春秋穀梁传集解》时，以铁琴铜剑楼藏宋版《春秋穀梁传集解》为底本，取《古逸丛书》前六卷补阙。不过，印时经描润订正，不尽同于原书。

宋刻《监本附音春秋穀梁传注疏》以余仁仲前印本作为底本并单疏本合刊，后依重校本修订，此后世所谓十行本，闽本、监本、毛本，乃至清代阮元刊刻《十三经注疏》，都是十行本系统，足见余本对后世深远影响。

文献流传有赖抄写或板刻印刷，辗转之间，既有修正，亦有原本正确而误改为错的例子，将诸版本比对，即能厘清传本流传变化。是以本章以余本《春秋穀梁传集解》为主轴，试图厘清上述相关问题，以提醒学界在利用版本时，能特别注意重校、重印后所产生的版本上的新问题。

一 今存二种余仁仲刊刻《春秋穀梁传集解》版本的异同

如前所述，今存南宋余仁仲刻《春秋穀梁传集解》两种，一种藏于台北

---

* 本章曾发表于《台大文史哲学报》2018 年第 90 期。

"故宫博物院"①；另一种则编入《古逸丛书》。②

《四部丛刊》收录之《春秋穀梁传集解》，是将铁琴铜剑楼所藏残本与《古逸丛书》前六卷合并为一书刊行。二本同出余氏万卷堂，版式、行款、字体如出一辙，然内容实有分别。杨守敬云：

> 此本首尾完具，无一字损失，以何氏校本照之，有应有不应，当由何氏所见为前印本，此又仁仲覆校重订者……此为余氏定本，何氏所见犹未善也。③

杨氏以传于日本的余本，对照何煌（1668—1745）校记，发现日本和中国的版本不同，认为流传于日本的版本是余氏定本。杨守敬还发现何氏校记所举脱误之处，定本皆挖补挤入。④按杨氏所说，二本有脱误、补入之别，然重校本是在同一块书板上挖补挤入，还是另雕新板，杨氏并未言及，此处值得进一步讨论。⑤

今将《四部丛刊》本⑥和《古逸丛书》本⑦比对，其同者，如：

1. 异体字

二本同用异体字。⑧这些异体字数量近百，或笔画增减，或有变体，若

---

① （战国）穀梁赤著，（晋）范宁集解：《春秋穀梁传集解》残本，宋刻本，现藏台北"故宫博物院"，编号：赠善003087—003088。
② （清）杨守敬：《春秋穀梁传记》，（清）黎庶昌编：《古逸丛书》，华东师大本，第1册，第531—535页。
③ （清）杨守敬：《春秋穀梁传记》，（清）黎庶昌编：《古逸丛书》，华东师大本，第1册，第533页。
④ （清）杨守敬：《春秋穀梁传记》，（清）黎庶昌编：《古逸丛书》，华东师大本，第1册，第533页。
⑤ 张丽娟、王天然认为重校本是在初刊之上进行修版，而非重新雕版。参见张丽娟《南宋建安余仁仲刻〈春秋穀梁传〉考》，《版本目录学研究》2009年第1辑，第107—108页。王天然：《〈古逸丛书〉本〈穀梁〉的存真与失真》，《中国出版史研究》2021年第3期。
⑥ （战国）穀梁赤著，（晋）范宁集解：《春秋穀梁传集解》，张元济等编：《四部丛刊》经部，上海：商务印书馆1919年版，据上海涵芬楼借瞿熟氏铁琴铜剑楼藏宋建安余氏刻本后六卷与古逸丛书本前六卷影印。
⑦ （战国）穀梁赤著，（晋）范宁集解：《春秋穀梁传集解》，（清）黎庶昌编：《古逸丛书》，上海：商务印书馆1936年版，据清光绪十年（1884）遵义黎氏日本东京使署影钞宋绍熙重校本影印。案后文著录上海商务印书馆出版《古逸丛书》本，为避免与"华东师大本"混淆，凡上海商务印书馆出版者，标明"上海商务本"。
⑧ 案后文比较二书版本，采用《四部丛刊》本与《古逸丛书》本。因为《四部丛刊》本与《古逸丛书》本，版式行款皆同，为避免烦琐，故仅标明《四部丛刊》本纪年、卷、页、行。凡有录卷者，页码均指板心页，不再赘述。

非相承，断难相同。今试举十字为例，如表 4-1 所示。

表 4-1　异体字表

出处	正字	异体字	出处	正字	异体字
宣公八年，卷 7，第 5 页 a，第 5 行注文	爽	爽	宣公十八年，卷 7，第 10 页 a，第 1 行传文	挩	挩
宣公十八年，卷 7，第 10 页 a，第 8 行传文	捐	捐	宣公十八年，卷 7，第 10 页 a，第 8 行传文	殡	殯
宣公十八年，卷 7，第 10 页 a，第 10 行传文	齐	齊	成公二年，卷 8，第 2 页 b，第 6 行传文	鄙	鄙
成公二年，卷 8，第 2 页 b，第 10 行传文	亩	畝	成公二年，卷 8，第 3 页 a，第 5 行传文	再	再
成公四年，卷 8，第 4 页 b，第 3 行注文	丧	喪	襄公二十五年，卷 9，第 12 页 b，第 2 行传文	備	偹

2. 圈发

二书圈发一致。此为余仁仲于字之四角添加符号，注记平上去入。有圈发者，多有释音，表示此字有两音读，少部分未释音者，余本仍添加圈发以明平上去入。

（1）左下（平声）（见表 4-2）

表 4-2　圈发（左下）表

出处		释音	出处		释音
宣公元年，卷 7，第 1 页 b，第 1 行经文 / 第 1 行释文 2	朝	朝，直遥反	宣公八年，卷 7，第 5 页 a，第 1 行经文 / 第 2 行释文	顷	顷熊，音倾
成公三年，卷 8，第 4 页 a，第 4 行经文 / 第 4 行释文	咎	咎，音羔	成公十五年，卷 8，第 9 页 b，第 11 行经文 / 页 10 页 a，第 1 行释文	共	共，音恭
成公十七年，卷 8，第 12 页 b，第 3 行经文 / 第 3—4 行释文	且	且，子余反	成公十八年，卷 8，第 13 页 a，第 3 行传文 / 第 3 行释文	齐	齐，如字，又侧皆反

（2）左上（上声）（见表4-3）

表4-3　圈发（左上）表

出处	释音		出处	释音	
成公三年，卷8，第4页a，第2行经文／第2行释文	去	去，起吕反	成公七年，卷9，第4页a，第9行传文／第10行释文	竟	逾竟，音境
定公元年，卷11，第2页b，第7行传文／第9行释文	上	页a，时掌反	襄公三十年，卷9，第15页b，第10行传文／第11行释文	长	长，丁丈反
成公十一年，卷8，第8页a，第9行经文	父	（无）			

（3）右上（去声）（见表4-4）

表4-4　圈发（右上）表

出处	释音		出处	释音	
襄公二十年，卷9，第9页b，第5行经文／第6行释文	向	向，舒亮反	襄公二十九年，卷9，第14页a，第10行经文／第14页b，第1行释文	祭	祭，侧界反
襄公三十年，卷9，第16页a，第4行传文／第4行释文	恶	恶，乌路反	襄公三十年，卷9，第16页a，第9行传文／第11行释文	见	见，贤遍反
襄公三十年，卷9，第16页a，第11行传文／第11行释文	丧	丧，息浪反	昭公三年，卷10，第2页a，第2行经文／第2行释文	雨	雨，于付反

（4）右下（入声）（见表4-5）

表4-5　圈发（右下）表

出处	释音		出处	释音	
成公元年，卷8，第1页b，第11行传文／页2页a，第1行释文	说	说，音悦	成公十五年，卷8，第10页a，第8行经文／第9行释文	叶	叶，始涉反

续表

出处	释音	出处	释音
襄公六年，卷9，第3页b，第3行传文/第3行释文	别 别，彼列反	襄公二十五年，卷9，第12页a，第4行经文/第4行释文	屈 屈，居勿反
襄公三十年，卷9，第16页b，第2行传文	屈 （无）	昭公三十一年，卷10，第15页a，第11行经文/第11行释文	适 适，丁历反

3. 句读

二本句读位置一致，凡"逗号"之意的句读，置右；"顿号"之意的句读，或为解释前辞的句读，置中。

4. 特别符号

与"文"字相近者，加点别之，二本皆同。如：犮①、狀②、发③、交④。

5. 随文用字

随文用字，如："衞、衛"⑤；"蔡、蔡"⑥；"蔡、癸"⑦，行文中均有采用，未有定则，然二本皆同。

以上，观《四部丛刊》与《古逸丛书》看似全同，但重校本仍有修订。先举字体差异之例，下文复举文字改订之例。如：

1. 避讳缺笔

二本避讳缺笔有异。"宁"为清讳，可略而不计。⑧"征""竟"为宋讳，理应相同，却有歧异（见表4-6）。

---

① 宣公七年，卷7，第4页a，第7行释文。
② 宣公十八年，卷7，第10页a，第2行释文。
③ 昭公十一年，卷10，第6页a，第9行经文。
④ 昭公十一年，卷10，第10页b，第1行传文。
⑤ 分见宣公元年，卷7，第1页a，第8行经文、第1页b，第3行经文。
⑥ 分见宣公十七年，卷7，第9页a，第11行经文；成公八年，卷8，第6页b，第5行经文。
⑦ 分见宣公十年，卷7，第6页b，第1行经文；宣公九年，卷7，第5页b，第5行经文。
⑧ 案《古逸丛书》刊行时，杨守敬对底本进行避讳字改订。可参见（战国）穀梁赤著，（晋）范宁集解，（清）杨守敬校订《春秋穀梁传集解》，（清）黎庶昌：《古逸丛书》，清光绪十年黎庶昌日本东京使署刊《古逸丛书》校样本，现藏台北"故宫博物院"，编号：故观004653-004656。

表 4-6　避讳字比较表

出处	《四部丛刊》（前印本）	《古逸丛书》（重校本）
宣公九年，卷 7，第 5 页 b，第 8 行传文	寧	寍
宣公十一年，卷 7，第 7 页 a，第 2 行注文	徵	徴
宣公十二年，卷 7，第 7 页 b，第 5 行传文、注文	丘	亠
成公五年，卷 8，第 5 页 a，第 6 行注文	鎮[1]	鎮
成公十三年，卷 8，第 8 页 a，第 11 行注文	竟	音
昭公十二年，卷 10，第 6 页 b，第 4 行注文	玄	玄[2]
昭公三十一年，卷 10，第 15 页 a，第 4 行释文	弘	弘

注：[1] 案《四部丛刊》本"镇"字缺末笔，然台北"故宫博物院"藏宋刻本并未缺笔。故知此乃《四部丛刊》影印不清所致。

[2] 案上海商务本《古逸丛书》缺末笔，华东师大本未缺末笔，参见华东师大《古逸丛书》，昭公十二年，卷 10，第 6 页 b，第 4 行注文，作"玄"。

2. 圈发

二本圈发偶有差异，如前印本有，重校本无（见表 4-7）。

表 4-7　圈发比较表

出处	《四部丛刊》（前印本）	《古逸丛书》（重校本）
宣公二年，卷 7，第 2 页 a，第 6 行经文	衞	衞
宣公八年，卷 7，第 4 页 b，第 8 行传文	爲	爲
宣公九年，卷 7，第 5 页 b，第 8 行传文	父	父
成公元年，卷 8，第 1 页 b，第 5 行传文	義	義

3. 字体笔画

二本有若干笔画非关字义，而笔画有异。若是在同一块板上修订，二者同字无须改动，既有改动，可见二本非同板递修，乃重新雕板（见表 4-8）。

表 4-8 笔画差异表一

出处	《四部丛刊》（前印本）	《古逸丛书》（重校本）
宣公八年，卷 7，第 4 页 a，第 11 行经文	巳	巳
宣公，卷 7，第 10 页 b，第 2 行卷末题名	七	七
昭公二十五年，卷 10，第 13 页 b，第 2 行注文	声	声

4. 刻误

二本有刻误之异，或刻工不经意造成，这些差异与前项类似，二字并非异字，仅是笔画有别，若在同一块板上修订，无须改动相同之字，由此可判断前印本与重校本不是同一块板（见表 4-9）。

表 4-9 笔画差异表二

出处	《四部丛刊》（前印本）	《古逸丛书》（重校本）
襄公二十四年，卷 9，第 11 页 b，第 2 行注文	慊	慊
昭公二十五年，卷 10，第 13 页 a，第 7 行释文	俱	俱
成公十二年，卷 8，第 8 页 b，第 4 行注文	效	效
成公十七年，卷 8，第 11 页 b，第 11 行传文	肯	肯
成公十六年，卷 8，第 11 页 b，第 3 行释文	式	式
襄公二十四年，卷 9，第 11 页 b，第 6 行释文	式	式

5. 板心书名与注记

板心书名、注记、符号，二书不尽相同，或有或无，可知二书非为同一块板递修（见表 4-10）。

表 4-10　板心比较表

出处	《四部丛刊》 （前印本）	《古逸丛书》 （重校本）	备注
宣公，卷 7，第 6 页板心			二本注记书名"䊮"字不同
宣公，卷 7，第 10 页板心			一本无注记书名与卷次，一本有
襄公，卷 9，第 6 页板心			一本上左无"○"，一本有
襄公，卷 9，第 15 页板心			一本作"穀"，一本作"杀"
昭公，卷 10，第 10 页板心			一本无注记，一本有
昭公，卷 10，第 13 页板心			一本鱼尾上无黑线，一本有
定公，卷 11，第 1 页板心			一本无注记"◆"，一本有

续表

出处	《四部丛刊》（前印本）	《古逸丛书》（重校本）	备注
定公，卷 11，第 7 页板心			一本误作"卷十"
定公，卷 11，第 10 页板心			一本有注记书名与卷次，一本无
哀公，卷 12，第 7 页板心			一本无注记，一本有

综合以上，可知余仁仲刊刻《春秋穀梁传集解》有前印本、重校本两种，并且重校本非在同板上修板再印，而是重新开雕新板。

二　余仁仲重校《春秋穀梁传集解》内容

黎庶昌认为余仁仲于《春秋公羊传解诂》何休序下识语云"绍熙辛亥孟冬朔日建安余仁仲敬书"①，而《春秋穀梁传集解》重校本卷末附有"癸丑仲秋重校讫"②七字，故云"《穀梁》之成，当后《公羊》二岁矣"③，即以《春秋公羊传解诂》刊成于绍熙二年（1191），《春秋穀梁传集解》刊成于绍熙四

---

① （清）黎庶昌：《刻古逸丛书序》，（清）黎庶昌编：《古逸丛书》，华东师大本，第 1 册，第 6 页。
② （清）黎庶昌：《刻古逸丛书序》，（清）黎庶昌编：《古逸丛书》，华东师大本，第 1 册，第 7 页。
③ （清）黎庶昌：《刻古逸丛书序》，（清）黎庶昌编：《古逸丛书》，华东师大本，第 1 册，第 7 页。

年（1193）。黎氏此说法是有问题的，因其仅就传于日本的重校本而言，未顾及《春秋穀梁传集解》尚有前印本的存在。关于余仁仲万卷堂《春秋穀梁传集解》前印本、重校本何时刊成，重校内容如何？应进一步说明。

经查前印本、重校本卷末校者题名相同，未有更易：

> 国学进士余仁仲校正
> 国学进士刘子庚同校
> 国学进士陈几同校
> 国学进士张甫同校
> 奉议郎签书武安君节度判官厅公事陈应行参校

上述校者并非同一时期之人。查《弘治八闽通志》①、《康熙福建通志》②未载余仁仲其人，但从《春秋穀梁传集解》序跋著录时间，可知余氏为绍熙年间人。刘子庚名，史册仅见载于景定四年（1263）六月任官③，时间远在绍熙二年（1191）至绍熙四年（1193）后，恐非余仁仲题名校者之人。陈几，又名陈道甫，闽县人，宋英宗赵曙治平四年（1067）闽县榜，通判滁州④，宋神宗赵顼元丰间（1078—1085）知县事（仙游县）⑤，时间早于余仁仲百年，不可能参与校正工作。唯有建安陈应行，其名见于淳熙二年（1175）乙未特奏名。⑥陈氏淳熙壬寅（1182）曾为司马光《潜虚》序跋⑦，与余仁仲时间相近。

---

① （明）黄仲昭纂修：《弘治八闽通志》，《北京图书馆古籍珍本丛刊》，书目文献出版社1988年版，据明弘治刻本缩印，史部，第33册。
② （清）金鋐、郑开极纂修：《康熙福建通志》，《北京图书馆古籍珍本丛刊》，书目文献出版社1988年版，据清康熙刻本缩印本影印，史部，第35册。
③ （明）陈邦瞻：《宋史纪事本末》卷25，《景印文渊阁四库全书》，台北：台湾商务印书馆1983年版，据文渊阁四库全书本影印，第353册，第53页b。
④ （明）黄仲昭纂修：《弘治八闽通志》卷35，《北京图书馆古籍珍本丛刊》，史部，第33册，第21页a。（清）金鋐、郑开极纂修：《康熙福建通志》卷34，《北京图书馆古籍珍本丛刊》，史部，第35册，第31页a。
⑤ （明）黄仲昭纂修：《弘治八闽通志》卷46，《北京图书馆古籍珍本丛刊》，史部，第33册，第9页a。（清）金鋐、（清）郑开极纂修：《康熙福建通志》卷25，《北京图书馆古籍珍本丛刊》，史部，第35册，第16页a。
⑥ （清）金鋐、（清）郑开极纂修：《康熙福建通志》卷35，《北京图书馆古籍珍本丛刊》，史部，第35册，第36页a。
⑦ 陈应行尝恨建阳书肆所刊脱略至多，几不可读。

陈氏既有功名，又是读书人，故最有可能参与校书工作。

几位书后题名校者，年代不齐，推想这些题名乃书坊博求读者之广告，未可尽信。但可据的年代，就是"绍熙二年（1191）辛亥"刊前印本与绍熙四年（1193）"癸丑仲秋"刊重校本二个时间点。

另外，余氏曾于《公羊传解诂·何休序》下云：

> 《公羊》《穀梁》二书，书肆苦无善本，谨以家藏监本及江浙诸处官本参校，颇加厘正。①

此言余仁仲准备刊印《穀梁传》之前，已有官本，或流行不广，或不尽完善，故余氏有此刊印计划。而后该书复经重校，比对前印本与重校本的差异，可知余仁仲修订了哪些内容（见表 4-11）。

表 4-11 前印本与重校本之比较

编号	出处	《四部丛刊》（前印本）	《古逸丛书》（重校本）	备注
1	宣公元年，卷7，第1页 a，第4行释文	与闻	与门	重校本讹，宋本《经典释文》作"闻"[1]
2	宣公元年，卷7，第1页 b，第6行注文	故言帅	故言师	前印本讹
3	宣公五年，卷7，第3页 a，第9行注文	犯伯姬	杞伯姬	前印本讹
4	宣公十二年，卷7，第7页 b，第1行注文	之罪	之恶	异文，何煌校"恶作罪"[2]
5	宣公十二年，卷7，第7页 b，第3行传文	其败事也	其事败也	前印本讹
6	宣公十六年，卷7，第9页 a，第5行注文	亦狄	赤狄	前印本讹
7	宣公十六年，卷7，第9页 a，第8行注文	善其器	贵其器	前印本讹

① （清）黎庶昌编：《古逸丛书》，华东师大本，第1册，第530页。

编号	出处	《四部丛刊》（前印本）	《古逸丛书》（重校本）	备注
8	成公七年，卷8，第6页a，第4行注文	贤若	贤君	前印本讹
9	襄公十一年，卷9，第6页a，第11行注文	郑者	郑地	前印本讹
10	襄公二十年，卷9，第9页b，第10行传文	兄弟	弟兄	前印本倒
11	襄公二十年，卷9，第9页b，第11行注文	逐之	遂之	重校本讹
12	襄公二十七年，卷9，第13页b，第6行注文	忠于己	忠于巳	重校本讹
13	昭公元年，卷10，第1页a，第9行注文	太原	大原	前印本讹
14	昭公元年，卷10，第1页a，第10行释文	上，郎古反	卤，力古反	前印本讹，宋本《经典释文》作"大卤，力古反"[3]
15	昭公八年，卷10，第4页b，第3行释文	封碍	卦碍	前印本讹。宋本《经典释文》作"卦碍"[4]
16	昭公十一年，卷10，第5页b，第3行注文	世子座	世子痤	前印本讹
17	昭公十八年，卷10，第9页b，第11行注文	许也	许地	前印本讹
18	昭公二十年，卷10，第10页b，第8行释文	力呈及	力呈反	前印本讹
19	昭公三十一年，卷10，第15页b，第2行注文	己巳	己巳	前印本讹
20	定公元年，卷11，第2页a，第9行注文	各禾	冬禾	前印本讹
21	定公四年，卷11，第5页a，第5行释文	土达	士达	皆讹，宋本《经典释文》作"七达"[5]

续表

编号	出处	《四部丛刊》（前印本）	《古逸丛书》（重校本）	备注
22	定公六年，卷11，第6页a，第4行经文	犂	犂	昭公二十七年，经文二本均作"犁"
23	定公六年，卷11，第6页a，第5行释文	丁亮反	下亮反	重校本讹。宋本《经典释文》作"丁亮"[6]
24	定公十年，卷11，第7页b，第3行释文	封土	封上	重校本讹。宋本《经典释文》作"封土"[7]
25	定公十年，卷11，第7页b，第9行释文	七旬	一旬	重校本讹。宋本《经典释文》作"七旬"[8]
26	定公十二年，卷11，第9页b，第3行传文	造乎齐	边乎齐	前印本讹
27	哀公四年，卷12，第3页a，第11行注文	称其君	弑其君	前印本讹
28	哀公十三年，卷12，第7页a，第2行注文	不如	不知	前印本讹
29	哀公十三年，卷12，第7页a，第5行注文	<u>且</u>	且	重校本讹

注：[1]（唐）陆德明：《春秋穀梁音义》，《经典释文》卷22，北京图书馆出版社2003年版，据宋刻宋元递修本影印，第18页b。

[2]（清）阮元：《穀梁注疏校勘记》，载《十三经注疏校勘记》卷7，《续修四库全书》，上海古籍出版社2002年版，据清嘉庆文选楼刻本影印，第183册，第5页b。

[3]（唐）陆德明：《春秋穀梁音义》，《经典释文》卷22，第25页b。

[4]（唐）陆德明：《春秋穀梁音义》，《经典释文》卷22，第26页a。

[5]（唐）陆德明：《春秋穀梁音义》，《经典释文》卷22，第29页a。

[6]（唐）陆德明：《春秋穀梁音义》，《经典释文》卷22，第29页a

[7]（唐）陆德明：《春秋穀梁音义》，《经典释文》卷22，第29页b。

[8]（唐）陆德明：《春秋穀梁音义》，《经典释文》卷22，第29页b。

以上二十九例，《四部丛刊》（前印本）讹误，《古逸丛书》（重校本）改正十九例。有七例（编号1、11、12、23、24、25、29）前印本是，重校本讹。不过，这七例皆形近而误，应是刻工之误，非重校者所改。有一例前印本、重校本皆讹；另有一例二本前后经文不同，此二字乃重校者未察；另有异文一例。

表4-12为前印本脱文，重校本增补之例。

表 4-12　重校本增补前印本脱文表

编号	出处	《四部丛刊》（前印本）	《古逸丛书》（重校本）	备注
1	宣公二年，卷7，第2页a，第3行注文	书获皆生也	书获皆生获也	前印本脱"获"
2	成公二年，卷8，第3页a，第10行注文	盖言处父亢礼	盖言高偃、处父亢礼	前印本脱"高偃"
3	成公十七年，卷8，第11页b，第7行释文	谋复扶又反	谋复扶又反	前印本、重校本皆脱"○"
4	成公十七年，卷8，第12页a，第11行传文	乃十月	壬申乃十月	前印本脱"壬申"
5	襄公七年，卷9，第4页a，第2行释文	于诡	于诡反	前印本脱"反"
6	襄公十七年，卷9，第8页a，第10行经文	伐我北鄙，围防	伐我北鄙，围桃，齐高厚帅师伐我北鄙，围防	前印本脱"桃齐高厚帅师伐我北鄙围"
7	襄公二十六年，卷9，第12页b，第7行注文	录日	录日以见之，书日	前印本脱"以见之书日"
8	襄公二十九年，卷9，第15页a，第5行注文	有言有燕者	有言口燕者	前印本衍"有"，重校本作"口"（空围）
9	昭公二年，卷10，第1页b，第8行注文	至河乃复	至河有疾乃复	前印本脱"有疾"，《穀梁传》昭公二十三年二本均作"至河，公有疾，乃复"
10	昭公七年，卷10，第3页b，第1行传文	齐平	齐平平者成也	前印本脱"平者成也"
11	昭公二十二年，卷10，第12页a，第3行经文	癸酉	癸酉朔	前印本脱"朔"
12	昭公二十三年，卷10，第12页a，第8行释文	鸡	鸡父	前印本脱"父"
13	定公元年，卷11，第2页a，第8行传文	秋大雩非正也	秋大雩非正也，冬大雩非正也	前印本脱"冬大雩非正也"

续表

编号	出处	《四部丛刊》（前印本）	《古逸丛书》（重校本）	备注
14	定公四年，卷11，第4页b，第9行传文	乃用事乎汉	归乃用事乎汉	前印本脱"归"
15	定公十四年，卷11，第9页b，第7行经文	无"吴子光卒"	吴子光卒	前印本脱"吴子光卒"
16	哀公二年，卷12，第3页a，第2行传文	无"不受也以辄"	不受也，以辄不受父之命	前印本脱"不受也以辄"
17	哀公二年，卷12，第3页a，第6行注文	忽复归于郑	郑世子忽复归于郑	前印本脱"郑世子"
18	哀公六年，卷12，第4页b，第11行传文	则曰君何也	则其曰君何也	前印本脱"其"
19	哀公十三年，卷12，第7页b，第4行经文	许公	许元公	前印本脱"元"

前印本脱文十九例，经重校本校订补上。由此可见，余仁仲重校重刊纠正了很多前印本讹误之处，果不负《九经三传沿革例》称为善本之赞。[1]

三 以唐石经再校余本

余仁仲刊《春秋穀梁传集解》可谓用心，精益求精，不惜重校再版。依据余仁仲识语云以家藏监本与当时江浙诸处官本作为整理的依据，未提及以唐石经参校。实则唐石经仍有可资参考处，清代钟文烝（1818—1877）著《穀梁补注》时，曾据唐石经删正若干《穀梁传》经传文字（见表4-13）。[2]

---

[1] "世所传《九经》，自监、蜀、京、杭而下，有建安余氏、兴国于氏二本，皆分句读，称为善本。"参见（宋）岳珂《九经三传沿革例》，《景印文渊阁四库全书》，台北：台湾商务印书馆1983年版，据文渊阁四库全书本影印，第183册，第560页。据张政烺先生考证，刊者应为元初岳浚，参见张政烺《读〈相台书塾刊正九经三传沿革例〉》，《张政烺文集·文史丛考》，中华书局2012年版，第313—340页。

[2] （清）钟文烝撰，骈宇骞、郝淑慧校点：《春秋穀梁经传补注》，中华书局1996年版。

表 4-13　余本、唐石经校勘表一

编号	出处	余本	唐石经	《榖梁补注》
1	桓公十八年，卷2，第12页b，第1行传文	公与夫人	公夫人[1]	唐石经无"与"字 钟文烝云："公"下各本衍"与"字，今依唐石经删正。左氏有"与"字，段玉裁曰《左经》疑俗增之[2]
2	庄公三年，卷3，第3页a，第6行经文	齐侯	齐师[3]	"侯"唐石经作"师" 钟文烝云："师"各本误作"侯"，今依唐石经改正[4]
3	僖公十七年，卷5，第15页a，第4行传文	桓公	桓[5]	唐石经无"公"字 钟文烝云："桓"字下各本皆有"公"字，盖涉《公羊》文而衍，今依唐石经删正[6]
4	文公八年，卷6，第6页a，第8行传文	而复	复[7]	唐石经无"而"字 钟文烝云："至"下各本衍"而"字，今依唐石经删正。《左氏》有"而"字。文烝案《左氏经》如桓十八年之"与"字，三年之"以"字，及此"而"字，皆非文例，当由后人妄增[8]
5	襄公三年，卷9，第2页b，第1行经文	自晋	自会[9]	"晋"唐石经作"会" 钟文烝云："会"各本误作"晋"，今依唐石经改正[10]
6	昭公五年，卷10，第3页a，第3行传文	其地	地[11]	唐石经无"其"字 钟文烝云：以下各本衍"其"字，今依唐石经删正[12]

注：[1]高峡主编：《春秋榖梁传》,《开成石经》卷175,《西安碑林全集》，广东经济出版社、海天出版社1999年版，第116页。

[2]（清）钟文烝著，骈宇骞等点校：《春秋榖梁经传补注》，第129页。

[3]高峡主编：《春秋榖梁传》,《开成石经》卷176,《西安碑林全集》，第130页。

[4]（清）钟文烝著，骈宇骞等点校：《春秋榖梁经传补注》，第146页。

[5]高峡主编：《春秋榖梁传》,《开成石经》卷177,《西安碑林全集》，第282页。

[6]（清）钟文烝著，骈宇骞等点校：《春秋榖梁经传补注》，第305页。

[7]高峡主编：《春秋榖梁传》,《开成石经》卷177,《西安碑林全集》，第356页。

[8]（清）钟文烝著，骈宇骞等点校：《春秋榖梁经传补注》，第385页。

[9]高峡主编：《春秋榖梁传》,《开成石经》卷179,《西安碑林全集》，第504页。

[10]（清）钟文烝著，骈宇骞等点校：《春秋榖梁经传补注》，第528页。

[11]高峡主编：《春秋榖梁传》,《开成石经》卷179,《西安碑林全集》，第590页。

[12]（清）钟文烝著，骈宇骞等点校：《春秋榖梁经传补注》，第608页。

余本即钟氏所指各本的来源，故钟文烝所删正的源头即为余本。钟氏下语虽稍独断，但可借鉴。今依唐石经再校余本《春秋穀梁传集解》，[①] 略举数例如表 4–14 所示。

表 4–14　余本、唐石经校勘表二

编号	出处	余本	唐石经	说明
1	文公二年，卷6，第2页b，第9行传文	内大夫可以会外诸侯	内大夫可以会诸侯[1]	十行本、闽、监、毛本同余本
2	宣公十三年，卷7，第7页b，第7行经文	先縠	先縠[2]	十行本、闽、监、毛本同余本
3	成公十三年，卷8，第9页a，第1行经文	公自京师	公自至京师[3]	十行本、闽、监、毛本同余本
4	襄公元年，卷9，第1页a，第10行经文	荀罃	荀罃[4]	十行本、闽、监、毛本同余本
5	哀公六年，卷12，第5页a，第1行传文、第2行传文	弗受	不受[5]	十行本、闽、监、毛本同余本

注：[1] 高峡主编：《春秋穀梁传》，《开成石经》卷177，《西安碑林全集》，第338页。

[2] 高峡主编：《春秋穀梁传》，《开成石经》卷177，《西安碑林全集》，第419页。
[3] 高峡主编：《春秋穀梁传》，《开成石经》卷177，《西安碑林全集》，第474页。
[4] 高峡主编：《春秋穀梁传》，《开成石经》卷179，《西安碑林全集》，第499页。
[5] 高峡主编：《春秋穀梁传》，《开成石经》卷180，《西安碑林全集》，第722页。

以上数例，得见余本对后来注疏合刻本的影响。唐石经虽由官方主持，然从大历十年（775）的五经壁本，至太和之初（827）易土壁为木板，开成二年（837）易木板为石刻，[②] 其中难免产生人为手误，造成讹误。如刘昫（887—946）云："体乖师法，石经立后数十年，名儒皆不窥之，以为芜累甚矣。"[③] 或许正因如此，宋人对唐石经有所疑义，故余氏未采用唐石经而以宋代官本为依据。今人既有此条件，辅以唐石经参校，可补正余本之讹误。

---

① 杨守敬曾作过版本对校，可参见（清）杨守敬《余仁仲万卷堂穀梁传考异》，（清）黎庶昌编：《古逸丛书》，华东师大本，第535—548页。

② 路远：《唐国学〈五经壁本〉考——从〈五经壁本〉到〈开成石经〉》，《文博》1997年第2期。

③ （后晋）刘昫等：《旧唐书》卷17下，中华书局2013年版，第571页。

四 《古逸丛书》的翻印与改订

《古逸丛书》覆刻日本人所藏余仁仲万卷堂《春秋榖梁传集解》之过程，据森立之（1807—1885）《经籍访古志》[①]及杨守敬《春秋榖梁传记》[②]云，书乃柴邦彦旧藏，狩谷望之与松崎慊堂（1771—1844）[③]就阿波国学俾一书生影钞，后辗转归向山黄村（1826—1897）。杨守敬初来日本从向山黄村求得，至黎庶昌时方开雕付梓，收入《古逸丛书》。1884 年，《古逸丛书》在日本东京使署刊成后，黎庶昌将板片运回中国，目前藏于扬州中国雕版印刷博物馆，其中《春秋榖梁传集解》存 56 块板。[④]书板刊成后，《古逸丛书》重印过数次，首先于日本初次印刷，书板运回中国后曾在上海、苏州印刷。至苏州印刷时，因为多次印刷，板片漫漶，曾有补板。

另外，《古逸丛书》在覆刻日本人藏本时，进行了清代避讳字的处理。查《古逸丛书》本《春秋榖梁传集解》，避讳字计有：丘、慎、旻、桓、完、竟、玄、胤、宁、征、贞、弦、贮、泓、殷。其中，宋避讳字：慎、桓、征、贞、殷、完、竟；清避讳字：旻、宁、贮。

相较《四部丛刊》翻印铁琴铜剑楼藏的前印本，"宁""弘"等字均未见缺笔，部分"玄""丘"字也未缺笔，而《古逸丛书》本皆有因避清讳缺笔，这些改订从杨守敬当时于收入《古逸丛书》之《春秋榖梁传集解》校样本上的批注可一目了然。杨守敬并于第一册扉页题"慎、让、竟、玄、桓"，其中"桓"字缺末笔表示须避讳，前四字完整表示不须避讳；第二册扉页题"宁、贞、徵"，三字皆缺末笔，表示这三字须避讳；第三册扉页，题"殷"，缺末笔表示须避讳；第四册扉页题"慎"，缺末笔表示须避讳，此与第一册标准不一。实际上书中经传注文避讳用字也未完全统一，仅就杨氏有校出者改之。另外，第一册内"旻、匕、弘"虽未书于扉页，书中内页有注记须缺

---

① 涩江全善、森立之编：《经籍访古志》，载贾贵荣辑《日本藏汉籍善本书志书目集成》，北京图书馆出版社 2003 年版，据清光绪十一年（1885）徐承祖聚珍排印本影印，第 1 册，第 89—90 页。

② （清）杨守敬：《日本访书志》，载贾贵荣辑《日本藏汉籍善本书志书目集成》，第 9 册，第 81—83 页。此文亦收入《古逸丛书》。

③ "崎"于《经籍访古志》中作"碕"，疑误。涩江全善、森立之编：《经籍访古志》，载贾贵荣辑《日本藏汉籍善本书志书目集成》，第 1 册，第 90 页。

④ 参见蒋鹏翔《〈古逸丛书〉编刊考》，博士学位论文，复旦大学，2011 年，第 106 页。

笔，又卷一，页十一右第三行注文，注"淳作渟"；第二册"窗"字注记须避讳缺笔，又校注云"弦字不避，今当避"；第四册"贞"字须缺笔，又有"竟"字，刻工自行避讳缺笔，杨守敬校注云"竟字仍改从原本"等。就此而言，《古逸丛书》已非底本原貌。

另外，值得注意的是，2017 年华东师范大学出版社重印《古逸丛书》，出版弁言云："根据未修补的馆藏早期印本影印"[①]，其本"丘""泓""贮""玄""宁"未避讳缺笔，多与杨守敬校样本同，而商务印书馆 1936 年翻印的《古逸丛书》，以上诸字均有缺笔，故华东师范大学出版社此本应是在杨守敬校样本后与商务印书馆翻印前的前印本（见表 4-15）。[②]这说明《古逸丛书》前后出版亦存在版本差异。

表 4-15　笔画差异表一

出处	华东师大本	上海商务本	出处	华东师大本	上海商务本
隐公十年，卷 1，第 12 页 a，第 6 行经文	丘	上	庄公十年，卷 3，第 9 页 a，第 2 行注文	丘	上
僖公六年，卷 5，第 7 页 b，第 11 行注文	丘	上	僖公九年，卷 5，第 10 页 a，第 1 行注文	贮	贮
僖公二十二年，卷 5，第 17 页 b，第 9 行经文	泓	泓	僖公二十七年，卷 5，第 21 页 b，第 3 行注文	泓	泓
僖公二十八年，卷 5，第 22 页 b，第 4 行注文	宁	窗	昭公十二年，卷 10，第 6 页 b，第 4 行注文	玄	玄

五　《四部丛刊》的翻印与改订

《四部丛刊书录》著录《春秋穀梁传》云：

[①] 钟锦：《〈古逸丛书〉出版弁言》，黎庶昌编：《古逸丛书》，华东师大本，第 1 册，第 2 页。

[②] 华东师大本底本来源并未清楚交代，目前仅能判断其应是在杨守敬校样本后与上海商务印书馆翻印前的前印本。不过，上海商务印书馆翻印本有"遵义黎庶昌之印"，"星吾东瀛访古记"杨守敬印，及"日本东京木邨嘉平刻"，然华东师大本刓去痕迹皆在，但不知何故去掉这些章，留待考正。

十二卷二册，常熟瞿氏铁琴铜剑楼藏宋建安余氏刊本，晋范宁集解。此亦余氏万卷堂本，款式与《公羊》同，宋本。存卷七至十二，阙卷以黎氏翻本补之。精审下真迹一等耳。有汪阆源印记。[①]

《四部丛刊》选择仅存六卷的铁琴铜剑楼藏本作为底本，再以同是余仁仲万卷堂刊刻《春秋穀梁传集解》的编入《古逸丛书》的黎庶昌本前六卷补上。张元济（1867—1959）理当知悉二书同为余仁仲万卷堂刊刻，但为不同版本。既然为不同版本，且杨守敬认为日本所藏乃余氏定本，那么张元济何不直接采用黎氏之定本，而以两种版本合为一书的方式刊行呢？对于熟悉古籍版本的张元济来说，其虽知黎庶昌覆刻本非常精美，号称"精审下真迹一等耳"，但它毕竟是覆刻日本人的影摹本，而非宋版真迹。就此，铁琴铜剑楼所藏虽仅残存六卷，却是真正的宋代余仁仲万卷堂刻本，珍贵不言而喻，故不因不全而舍之。

据《四部丛刊刊成记》云："赖新法影印之便，如此巨帙，煞青之期，仅费四年。"[②]此处所云新法影印，即指照相石印技术。先拍照，取得底片，以药剂镀于石板，印成底样，再进行描润、去墨污等修改，最后付印。1919年，张元济主持商务印书馆首次出版《四部丛刊》；1929年，他又抽调21部古籍底本重新编印出版。1937年，王云五（1888—1979）主持商务印书馆并进行缩印本出版，后因战事关系，流行不广。待王云五至台湾后，重新筹办台湾商务印书馆，并于1965年出版《四部丛刊》台一版，此即1937年之缩印本；1967年出版台二版，仍为缩本；1975年出版台三版；1979年就台一版又印刷一次。在古籍稀罕，流传不易，无法方便获得时，以《四部丛刊》作为替代读物，是最便捷的方式，因此《四部丛刊》在学界引用率极高。1989年上海书店也曾重新影印，2017年高等教育出版社联合浙江越生文化传媒有限公司再次整理出版。

按理，《四部丛刊》利用照相石印法来翻印古籍，除了缩版、纸墨颜色

---

① 张元济等编修：《四部丛刊书录》，上海：商务印书馆1929年版，第3页。

② 张元济等编修：《四部丛刊刊成记》卷末，《四部丛刊书录》，第1页。

与墨晕造成的笔画粗细等和原版不同，应该能够反映底本原貌。不过，事实并非如此。《四部丛刊》前六卷影印自《古逸丛书》，此六卷并不完全相同。详核二书前六卷，检出些微不同，如表 4-16 所示。

表 4-16　笔画差异表二

出处	《古逸丛书》		《四部丛刊》	出处	《古逸丛书》		《四部丛刊》
	华东师大本	上海商务本			华东师大本	上海商务本	
隐公元年，卷1，第8页b，第11行注文	𡎺	𡎺	𡎺	桓公十三年，卷2，第9页b，第10行经文	夏大水	夏大水	夏大水
庄公元年，卷3，第2页a，第2行释文	同	同	同	庄公十年，卷3，第9页a，第2行注文	丘	丘	丘
庄公二十四年，卷3，第14页b，第10行经文	桷	桷	桷	僖公六年，卷5，第7页b，第11行注文	丘	丘	丘
僖公二十七年，卷5，第21页b，第3行注文	泓	泓	泓	僖公二十八年，卷5，第22页b，第4行注文	宁	㝉	㝉
文公三年，卷6，第3页a，第10行传文	雨	雨	雨	文公三年，卷6，第3页b，第8行传文	也	也	也

二书乍看无有分别，细查仍有线条差异，如《古逸丛书》"夏大水"，"大"与"水"之间不相连，《四部丛刊》字与字线条相近而连。又如"桷"字，描润笔画颤抖，不似原字。或翻印后产生断笔，如"𡎺""回""丘"。或墨迹晕染产生的差异，如"泓""宁"，上墨过重，产生墨晕。或翻印时符号缺漏，如"雨"右上角的去声圈发，翻印后不见。整体来说《四部丛刊》翻印的笔画线条略粗，墨感较重，无法呈现《古逸丛书》原来笔画的锐利

感，除此之外，二书版式行款、文字相同。再比对《四部丛刊》与两种版本《古逸丛书》，可知《四部丛刊》翻印时采用的是商务印书馆本《古逸丛书》，并非华东师范大学出版社翻印的前印本。

以相同的方式比对《四部丛刊》与台北"故宫博物院"藏本（仅存后六卷），仍可见《四部丛刊》有所更动（见表4-17）。

表 4-17　《四部丛刊》板心

四部丛刊	[1]	[2]	[3]	[4]
备注	《四部丛刊》作"穀"，台北"故宫博物院"藏宋刻本作"杀"，此处乃《四部丛刊》改正	《四部丛刊》板心上无刻工注记，台北"故宫博物院"藏宋刻本有，此处为《四部丛刊》所删	《四部丛刊》作"卷十"，台北"故宫博物院"藏宋刻本作"卷十一"，此处为《四部丛刊》改正	《四部丛刊》作"卷十一"，台北"故宫博物院"藏宋刻本无。此处为《四部丛刊》补上

注:[1]襄公，卷9，第15页。
[2]昭公，卷10，第10页。
[3]定公，卷11，第7页。
[4]定公，卷11，第10页。

表 4-18　笔画差异表三

编号	出处	台北"故宫博物院"藏宋刻本	《四部丛刊本》（前印本）	《古逸丛书》（上海商务本）（重校本）	备注
1	宣公五年，卷7，第3页b，第9行注文	杞	犯	杞	《四部丛刊》翻印失真
2	宣公十六年，卷7，第9页a，第5行注文	赤	亦	赤	《四部丛刊》翻印失真
3	昭公元年，卷10，第1页a，第9行注文	大	太	大	《四部丛刊》改字

续表

编号	出处	台北"故宫博物院"藏宋刻本	《四部丛刊本》（前印本）	《古逸丛书》（上海商务本）（重校本）	备注
4	昭公十一年，卷10，第5页b，第3行注文	痤	座	痤	《四部丛刊》翻印失真
5	昭公二十年，卷10，第10页b，第8行释文	反	及	反	《四部丛刊》翻印失真
6	昭公三十一年，卷10，第15页b，第2行注文	己	巳	己	《四部丛刊》翻印失真
7	定公元年，卷11，第2页a，第9行注文	冬	冬	冬	《四部丛刊》翻印失真
8	定公六年，卷11，第6页a，第5行释文	下	丁	下	《四部丛刊》改正，宋本《经典释文》作"丁"[1]
9	襄公七年，卷9，第4页a，第2行释文	于诡反	于诡	于诡反	《四部丛刊》本脱"反"

注：[1]（唐）陆德明：《春秋穀梁音义》,《经典释文》卷22，第2页a。

更改之例虽不多，已足以证明商务印书馆影印时有额外进行文字改订与处理。除此之外，还须注意的是，《四部丛刊》的多次印刷之间，亦存在差异。如：

表 4-19　笔画差异表四

出处	台北"故宫博物院"藏本	《四部丛刊》前印本[1]	《四部丛刊》重印本[2]	出处	台北"故宫博物院"藏本	《四部丛刊》前印本	《四部丛刊》重印本
哀公元年，卷12，第1页b，第9行传文	宁	盇	寍	哀公元年，卷12，第1页a，第9行注文	宁	盇	寍

出处	台北"故宫博物院"藏本	《四部丛刊》前印本	《四部丛刊》重印本	出处	台北"故宫博物院"藏本	《四部丛刊》前印本	《四部丛刊》重印本
哀公元年，卷12，第1页b，第10行注文	牲	牲	牲	哀公元年，卷12，第1页a，第10行注文	擅	擅	擅

注：[1]（战国）穀梁赤著，（晋）范宁集解：《春秋穀梁传集解》，张元济等编：《四部丛刊》经部，上海商务本。

[2]（战国）穀梁赤著，（晋）范宁集解：《春秋穀梁传集解》，张元济等编：《四部丛刊》经部，台北：台湾商务印书馆 1965 年版，缩印本。

因此，引用《四部丛刊》应特别注意著录出版时间，因为前印本、重印本有别。

六　余仁仲刊《春秋穀梁传集解》本的影响

现存宋刻《监本附音春秋穀梁传注疏》二十卷，[①] 每半页十行，学界称十行本。[②] 十行本与余本的关系，前人已言，如张丽娟比较《礼记》《公羊》《左传》经注异文及《经典释文》后，认为余本是十行本的部分文本来源。又云："在十行注疏本文本形成过程中，余仁仲本（或是余仁仲同一系统的版本）曾经发挥重要的作用，它或许即是十行本注疏本经注、释文部分的文本来源。"[③] 乔秀岩言："余仁仲本、纂图互注本、十行本以及闽、监、毛为一类，余仁仲本不妨假设为此类文本之渊源。"[④] 进一步比较

---

① （战国）穀梁赤著，（晋）范宁集解，（唐）杨士勋疏：《监本附音春秋穀梁传注疏》卷1，第7页 a—b；卷12，第2页 a—4 页 b；第13页 a—14页 b；卷14，第12页 a—b；卷19，第7页 a—12页 b，为抄补。

② 张丽娟推断宋刻十行本似当在南宋中期光宗、宁宗间。张丽娟：《宋代经书注疏刊刻研究》，第361页。

③ 张丽娟：《宋代经书注疏刊刻研究》，第159页。

④ 乔秀岩：《〈礼记〉版本杂识》，《北京大学学报》（哲学社会科学版）2006年第5期。

二本版式、^①字体，^②可知十行本据用余本。

另外，余本分附《经典释文》于经传下之位置、减省释文，十行本从之。如：

1. 闵公元年，《释文》"出使所吏反"^③，余本、十行本同附于"其曰来归，喜之也"下，省"出"字。作"○使，所吏反"^④。

2. 闵公元年，《释文》"以累劣伪反"^⑤，余本、十行本同附于"其言齐，以累桓也"下，省"以"字，作"○累，劣伪反"^⑥。

若余本于《释文》内容未省改者，十行本亦从之。如：

1. 闵公元年《释文》"洛姑一本作路姑"^⑦，余本、十行本同作"○洛姑，一本作路姑"^⑧。

2. 闵公二年《释文》"吉禘徒帝反""大祖音泰，下大庙同""昭穆上饶反""未阙苦穴反"^⑨，余本、十行本同作"○禘，徒帝反。大祖，音泰，下大庙同。昭，上饶反。阙，苦穴反"^⑩。余本合并诸条《释文》，齐置"吉禘于庄公"下，十行本皆从之。

再如《释文》本有释音，余本未录，十行本同阙。如：

---

① 细黑口、左右双边、年首顶格、经文圈发。

② 经、传字体同；范宁《春秋穀梁传集解》《经典释文》字体同，双行夹注；《经典释文》置《春秋穀梁传集解》下，以"○"隔之。

③ （唐）陆德明：《春秋穀梁音义》，《经典释文》卷22，第11页b。

④ 余本参见（战国）穀梁赤著，（晋）范宁集解《春秋穀梁传集解》卷4，张元济等编《四部丛刊》经部，第1页a。十行本参见（战国）穀梁赤著，（晋）范宁集解，（唐）杨士勋疏《监本附音春秋穀梁传注疏》卷6，《中华再造善本》，第19页b。

⑤ （唐）陆德明：《春秋穀梁音义》，《经典释文》卷22，第11页b。

⑥ 余本参见（战国）穀梁赤著，（晋）范宁集解《春秋穀梁传集解》卷4，张元济等编《四部丛刊》经部，第1页b。十行本参见（战国）穀梁赤著，（晋）范宁集解，（唐）杨士勋疏《监本附音春秋穀梁传注疏》卷6，《中华再造善本》，第19页b。

⑦ （唐）陆德明：《春秋穀梁音义》，《经典释文》卷22，第11页b。

⑧ 余本参见（战国）穀梁赤著，（晋）范宁集解《春秋穀梁传集解》卷4，张元济等编《四部丛刊》经部，第1页a。十行本参见（战国）穀梁赤著，（晋）范宁集解，（唐）杨士勋疏《监本附音春秋穀梁传注疏》卷6，《中华再造善本》，第19页a。

⑨ （唐）陆德明：《经典释文》，卷22《春秋穀梁音义》，第11页b。

⑩ 余本参见（战国）穀梁赤著，（晋）范宁集解《春秋穀梁传集解》卷4，张元济等编《四部丛刊》经部，第1页b。十行本参见（战国）穀梁赤著，（晋）范宁集解，（唐）杨士勋疏《监本附音春秋穀梁传注疏》卷6，《中华再造善本》，第20页a。

1. 闵公元年，《释文》"继弑音试"①，余本、十行本同阙。

2. 闵公二年，《释文》"君弑申志反，下同"②，余本、十行本同阙。

从上述例子可知十行本以余本作为经注、释文的底本来源。

十行本经注、释文，依据余本，然而余本有二种传世，其依据是前印本还是重校本呢？对校十行本与二种余本，如表 4-20 所示。

（一）异体

凡异体者，或正俗字。余本前印本与重校本用字基本相同，极少不同。以昭公二十年秋释文为例，十行本与前印本作"跐，女轺反"③，重校本改作"跐，女轺反"④。此可作为十行本依前印本的证据之一。

（二）异文

凡异文者，非异体，乃用字不同。借此可察十行本与二种余本关系。

表 4-20　前印本、重校本、十行本校勘表

编号	出处	前印本	重校本	十行本	备注
1	宣公元年，卷7，第1页a，第4行释文	与闻	与门	与闻	十行本同前印本
2	宣公元年，卷7，第1页b，第6行注文	故言帅	故言师	故言帅	十行本同前印本皆讹
3	宣公十二年，卷7，第7页b，第1行注文	之罪	之恶	之恶	十行本同重校本
4	宣公十二年，卷7，第7页b，第3行传文	其败事也	其事败也	其事败也	前印本倒，十行本同重校本
5	宣公十六年，卷7，第9页a，第8行注文	善其器	贵其器	贵其器	前印本讹，十行本同重校本

① （唐）陆德明：《春秋穀梁音义》，《经典释文》卷22，第11页b。

② （唐）陆德明：《春秋穀梁音义》，《经典释文》卷22，第11页b。

③ 十行本参见（战国）穀梁赤著，（晋）范宁集解，（唐）杨士勋疏《监本附音春秋穀梁传注疏》卷18，《中华再造善本》，第5页a。余本参见（战国）穀梁赤著，（晋）范宁集解《春秋穀梁传集解》卷10，张元济等编《四部丛刊》经部，第11页a。

④ （战国）穀梁赤著，（晋）范宁集解：《春秋穀梁传集解》卷10，（清）黎庶昌编：《古逸丛书》，上海商务本，第11页a。

续表

编号	出处	前印本	重校本	十行本	备注
6	成公七年，卷8，第6页a，第4行注文	贤若	贤君	贤君	前印本讹，十行本同重校本
7	襄公十一年，卷9，第6页a，第11行注文	郑者	郑地	郑地	前印本讹，十行本同重校本
8	襄公二十年，卷9，第9页b，第10行传文	兄弟	弟兄	弟兄	前印本倒，十行本同重校本
9	襄公二十年，卷9，第9页b，第11行注文	逐之	遂之	逐之	重校本讹，十行本同前印本
10	襄公二十七年，卷9，第13页b，第6行注文	忠于己	忠于巳	忠于巳	重校本、十行本讹
11	昭公元年，卷10，第1页a，第10行释文	上，郎古反	卤，力古反	卤，力古反	前印本讹，十行本同重校本
12	昭公八年，卷10，第4页b，第3行释文	封碍	卦碍	封碍	前印本、十行本皆讹
13	昭公十八年，卷10，第9页b，第11行注文	许也	许地	许地	前印本讹，十行本同重校本
14	昭公三十一年，卷10，第15页b，第2行注文	已巳	己巳	已巳	前印本、十行本皆讹
15	定公元年，卷11，第2页a，第7行传文	况	况	况	前印本而讹，十行本同重校本
16	定公四年，卷11，第5页a，第5行释文	土达	士达	士达	三者皆讹，十行本同重校本
17	定公十年，卷11，第7页b，第9行释文	七旬	一旬	一旬	重校本、十行本讹
18	定公十二年，卷11，第9页a，第3行传文	造乎齐	边乎齐	边乎齐	前印本讹，十行本同重校本
19	哀公四年，卷12，第3页b，第11行注文	称其君	弑其君	弑其君	前印本讹，十行本同重校本

续表

编号	出处	前印本	重校本	十行本	备注
20	哀公十三年，卷12，第7页b，第2行注文	不如	不知	不知	前印本讹，十行本同重校本
21	哀公十三年，卷12，第7页b，第5行注文	且	且	且	重校本讹，十行本同前印本

十行本有从前印本者，亦有从重校本者，如：

1. 宣公元年集解，前印本作"故言帅"，十行本亦作"故言帅"，重校本作"故言师"。前印本、十行本皆讹。"帅""师"虽形近，文意不同，若十行本非据前印本刊之，实不易同错。

2. 昭公八年秋释文，前印本作"封磜"，十行本亦作"封磜"，重校本作"卦磜"。前印本、十行本皆讹。"封""卦"虽形近，文意不同，若十行本非据前印本刊之，实不易同错。

3. 昭公三十一年集解，前印本作"已巳"，十行本作"已巳"，重校本作"己巳"。前印本、十行本皆讹。

以上为前印本与十行本皆讹，重校本改正之例。同讹之因，乃前印本刊刻在前，十行本据此刊行，未加细察，将错就错。也有十行本依据重校本改，但刻者不知重校本错，故将错就错。如定公十年释文，前印本作"七旬"，此是对的，重校本作"一旬"，此应仍是刻工之误，十行本不察，亦作"一旬"。

可见十行本先依据前印本刊刻，并参酌他本改订，[①]而后万卷堂重校本出，再依改之，故十行本与前印本有同讹误之处，也有与重校本同讹误之处。

（三）脱文

凡脱文者，重校本补之（见表4-21）。

---

① 十行本与余本异文，共25处。

表 4-21　前印本、重校本、十行本脱文校勘表

编号	出处	前印本	重校本	十行本	备注
1	宣公二年，卷7，第2页a，第3行注文	书获皆生也	书获皆生获也	书获皆生获也	前印本脱"获"，十行本与重校本同
2	成公二年，卷8，第3页a，第10行注文	盖言处父亢礼	盖言高偃、处父亢礼	盖言高偃、处父亢礼	前印本脱"高偃"，十行本与重校本同
3	成公十七年，卷8，第12页a，第11行传文	乃十月	壬申乃十月	壬申乃十月	前印本脱"壬申"，十行本与重校本同
4	襄公七年，卷9，第4页a，第2行释文	于诡	于诡反	于诡反	前印本脱"反"，十行本与重校本同
5	襄公十七年，卷9，第8页a，第9行经文	伐我北鄙，围防	伐我北鄙，围桃，齐高厚帅师伐我北鄙，围防	伐我北鄙，围桃，齐高厚帅师伐我北鄙，围防	前印本脱"桃齐高厚帅师伐我北鄙围"，十行本与重校本同
6	襄公二十六年，卷9，第12页b，第7行注文	录日	录日以见之，书日	录日以见之，书日	前印本脱"以见之，书日"，十行本与重校本同
7	昭公二年，卷10，第1页b，第8行注文	至河乃复	至河有疾乃复	至河有疾乃复	前印本脱"有疾"，十行本与重校本同
8	昭公七年，卷10，第3页b，第1行传文	齐平	齐平平者成也	齐平平者成也	前印本脱"平者成也"，十行本与重校本同
9	昭公二十二年，卷10，第12页a，第3行经文	癸酉	癸酉朔	癸酉朔	前印本脱"朔"，十行本与重校本同
10	昭公二十三年，卷10，第12页a，第8行释文	鸡	鸡父	鸡	前印本、十行本脱"父"，十行本与前印本同

续表

编号	出处	前印本	重校本	十行本	备注
11	定公元年，卷11，第2页a，第8行传文	秋大雩非正也	秋大雩非正也，冬大雩非正也	秋大雩非正也，冬大雩非正也	前印本脱"冬大雩非正也"，十行本与重校本同
12	定公四年，卷11，第4页b，第9行传文	乃用事乎汉	归乃用事乎汉	归乃用事乎汉	前印本脱"归"，十行本与重校本同
13	定公十四年，卷11，第9页b，第7行经文	无"吴子光卒"	吴子光卒	吴子光卒	前印本脱"吴子光卒"，十行本与重校本同
14	哀公二年，卷12，第3页a，第3行传文	无"不受也以辄"	不受也，以辄不受父之命	不受也，以辄不受父之命	前印本脱"不受也以辄"，十行本与重校本同
15	哀公二年，卷12，第3页a，第6行注文	忽复归于郑	郑世子忽复归于郑	郑世子忽复归于郑	前印本脱"郑世子"，十行本与重校本同
16	哀公六年，卷12，第4页b，第11行传文	则曰君何也	则其曰君何也	则其曰君何也	前印本脱"其"，十行本与重校本同
17	哀公十三年，卷12，第7页b，第4行经文	许公	许元公	许元公	前印本脱"元"，十行本与重校本同

前印本脱文十七例，重校本已补上，十行本同重校本者十六例，仅有一例未及改。即昭公二十三年释文，前印本作"左氏作鸡"，重校本作"左氏作鸡父"，十行本作"左氏作鸡"。查《左传》昭公二十三年，"吴败顿、胡、沈、蔡、陈、许之师于鸡父"，此或前印本依宋本《释文》作"左氏作鸡"[①]，然此为地名应作"鸡父"，后重校本已订正，然十行本据前印本未及改，故仍与前印本同。由是可解释，十行本与前印本有同样讹误之字，但非常少，大部分都与重校本修订后的字一起改正，故相同者多。

---

① （唐）陆德明：《春秋榖梁音义》，《经典释文》卷22，第27页b。

就此，言余本《春秋穀梁传集解》为十行本所据重要文本来源，此说不差，但更精确地说，当是十行本先据余氏前印本刊刻，后依重校本再次修订。

小　结

《四部丛刊》据以翻印的台北"故宫博物院"藏《春秋穀梁传集解》仅存后六卷，黎庶昌从日本覆刻者同是余仁仲万卷堂刊《春秋穀梁传集解》，其前六卷被编入《古逸丛书》。《四部丛刊》的编印者言以照相石印法影印古籍，经比对该书与台北"故宫博物院"藏本以及《古逸丛书》本均有不同，乃商务印书馆翻印时改动。

《古逸丛书》称覆刻日本狩谷望之影摹柴邦彦旧藏宋刻《春秋穀梁传集解》，然于避讳字另有改动。是以，今所见《四部丛刊》《古逸丛书》所录余仁仲《春秋穀梁传集解》与原书皆有异，不可以原本视之。

再进一步，《古逸丛书》《四部丛刊》各自翻印多次，经比对，有选前印本翻印者，亦有选择重印本翻印者，其或缩版，或剜去板心合并上下页，或描润，不同印次均有差异，因此辨明版本先后关系对研究者来说具有重要意义。

余本刊印《春秋穀梁传集解》时参校宋代监本、江浙诸处官本，未校唐石经。凡受余本影响的十行本、闽本、监本、毛本，乃至清代阮元刊刻《十三经注疏》，均有几处经传与余本同讹，可借由唐石经得到校正。

现存宋刻《春秋穀梁传注疏》，学界称十行本，其乃建阳书坊据余本《春秋穀梁传集解》前印本并《穀梁》单疏本合而刊之，后见万卷堂重校本出版，又据以修订。十行本据重校本基本修订了异文与脱文的讹误，唯有极少部分与前印本同样的讹误未改，是以可证明十行本先据万卷堂前印本刊刻。今人读《春秋穀梁传注疏》，有必要参读余仁仲经注本，方可了解经传注疏合刊时对原书体例与文字的改动。

第五章 《穀梁传》注疏合刻与单疏本考 *

　　宋代将《穀梁传》注疏合刻，以方便故，单疏本遂不流行。唯合刻时更改出文、变换体例，若非与单疏本核校，无从知之。注疏合刻改动或有其考虑，且还原其本，善者从之，不善者勘正之。过去陈鳣、阮元云何煌校《穀梁》所据单疏本为明李中麓抄本，今之学者也认为李中麓抄本是今存三种《穀梁》单疏本的祖本。经核对发现，目前留存的《穀梁》单疏本可分为两系：其一为清陈鳣抄本、瞿镛恬裕斋抄本；其二为刘承幹据张金吾抄本刊刻之《嘉业堂丛书》之《穀梁疏》。又阮元校勘记中引何煌校本者，疑何煌并据以上两系之单疏本。

　　现存最早《穀梁》注疏本为宋刻《监本附音春秋穀梁注疏》，每半页十行，俗称十行本。此本为后来刊刻《十三经注疏》的祖本。自此以降，元刻本、闽本、监本、毛本、殿本、阮刻本，于体例上虽递有更订，疏文基本依循宋刻注疏本。由于注疏本流行，《穀梁》单疏本几近不传，虽有见者，影响不大。注疏本成为传播杨士勋《穀梁疏》的主要传本。

　　杨士勋何许人？史传无文。孔颖达《春秋正义序》云："与朝请大夫国子博士臣谷那律、故四门博士臣杨士勋、四门博士臣朱长才等，对共参定。"[①]据《唐会要》"贞观十二年，国子祭酒孔颖达撰《五经义疏》一百七十卷"[②]，知贞观十二年（638）孔颖达奉诏撰修《五经义疏》，杨士勋参与了《春秋正义》的修订工作。贞观十六年孔氏撰序称"故四门博士"，杨士勋或卒于贞

---

* 本章曾发表于《中国文哲研究集刊》2021 年第 58 期。
① （晋）杜预集解，（唐）孔颖达：《春秋正义序》，《春秋左传注疏》卷首，台北：艺文印书馆 1997 年版，据清嘉庆二十年阮元校勘十三经注疏本影印，第 4 页 b。
② （宋）王溥：《唐会要》，中华书局 1955 年版，第 1405 页。

观十二年至十六年间。①

《旧唐书》云唐代置四门博士三人（正七品上）。②《五经正义序》所录四门博士为齐威（《毛诗正义》）③、朱长才（《春秋正义》）、苏德融（《春秋正义》）④三人，时杨士勋已亡不算在列。另《穀梁注疏》著录杨士勋衔为"国子四门助教"⑤，《旧唐书》载四门助教三人（从八品上）。⑥《五经正义序》所录四门助教为前四门助教李子云（《尚书正义》），四门助教王士雄（《尚书正义》《礼记正义》）、贾普曜（《毛诗正义》）、赵君赞（《礼记正义》），略去"前四门助教李子云"后，亦是三人。杨士勋为四门助教时或未参与《五经正义》撰修，及后擢升为四门博士，方与孔颖达共同撰修《春秋正义》。是以推测杨士勋著作《穀梁疏》应在贞观十二年之前。⑦另著《春秋公穀考异》五卷⑧，亡佚。

阮元重校重刊《穀梁注疏》时并未亲见单疏本，他是利用何煌校记作为校勘依据，因此，除文字外无法借鉴单疏本体例，实不足以突显单疏本对于重校重刊的意义。今存《穀梁》单疏本虽非原抄本，也非宋刻单疏本，又是残本，但透过余存七卷检核注疏本，它让我们知道现存注疏本存在脱误及体例更易问题，是以读者利用注疏本时，应保持谨慎的态度来辨析不合理的疏文，故弥足珍贵。

---

① 野间文史认为《五经正义》第一次完成于贞观十四年（640），第二次完成于贞观十六年。参见野间文史《春秋正义の世界》，广岛：溪水社 1989 年版，第 41—42 页。

② （后晋）刘昫等：《旧唐书》卷 44，中华书局 2013 年版，第 1892 页。

③ （汉）毛公传，（汉）郑玄笺，（唐）孔颖达疏：《毛诗正义序》，《毛诗注疏》卷首，台北：艺文印书馆 1997 年版，据清嘉庆二十年阮元刻十三经注疏本影印，第 2 页 a。

④ （晋）杜预集解，（唐）孔颖达：《春秋正义序》，《春秋左传注疏》卷首，第 4 页 b、5 页 a。

⑤ （战国）穀梁赤著，（晋）范宁集解，（唐）杨士勋疏：《春秋穀梁传序》，《监本附音春秋穀梁注疏》，第 1 页。

⑥ （后晋）刘昫等：《旧唐书》卷 44，第 1892 页。

⑦ （元）郝经云："颖达为左氏经传作疏，而不取公穀氏，其同僚杨士勋疏之，遂行于世。"［参见（元）郝经撰，秦雪清点校：《郝文忠公陵川文集》卷 28，山西人民出版社 2006 年版，第 393 页］按其说，杨士勋疏《穀梁传》似在孔颖达作《春秋正义》后，但从时间上看，贞观十二年（638）至十六年间，杨士勋既要参与孔颖达撰修《春秋正义》，又要撰述《穀梁疏》，似乎不太可能，且若时衔为四门博士，何以名四门助教？所以郝经的原意应是孔颖达不作《穀梁疏》，杨士勋之疏方行于世。

⑧ （元）脱脱等：《艺文志》，《宋史》卷 202，中华书局 1977 年版，第 5065 页。

一　注疏本对单疏本出文的改动与分附

宋代之前经书之经注本与单疏本各自别行，至北宋或南宋初始有注疏合刻本。[①] 据传世版本及相关著录来看，《穀梁》最早的注疏合刻本是宋刻十行本，以下有元刻十行本及明清诸本。十行本是由经注附《释文》本与单疏本重构而成的，而在这个重构的过程中曾对经、注文（经注本）及疏文（单疏本）进行了一定程度的整理与改造。关于单疏本刊行的记载，见宋太宗端拱元年（988）三月命司业孔维等校勘孔颖达《五经正义》百八十卷，诏国子监镂板行之。《穀梁疏》稍后刊之，于景德二年（1005）宋真宗"诏邢昺校定《周礼》《仪礼》《公羊》《穀梁正义》。于是九经之义疏始备"[②]。相关记载亦见王应麟记："（景德二年）六月庚寅，国子监上新刻公穀传、周礼、仪礼正义印板。"[③] 又《崇文总目》载："《春秋穀梁疏》三十卷[④]。唐国子四门助教杨士勋撰，皇朝邢昺等奉诏是正，令太学传授。"[⑤] 可知，当时《穀梁疏》已列为太学传授书目。

靖康之难，国子监书板遭劫，绍兴十五年（1145），"博士王之望请群经义疏未有板者，令临安府雕造。二十一年五月，诏令国子监访寻五经三史旧监本刻板。上曰：'其他阙书，亦令次第镂板，虽重有所费，亦不惜也'，繇是经籍复全。"[⑥] 此是南宋重新开雕。时至今日，《穀梁疏》北宋刻本、南宋刻本俱不存，仅见清陈鳣（1753—1817）抄本（藏北京大学图书馆）、瞿

---

① 目前学界多认为注疏合刻本始于南宋，即南宋高宗时两浙东路茶盐司刻本，此本因行款为半页8行，又称八行本，又因刻于越州，又称越州本。另，顾永新先生研究指出，元贞本《论语注疏解经》的祖本刊行时间必定早于八行本，当在南宋早期甚或北宋。参见顾永新《正经注疏合刻早期进程蠡测——以题名更易和内容构成为中心》，《文史》2020年第2辑。

② 引《六经奥论》，参见（清）朱彝尊撰，林庆彰等点校《经义考》卷196，上海古籍出版社2010年版，第5362页。

③ （宋）王应麟：《咸平校定七经疏义》，《玉海》卷42，北京图书馆出版社2006年版，据元至元六年庆元路儒学刻本影印，第41页a。

④ 此应为十二卷。

⑤ （宋）王尧臣撰，（清）钱东垣等辑释：《崇文总目辑释》卷1，《续修四库全书》，上海古籍出版社1997年版，据清嘉庆刻汗筠斋丛书本影印，第916册，第30页a。

⑥ （宋）王应麟：《景德群书漆板》，《玉海》卷43，第18页b—19页a。参见张丽娟《宋代经书注疏刊刻研究》，第255—268页。

镛（1794—1840）恬裕斋抄本（藏中国国家图书馆）①，以及刘承幹（1881—
1963）向涵芬楼借张金吾（1787—1829）抄本②，后刊于《嘉业堂丛书》之
《穀梁疏》，三种同存后七卷，缺文公以前五卷。前五卷疏文虽于注疏本可
见，但已分附于经注之下，且经改动，故前五卷之原貌遂不可知。

　　注疏本与单疏本体例有别，其一，在出文，单疏本疏《传》，出文前多
系"传"字，如"传重天子之礼也"；疏《注》，前则系"注"字，如"注
诸侯至达也"③。宋刻注疏本略去大部分"传""注"标示。此标示有其作用，
因为一开始经注与疏文别行，疏者标示"传""注"可以便于读者知悉所释
为传为注，若无标示，读者尚须通过内文揣想疏文所释者为何。单疏本虽
多系"传""注"以明之，但非如张金吾所云"传注则一一标出"④，其系传、
系注虽多于注疏本，仍有未系者，如文公七年，瞿本⑤出文作"不正至日之
也"⑥等，前即未系"传"字。⑦

---

① 中国国家图书馆善本书号 03363 著录《春秋穀梁疏》"瞿氏恬裕斋清咸丰七年（1857）"。案此
　或据瞿镛抄本《春秋穀梁疏》后季锡畴跋"咸丰丁巳夏。恬裕斋主人从邑中张氏假得，传录一
　本，嘱余对校一过"语。实则，此为瞿镛逝世后，子秉渊（1820—1886）、秉清（1828—1877）
　继承父志，于咸丰七年请季锡畴校书，季氏书跋著录当时时间。另顺着瞿镛著
　录《春秋穀梁疏》七卷抄残本云"旧为章邱李中麓藏本……今归邑中张伯夏，从之借录"［参
　见（清）瞿镛《铁琴铜剑楼藏书目录》卷 5，《续修四库全书》第 926 册，上海古籍出版社 1997
　年版，据清光绪常熟瞿氏家塾刻本影印，第 926 册，第 42 页 a］，上下语气接连，导致常人读
　之误以为瞿镛咸丰七年传录。案咸丰七年，瞿镛已谢世多年。另见宋翔凤《铁琴铜剑楼藏书目
　录序》云"明经君即世，令子镜之、浚之、融之昆季更承先志"，宋翔凤作序时间同样为咸丰七
　年。［参见（清）瞿镛《序》，《铁琴铜剑楼藏书目录》，《续修四库全书》第 926 册，第 3 页 b、
　4 页 a，则咸丰七年，瞿镛既已谢世多年，不可能于当年传录该书。］
② 据张丽娟考证张金吾本似与陈鳢本同，其云："从张氏记述和异文情况看，与陈鳢本内容完全一致。"
　（参见张丽娟《〈穀梁〉单疏本与注疏合刻本考》，《儒家典籍与思想研究》2009 年第 1 辑）。此或李中麓
　藏本后归张伯夏，瞿镛假录张伯夏藏本。在归张伯夏前为周猗唐所藏，时陈鳢向周氏借抄。
③ （唐）杨士勋著，（清）瞿镛抄：《春秋穀梁疏》卷 6，清抄本，第 1 页 a。
④ （清）张金吾：《爱日精庐藏书志》卷 5，《续修四库全书》第 925 册，上海古籍出版社 1997 年
　版，据清光绪十三年（1887）吴县灵芬阁徐氏用集字版校印本影印，第 6 页 a。
⑤ 以下瞿镛抄《穀梁疏》简称"瞿本"，陈鳢抄《穀梁疏》简称"陈本"，刘承幹刊《嘉业堂丛书》
　《穀梁疏》简称"刘本"。
⑥ （唐）杨士勋著，（清）瞿镛抄：《春秋穀梁疏》卷 6，清抄本，第 8 页 a。不系者，又如文公
　七年"宋人杀其大夫"（卷 6，第 8 页 a）、文公八年"公子遂"（卷 6，第 9 页 a）等等，不
　一一列举。
⑦ 对照徐彦《公羊疏》不系"经""传"，仅系"注"，体例统一，疑此《穀梁疏》体例尚未统一。参
　见（唐）徐彦撰《公羊疏》，北京图书馆出版社 2004 年版，据宋刻元修本影印；（唐）徐彦撰《公
　羊疏》，《景印四部善本丛刊》第 1 辑，台北：台湾商务印书馆，出版年不详，据潘氏藏宋本影印，
　第 1 辑；（唐）徐彦撰，刘承幹刊《春秋公羊疏》，《嘉业堂丛书》，1928 年吴兴刘氏嘉业堂刊本。

其二，单疏本出文与疏文间空一格，宋刻注疏本保留间格，元刻明修本、阮刻本以"○"隔之。如此标志较为醒目，有助于辨识出文结尾，不易与疏文相混。虽为体例，合刻者偶有疏漏，如文公元年"其志，重天子之礼"下，宋刻注疏本脱间格，元刻明修本、阮刻本脱"○"。①

其三，单疏本出文后"释曰"二字或有或无，宋刻注疏本、元刻明修本、阮刻本皆以"释曰"起始。

其四，注疏本在疏文前冠"疏"字，单疏本无。此点需要稍作说明，这部分的差异并非注疏本与单疏本体例不同，因为单疏本只有疏文，经、注文标示起讫，所以毋庸标示"疏"字，而注疏本兼具经、注及疏文，且疏文与注文皆为双行小字，故须注明，以示区别。

以上差异对于释读影响不大，但部分更动则有影响，例如更改出文内容或将疏文分附错位，下文举例说明。

（一）径改出文

张金吾曾归纳单疏本出文体例有三，并注意到注疏本多统一为一种体例，其云："综其体例，大要有三，或标某某至某某，或标某某云云，或竟标传注全文一二句。注疏本欲归一例，俱改作某某至某某。"② 不过，注疏本实未俱改，如庄公二年，秋，七月，齐王姬卒。宋刻注疏本、阮刻本出文作"秋七月云云"③；庄公六年，卫侯朔入于卫。宋刻注疏本、阮刻本出文作"传朔入逆云云"④ 等，全书出文如此者计13处，可见注疏本并未全部统一。

注疏本若改易出文导致文实不符，这便成问题。例如：

（1）文公元年，公孙敖会晋侯于戚。范宁注："礼，卿不得会公侯。《春

---

① （战国）榖梁赤著，（晋）范宁集解，（唐）杨士勋疏：《监本附音春秋榖梁传注疏》卷10，宋刻本，第1页b。（战国）榖梁赤著，（晋）范宁集解，（唐）杨士勋疏：《监本春秋榖梁注疏》卷10，元刻明修本、阮刻本，第1页b。

② （清）张金吾：《爱日精庐藏书志》卷5，《续修四库全书》第925册，第6页a。

③ （战国）榖梁赤著，（晋）范宁集解，（唐）杨士勋疏：《监本附音春秋榖梁传注疏》卷5，宋刻本，第5页a。（战国）榖梁赤著，（晋）范宁集解，（唐）杨士勋疏：《监本春秋榖梁注疏》卷5，阮刻本，第5页a。

④ （战国）榖梁赤著，（晋）范宁集解，（唐）杨士勋疏：《监本附音春秋榖梁传注疏》卷5，宋刻本，第10页b。（战国）榖梁赤著，（晋）范宁集解，（唐）杨士勋疏：《监本春秋榖梁注疏》卷5，阮刻本，第10页b。

秋》尊鲁，内卿大夫可以会外诸侯。戚，卫地。"①瞿本出文作"注内卿至诸侯"②，宋刻注疏本、阮刻本作"注内卿至卫地"，注疏本改出文至"卫地"，然杨士勋疏文仅论鲁内卿大夫可以会外诸侯之例，无一语提及卫地，就此，宋刻注疏本、阮刻本改出文至"卫地"，不合疏意。

阮元校勘记云："闽本同。……监、毛本'卫地'作'诸侯'，非也。"③其意以出文"至卫地"为是。案从疏文判断，出文不宜书"至卫地"。再者，监本、毛本此处注文无"戚，卫地"三字，出文作"注内卿至诸侯"，自属合理。阮元言其非，实非也。④

（2）定公九年，得宝玉大弓。《穀梁传》："其不地何也？宝玉大弓，在家则羞，不目，羞也。恶得之？得之堤下，或曰阳虎以解众也。"瞿本出文作："传不目羞也。注况陪臣专之乎？耻甚而不目其地。"⑤此处单疏本共有两段出文，分别疏传与疏注。宋刻注疏本、阮刻本仅存"注况陪臣专之乎？耻甚而不目其地"⑥，删去了疏传的出文。

杨士勋必先疏传后疏注，故出文如此。查疏文确有疏传，其云："释曰：下'或曰阳虎以解众也'，还是陪臣，何以异之？解，上说不目羞，明失之为辱，得之为荣。荣而言地，地是陪臣之所居。鲁能夺陪臣之得，可以明免耻，何为不地？夫以千乘之国，而受辱于陪臣，虽得为荣，书地则耻。或曰之义，得非鲁力也。阳虎窃国重宝，非其所用，畏众之讨，送纳归君，故书而记之。"⑦既然疏文有释传内容，宋刻注疏本、阮刻本删去疏传出文，不合杨士勋作疏本意，此不宜删也。

① （战国）穀梁赤著，（晋）范宁集解，（唐）杨士勋疏：《监本附音春秋穀梁传注疏》卷10，宋刻本，第2页a。（战国）穀梁赤著，（晋）范宁集解，（唐）杨士勋疏：《监本春秋穀梁注疏》卷10，阮刻本，第2页a。

② （唐）杨士勋著，（清）瞿镛抄：《春秋穀梁疏》卷6，清抄本，第1页b。

③ （清）阮元等：《春秋穀梁传注疏校勘记》卷6，《续修四库全书》第183册，第1页b。

④ 案余仁仲刊《春秋穀梁传集解》有"戚，卫地"三字，疑闽、监、毛本脱文。参见（晋）范宁集解《春秋穀梁传集解》卷6，张元济等编《四部丛刊》经部，第1页b。

⑤ （唐）杨士勋，（清）瞿镛抄：《春秋穀梁疏》卷11，清抄本，第7页b。

⑥ （战国）穀梁赤著，（晋）范宁集解，（唐）杨士勋疏：《监本附音春秋穀梁传注疏》卷19，宋刻本，第12页a—b。（战国）穀梁赤著，（晋）范宁集解，（唐）杨士勋疏：《监本春秋穀梁注疏》卷19，阮刻本，第12页a—b。

⑦ （战国）穀梁赤著，（晋）范宁集解，（唐）杨士勋疏：《监本附音春秋穀梁传注疏》卷19，宋刻本，第12页a—b。（战国）穀梁赤著，（晋）范宁集解，（唐）杨士勋疏：《监本春秋穀梁注疏》卷19，阮刻本，第12页a—b。

（3）定公四年，公及诸侯盟于皋鼬。《穀梁传》："后而再会，公志于后会也。后，志疑也。"[1]"后而再会"之"后"，唐石经、宋余仁仲刊《春秋穀梁传集解》作"一事"。瞿本出文作"传一事至疑也"[2]，宋刻注疏本、阮刻本作"公会至疑也"[3]。

首先，单疏本、唐石经、宋余仁仲刊《春秋穀梁传集解》[4]同作"一事"，亦不见《经典释文》录有他本作"后"者，宋刻注疏本将"一事"作"后"者，不知所据何本，其后闽本、监本、毛本、殿本、阮刻本均作"后"。钟文烝认为此处作"后"字，为"涉下二句而误"[5]，是以，应以"一事"为正。

其次，宋刻注疏本出文作"公会"者，此词不见于传文。按《穀梁传》"一事而再会，公志于后会也"，"会"与"公"分属上下文，不连读，不知"公会"取自何处。或将"会公"倒文？或指经文"公及"，则"会"为"及"之误植乎？

最后，瞿本作"案传异地而发疑辞"[6]，宋刻注疏本等皆作"案传例地而伐疑辞"[7]。案定公四年，公会刘子、晋侯、宋公、蔡侯、卫侯、陈子、郑伯、许男、曹伯、莒子、邾子、顿子、胡子、滕子、薛伯、杞伯、小邾子、齐国夏于召陵，侵楚。钟文烝注曰："地而后侵，疑辞也。"[8]所云义例《穀梁》未有明文。钟氏是藉桓公十五年，公会宋公、卫侯、陈侯于袤，伐郑，《穀梁

---

[1] （战国）穀梁赤著，（晋）范宁集解，（唐）杨士勋疏：《监本附音春秋穀梁传注疏》卷19，宋刻本，第7页a。（战国）穀梁赤著，（晋）范宁集解，（唐）杨士勋疏：《监本春秋穀梁注疏》卷19，阮刻本，第7页a。

[2] （唐）杨士勋著，（清）瞿镛抄：《春秋穀梁疏》卷11，清抄本，第4页b。

[3] （战国）穀梁赤著，（晋）范宁集解，（唐）杨士勋疏：《监本附音春秋穀梁传注疏》卷19，宋刻本，第7页a。（战国）穀梁赤著，（晋）范宁集解，（唐）杨士勋疏：《监本春秋穀梁注疏》卷19，阮刻本，第7页a。

[4] （晋）范宁集解：《春秋穀梁传集解》卷11，第3页b。

[5] （清）钟文烝撰，骈宇骞、骈骅校点：《春秋穀梁经传补注》，《儒藏》（精华编89），第948页。

[6] （唐）杨士勋著，（清）瞿镛抄：《春秋穀梁疏》卷11，清抄本，第4页b。

[7] （战国）穀梁赤著，（晋）范宁集解，（唐）杨士勋疏：《监本附音春秋穀梁传注疏》卷19，宋刻本，第7页a。（战国）穀梁赤著，（晋）范宁集解，（唐）杨士勋疏：《监本春秋穀梁注疏》卷19，阮刻本，第7页a。

[8] （战国）穀梁赤著，（晋）范宁集解，（唐）杨士勋疏：《监本附音春秋穀梁传注疏》卷19，宋刻本，第7页a。（战国）穀梁赤著，（晋）范宁集解，（唐）杨士勋疏：《监本春秋穀梁注疏》卷19，阮刻本，第7页a。

传》"地而后伐，疑辞也"之例推之，认为"地而后侵"也是疑辞。加上杨士勋云："今经言会于召陵侵楚，则疑于前会，不关于后"，以上下文意推之，似是也。瞿本作"传异地而发疑辞"，虽无相关义例，若从召陵之会至皋鼬之会，不日异地再会，据此志鲁公之疑，未尝不可。此处疑以传疑，有待将来再作讨论。

（4）成公二年，秋，七月，齐侯使国佐如师。己酉，及国佐盟于爰娄。《穀梁传》："鞌，去国五百里。爰娄，去国五十里。壹战绵地五百里，焚雍门之茨，侵车东至海。君子闻之曰：'夫甚甚之辞焉，齐有以取之也。'齐之有以取之何也？败卫师于新筑，侵我北鄙，敖郤献子，齐有以取之也。爰娄在师之外。郤克曰：'反鲁、卫之侵地，以纪侯之甗来，以萧同侄子之母为质，使耕者皆东其亩，然后与子盟。'国佐曰：'反鲁、卫之侵地，以纪侯之甗来，则诺。以萧同侄子之母为质，则是齐侯之母也。齐侯之母，犹晋君之母也，晋君之母犹齐侯之母也。使耕者尽东其亩，则是终土齐也，不可。请壹战，壹战不克，请再；再不克，请三；三不克，请四；四不克，请五；五不克，举国而授。'于是而与之盟。"[1]

瞿本作"传爰娄云云"[2]，宋刻注疏本、阮刻本作"爰娄至十里"[3]。若仅看第一段疏文："释曰爰娄去齐五十里，今在师之外，明晋师已逼到其国"，出文书"爰娄云云"确实不如作"爰娄至十里"明确。不过，杨士勋底下尚有疏文，疏云："师，谓晋师也。齐为晋所败，兵临城下，然则败军之将不可以语勇，惊弦之鸟不可以应弓。所以更能五战者，齐是大国，邑竟既宽，收拾余烬，足当诸国之师，故请以五也。"此是疏解传文"请五"之义。由此可知，注疏本改易出文，并未顾及疏文后面"请五"之义，不符合出文原则，若以单疏本作"云云"则可概括。

注疏合刻者未正确理解疏文，除了错改出文，同时将此段疏文错置于

---

① （战国）穀梁赤著，（晋）范宁集解，（唐）杨士勋疏：《监本附音春秋穀梁传注疏》卷13，宋刻本，第3页b—5页a。（战国）穀梁赤著，（晋）范宁集解，（唐）杨士勋疏：《监本春秋穀梁注疏》卷13，阮刻本，第3页b—5页a。

② （唐）杨士勋著，（清）瞿镛抄：《春秋穀梁疏》卷8，清抄本，第3页a。

③ （战国）穀梁赤著，（晋）范宁集解，（唐）杨士勋疏：《监本附音春秋穀梁传注疏》卷13，宋刻本，第4页a。（战国）穀梁赤著，（晋）范宁集解，（唐）杨士勋疏：《监本春秋穀梁注疏》卷13，阮刻本，第4页a。

前。注疏合刻者如此分附，应是先依单疏本出文"爰娄云云"及受疏文第一句"释曰爰娄去齐五十里"影响，将疏文置于传文"爰娄去国五十里"底下，接着统一出文体例，遂改"云云"为"至十里"。按此疏文既释至传末"请五"之义，则此疏文应分附于传末为是。此例是由于错改出文在先，导致分附疏文位置也接着错。

关于疏文错置不只有此例，尚有其他值得商榷之处。如疏文本应系于所释经注之下，但合刻时失察，错将疏文置于其他经注之下。下文举例说明。

（二）错置疏文

（1）成公三年，甲子，新宫灾。《穀梁传》："……其辞恭且哀，以成公为无讥矣。"疏文作"其辞至讥矣。释曰不称谥，明其恭；三日哭，著其哀，是成公为无讥矣"，宋刻注疏本、阮刻本将疏文置于经文"郑公子去疾帅师伐许"①下。闽本、监本、毛本、殿本已改正，置于该传文下。

（2）成公三年，叔孙侨如帅师围棘。疏文作"叔孙至围棘。《公羊》《左氏》皆以棘为汶阳之田邑，此传无说，事或然也"，宋刻注疏本、阮刻本、闽本错置于经文"晋郤克、卫孙良夫伐墙咎如"②底下。监本、毛本、殿本已改正，置于该传文下。

（3）襄公二十七年，卫侯之弟专出奔晋。《穀梁传》："专，喜之徒也。专之为喜之徒何也？己虽急纳其兄，与人之臣谋弑其君，是亦弑君者也。专其曰弟何也？专有是信者，君赂不入乎喜而杀喜，是君不直乎喜也。故出奔晋，织绚邯郸，终身不言卫。专之去，合乎《春秋》。"疏文应置于此传下，然宋刻注疏本、阮刻本误置于前条传文"涉公事矣"下，整段疏文作："涉公事矣。释曰旧解国家之事，危若涉海，以水行为逾也。徐邈云：涉，犹历也。传织绚邯郸。糜信云：绚者，著履鼻之头，即《周礼》绚繶

---

① （战国）穀梁赤著，（晋）范宁集解，（唐）杨士勋疏：《监本附音春秋穀梁传注疏》卷13，宋刻本，第6页b。（战国）穀梁赤著，（晋）范宁集解，（唐）杨士勋疏：《监本春秋穀梁注疏》卷13，阮刻本，第6页b。

② （战国）穀梁赤著，（晋）范宁集解，（唐）杨士勋疏：《监本附音春秋穀梁传注疏》卷13，宋刻本，第6页b。（战国）穀梁赤著，（晋）范宁集解，（唐）杨士勋疏：《监本春秋穀梁注疏》卷13，阮刻本，第6页b。

及纯是也。"①

如此分附疏文当然是错的。不过，宋刻注疏本之所以错置疏文，是有原因的。瞿本襄公二十七年的疏文作"传涉公事矣……徐邈云：涉，犹历也。传织绚邯郸……"②按单疏本体例，出文与疏文间一空格，而此处两段相连没有断开，很容易让刊刻者误以为底下文字为同一段疏文，故并置于前。③闽本、监本、毛本、阮刻本同，惟武英殿本改正，置于该传文之下。

从这个例子来说，清代抄本时间虽晚，但仍部分保留了合刻者当时所见单疏本的原貌。如瞿镛云："所标起止与注疏本亦有不同处，或曰某某至某某，或曰某某云云，或举全句，通体不提行，惟每段空一字标起止，后又空一字，间有不空者，想钞时误连之也。"④因为单疏本出文与疏文连文，导致合刻者未察所致，说明宋代合刊者所见单疏本也是相连的。

段玉裁云："校经之法，必以贾还贾，以孔还孔，以陆还陆，以杜还杜，以郑还郑，各得其底本，而后判其义理之是非，而后经之底本可定，而后经之义理可以徐定。不先正注疏释文之底本则多诬古人，不断其立说之是非则多误今人。"⑤诚为古籍整理的重要理论，唯有厘清每一个版本的原来面貌，才可以进行讨论与判断是非。更进一步说，还原各本原来面貌，借此勘正历代传钞刊刻的讹误，并非要以某本为准，而是通过还原各本来作为校勘时的依据之一。

二 注疏本与单疏本所据经注本不同

除了体例与出文的改动，尚有注疏本疏文所引经传与单疏本异者，这一

---

① 瞿本"糜"作"麋"；"绚"作"约"。（战国）穀梁赤著，（晋）范宁集解，（唐）杨士勋疏：《监本附音春秋穀梁传注疏》卷16，宋刻本，第9页b。（战国）穀梁赤著，（晋）范宁集解，（唐）杨士勋疏：《监本春秋穀梁注疏》卷16，阮刻本，第9页b。

② （唐）杨士勋著，（清）瞿镛抄：《春秋穀梁疏》卷9，清抄本，第13页b。

③ 相同例子。襄公六年，齐侯灭莱。疏文分附在上经"莒人灭缯"下。参见（战国）穀梁赤著，（晋）范宁集解，（唐）杨士勋疏《监本附音春秋穀梁注疏》卷15，宋刻本，第6页a。

④ （清）瞿镛：《铁琴铜剑楼藏书目录》卷5，《续修四库全书》第926册，第42页a。

⑤ （清）段玉裁：《与诸同志书论校书之难》，《经韵楼集》卷12，《续修四库全书》，上海古籍出版社1995年版，据清嘉庆十九年刻本影印，第1434册，第52页a—b。

点仅从疏文是无法辨别其是非的，甚至可能会认为单疏本误。于此可以参照唐石经，来推测杨士勋当时的可能用字。例如成公十六年，晋人执季孙行父，舍之于苕丘。《穀梁传》："执者不舍，而舍，公所也；执者致，而不致，公在也。何其执而辞也？犹存公也。存意，公亦存也？公存也。"

> 瞿本：公亦存焉。①
> 刘本：公亦存焉。②
> 唐石经：公亦存焉。③
> 余仁仲本：公亦存焉。④
> 宋刻注疏本传文：公亦存也。⑤
> 宋刻注疏本疏文：公亦存焉。⑥

注疏本传文作"公亦存也"，疏文引传文作"公亦存焉"，若未细究，或以为杨士勋笔误。然与唐石经、余仁仲本对照可知，彼等经文均作"公亦存焉"，辅以单疏本，足可证明杨士勋疏文非为笔误，其所见本即作"公亦存焉"也。阮元校勘记云："闽、监、毛本同。石经、余本'也'作'焉'。"⑦ 校勘记指出异文，未定是非。案"焉""也"作为句末语气词，一则待疑，一则肯定，据范宁注："问存舍之不致之意，便可知公所在乎"，作问句，故下传应之曰"公存也"。故此不宜以"也"字作结。注疏本何以误作"也"？疑是前后传文均以"也"字结语，如"执者不舍，而舍，公所也；执者致，而不致，公在也。何其执而辞也？犹存公也。存意，公亦存焉？公存也"，故抄录不审误将"焉"字作"也"。

襄公十八年，《穀梁传》："非围而曰围齐，有大焉，亦有病焉。非大而

---

① （唐）杨士勋撰，（清）瞿镛抄：《春秋穀梁疏》卷 8，第 17 页 b。
② （唐）杨士勋撰，刘承幹刊：《穀梁疏》卷 8，《嘉业堂丛书》，第 20 页 b。
③ 高峡主编：《春秋穀梁传》，《开成石经》卷 178，《西安碑林全集》，第 485 页。
④ （晋）范宁集解：《春秋穀梁传集解》卷 8，第 11 页 a。
⑤ （战国）穀梁赤著，（晋）范宁集解，（唐）杨士勋疏：《监本附音春秋穀梁注疏》卷 14，宋刻本，第 10 页 b。
⑥ （战国）穀梁赤著，（晋）范宁集解，（唐）杨士勋疏：《监本附音春秋穀梁注疏》卷 14，宋刻本，第 11 页 a。
⑦ （清）阮元等：《春秋穀梁传注疏校勘记》卷 8，《续修四库全书》第 183 册，第 9 页 a。

足同与? 诸侯同罪之也，亦病矣。"

> 瞿本：非大而足同与。①
> 刘本：非大而足同与。②
> 唐石经：非大而足同与。③
> 余仁仲本：非大而足同与。④
> 宋刻注疏本：非大而足同焉。⑤

注疏本传文作"非大而足同焉"，疏文作"非大而足同与"⑥。与前例相同，若仅读注疏本而未核校他本，则难知孰是孰非。对校他本，则可释疑。如阮元校勘记："闽、监、毛本同。石经、余本'焉'作'与'。案释文出'同与'，是陆所据本亦作'与'，作'焉'者非。"⑦阮元据《经典释文》断定作"焉"字者非。注疏本作"焉"，疑是受前文"有大焉，亦有病焉"皆取"焉"字作结，故不审而改"与"作"焉"，若然，则此应如阮元所云作"与"也。

　　另有部分注疏本疏文与单疏本不同，并不是注疏合刻者改订，可能是注疏本与单疏本所见经注本并非一本。例如宣公十三年，晋杀其大夫先縠。

> 瞿本：晋杀其大夫先縠。此虽无传，于例为杀无罪也。⑧
> 刘本：传晋杀其大夫先縠。此虽无传，于例为杀无罪也。⑨

---

① （唐）杨士勋撰，（清）瞿镛抄：《春秋穀梁疏》卷9，第10页a。
② （唐）杨士勋撰，刘承幹刊：《穀梁疏》卷9，《嘉业堂丛书》，第12页a。
③ 高峡主编：《春秋穀梁传》，《开成石经》卷179，《西安碑林全集》，第536页。
④ （晋）范宁集解：《春秋穀梁传集解》卷9，第8页b。
⑤ （战国）穀梁赤著，（晋）范宁集解，（唐）杨士勋疏：《监本附音春秋穀梁注疏》卷16，宋刻本，第2页a。
⑥ （战国）穀梁赤著，（晋）范宁集解，（唐）杨士勋疏：《监本附音春秋穀梁注疏》卷16，宋刻本，第2页a。
⑦ （清）阮元等：《春秋穀梁传注疏校勘记》卷9，第5页b。
⑧ （唐）杨士勋撰，（清）瞿镛抄：《春秋穀梁疏》卷7，第9页b。
⑨ （唐）徐彦撰，刘承幹刊：《穀梁疏》卷7，《嘉业堂丛书》，第11页a。案《嘉业堂丛书》之《穀梁疏》与瞿本虽同为单疏本，"传/□""穀/縠""无/無"用字不同。疑《嘉业堂丛书》之《穀梁疏》所采底本不同，或经修订。

唐石经：晋杀其大夫先縠。①

余仁仲本：晋杀其大夫先縠 ○縠户木反，一本作縠。②

宋刊注疏本：冬晋杀其大夫先縠。○縠户木反，一本作縠。晋杀至先縠。○释日此虽无传，于例为縠无罪也。③

元刊注疏本：冬晋杀其大夫先縠。○縠户木反，一本作縠。晋杀至先縠。○释日此虽无传，于例为杀无罪也。④

阮元刻注疏本：冬晋杀其大夫先縠。○縠户木反，一本作縠。晋杀至先縠。○释日此虽无传，于例为杀无罪也。⑤

瞿本与唐石经用字同，余仁仲本作"縠"。案杨士勋《穀梁疏》与唐石经前后差二百年，然透过今传单疏本与唐石经、注疏本对照，偶见单疏本与唐石经用字一致，此或唐时所订正字。而宋代《穀梁》注疏合刻时经注本采用余仁仲刊《春秋穀梁传集解》，宋以降注疏本皆承袭之，故元刊注疏本等均作"縠"。另，《经典释文》"一本作縠"⑥，陆德明或曾见单疏本与唐石经所见作"縠"之经注本。

单疏本所引经传也有与唐石经不合之例。如：

（1）文公十三年，邾子籧篨卒。

瞿本：邾子籧除卒。⑦

刘本：邾子籧除卒。⑧

① 高峡主编：《春秋穀梁传》，《开成石经》卷178，《西安碑林全集》，第419页。

② （晋）范宁集解：《春秋穀梁传集解》卷7，第7页b。

③ （战国）穀梁赤著，（晋）范宁集解，（唐）杨士勋疏：《监本附音春秋穀梁注疏》卷12，宋刻本，第14页b。

④ （战国）穀梁赤著，（晋）范宁集解，（唐）杨士勋疏：《监本附音春秋穀梁注疏》卷12，元刻明修本，第14页b。

⑤ （战国）穀梁赤著，（晋）范宁集解，（唐）杨士勋疏：《监本附音春秋穀梁注疏》卷12，阮刻本，第14页b。

⑥ （唐）陆德明：《穀梁音义》，《经典释文》卷22，第20页a。案此本引经文作"縠"，又"一本作縠"，必有一处误，一字当作"縠"。

⑦ （唐）杨士勋撰，（清）瞿镛抄：《春秋穀梁疏》卷6，第13页a；（唐）杨士勋撰，刘承幹刊：《穀梁疏》卷6，《嘉业堂丛书》，第15页a。

⑧ （唐）杨士勋撰，（清）瞿镛抄：《春秋穀梁疏》卷6，第13页a；（唐）杨士勋撰，刘承幹刊：《穀梁疏》卷6，《嘉业堂丛书》，第15页a。

唐石经：邾子籧篨卒。①

宋刊注疏本：邾子籧篨卒。②

钟文烝："唐石经《左氏》初刻作'籧蒢'，后并磨去'艹'头。板本同初刻。唐石经《公羊》初刻并从'竹'，后并改从'艹'。板本则上自从'艹'，下字从'竹'。惟《穀梁》石经、板本皆并从'竹'，为得其正。段玉裁曰：'二字并当从"竹"，籧篨，竹席也，此以器为名。'"③另见张参《五经文字》二字皆收录，"籧，作蘧讹"④，"蘧，蘧麦，巨俱反，又音渠"⑤，二字俱为正字，至于是否如段玉裁云邾子以器为名，则可备一说。

（2）成公七年，郊牛日展觓角而知伤。

瞿本：觗。⑥

刘本：觗。⑦

唐石经：觓。⑧

余仁仲本：觓。⑨

宋刊注疏本：觓。⑩

钟文烝直作"觓"，并云："或作'觗'，为误字。"⑪阮元校勘记："监本同，石经、闽、毛本'觓'作'觓'是也。释文出'觓角'云其璆反，一音求，

① 高峡主编：《春秋穀梁传》，《开成石经》卷178，《西安碑林全集》，第369页。
② （战国）穀梁赤著，（晋）范宁集解，（唐）杨士勋疏：《监本附音春秋穀梁注疏》卷11，宋刻本，第6页a。
③ （清）钟文烝撰，骈宇骞、骈骅校点：《春秋穀梁经传补注》，第733页。
④ （唐）张参：《五经文字》卷中，《开成石经》卷143，《西安碑林全集》，第102页。
⑤ （唐）张参：《五经文字》卷中，《开成石经》卷143，第93页。
⑥ （唐）杨士勋撰，（清）瞿镛抄：《春秋穀梁疏》卷8，第7页a。
⑦ （唐）杨士勋撰，刘承幹刊：《穀梁疏》卷8，《嘉业堂丛书》，第7页b。
⑧ 高峡主编：《春秋穀梁传》，《开成石经》卷178，《西安碑林全集》，第459页。
⑨ （晋）范宁集解：《春秋穀梁传集解》卷8，第5页b。
⑩ （战国）穀梁赤著，（晋）范宁集解，（唐）杨士勋疏：《监本附音春秋穀梁注疏》卷13，宋刻本，第10页b。
⑪ （清）钟文烝撰，骈宇骞、骈骅校点：《春秋穀梁经传补注》，第798页。

本或作'筋'非。"①《经典释文》:"觓角,其樛反,一音求,角皃,本或作'筋'非。"②张参《五经文字》云:"刟、觓,二同,上见《春秋传》,从刀者讹,下见《诗》。"③查唐石经《左传》"兕觵其觓"④,未见《春秋传》有"刟"字,倒是《穀梁传》作"刟"字。另《诗经》"兕觥其觓"⑤、"兕觥其觓"⑥、"角弓其觓"⑦,段玉裁云"刟":"俗作觓。"⑧《诗经》又有作"有捄其角"⑨,段玉裁云:"捄者,觓之假借字也。"⑩依段玉裁的理解,"刟""觓"虽异,仍是正俗字关系,在唐代二字相通。注疏本作"斛"应是承袭余本之误,而余本之误疑因"刂""斗"形近而误。

关于注疏本与单疏本的差异,还可从陆德明《经典释文》来考察。《释文》保留了唐前及唐代不同《穀梁》经注本的异文,可以作为判断注疏本与单疏本所据经注底本不同的依据。例如:

(1)文公二年,范宁注:"以昭缪为次序,父为昭,子为缪,昭南乡,缪北乡。"⑪

　　《经典释文》:昭缪,音韶穆,下及传同。⑫

　　唐石经:昭穆。⑬

　　瞿本:僖继闵而立,犹子之继父,故传以昭穆祖父为喻。⑭

　　刘本:僖继闵而立,犹子之继父,故传以昭穆祖父为喻。⑮

①　(清)阮元等:《春秋穀梁传注疏校勘记》卷8,第4页a—b。
②　(唐)陆德明:《穀梁音义》,《经典释文》卷22,第21页b。
③　(唐)张参:《五经文字》卷中,《开成石经》卷143,《西安碑林全集》,第65页。
④　《春秋左氏传》,《开成石经》卷155,《西安碑林全集》,第1267页。
⑤　《诗经》,《开成石经》卷118,《西安碑林全集》,第503页。
⑥　《诗经》,《开成石经》卷120,《西安碑林全集》,第723页。
⑦　《诗经》,《开成石经》卷120,《西安碑林全集》,第738页。
⑧　(汉)许慎撰,(清)段玉裁注,鲁实先正补:《说文解字注》卷4篇下,台北:黎明文化事业股份有限公司1996年版,据清嘉庆二十年经韵楼藏版影印,第56页a。
⑨　《诗经》,《开成石经》卷120,《西安碑林全集》,第722页。
⑩　(汉)许慎撰,(清)段玉裁注,鲁实先正补:《说文解字注》卷4篇下,第56页a。
⑪　(晋)范宁集解:《春秋穀梁传集解》卷6,第2页b。
⑫　(唐)陆德明:《穀梁音义》,《经典释文》卷22,第16页b。
⑬　高峡主编:《春秋穀梁传》,《开成石经》卷177,《西安碑林全集》,第340页。
⑭　(唐)杨士勋撰,(清)瞿镛抄:《春秋穀梁疏》卷6,第3页b。
⑮　(唐)杨士勋撰,刘承幹刊:《穀梁疏》卷6,《嘉业堂丛书》,第4页b。

宋刻注疏本注：以昭缪为次序，父为昭，子为缪，昭南乡，缪北乡。

注疏本释文：昭缪。

注疏本疏文：昭穆。①

元刻注疏本注：以昭缪为次序，父为昭，子为穆，昭南乡，缪北乡。

注疏本释文：昭缪。

注疏本疏文：昭穆。②

阮刻注疏本注：以昭缪为次序，父为昭，子为穆，昭南乡，缪北乡。

注疏本释文：昭缪。

注疏本疏文：昭穆。③

范宁注作"昭缪"，陆德明所见本亦作"昭缪"，单疏本作"昭穆"，注疏本合刊时未据单疏本统一经注，也未据经注本统一疏文，是以经注作"缪"，疏文作"穆"。通过此例可知，单疏本、唐石经均作"昭穆"，注疏本疏文保留单疏本原字，而注疏本经注同余仁仲本，此或余仁仲所见经注本与杨士勋所见经注本不同故耳。

（2）文公三年，雨螽于宋。范宁注作"茨，蒺藜"④。

《经典释文》：茨，蒺藜也。⑤

瞿本：蒺藜。⑥

刘本：蒺藜。⑦

宋刻注疏本注、疏文：蒺藜。⑧

---

① （战国）穀梁赤著，（晋）范宁集解，（唐）杨士勋疏：《监本附音春秋穀梁注疏》卷10，宋刻本，第4页b—5页b。

② （战国）穀梁赤著，（晋）范宁集解，（唐）杨士勋疏：《监本附音春秋穀梁注疏》卷10，元刻明修本，第4页b—5页b。

③ （战国）穀梁赤著，（晋）范宁集解，（唐）杨士勋疏：《监本附音春秋穀梁注疏》卷10，阮刻本，第4页b—5页b。

④ （晋）范宁集解：《春秋穀梁传集解》卷6，第3页a。

⑤ （唐）陆德明：《穀梁音义》，《经典释文》卷22，第16页b。

⑥ （唐）杨士勋撰，（清）瞿镛抄：《春秋穀梁疏》卷6，第4页b。

⑦ （唐）杨士勋撰，刘承幹刊：《穀梁疏》卷6，《嘉业堂丛书》，第5页a。

⑧ （战国）穀梁赤著，（晋）范宁集解，（唐）杨士勋疏：《监本附音春秋穀梁注疏》卷10，宋刻本，第6页a。

藜，《说文》载从艹黎声①，藜为异体。张参《五经文字》作"蔟藜，音棃，亦作犁"②，唐石经《周易》："据于蔟藜"③，唐石经《春秋左氏传》："蓬蒿藜藋"④，《玉篇》："藜，力脂切，蔟藜""藜，旅题切，蒿类"⑤，似唐代以"藜"为正字，而单疏本均作"藜"。

（3）文公十一年，冬十月甲午，叔孙得臣败狄于咸。范宁注引僖公元年获莒挐⑥，范宁注作"莒挐"，余本附释文作"挐，女居反"⑦。

　　　　《经典释文》：莒挐。⑧

　　　　瞿本：莒挐。⑨

　　　　刘本：莒挐。⑩

　　　　宋刻注疏本注：莒挐。释文：挐，女居反。疏：莒挐……莒挐。⑪

　　　　元刊注疏本注：莒挐。释文：挐，女居反。疏：莒挐……莒挐。⑫

　　　　阮刻注疏本注：莒挐。释文：挐，女居反。疏：莒挐……莒挐。⑬

唐石经僖公元年作"莒挐"⑭，《五经文字》作"挐挐，上女居反，下女加反"⑮，女居反作"挐"，余本、注疏本引《释文》误作"挐"，应如宋刻本

---

① （汉）许慎撰，（清）段玉裁注，鲁实先正补：《说文解字注》卷1篇下，第52页a。
② （唐）张参：《五经文字》卷中，《开成石经》卷143，《西安碑林全集》，第93页。
③ 《周易》，《开成石经》卷108，《西安碑林全集》，第191页。
④ 《春秋左氏传》，《开成石经》卷163，《西安碑林全集》，第2522—2523页。
⑤ （陈）顾野王撰，（宋）陈彭年等重修：《大广益会玉篇》卷13，《四部丛刊》初编，商务印书馆1929年版，据建德周氏藏元刊本影印，第3页a。
⑥ （晋）范宁集解：《春秋穀梁传集解》卷5，第2页a。
⑦ （晋）范宁集解：《春秋穀梁传集解》卷6，第3页a。
⑧ （唐）陆德明：《穀梁音义》，《经典释文》卷22，第17页b。
⑨ （唐）杨士勋撰，（清）瞿镛抄：《春秋穀梁疏》卷6，第11页a。
⑩ （唐）杨士勋撰，刘承幹刊：《穀梁疏》卷6，《嘉业堂丛书》，第13页b。
⑪ （战国）穀梁赤著，（晋）范宁集解，（唐）杨士勋疏：《监本附音春秋穀梁注疏》卷10，宋刻本，第6页a。
⑫ （战国）穀梁赤著，（晋）范宁集解，（唐）杨士勋疏：《监本附音春秋穀梁注疏》卷11，元刻明修本，第3页a。
⑬ （战国）穀梁赤著，（晋）范宁集解，（唐）杨士勋疏：《监本附音春秋穀梁注疏》卷11，阮刻本，第3页a。
⑭ 高峡主编：《春秋穀梁传》，《开成石经》卷176，《西安碑林全集》，第219页。
⑮ （唐）张参：《五经文字》卷中，《开成石经》卷143，《西安碑林全集》，第93页。

《经典释文》作"挈"。

（4）宣公十六年，成周宣榭灾。余本经注均作"榭"。①

　　《经典释文》：宣榭，音谢，本或作谢。②

　　瞿本：宣谢灾。③

　　刘本：宣谢灾。④

　　宋刻注疏本：宣榭灾。⑤

　　元刊注疏本：宣榭灾。⑥

　　阮刻注疏本：宣榭灾。⑦

阮元校勘记云："单疏本'榭'作'谢'，下同。案此则单疏本所据经注必皆作'谢'，与《释文》或作本合。"⑧说明阮元也注意到注疏本与单疏本所见经注本不同。

　　通过与唐石经、《经典释文》的比勘，得知单疏本既保有正字，也存在俗字。值得注意的是，单疏本呈现了杨士勋所见的经注本可能和注疏合刻本所选用的经注本不同。

三　单疏本内容商榷

　　关于单疏本版本流传、价值，张丽娟曾撰专文介绍。⑨今略举二例说明单疏本具有勘正注疏本错讹的价值，如文公二年，单疏本疏文引卫次仲

---

① （晋）范宁集解：《春秋榖梁传集解》卷7，第9页a。
② （唐）陆德明：《榖梁音义》，《经典释文》卷22，第20页b。
③ （唐）杨士勋撰，（清）瞿镛抄：《春秋榖梁疏》卷7，第10页b。
④ （唐）杨士勋撰，刘承幹刊：《榖梁疏》卷7，《嘉业堂丛书》，第12页b。
⑤ （战国）榖梁赤著，（晋）范宁集解，（唐）杨士勋疏：《监本附音春秋榖梁注疏》卷12，宋刻本，第17页a。
⑥ （战国）榖梁赤著，（晋）范宁集解，（唐）杨士勋疏：《监本附音春秋榖梁注疏》卷12，元刻明修本，第17页a。
⑦ （战国）榖梁赤著，（晋）范宁集解，（唐）杨士勋疏：《监本附音春秋榖梁注疏》卷12，阮刻本，第17页a。
⑧ （清）阮元等：《春秋榖梁传注疏校勘记》卷7，第6页b。
⑨ 张丽娟：《〈榖梁〉单疏本与注疏合刻本考》，《儒家典籍与思想研究》2009年第1辑。

云："宗庙主皆用栗，右主八寸，左主七寸，广厚三寸。"①宋刻注疏本、阮刻本、闽本、北监本、毛本、殿本作"左主八寸"②。阮元校勘记："何校本'八'作'七'，按《仪礼经传通解》亦作'七'。"③又《春秋左传注疏》引卫次仲云："右主八寸，左主七寸，广厚三寸"，亦作"七"，且云右主谓父也，左主谓母也，以右尊于左，高一寸，理可通也，则宋刻注疏本以降宜据单疏本改正。

又如宣公十八年，公薨于路寝。宋刻注疏本、闽本、监本、毛本、殿本、阮刻本《穀梁传》作"正寝也"④，按单疏本出文作"传路寝正寝也"，疏文云"重发传者"，知单疏本所见《穀梁传》为"路寝，正寝也"，复查余仁仲刊《春秋穀梁传集解》，传文亦作"路寝，正寝也"⑤，则可断定宋刻注疏本等传文脱"路寝"二字。

当然，单疏本亦非毫无瑕疵，也存在讹误，这是在使用单疏本时该注意的。今就单疏本内容问题，进一步讨论。例如：

（一）脱文

文公二年，丁丑作僖公主。瞿本疏云"故子遂有纳币之讥"⑥，此引下经文"公子遂如齐纳币"事，瞿本脱"公"字，宋刻注疏本、阮刻本无脱文。⑦

（二）倒文

文公二年，八月丁卯，大事于大庙，跻僖公。瞿本疏云"范于二年闵注

---

① （唐）杨士勋著，（清）瞿镛抄：《春秋穀梁疏》卷6，清抄本，第2页a。
② （战国）穀梁赤著，（晋）范宁集解，（唐）杨士勋疏：《监本附音春秋穀梁传注疏》卷10，宋刻本，第3页a。（战国）穀梁赤著，（晋）范宁集解，（唐）杨士勋疏：《监本春秋穀梁注疏》卷10，阮刻本，第3页a。
③ （战国）穀梁赤著，（晋）范宁集解，（唐）杨士勋疏：《监本春秋穀梁注疏》卷10校勘记，阮刻本，第1页b。
④ （战国）穀梁赤著，（晋）范宁集解，（唐）杨士勋疏：《监本春秋穀梁注疏》卷12，阮刻本，第18页b。
⑤ （晋）范宁集解：《春秋穀梁传集解》卷7，第10页a。
⑥ （唐）杨士勋著，（清）瞿镛抄：《春秋穀梁疏》卷6，清抄本，第1页b。《穀梁疏》作"故公子遂有纳币之讥"，无脱。参见（唐）杨士勋撰，刘承幹刊《穀梁疏》卷6，《嘉业堂丛书》，第2页a。
⑦ （战国）穀梁赤著，（晋）范宁集解，（唐）杨士勋疏：《监本附音春秋穀梁传注疏》卷10，宋刻本，第3页a。（战国）穀梁赤著，（晋）范宁集解，（唐）杨士勋疏：《监本春秋穀梁注疏》卷10，阮刻本，第3页a。

同杜预"①，宋刻注疏本、阮刻本皆作"闵二年"②，为是。

（三）错讹

（1）文公二年，八月丁卯，大事于大庙跻僖公。瞿本疏云"范氏为庄公为祖，非也非也"③，宋刻注疏本、阮刻本作"范氏谓庄公为祖，其理非也"④。"为"字文意不通，"谓"字为宜。又，宋刻注疏本、阮刻本作"其理非也"，查文公十一年、成公八年，疏文亦有"其理非也"⑤句，此应是杨士勋行文用词，较"非也非也"合宜。

（2）文公三年，雨螽于宋。单疏本引何休云："螽，犹众也。死而坠者，象宋群臣相残害也云云上下异之云尔。"⑥宋刻注疏本同⑦，刘本"者"作"地"⑧。查《春秋公羊传注疏》，何休注云："螽，犹众也。众死而坠者，群臣将争强相残贼之象，是后大臣比争斗相杀，司城惊逃，子哀奔亡，国家廓然无人，朝廷久空，盖由三世内娶，贵近妃族，祸自上下，故异之云尔。"⑨何休解经云螽死而坠者众，将此事与后来宋国人祸频起相联系，以象喻之⑩，

———————

① （唐）杨士勋著，（清）瞿镛抄：《春秋穀梁疏》卷6，清抄本，第3页b。《穀梁疏》作"范于闵二年注同杜预"，无倒。参见（唐）杨士勋撰，刘承幹刊《穀梁疏》卷6，《嘉业堂丛书》，第4页a。

② （战国）穀梁赤著，（晋）范宁集解，（唐）杨士勋疏：《监本附音春秋穀梁传注疏》卷10，宋刻本，第4页b。（战国）穀梁赤著，（晋）范宁集解，（唐）杨士勋疏：《监本春秋穀梁注疏》卷10，阮刻本，第4页b。

③ （唐）杨士勋著，（清）瞿镛抄：《春秋穀梁疏》卷6，清抄本，第4页a。《穀梁疏》作"范氏谓庄公为祖，其理非也"，与宋刻注疏本同。参见（唐）杨士勋撰，刘承幹刊《穀梁疏》卷6，《嘉业堂丛书》，第4页b。

④ （战国）穀梁赤著，（晋）范宁集解，（唐）杨士勋疏：《监本附音春秋穀梁传注疏》卷10，宋刻本，第5页b。（战国）穀梁赤著，（晋）范宁集解，（唐）杨士勋疏：《监本春秋穀梁注疏》卷10，阮刻本，第5页b。

⑤ （战国）穀梁赤著，（晋）范宁集解，（唐）杨士勋疏：《监本春秋穀梁注疏》卷11，阮刻本，第4页a；卷13，第13页a。

⑥ （唐）杨士勋著，（清）瞿镛抄：《春秋穀梁疏》卷6，清抄本，第4页a。

⑦ （战国）穀梁赤著，（晋）范宁集解，（唐）杨士勋疏：《监本附音春秋穀梁传注疏》卷10，宋刻本，第6页a。

⑧ （唐）杨士勋撰，刘承幹刊：《穀梁疏》卷6，《嘉业堂丛书》，第5页a。

⑨ （汉）何休解诂，（唐）徐彦疏：《监本春秋公羊传注疏》卷13，阮刻本，第8页b。

⑩ 徐彦疏云"相杀"者，指文公七年、八年，宋人杀其大夫；"司城惊逃"者，指文公八年，宋司城来奔；"子哀奔亡"者，指文公十四年，宋子哀来奔；"三世内娶"者，指僖公二十五年、文公七年，传皆云宋三世无大夫，三世内娶也。参见（汉）何休解诂，（唐）徐彦疏《监本春秋公羊传注疏》卷13，阮刻本，第8页b—9页a。

疏文引何休注乃节录其文,文句稍有变异,义无差多。其中引何休文"众死而坠者,群臣将争强相残贼之象",瞿本作"象宋群臣相残害也",此宋刻注疏本以下,闽、监、毛、殿本同,唯阮刻本异。阮元直云:"此乃疏家以意改也。"① 以此之故,阮刻本改作"螽,犹众也。死而坠者,众宋群臣相残害也云云上下异之云尔。"② 阮元如此改者,是据《春秋公羊传注疏校勘记》云"按无者,非也"③,指《穀梁疏》"死而坠者","死"上无"众",非也,遂以《公羊传注疏》改《穀梁传注疏》。

(四) 不合体例

(1)文公七年,遂城郚。范宁注:"因伐邾之师。"④ 瞿本录此"因伐邾之师"为出文,但存其目,底下无文。此或杨士勋初有意疏之,后未果,遂存其出文乎?

(2)《穀梁疏》中有既释经又释传的疏文,但仅一段出文,如襄公三十年,晋人、齐人、宋人、卫人、郑人、曹人、莒人、邾人、滕人、薛人、杞人、小邾人会于澶渊,宋灾故。《穀梁传》:"会不言其所为,其曰宋灾故何也? 不言灾故,则无以见其善也。其曰人何也? 救灾以众。何救焉? 更宋之所丧财也。"⑤ 瞿本作:"晋人、齐人云云。释曰《公羊传》云:卿则其称人何? 贬也。曷为贬? 卿不得忧诸侯也。《左氏》以为不归宋财,故贬。此传云:其曰人何? 救灾以众。是三传异也。或当此会赵武亦在,但取救灾以众,故不显名也。"⑥ 从疏文判断,既释"救灾以众",则知杨士勋不仅疏解经文,亦涵盖传文,但是一节出文兼疏经传,似无此例。宋刻注疏本、阮刻本

---

① 《监本春秋公羊传注疏校勘记》卷13,阮刻本,第2页b。
② (战国)穀梁赤著,(晋)范宁集解,(唐)杨士勋疏:《监本春秋穀梁注疏》卷10,阮刻本,第1页b。
③ 《监本春秋公羊传注疏校勘记》卷13,阮刻本,第2页b。
④ (战国)穀梁赤著,(晋)范宁集解,(唐)杨士勋疏:《监本附音春秋穀梁传注疏》卷10,宋刻本,第11页a。(战国)穀梁赤著,(晋)范宁集解,(唐)杨士勋疏:《监本春秋穀梁注疏》卷10,阮刻本,第11页a。
⑤ (战国)穀梁赤著,(晋)范宁集解,(唐)杨士勋疏:《监本附音春秋穀梁传注疏》卷16,宋刻本,第14页b。(战国)穀梁赤著,(晋)范宁集解,(唐)杨士勋疏:《监本春秋穀梁注疏》卷16,阮刻本,第14页b。
⑥ (唐)杨士勋著,(清)瞿镛抄:《春秋穀梁疏》卷9,清抄本,第15页b。(唐)杨士勋撰,刘承幹刊:《穀梁疏》同作"晋人、齐人云云"。参见(唐)杨士勋撰,刘承幹刊《穀梁疏》卷9,《嘉业堂丛书》,第18页a。

出文作"晋人至财也"①，亦包含经传。

（3）《穀梁疏》仅有一段疏文，其前有二节出文。如昭公三十年，公在乾侯。《穀梁传》："中国不存公，存公故也。"范宁注："中国犹国中也。"② 瞿本作："传曰③国至公故也。注中国犹国中也。"④ 刘本作："传中国至公故也。注中国犹国中也。"⑤ 宋刻注疏本、阮刻本作"注中国至中也"。注疏本或以疏文开头云："凡言国中，指为鲁也……"知疏为注而发，遂略去单疏本疏传出文。此类注疏本省去疏传出文，若未比对单疏本，根本无法得知单疏本原有疏传出文。

另外，定公十年，公会齐侯于颊谷。公至自颊谷。各本内容如表5-1所示。

表5-1 疏文比较表

版本	瞿本	刘本	宋刻注疏本	阮刻本
出文	无	传云云	无	无
释曰	无	释曰	无	无
疏文	一会之怒，三军自降，若非孔子，必以白刃丧其瞻核，焉敢直视齐侯，行法杀戮，故传以夹谷之会见之矣。后世篡其风轨……[1]	一会之怒，三军自降，若非孔子，必以白刃丧其胆核矣。敢直视齐侯，行法杀戮，故传于颊谷之会见之矣。后世慕其风轨……[2]	一会之怒，三军自降，若非孔子，必以白刃丧其胆核矣。敢直视齐侯，行法杀戮，故传于颊谷之会见之矣。后世慕其风轨……[3]	一会之怒，三军自降，若非孔子，必以白刃丧其胆核矣。敢直视齐侯，行法杀戮，故传于颊谷之会见之矣。后世慕其风规……[4]

注：[1]（唐）杨士勋著，（清）瞿镛抄：《春秋穀梁疏》卷11，第7页a。

[2]（唐）杨士勋撰，刘承幹刊：《穀梁疏》卷11，《嘉业堂丛书》，第8页b—9页a。

[3]（战国）穀梁赤著，（晋）范宁集解，（唐）杨士勋疏：《监本附音春秋穀梁传注疏》卷19，宋刻本，第13页b。

[4]（战国）穀梁赤著，（晋）范宁集解，（唐）杨士勋疏：《监本春秋穀梁注疏》卷

---

① （战国）穀梁赤著，（晋）范宁集解，（唐）杨士勋疏：《监本春秋穀梁注疏》卷16，阮刻本，第14页b。

② （战国）穀梁赤著，（晋）范宁集解，（唐）杨士勋疏：《监本春秋穀梁注疏》卷18，阮刻本，第13页a。

③ "曰"当作"中"。

④ （唐）杨士勋著，（清）瞿镛抄：《春秋穀梁疏》卷10，清抄本，第17页a。

⑤ （唐）杨士勋撰，刘承幹刊：《穀梁疏》卷10，《嘉业堂丛书》，第21页a。

19，阮刻本，第 13 页 b。

刘承幹校勘记云：“一会之怒。案疏例当有‘传公会至主矣’数字，此及阮本并脱。”[①]依刘氏云，当是张金吾抄本与阮刻本俱脱出文。若按刘氏补出文作“公会至主矣”亦不当，因经传注皆无“主矣”文句，疑此为传文末句“孔子于颊谷之会见之矣”，“之”误作“主”，刘氏之意应作“公会至之矣”。此见瞿本与刘本不尽相同，关于二本关系如何，于下节展开讨论。

四 《穀梁传》单疏本考

今传《穀梁传》单疏本来源，陈鳣云：“《春秋穀梁传疏》十二卷，照宋钞本是疏本单行……是本出章邱李中麓家……长洲何小山煌尝据以校汲古阁注疏，改正甚多，今为周猗唐明经所藏，余又从猗唐借钞。”[②]陈鳣谓己所抄之本即何煌曾据以校《穀梁传》之单疏本，是书出自李中麓抄本。据张丽娟考证，后来瞿镛向张伯夏借来抄录的李中麓藏本，即是陈本。[③]又，刘本是向涵芬楼借，乃张元济购自张金吾，即张金吾《诒经堂经解》所收《穀梁疏》。据张金吾著录《春秋穀梁疏残本》云“是书则从李中麓藏本转展传写”[④]，似以上皆同出李中麓抄本。

据张金吾言，其抄本源自李中麓本，则刘承幹据张金吾抄本所刊《嘉业堂丛书》之《穀梁疏》应与今传陈鳣、瞿镛抄本同，然而却存在差异。学界普遍认为刘承幹刊《嘉业堂丛书》时改动原书，不可尽信。[⑤]然而差异是由刘氏改动所致，还是抄录的底本不同，值得进一步厘清。

（1）文公三年，雨螽于宋。瞿本疏文作“死而坠者”[⑥]，张金吾云“文三

---

① 刘承幹：《穀梁疏校勘记》卷下，《嘉业堂丛书》，第 6 页 a。

② （清）陈鳣：《宋本穀梁传单行疏跋》，《经籍跋文》，《续修四库全书》，上海古籍出版社 1997 年版，据清光绪四年成都叶氏龙眠山房刻本影印，第 923 册，第 26 页 a—27 页 a。

③ 张丽娟：《〈穀梁〉单疏本与注疏合刻本考》，《儒家典籍与思想研究》2009 年第 1 辑。

④ （清）张金吾：《爱日精庐藏书志》卷 5，《续修四库全书》第 925 册，第 4 页 b。

⑤ 张丽娟：“刘承幹借得涵芬楼所藏张金吾本付刻时，于体例、文字方面并未完全忠实抄本原貌，而是多有变动，已失单疏本本来面目。”参见张丽娟《〈穀梁〉单疏本与注疏合刻本考》，《儒家典籍与思想研究》2009 年第 1 辑。

⑥ （唐）杨士勋撰，（清）瞿镛抄：《春秋穀梁疏》卷 6，第 4 页 b。

年,死而坠地,闽本'地'作'者'"①,刘本亦作"死而坠地"②。此处明显可知"地"字非刘承幹所改,乃其所据张金吾抄本即作"地"也。

（2）昭公八年,秋搜于红。《穀梁传》:"正也。因蒐狩以习用武事,礼之大者也。艾兰以为防,置旃以为辕门,以葛覆质以为槷,流旁握,御鞍者不得入。车轨尘,马候蹄,掩禽旅,御者不失其驰,然后射者能中。过防弗逐,不从奔之道也。面伤不献,不成禽不献。禽虽多,天子取三十焉。其余与士众,以习射于射宫,射而中,田不得禽则得禽;田得禽而射不中,则不得禽。是以知古之贵仁义而贱勇力也。"③

瞿本出文作"传艾兰至力也"④,后复有出文"古之云云"⑤。案出文"艾兰至力也",本已涵盖"古之贵仁义而贱勇力"传文,复出文"古之云云"疏释之,或特为此句再作疏释也。刘本于此未有"古之云云"出文,仅前出文"传艾兰至力也"⑥耳。十行本以下注疏本均无出文,但在"古之贵仁义者"上附加"○"符号,或有起新段之意思,但仍不可谓之为出文。是以,杨士勋是否出文实不得而知。无论如何,此处刘本又与瞿本不同。

除了现存三种单疏本,阮元在《穀梁注疏校勘记》中提到何煌校本,据何煌校本逆推可以知悉其所见单疏本的用字,则可再提供一个板本例证。例如:襄公三十年,葬蔡景公。阮刻本疏文云"月卒日葬者也"⑦,阮元校勘记云"何校本'葬'下有'非葬'二字"⑧,说明阮刻本除了底下缺"非葬"二字,前面疏文与何煌所见并无不同,但瞿本作"月卒者葬,非葬者也"⑨,"日""者"异文,而刘本作"月卒日葬,非葬者也"⑩,与何校本所述同。此

---

① （清）张金吾:《爱日精庐藏书志》卷5,《续修四库全书》第925册,第4页b。

② （唐）杨士勋撰,刘承幹刊:《穀梁疏》卷6,《嘉业堂丛书》,1916年吴兴刘氏嘉业堂刊本,第5页a。

③ （战国）穀梁赤著,（晋）范宁集解,（唐）杨士勋疏:《监本春秋穀梁注疏》卷17,第7页a—8页a。

④ （唐）杨士勋撰,（清）瞿镛抄:《春秋穀梁疏》卷10,第4页b。

⑤ （唐）杨士勋撰,（清）瞿镛抄:《春秋穀梁疏》卷10,第5页b。

⑥ （唐）杨士勋撰,刘承幹刊:《穀梁疏》卷10,《嘉业堂丛书》,第5页b。

⑦ （战国）穀梁赤著,（晋）范宁集解,（唐）杨士勋疏:《监本春秋穀梁注疏》卷16,阮刻本,第14页b。

⑧ （清）阮元等:《春秋穀梁传注疏校勘记》卷9,《续修四库全书》第183册,第9页a。

⑨ （唐）杨士勋撰,（清）瞿镛抄:《春秋穀梁疏》卷10,第17页a。

⑩ （唐）杨士勋撰,刘承幹刊:《穀梁疏》卷9,《嘉业堂丛书》,第17页b。

处异文应非刘氏改动，而是其与何煌所见本同。

《穀梁疏》经过传抄及板本递修，不免涉入后来改易，如张丽娟云："明抄本的行款恐怕并非照抄宋刻。因为现存的数部南宋刻单疏本诸经，行款均为半页十五行，而明抄本的行款为半页十二行，这可能是明代传抄时改变行款所致。"[1] 李霖云："原刊本已经元代补板……原刊本必从南宋覆刻本出，又至少经过宋元两次递修。"[2] 两位先生都提出今存《穀梁疏》多经后世改动。除此之外，还须注意现存单疏抄本的系统问题。如李霖认为："现存单疏抄本，是出自唐抄本系统[3]还是宋刊本系统，必须通过抄写时间和文本内容判断。笔者校勘目前确知为唐抄本系统的《周易》《毛诗》《春秋正义》，凡略具篇幅者，皆与宋刊单疏本系统文本有较多差异。"[4] 对《穀梁疏》而言，确实存在唐写本、宋刊本两个传本系统。不过，宋刊单疏本经过邢昺等官方校正，相信后来若能选择，经校订的宋刊单疏本应是注疏合刻本底本的不二之选。若此，唐写本会更快失传。

另外，清抄单疏本疏《穀梁传》多有未标示者，而刘本凡疏《穀梁传》皆系"传"，计276处，仅有一例未系。即哀公十三年，郑罕达帅师取宋师于嵒。《穀梁传》"取，易辞也。以师而易取，宋病矣"，出文未系"传"，作"取易辞至病矣"[5]。

又，清抄单疏本疏《经》皆不系，而刘本多系"传"字。计疏《经》者86条，如文公八年，公子遂会晋赵盾，盟于衡雍。《穀梁》无传。单疏本出文作"公子遂"，刘本作"传公子遂"[6]。经统计，刘本疏《经》系"传"者，计60处；未系"传"者，计26处。

再者，还有几处刘本与清抄单疏本存在差异。如：

（1）文公十一年，疏文："《公羊传》云兄弟三人一者之齐，一者之鲁，

---

[1]　张丽娟：《〈穀梁〉单疏本与注疏合刻本考》，《儒家典籍与思想研究》2009年第1辑。

[2]　李霖：《宋本群经义疏的编校与刊印》，中华书局2019年版，第69页。

[3]　李霖："永徽刊正本颁布以前，《正义》曾于贞观十六年（642）覆审后颁行。永徽本一经流行，贞观本理应废置不用，日渐消亡。照此推测，后来的唐人写本当以永徽所颁为祖。"参见李霖《宋本群经义疏的编校与刊印》，第13页。唯《穀梁传》非为官方撰修五经之一，应无贞观本、永徽本之别。

[4]　李霖：《宋本群经义疏的编校与刊印》，第52页。

[5]　（唐）杨士勋撰，刘承幹刊：《穀梁疏》卷12，《嘉业堂丛书》，第11页a。

[6]　（唐）杨士勋撰，刘承幹刊：《穀梁疏》卷6，《嘉业堂丛书》，第10页a。

一者之晋。何休云：'三国各欲为君。'"①阮元校勘记："何校本'三'上有
'之'字,案有者是。"②此处瞿本作"何休云三国各欲为君"③,刘本作"何休
云之三国各欲为君"④,正如阮元校勘记云有"之"字为是。

（2）宣公六年,疏文"将尊师少直言将"⑤,阮元校勘记："单疏本无
'直'字。按无'直'字是也。"⑥瞿本作"将尊师少必言将"⑦,虽无"直"
字,却有"必"字,刘本作"将尊师少言将"⑧,如阮元校勘记云无"直"
字为是。

（3）成公十八年,疏文引何休注,云："天子圃方十里,伯方七里。"⑨瞿
本同。⑩检何休注云："天子圃方百里,公侯十里,伯七里。"⑪"天子圃方"下
有"百里公侯","伯"下无"方"。疑注疏本与瞿本引文时脱去天子圃方百
里之"百里"与公侯十里之"公侯"。而刘本作"天子圃方百里,公侯方十
里,伯方七里"⑫,与何休注亦不尽相同,但相较于注疏本与瞿本,其引何
休注相对完整。

（4）昭公十九年,许世子止弑其君买。宋刻注疏本疏文云"故书杀责
止"⑬,瞿本作"故书杀责止"⑭,刘本作"故书弑责止"⑮,此宜作"弑"。

① （战国）穀梁赤著,（晋）范宁集解,（唐）杨士勋疏:《监本春秋穀梁注疏》卷11,阮刻本,第
　 4页a。
② （清）阮元等:《春秋穀梁传注疏校勘记》卷6,第6页b。
③ （唐）杨士勋著,（清）瞿镛抄:《春秋穀梁疏》卷6,清抄本,第11页b。
④ （唐）杨士勋撰,刘承幹刊:《穀梁疏》卷6,《嘉业堂丛书》,第13页a。
⑤ （战国）穀梁赤著,（晋）范宁集解,（唐）杨士勋疏:《监本春秋穀梁注疏》卷12,阮刻本,第
　 7页a。
⑥ （清）阮元等:《春秋穀梁传注疏校勘记》卷7,第3页a。
⑦ （唐）杨士勋著,（清）瞿镛抄:《春秋穀梁疏》卷7,第5页a。
⑧ （唐）杨士勋撰,刘承幹刊:《穀梁疏》卷7,《嘉业堂丛书》,第5页b。
⑨ （战国）穀梁赤著,（晋）范宁集解,（唐）杨士勋疏:《监本春秋穀梁注疏》卷14,阮刻本,第
　 14页a。
⑩ （唐）杨士勋著,（清）瞿镛抄:《春秋穀梁疏》卷8,第19页a。
⑪ （清）阮元:《监本春秋公羊注疏》卷18,阮刻本,第16页a。
⑫ （唐）杨士勋撰,刘承幹刊:《穀梁疏》卷8,《嘉业堂丛书》,第22页a。
⑬ （战国）穀梁赤著,（晋）范宁集解,（唐）杨士勋疏:《监本附音春秋穀梁注疏》卷18,宋刻
　 本,第3页b。
⑭ （唐）杨士勋撰,（清）瞿镛抄:《春秋穀梁疏》卷10,第11页b。案瞿抄本原作"杀",后于字
　 上以朱笔改为"弑"。
⑮ （唐）杨士勋撰,刘承幹刊:《穀梁疏》卷10,《嘉业堂丛书》,第13页b。

（5）定公十五年，疏文云"又曰在鄍上"①，瞿本作"又曰在比上"②，刘本作"又曰在鄍上"③，"比"不通，"鄍"为是。

（6）哀公元年，疏文云"子之所言至道之何也"④，瞿本作"子之所言至道何也"⑤，案疏文所指为下传"子之所言者，牲之变也，而曰我一该郊之变而道之何也"⑥，瞿本脱"之"字。刘本作"子之所言至道之何也"⑦，无脱。

以上所论，若非刘承幹后来刊刻时改，则其所据张金吾抄本与陈本、瞿本之底本似乎不相同。

五　何煌所据《穀梁传》单疏本考

张丽娟云："阮元等校勘《春秋穀梁传注疏》时，所利用的只是何煌校本，而并未见到单疏本原书。"⑧见阮元书前引据各本目录云：

> 单疏本
> 钞宋残本　章丘李中麓藏，文公以前缺，自文公以后分卷亦与石经合。亦据何煌校本。⑨

于此阮元交代了校勘单疏本所依据的本子为何煌校本。

关于校勘记中署名"何校本"者，阮元另有说明，其云："凡何所校，不能别为何本者，则但称何校本。"⑩是以在校勘记中署名"何校本"者，非

---

① （战国）穀梁赤著，（晋）范宁集解，（唐）杨士勋疏：《监本春秋穀梁注疏》，阮刻本，卷19，第18页a。
② （唐）杨士勋著，（清）瞿镛抄：《春秋穀梁疏》卷11，第9页b。
③ （唐）杨士勋撰，刘承幹刊：《穀梁疏》卷11，《嘉业堂丛书》，第11页a。
④ （战国）穀梁赤著，（晋）范宁集解，（唐）杨士勋疏：《监本春秋穀梁注疏》卷20，阮刻本，第1页b。
⑤ （唐）杨士勋著，（清）瞿镛抄：《春秋穀梁疏》卷12，第1页b。
⑥ （战国）穀梁赤著，（晋）范宁集解，（唐）杨士勋疏：《监本春秋穀梁注疏》卷20，阮刻本，第3页a。
⑦ （唐）杨士勋撰，刘承幹刊：《穀梁疏》卷12，《嘉业堂丛书》，第1页b。
⑧ 张丽娟：《〈穀梁〉单疏本与注疏合刻本考》，《儒家典籍与思想研究》2009年第1辑。
⑨ （清）阮元：《序目》，《春秋穀梁传注疏校勘记》，《续修四库全书》第183册，第2页a。
⑩ （清）阮元：《序》，《春秋穀梁传注疏校勘记》，《续修四库全书》第183册，第1页a。

必指何校之单疏本，也可能是无法辨别何煌采用何本之统称。不过，就笔者掌握的现存《穀梁传》相关版本，可以知悉在文公之后，校勘记中所云何校本，多指单疏本。举例如下。

（1）体例部分。单疏本出文前系"传"、系"注"，注疏本多略之，凡有异者，阮元校勘记会出校记云"何校本上有'注'字"，"何校本上有'传'字"。[①] 其引"何校本"者内容多与瞿本、刘本同。因为阮元手上未有单疏本，所以举凡何煌据单疏本出校未言所据者，阮元是无法辨明出处的，只能云"何校本"。阮元虽不知何煌所据为何本，但今经比对单疏本出文体例，可知此"何校本"所据即单疏本。

（2）异文部分。文公元年，疏文"至于三年"[②]，校勘记："闽、监、毛本同。何校本'三'作'二'是也"[③]。瞿本、刘本同，均作"二"。可知此何煌所据为单疏本。

同年，疏文"左主八寸"[④]，校勘记："何校本'八'作'七'。"[⑤] 瞿本、刘本同，均作"七"。可知此何煌所据为单疏本。

又"内于西壁慆中"[⑥]，校勘记："闽、监、毛本'慆'作'陷'，何校本作'墦'。"[⑦] 瞿本、刘本同，均作"墦"。可知此何煌所据为单疏本。

有部分阮元校勘记明确称引"单疏本"者，特指瞿本，因其与刘本不同。举例如下。

（1）宣公三年，郊牛之口伤，改卜牛，牛死乃不郊。[⑧] 阮元校勘记："嫌牛死与卜郊不从异也。……单疏本'与'作'于'。"[⑨] 瞿本作"嫌牛死于卜郊

---

① （清）阮元等：《春秋穀梁传注疏校勘记》卷6，《续修四库全书》第183册，第1页a—b。
② （战国）穀梁赤著，（晋）范宁集解，（唐）杨士勋疏：《监本春秋穀梁注疏》卷10，阮刻本，第2页a。
③ （清）阮元等：《春秋穀梁传注疏校勘记》卷6，《续修四库全书》第183册，第1页b。
④ （战国）穀梁赤著，（晋）范宁集解，（唐）杨士勋疏：《监本春秋穀梁注疏》卷10，阮刻本，第3页a。
⑤ （清）阮元等：《春秋穀梁传注疏校勘记》卷6，《续修四库全书》第183册，第2页a。
⑥ （战国）穀梁赤著，（晋）范宁集解，（唐）杨士勋疏：《监本春秋穀梁注疏》卷10，阮刻本，第3页a。
⑦ （清）阮元等：《春秋穀梁传注疏校勘记》卷6，《续修四库全书》第183册，第2页a。
⑧ （战国）穀梁赤著，（晋）范宁集解，（唐）杨士勋疏：《监本春秋穀梁注疏》卷12，阮刻本，第5页a。
⑨ （清）阮元等：《春秋穀梁传注疏校勘记》卷7，《续修四库全书》第183册，第2页b。

不从异也"①，同阮元校勘记所云。刘本作"嫌牛死於卜郊不从异也"②，虽然校勘记未云作"於"者，在前文的基础上，可以知阮元校勘记所云"单疏本"为瞿本。

（2）宣公十八年，甲戌，楚子吕卒。阮元校勘记："故云简之也。……单疏本无'也'字。"③瞿本作"故云简之"④，底下无"也"，符合校勘记所云。而刘本作"故云简之也"⑤，有"也"字，与校勘记所云不合，则据以推测校勘记所云"单疏本"为瞿本，而非刘本。

（3）昭公二十五年，疏文："四者书地，地有所由。"⑥阮元校勘记云："单疏本'书地'作'地书'。"⑦瞿本作"四者地书，地有所由"⑧，同阮元校勘记所云。刘本作"四者书地，地有所由"⑨，又刘承幹校勘记："校记云：单疏本'书地'作'地书'，此本不误。"⑩明确指出阮元校勘记中所称单疏本与刘本不同。

故校勘记中除了称引"何校本"，又有云"单疏本"者。不知何煌所据的单疏本仅有一种，还是有二种，这一点需要进一步讨论。

今借单疏本和"何校本"相比对，可以厘清阮元校勘记中云"何校本"与"单疏本"间的关系。举例如下。

（1）文公十四年，宋子哀来奔。范宁注："言失其氏族，不知何人。"⑪阮刻本疏文作"案范注云言失其"⑫，校勘记："单疏本无'注'字，何校本下有

---

① （唐）杨士勋著，（清）瞿镛抄：《春秋穀梁疏》卷7，第4页a。

② （唐）杨士勋撰，刘承幹刊：《穀梁疏》卷7，《嘉业堂丛书》，第5页a。

③ （清）阮元等：《春秋穀梁传注疏校勘记》卷7，《续修四库全书》第183册，第7页b。

④ （唐）杨士勋著，（清）瞿镛抄：《春秋穀梁疏》卷7，第11页b。

⑤ （唐）杨士勋撰，刘承幹刊：《穀梁疏》卷7，《嘉业堂丛书》，第13页b。

⑥ （战国）穀梁赤著，（晋）范宁集解，（唐）杨士勋疏：《监本春秋穀梁注疏》卷18，阮刻本，第10页a。

⑦ （清）阮元等：《春秋穀梁传注疏校勘记》卷10，《续修四库全书》第183册，第9页b。

⑧ （唐）杨士勋著，（清）瞿镛抄：《春秋穀梁疏》卷10，清抄本，第15页a。

⑨ （唐）杨士勋撰，刘承幹刊：《穀梁疏》卷10，《嘉业堂丛书》，第17页b。

⑩ 刘承幹：《穀梁疏校勘记》卷下，《嘉业堂丛书》，第4页b。

⑪ （战国）穀梁赤著，（晋）范宁集解，（唐）杨士勋疏：《监本春秋穀梁注疏》卷11，阮刻本，第9页a。

⑫ （战国）穀梁赤著，（晋）范宁集解，（唐）杨士勋疏：《监本春秋穀梁注疏》卷11，阮刻本，第9页a。

'氏族'二字。"①据校勘记文意似乎说单疏本与何校本所指为同一书,何书一名"单疏本",一名"何校本"。检瞿本作"案范云言失其"②,同校勘记云无"注"字,但无"氏族"二字。刘本作"案范云言失其氏族"③,与校勘记言"何校本"有"氏族"同。据此推测,何煌疑见过有"氏族"之本,如刘本这一系统。如此则何校本与单疏本所指非一。

（2）成公二年,疏文"不同月则地会盟者"④,阮元校勘记:"不同月则地,会地盟者。单疏本及南监本脱下'地'字。"⑤《嘉业堂丛书》之《穀梁疏校勘记》云:"阮元脱下'地'字,校记云:'当有地字'。单疏本亦脱下'地'字,然此本不脱,大约何本漏校。"⑥此处刘本未有脱字,刘承幹云何本漏校,说明刘氏认为何煌所据单疏本与自己所持单疏本一样。

但刘承幹又在校勘记中提过两次,特意强调二本有别。

（1）成公十三年,晋侯使却锜来乞师。《穀梁传》:"乞,重辞也。"⑦阮元校勘记云:"何校本作'传乞重至之也'。"⑧刘承幹校勘记云:"校记云:单疏本作'传乞重至之也',与此本异,是何所见非此本。"⑨瞿本、刘本均作"传乞师乞重辞也"⑩。两种单疏本与阮元、刘承幹校勘记所言均不同,不知何故?无论如何,刘承幹认为何校本所见本与自己刊刻的单疏本并非同本。

（2）定公十五年,疏文"曹滕二邾"⑪,阮元校勘记:"曹滕二邾。……单疏本'邾'作'苴',何煌云:'疑此脱苴',钞脱邾,盖曹滕二邾苴为五国

---

① （清）阮元等:《春秋穀梁传注疏校勘记》卷6,《续修四库全书》第183册,第8页b。
② （唐）杨士勋著,（清）瞿镛抄:《春秋穀梁疏》卷6,第15页a。
③ （唐）杨士勋撰,刘承幹刊:《穀梁疏》卷6,《嘉业堂丛书》,第17页b。
④ （战国）穀梁赤著,（晋）范宁集解,（唐）杨士勋疏:《监本春秋穀梁注疏》卷13,阮刻本,第5页b。
⑤ （清）阮元等:《春秋穀梁传注疏校勘记》卷8,《续修四库全书》第183册,第3页a。
⑥ 刘承幹:《穀梁疏校勘记》卷上,《嘉业堂丛书》,第6页b。
⑦ （战国）穀梁赤著,（晋）范宁集解,（唐）杨士勋疏:《监本春秋穀梁注疏》卷14,阮刻本,第5页a。
⑧ （清）阮元等:《春秋穀梁传注疏校勘记》卷8,《续修四库全书》第183册,第6页b。
⑨ 刘承幹:《穀梁疏校勘记》卷下,《嘉业堂丛书》,第8页b。
⑩ （唐）杨士勋著,（清）瞿镛抄:《春秋穀梁疏》卷8,第13页a。（唐）杨士勋撰,刘承幹刊:《穀梁疏》卷8,《嘉业堂丛书》,第15页a。
⑪ （战国）穀梁赤著,（晋）范宁集解,（唐）杨士勋疏:《监本春秋穀梁注疏》卷19,阮刻本,第17页b。

也。"①瞿本作"曹滕二莒"②，刘本作"曹滕二邾莒"③。

刘承幹于《嘉业堂丛书》之《穀梁疏校勘记》云："案五属曹滕二邾莒五国。此本不误。何校脱'二'字，阮本脱'莒'字。"④说明此本与何校本不同。但刘承幹云何校本脱"二"字与阮元引何校本所言不同。案何煌所校注疏本作"曹滕二邾"，何煌认为注疏本脱"莒"字，故云"疑此脱莒"，不应如刘氏云脱"二"字。

此二例刘承幹言己所据与何本不同，但提出的证据与阮元校勘记、何煌校记所述皆不合。

另外，阮元校勘记也有采用刘本这系单疏本且署名"单疏本"者。如：

（1）文公元年，公孙敖会晋侯于戚。阮元校勘记云："单疏本'至卫地'作'云云'。"⑤瞿本出文作"注内卿至诸侯"⑥，刘本作"注内卿云云"。案阮元校勘记之所以知道何煌所据为"单疏本"者，必是何煌校记已有注明，否则阮元会统称"何校本"。此处既言"单疏本"，则知何煌校记所注明也。但此与瞿本不同，而与刘本同。窃以为此例可以作为何煌手上亦有刘本这一系单疏本的证据之一。

（2）哀公元年，阮刻本校勘记云："是有文见复也。……单疏本'复'作'后'。"⑦瞿本作"是有文见复也"⑧，不合校勘记。刘本作"是有文见后也"⑨，正合校勘记文。查诸版本均无作"后"者，独刘本作"后"。此亦为何煌曾参考刘本一系单疏本的论据之一。

以上，论证何煌校勘所用的单疏本有二，一为瞿本这一系，一为刘本这一系。

---

① （清）阮元等：《春秋穀梁传注疏校勘记》卷11，《续修四库全书》第183册，第6页b。
② （唐）杨士勋著，（清）瞿镛抄：《春秋穀梁疏》卷11，第9页b。
③ （唐）杨士勋撰，刘承幹刊：《穀梁疏》卷11，《嘉业堂丛书》，第10页b。
④ 刘承幹：《穀梁疏校勘记》卷下，《嘉业堂丛书》，第6页b。
⑤ （清）阮元等：《春秋穀梁传注疏校勘记》卷6，《续修四库全书》第183册，第1页b。
⑥ （唐）杨士勋著，（清）瞿镛抄：《春秋穀梁疏》卷6，第1页b。
⑦ （清）阮元等：《春秋穀梁传注疏校勘记》卷12，《续修四库全书》第183册，第1页a。
⑧ （唐）杨士勋著，（清）瞿镛抄：《春秋穀梁疏》卷12，第1页a。
⑨ （唐）杨士勋撰，刘承幹刊：《穀梁疏》卷12，《嘉业堂丛书》，第1页a。

小　结

宋刻注疏本经注采宋余仁仲刊本《春秋穀梁传集解》，疏文所据与现存的三种单疏本皆不同。现存三种单疏本中，陈本与瞿本两种相同，与刘本不尽相同，疑非同一底本。

阮元校勘引据"何校本"多指《穀梁》单疏本，而何煌所见"单疏本"有两种，包括瞿本这一系与刘本这一系。

《穀梁》单疏本流传不广，主要有几点原因：第一，注疏本将疏文分附于相应的经注之下，提供了便利形式，而单疏本须对照经注本才知晓疏文所释对象与内容。第二，注疏本包括经传注疏、释文等，信息相对丰富完整。第三，虽然单疏本确实具有参考价值，但读者对版本的认识，不足以支持对单疏本的需求。是以，注疏本取代了单疏本，如叶梦得所云："板本初不是正，不无讹误。世既一以板本为正，而藏本日亡，其讹谬者遂不可正，甚可惜也。"①

注疏本合刻时并未严格统一经传注疏文字，因此偶见疏文引经传文字与注疏本有异，此部分参照单疏本、唐石经、《经典释文》，即可明白其中差异并非注疏本中的疏文笔误，而是单疏本原为如此，即杨士勋所见经注本与注疏本所用的经注本不同。

现存《穀梁》单疏本虽然残缺，也有讹误，但相较于注疏本疏文，可补其脱文与校正之处仍多，如陈鳣云："足以资考正，虽断圭残璧，要自可宝耳。"②单疏本应作为将来重校重刊《穀梁注疏》时的重要参考依据。

---

① （宋）叶梦得撰，侯忠义点校：《石林燕语》，中华书局1984年版，第116页。
② （清）陈鳣：《宋本穀梁传单行疏跋》，《经籍跋文》，第27页a。

第六章 《钦定四库全书·春秋 穀梁传注疏》探析

《四库全书》录入《春秋穀梁传注疏》，底本选用殿本《十三经注疏》，殿本为乾隆钦定重校刊行，上谕四库馆臣依原刻缮录。因此，叙述底本时，四库馆臣偶尔会直以殿本立场说其底本为监本。原本上谕依殿本原刻缮录，但由于誊录监生书写习惯使然，或一时不察，遂书以通假字或异体字。另外，与《四库全书》同时进行的《四库全书荟要》亦收录《春秋穀梁传注疏》，二本理应一致，但誊录人不同，用字也存在与《四库全书》本相同的情况，颇采通假字或异体字而用之。二本抄录过程中若未察殿本有错，往往将错就错，但也有少部分参照《经典释文》予以改正。本章仅针对《春秋穀梁传注疏》立论，殿本用字前后统一，相对规范，《四库全书》本较四库荟要本更加遵循殿本用字，四库荟要本用字随意性较高。

《四库全书》《四库全书荟要》影印出版后，四库学研究渐兴，不过有关《春秋穀梁传注疏》底本相关问题鲜少讨论，前人认为二书既据殿本缮录，差异不大，遂未加细究。由于未深入研究殿本与二书之间的异同，理解《春秋穀梁传注疏》时，就停留在概括性的认识，如："《四库全书》之修纂，立意乃在尽去其不利于清廷之思想著作，动辄删改或毁弃原书……四库荟要则多据原书移录，不粉饰失实。"[①] "凡所据以誊录之原书，有鲁鱼亥豕之讹者，

---

① 秦孝仪：《景印摛藻堂四库全书荟要序》，《钦定四库全书荟要》，台北：世界书局出版社1986年版，据摛藻堂钦定四库全书荟要本影印，第2页。

荟要修纂馆臣，必考诸善本，详为校正。"[1] 或："四库荟要修纂之初，便立意专供大内检读，储存禁宫，因此纂修馆臣更不敢掉以轻心，多能黾勉从事，所以书品相当完善精美……手民之误减少，存真性高。"[2] 再者："荟要誊录、校对、较为精审，并且保存面貌较多，而全书则因政治因素，凡不利于满清的文字，均加删削。"[3] 如此等等，皆认为于存真与缮录问题上，四库荟要本优于《四库全书》本。不过，个别书目情况不尽相同，无法以偏概全，各本应单独研究以了解实际情况。本章以《春秋穀梁传注疏》为研究对象，进一步讨论此问题。

一　《春秋穀梁传注疏》所据底本

重新校订十三经与重刊是清代立朝以来大事，一方面是前代板木年久漫漶不可卒睹，另一方面是借由重新校订标榜清朝继承经学道统，且有学力补前修之未密。

清乾隆三年（1738），大学士奏议："太学所贮十三经注疏、二十一史板片年久模糊，请详加校正，重新刊刻"[4]，方苞云："臣等即通知庄亲王，令武英殿监造等查库内存贮书籍，并无监板十三经、二十一史。"又云："臣平生所见，惟嘉靖以后之板，已屡经改补，无三五页无遗讹者，而现今监板更剥蚀无一完善可凭以校对。"[5] 遂进言乾隆，昭示地方，广收明初、泰昌以前监板与家藏旧本，交殿编校翰林稽考舛误改订之，无讹始写样，样本对清后登板，等等。[6] 方氏建议收监板与其他旧本，以备考订。

另闻齐召南《进呈春秋穀梁注疏考证后序》云："穀梁一家所恃以存者仅赖有注疏发明，而监本舛讹最甚……前馆阁所藏亦少善本，岂非以绝学孤经时所罕尚，故校对不精乎？今奉敕重刊，广搜各本相校，是正文字，其

---

① 秦孝仪：《景印摛藻堂四库全书荟要序》，《钦定四库全书荟要》，第 2 页。

② 吴哲夫：《影印摛藻堂四库全书荟要的学术价值》，《钦定四库全书荟要》，第 8 页。

③ 萧宗谋：《影印摛藻堂四库全书荟要缘起》，《钦定四库全书荟要》，第 17 页。

④ 中国第一历史档案馆编：《乾隆帝起居注》，广西师范大学出版社 2002 年版，第 3 册，第 363 页。

⑤ （清）方苞：《奏重刻十三经廿一史事宜札子》，《望溪先生集外文》卷 2，《清代诗文集汇编》，上海古籍出版社 2010 年版，据清咸丰二年戴钧衡刻本影印，第 222 册，第 11 页 a—b。

⑥ （清）方苞：《奏重刻十三经廿一史事宜札子》，《望溪先生集外文》卷 2，第 12a—b。

无他书可证者，概志阙疑。"① 齐氏云监本舛讹最甚，《穀梁传》鲜少善本，欲广搜各本相校，监本亦在其中。

朱良裘奉敕校刊《周易正义》，云："奉敕校刊经史，广罗旧本以备参稽，得文渊阁所藏不全《易疏》四册……昕夕考究，凡监本舛错谬讹之处证以旧本。"② 言据监本为底本改正。

乾隆十一年（1746）十二月十七日，和硕和亲王弘昼上奏，云："校刻告竣，《十三经注疏》共三百四十六卷十七函。"③ 此即武英殿刊《十三经注疏》。

乾隆三十八年（1773）春，乾隆受安徽学政朱筠之请，诏开四库全书馆，收经史子集为《四库全书》。乾隆思及年岁望七，《四库全书》兹事体大，不知何年能成，遂于同年五月又谕撷取《四库全书》菁华，缮为《荟要》，篇式一如《四库全书》之例。④ 由于《四库全书》与《四库全书荟要》几乎是同时进行，且乾隆对二书的要求往往一式通用，所以本章将四库荟要本作为参照，一并纳入讨论。

《四库全书》及《四库全书荟要》收录《春秋穀梁传注疏》，所据底本同是殿本《春秋穀梁传注疏》。

查《四库全书总目》著录《春秋穀梁传注疏》二十卷，底本言"内府藏本"⑤。言"内府藏本"不言"内府刊本"，说明此本非内府所刊。实则，四库馆臣即据乾隆十一年武英殿刊《十三经注疏·春秋穀梁传注疏》抄录。

同时期的《四库全书荟要》，《凡例》云："内府刊布经史等疏，并恭依原刻缮录。"⑥ 明确指出据武英殿刊刻之《十三经注疏》作为底本录之。且《四库全书荟要总目》著录底本亦云所据为"内府刊本"⑦，若如此，《四库全书总目》应亦著录"内府刊本"方是。

---

① （清）齐召南：《进呈春秋穀梁注疏考证后序》［乾隆八年（1743）五月］，《宝纶堂文钞》卷3，《续修四库全书》，上海古籍出版社1995年版，据清嘉庆二年刻本影印，第1428册，第9页a—b。

② （清）朱良裘：《周易注疏考证跋语》，《十三经注疏》，清乾隆四年武英殿刻本，第3页a—b。

③ 参见（清）和硕和亲王弘昼等《进表》，《周易注疏》，《景印文渊阁四库全书》，台北：台湾商务印书馆1983年版，据文渊阁四库全书本影印，第7册，第6页a。

④ 参见《乾隆三十八年五月初一日上谕》，《钦定四库全书荟要》，第2页a。

⑤ （清）纪昀等编：《钦定四库全书总目》卷26，台北：台湾商务印书馆1983年版，据文渊阁四库全书本影印，第6页b。

⑥ 《凡例》，《钦定四库全书荟要》，第5页a。

⑦ 《钦定四库全书荟要》卷2，第3页a。

不过,《四库全书荟要·春秋穀梁传注疏提要》云:"明监本载陆氏《释文》,间有删节,今刻本并补正。乾隆四十年十月恭校上。"[①] 如此叙述仿若四库荟要本《春秋穀梁传注疏》是以监本为底本补正而成。但《四库全书荟要》是抄录而非刻板,由此可知,此语非就《四库全书荟要》来说,而是从殿本角度立言。因《四库全书荟要》仅就原刻缮录,不存在补正问题,之所以提到"补正",又云"今刻本",是就殿本而言。

这里存在错位的理解。无论《四库全书荟要》还是《四库全书》均未对监本重新补正,它是继承殿本补正成果,连《御制重刻十三经序》及当时奉旨校刻十三经之诸臣职名悉皆附在四库书系上,就其意,确实是照录殿本。所以殿本对监本所做的修订,都同时在二本上呈现。因此,《四库全书总目提要》从殿本角度说所据底本为内府藏书——监本,似亦可通。

查《四库全书总目》著录《周易正义》云底本所据为"内府刊本"[②],而三传注疏皆云所据为"内府藏本",虽可代为其说,要之仍应以"内府刊本"为是。

二 依原刻缮录与底本差异

四库书系依钦定经史原刻缮录是其原则,所以版式、行款与内容基本一致,但实际进行时,仍有调整,例如行款十行改八行,板心著录书名、页,字体缩半侧右;卷,字体缩半侧左。文字部分若依原刻缮录,依理不应有歧异,但由于人为抄写惯性使然,用字往往另有变化。略举前六卷为例。

(一)异体字

二本抄自殿本,誊录别以异体字书之者,可分为三种类型:其一,四库荟要本、殿本二本同,与四库全书本异;其二,四库全书本、殿本二本同,与四库荟要本异;其三,三本全异。

---

① 参见《目录》,《春秋穀梁传注疏》,《钦定四库全书荟要》,第 33 册,第 4 页 a。《钦定四库全书荟要总目》云:"明监本载陆氏《释文》,间有删节,今刻本并补正。乾隆四十年十月恭校上。"参见(清)纪昀等《春秋穀梁传注疏提要》,《钦定四库全书荟要总目》,第 317 页 a。

② (清)纪昀等编:《钦定四库全书总目》卷 1,第 11 页 a。

1. 四库荟要本同殿本（见表 6-1）

表 6-1　四库荟要、四库全书、殿本文字比较表一

出处	四库荟要	四库全书	殿本	备注
春秋穀梁传序，第 4 页下	垂	垂	垂	
春秋穀梁传序，第 6 页上	鲁	鲁	魯	殿本异体
春秋穀梁传序，第 7 页上	變	變	變	
春秋穀梁传序，第 7 页下	祇	祇	祇	殿本异体
春秋穀梁传序，第 9 页上	趣	趣	趣	殿本异体
春秋穀梁传序，第 9 页下	隱	隱	隱	
春秋穀梁传序，第 9 页下	師	師	師	
春秋穀梁传序，第 10 页上	傚	傚	傚	
春秋穀梁传序，第 11 页下	錯	錯	錯	
春秋穀梁传序，第 12 页下	驗	驗	驗	
春秋穀梁传序，第 14 页下	解	解	解	
卷 1，第 1 页上	德	德	德	
卷 1，第 2 页上	幼	幼	幼	

续表

出处	四库荟要	四库全书	殿本	备注
卷1，第3页上	惠	惠	惠	
卷1，第3页上	美	美	美	
卷1，第5页下	段	段	段	
卷1，第7页上	逸	逸	逸	
卷1，第9页下	宿	宿	宿	
卷1，第9页下	卑	甲	卑	
卷1，第10页上	祈	祈	祈	殿本异体
卷1，第11页下	爾	爾	爾	
卷1，第11页下	夷	夷	夷	
卷1，第18页上	縮	縮	縮	
卷1，第22页上	歸	歸	歸	
卷1，第22页下	略	畧	畧	
卷2，第4页下	往	往	往	

出处	四库荟要	四库全书	殿本	备注
卷 2，第 13 页下	候	候	候	
卷 2，第 15 页下	曹	曺	曹	
卷 2，第 19 页上	凶	卤	凶	
卷 3，第 5 页上	死	死	死	
卷 3，第 7 页上	鼎	鼎	鼎	
卷 3，第 11 页上	泯	泯	泯	
卷 3，第 14 页下	賓	賓	賓	
卷 3，第 20 页页 b，第 7 行	閒	間	閒	
卷 3，第 21 页下	決	決	決	
卷 4，第 3 页下	科	科	科	
卷 4，第 6 页下	蘇	蘇	蘇	
卷 4，第 18 页上	輒	輒	輒	
卷 5，第 5 页下	勑	勑	勑	殿本异体

续表

出处	四库荟要	四库全书	殿本	备注
卷5，第7页上	賢	賢	賢	殿本异体
卷5，第23页下	雠	雠	雠	
卷5，第26页上	妄	妄	妄	
卷5，第26页下	遷	遷	遷	
卷5，第28页上	譚	譚	譚	殿本异体
卷5，第34页下	廉	廉	廉	殿本异体
卷5，第37页上	岸	听	岸	
卷5考证，第5页上	概	槩	概	
卷5考证，第5页下	疎	踈	疎	

以上四库全书本异体字，与殿本不同者四十处；殿本为异体字，四库全书本不从者八处。

2.四库全书本同殿本（见表6-2）

表6-2 四库荟要、四库全书、殿本文字比较表二

出处	四库荟要	四库全书	殿本	备注
春秋穀梁传序，第1页下	廢	廢	廢	

续表

出处	四库荟要	四库全书	殿本	备注
春秋穀梁传序，第2页下	盗	盗	盗	
春秋穀梁传序，第3页下	弃	弃	弃	
春秋穀梁传序，第3页下	步	步	步	
春秋穀梁传序，第4页上 春秋穀梁传序，第8页下	並	並	並	殿本异体
春秋穀梁传序，第5页上	襄	襄	襄	殿本异体
春秋穀梁传序，第5页上	冰	冰	冰	殿本异体
春秋穀梁传序，第5页下	兼	兼	兼	
春秋穀梁传序，第7页下	衮	衮	衮	
春秋穀梁传序，第8页下	灵	灵	灵	
春秋穀梁传序，第9页上	协	协	协	
春秋穀梁传序，第9页上	旨	旨	旨	
春秋穀梁传序，第9页下	尧	尧	尧	
春秋穀梁传序，第9页下	盖	盖	盖	
春秋穀梁传序，第9页下	歷	歷	歷	

续表

出处	四库荟要	四库全书	殿本	备注
春秋穀梁传序，第 9 页下	面	面	面	
春秋穀梁传序，第 9 页下	讟	謙	謙	
春秋穀梁传序，第 9 页下	刑	刑	刑	殿本异体
春秋穀梁传序，第 10 页上	兼	兼	兼	
春秋穀梁传序，第 10 页上	祀	祀	祀	殿本异体
春秋穀梁传序，第 10 页下	微	微	微	
春秋穀梁传序，第 11 页下	漢	漢	漢	
春秋穀梁传序，第 12 页上	說	說	說	
卷 1，第 3 页下	蹈	蹈	蹈	
卷 1，第 5 页下	乘	乘	乘	殿本异体
卷 1，第 6 页下	甚	甚	甚	
卷 1，第 9 页上	敆	敆	敆	
卷 1，第 9 页下	緢	緯	緯	
卷 1，第 11 页上	廚	廚	廚	殿本异体

续表

出处	四库荟要	四库全书	殿本	备注
卷1，第12页上	備	備	備	殿本异体
卷1，第12页上	往	往	往	
卷1，第13页下	恐	恐	恐	
卷1，第14页下	繪	繪	繪	殿本异体
卷1，第18页下	卯	卯	卯	
卷1，第18页下	冠	冠	冠	
卷1，第18页下 卷1，第20页下	並	並	並	殿本异体
卷1，第20页上	凡	凡	凡	
卷1，第20页上	穴	穴	穴	
卷1，第23页下	備	備	備	殿本异体
卷1，第23页下	没	没	没	
卷1，第24页下	明	明	明	
卷1，第24页下	靈	靈	靈	

续表

出处	四库荟要	四库全书	殿本	备注
卷1考证,第2页上	耶	耶	耶	
卷2,第1页下	明	明	明	
卷2,第1页下	葛	葛	葛	
卷2,第2页上	從	從	從	
卷2,第2页上	祝	祝	祝	殿本异体
卷2,第2页上	嬚	嫌	嫌	
卷2,第2页上	盟	盟	盟	
卷2,第3页上	卿	卿	卿	
卷2,第3页上	起	起	起	
卷2,第3页上	殺	殺	殺	
卷2,第3页下	辥	辥	辥	
卷2,第3页下	直	直	直	殿本异体
卷2,第3页下	疏	疏	疏	

出处	四库荟要	四库全书	殿本	备注
卷 2，第 3 页下	晋	晉	晉	
卷 2，第 4 页上	晉	晉	晉	
卷 2，第 5 页上	葬	葬	葬	
卷 2，第 6 页上	脩	修	修	
卷 2，第 6 页下	寶	寶	寶	
卷 2，第 10 页上	辛	辛	辛	
卷 2，第 12 页上	參	參	參	
卷 2，第 12 页下	胪	胙	胙	
卷 2，第 13 页下	宰	宰	宰	
卷 2，第 15 页上	京	京	京	
卷 2，第 16 页上	備	備	備	
卷 3，第 5 页下	謚	謚	謚	
卷 3，第 6 页下	黜	黜	黜	

续表

出处	四库荟要	四库全书	殿本	备注
卷 3，第 13 页下	敆	敵	敵	
卷 3，第 20 页上	兩	兩	兩	
卷 3，第 20 页下	適	適	適	
卷 3，第 21 页下	穀	秖	穀	
卷 3，第 22 页上	嘗	嘗	嘗	
卷 4，第 9 页下	穀	穀	穀	
卷 4，第 13 页下	遠	遠	遠	
卷 5，第 5 页下	丹	再	再	
卷 5，第 7 页上	鄙	鄙	鄙	
卷 5，第 12 页上	胤	胄	胄	
卷 5，第 18 页上	戰	戰	戰	
卷 5，第 22 页上	兒	兒	兒	
卷 5，第 23 页上	譖	譚	譚	
卷 5，第 29 页下	捷	捷	捷	

续表

出处	四库荟要	四库全书	殿本	备注
卷5，第34页下	詹	詹	詹	
卷5考证，第2页上	随	隨	隨	
卷5考证，第7页下	劇	戯	劇	
卷5考证，第8页上	刼	刧	刧	
卷6，第11页上	恆	恒	恒	
卷6，第16页下	强	彊	彊	殿本异体
卷6，第18页下	嘗	嘗	嘗	
卷6，第23页下	毗	歃	歃	
卷6考证，第3页下	哉	哉	哉	
卷6考证，第4页下	卷	卷	卷	

以上四库荟要本异体字，与殿本不同者七十八处；殿本为异体字，四库荟要本不从者十四处。

3. 三本皆异（见表6-3）

表6-3　四库荟要、四库全书、殿本文字比较表三

出处	四库荟要	四库全书	殿本	备注
春秋穀梁传序，第4页上	衞	衛	衞	殿本异体

续表

出处	四库荟要	四库全书	殿本	备注
春秋穀梁传序，第 5 页上	垂	垂	垂	
春秋穀梁传序，第 11 页上	庶	庶	庶	
春秋穀梁传序，第 13 页下	違	違	違	
卷 1，第 11 页上	益	益	益	殿本异体
卷 1，第 22 页下	禄	禄	禄	殿本异体
卷 1 考证，第 2 页下	圍	圍	圍	
卷 2，第 3 页下	謹	謹	謹	
卷 3，第 3 页下	矣	矣	矣	
卷 5，第 5 页下	草	草	草	
卷 5，第 13 页下	垂	垂	垂	殿本异体
卷 5，第 28 页上	蓋	蓋	蓋	

四库全书本与四库荟要本均不从殿本者共十二处，含正字八处、异体字四处。

从以上用字有别之例，说明誊录监生与校对官、覆校官在文意不受影响的前提下，似乎允许使用异体字。三本里，四库荟要本出现异体字最多，其次为四库全书本，最后为殿本。其中，四库全书本用字与殿本相同者较四库荟要本为多。

（二）缺笔（见表6-4）

表6-4　四库荟要、四库全书、殿本缺笔表

出处	四库荟要	四库全书	殿本	备注
卷1，第1页下	厤	歴	歷	
卷1，第20页上	升	升	升	
卷2，第1页下	僖	僖	僖	
卷3，第5页下	恐	恐	恐	
卷5考证，第7页下	異	異	巽	
卷6，第23页下	什	什	什	
卷6考证，第1页下	按	按	按	
卷6考证，第3页下	茬	茬	茬	

缺笔是誊录监生笔误或刻工手误，三本皆有，不碍原意。

（三）脱文（见表6-5）

表6-5　四库荟要、四库全书、殿本脱文表

出处	四库荟要	四库全书	殿本	备注
卷5，第32页上	疏	（阙）	疏	四库全书脱文

四库全书本在前六卷中，出现一次脱文。此"疏"字是固定体例，不应有缺未察。

（四）行款（见表6-6）

表6-6 四库荟要、四库全书、殿本行款比较表

出处	四库荟要	四库全书	殿本	备注
春秋穀梁传原目，第1页上				四库全书本与殿本同
卷2，第2页下				四库全书本与殿本同
卷5，第4页上				四库全书本与殿本同

四库全书本在前六卷中，除了每半页行数不同，行款未与殿本有违，四库荟要本三处有别。

（五）出文（见表6-7）

表6-7　四库荟要、四库全书、殿本出文比较表

出处	四库荟要	四库全书	殿本	备注
卷1，第20页上	注三穀至之康释曰	○三穀至之康释曰	注三穀至之康释曰	
卷3，第11页上	疏也今二国相命则大 注同释至相求释曰	疏也今二国相命则大 注同释至相求释曰	疏也今二国相命则大	

　　殿本体例上已删去出文，四库全书本与四库荟要本从之，鲜少未尽去者，二本沿袭亦保留。

三　四库全书本与四库荟要本成书过程中的交流

　　四库全书本与四库荟要本依殿本原刻缮录，偶有誊录监生因平时用字习惯，以异体字书之，这一差异或可接受。按理说，二本在不同时间为不同人誊录，那么使用相同的异体字，或同样使用与殿本不同的字，这样的可能性非常低。但仍有四库全书本、四库荟要本用字相同而与殿本异之情形（见表6-8）。

表6-8 四库荟要本与四库全书本用字相同一览表

出处	四库荟要	四库全书	殿本	备注
春秋穀梁传序，第1页上	叚	叚	段	
春秋穀梁传序，第1页上	燊	燊	彝	
春秋穀梁传序，第2页上	畧	畧	畧	
春秋穀梁传序，第2页上	旨	旨	旨	
春秋穀梁传序，第2页下	喻	喻	喻	殿本异体
春秋穀梁传序，第4页上	彰	彰	彰	
春秋穀梁传序，第5页下	久	久	久	
春秋穀梁传序，第6页下	章	章	章	
春秋穀梁传序，第7页下	德	德	德	
春秋穀梁传序，第9页下	祖	祖	祖	殿本异体
春秋穀梁传序，第10页上	儉	儉	儉	
春秋穀梁传序，第12页上	盛	盛	盛	
春秋穀梁传序，第13页上	恐	恐	恐	
卷1，第4页下	云	云	曰[1]	此处殿本抄补，误

续表

出处	四库荟要	四库全书	殿本	备注
卷 1，第 5 页上	修	修	脩	殿本异体
卷 1，第 10 页下	貳	貳	貳	
卷 1，第 10 页下	鉮	鉮	鉮	
卷 1，第 11 页上	畧	畧	畧	
卷 1，第 24 页上	修	修	脩	殿本异体
卷 1，第 24 页上	舊	舊	舊	
卷 1 考证，第 2 页上	即	即	卽	殿本异体
卷 2，第 4 页上	統	統	統	
卷 2，第 21 页上	乘	乘	乘	

注：[１] 清同治十年（1871）重刊武英殿本《十三经注疏·春秋穀梁传注疏》作"云"。

四库全书本、四库荟要本用字相同，但与殿本不同者共二十三处。其中，"畧""旨""久""旧""即""统"等，书中出现次数较多，缮录时用同一种异体字，虽概率不大，仍存在可能性。另如，"鉮""鉮""彰""彰""章""章"等，在不同人抄写过程中，所见为"鉮"，却同时写为"鉮"，这种情况似乎不应皆认为无意为之，而应注意是否有可能是誊录者有意改之。由是推想，二本在缮录过程中，可能经过集体沟通、讨论，最后达成共识。

四　异字与错字

前节所举之例，文字有别，意义无异，另有部分文字与原刻有别，意义可能有所差异，此或是校订者有意改之，不可全以手民之误解释之。

按照《功过处分条例》，凡收录之书须重新校正，并将考证附于卷末，文云：

> 校出原本错讹更正之处，应附载卷末也。伏见钦定经史刊本，每卷后俱有考证。今缮写《四库全书》，似应仿照其例。查旧有刊本及进到之抄本，其中错误，皆所不免。一经分校、覆校各员校出，自应另载卷末。如仅系笔划之讹，仅载某字讹，某今校改。如有关文义考订者，并略附按语于下。①

《四库全书荟要》之《凡例》亦云：

> 原书内有脱漏讹误之字，并博考善本，其确有可据，或文义明显者，详为校正，其疑而难定者，阙之。仍每条加案恭呈睿览训定，附识册尾。至呈进各书时荷蒙指示，随时改正加案者，并按册恭载。②

说明选录之典籍必须经过多种版本校订考证。《十三经注疏》为特殊典籍，四库书系编书之前已经勘定，《四库全书》之《凡例》云此为"钦定经史刊本"，即指乾隆十一年（1746）由乾隆敕修完成之本，可作为官方定本，已具备权威性，故《四库全书荟要》之《凡例》云："内府刊布经史等疏，并恭依原刻缮录。"③

不过，《四库全书荟要总目·春秋穀梁传注疏提要》又云："今依内府刊

---

① 中国第一历史档案馆编，张书才主编：《清代档案史料·纂修四库全书档案》，上海古籍出版社1997年版，第170—171页。
② 《钦定四库全书荟要》，"凡例"第3页b。
③ 《钦定四库全书荟要》，"凡例"第5页a。

本缮录，据宋监本、明国子监本、毛晋汲古阁本，及诸家所刊宋本恭校。"[1]
似乎又有校订之说，不知何是，须进一步考证，方能确切了解《四库全书》
与《四库全书荟要》是否有以他本再次校订改正。

（一）异字

1. 四库荟要本同殿本（见表 6-9）

表6-9　四库荟要与殿本用字相同表

出处	四库荟要	四库全书	殿本	备注
卷2，第2页下，第7行	丘	邱	丘	顿丘
卷2，第8页下，第4行	丘	邱	丘	余丘
卷2，第9页上，第8行	丘	邱	丘	丘于反
卷2，第11页下，第8行	丘	邱	丘	城中丘，经文
卷2，第11页下，第8行	丘	邱	丘	城中丘，注文
卷2，第13页上，第4行	丘	丘	丘	楚丘，经文
卷2，第13页上，第8行	丘	邱	丘	楚丘，传文
卷2，第20页下，第4行	丘	邱	丘	中丘
卷3，第17页上，第2行	丘	丘	丘	祝丘，经文
卷3，第17页上，第2行	丘	丘	丘	祝丘疏文
卷3，第21页上，第3行	丘	丘	丘	咸丘经文
卷3，第21页上，第5行	丘	丘	丘	咸丘传文

[1] 《钦定四库全书荟要》，"总目二"第3页 a。

原则上，殿本用字，二本从之，但四库全书本前二卷多处用"邱"，不似一时手误，或缮录监生于此几处有意改成"邱"字。又余仁仲本、十行本、闽本等诸本未见用此字者，此后数卷则又与殿本同用"丘"字。

2.四库全书本同殿本（见表6-10）

表6-10　四库全书与殿本用字相同表

出处	四库荟要	四库全书	殿本	备注
春秋穀梁传序，第13页上	扬	楊	楊	杨子
卷1，第10页下，第6行	境	竟	竟	竟外之交
卷3，第8页上，第2行	大	太	太	太廟
卷3，第18页上，第8行	于	於	於	別於

"杨"，四库荟要本作"扬"，二字有别，形近，或四库荟要本抄写时未留心，以"扬"字替用之。

"竟"，四库荟要本作"境"，二字有别，形近，"竟"可通"境"。此处隐公元年，冬十有二月，共出现八次，其中传文一次，疏文七次，均用"竟"字，四库荟要本前后亦用"竟"字，唯此处书"境"字，应是一时不察。

"太"，四库荟要本作"大"，二字有别，形近，又为古今字。此处桓公三年，夏四月，经文、注文皆用"太庙"，应是四库荟要本不觉有异，遂书"大"字。

"於"，四库荟要本作"于"，二字有别，可通假，四库荟要本或以二字可通，书写时未加注意，遂写成"于"字。

3.三本皆异（见表6-11）

表6-11　四库荟要、四库全书、殿本用字相异表

出处	四库荟要	四库全书	殿本	备注
卷5，第6页上，第8行	縣	懸	縣	轩悬

三本字形上有别，但意义可通。

上述这些例子，字虽有异，或可通假，或形近，对于读者而言，并不会造成阅读理解上的歧异。

（二）错讹

1. 四库荟要本误

表 6-12　四库荟要用字错讹表

出处	四库荟要	四库全书	殿本	备注
春秋穀梁传序，第 7 页上，第 5 行	托	託	託	四库荟要本序文作"托"，疏文作"拖"
卷1，第14页下，第8行 卷1，第15页上，第2行	立	位	位	注文"篡君代位"下亦云"无代位之嫌"，故应作"位"
卷2，第7页上，第3行	侯	公	公	余仁仲本、十行本作"公"，且传文亦作"诸公用六"，故应作"公"
卷3，第4页上，第3行 卷3，第7页下，第8行	遍	徧	徧	见，贤徧反[1]。应作"徧"
卷3，第17页下，第6行	邈	邈	邈	徐邈人名，应作"邈"
卷6，第23页下，第3行	十	什	什	余仁仲本、十行本、经典释文作"什"，应作"什"
卷6，第31页下，第6行	尊	尊	尊	四库荟要本"尊"字多一笔画

注：[1]（唐）陆德明：《穀梁音义》，《经典释文》卷22，第5页a。

表 6-12 中的七例，四库荟要本误。

表 6-13　四库荟要随殿本用字错讹表

出处	四库荟要	四库全书	殿本	备注
卷4，第2页下，第5行	干	于	干	雨雪，于付反[1]。四库荟要本误

续表

出处	四库荟要	四库全书	殿本	备注
卷4，第21页上，第5行	若	苦	若	亢，苦浪反[2]。四库荟要本误
卷5，第18页上，第7行	窨	窨	窨	本或作"窨"[3]。四库荟要本误
卷6，第30页下，第6行	不	下	不	叔牙被杀，以"下"不可知也。四库荟要本误

注：[1]（唐）陆德明：《穀梁音义》，《经典释文》卷22，第6页a。
　　[2]（唐）陆德明：《穀梁音义》，《经典释文》卷22，第7页a。
　　[3]（唐）陆德明：《穀梁音义》，《经典释文》卷22，第8页b。

表6-13中的四例殿本误，四库荟要本不知有错，依殿本缮录，四库全书本改正。

表6-14　四库荟要《释文》音义错讹表

出处	四库荟要	四库全书	殿本	备注
卷6，第25页上，第5行	泆	佚	佚	淫佚，音逸。[1]注文作"泆"。四库荟要本误

注：[1]（唐）陆德明：《穀梁音义》，《经典释文》卷22，第11页a。

另外，表6-14中的"佚"，四库荟要本作"泆"。案《经典释文》作"淫佚，音逸"①，余仁仲本、十行本、闽本，均无录此《释文》音义，仅有注文，皆作"淫泆有臭恶之行"②。由是可知，此《释文》音义乃殿本所补，唯殿本依《经典释文》作"佚"，四库全书本从之，而四库荟要本或以注文作"泆"，遂改"佚"作"泆"。然此不宜改也。

四库荟要本也有改对的例子，如表6-15所示。

---

① （唐）陆德明：《穀梁音义》，《经典释文》卷22，第11页a。
② （战国）穀梁赤著，（晋）范宁集解，（唐）杨士勋疏：《监本附音春秋穀梁传注疏》卷6，第15页a。

表 6-15　四库荟要用字改正表

出处	四库荟要	四库全书	殿本	备注
卷 1，第 21 页上	相	想	想	

《经典释文》"相，息亮反"[1]，殿本误作"想"，四库全书本从之错矣，四库荟要本改正。

2. 四库全书本误

表 6-16　四库全书用字错讹表一

出处	四库荟要	四库全书	殿本	备注
春秋穀梁传序，第 8 页上，第 5 行	申	中	申	进称爵，是其申也。四库全书误
卷 1，第 20 页上，第 7 行	注	〇	注	此书未有"〇"体例。四库全书误
卷 1，第 23 页下，第 3 行	曰	日	日	徐邈曰，四库全书误
卷 5，第 26 页下，第 7 行	偏	偏	徧	见，贤徧反。四库全书误
卷 6，第 14 页下，第 5 行	日	曰	日	救日，四库全书误
卷 6，第 17 页下，第 7 行	曰	刖	日	不曰，四库全书误
卷 6，第 23 页下，第 5 行	廬	虘	廬	庐舍，四库全书误
卷 6，第 29 页下，第 5 行	大	太	大	大夫，四库全书笔误，应作"大"

如表 6-16 所示，四库全书本或笔误，或一时不察所致。另有几处误字，则会影响意义的理解（见表 6-17）。

---

[1]　（唐）陆德明：《穀梁音义》，《经典释文》卷 22，第 3 页 a。

表6-17　四库全书用字错讹表二

出处	四库荟要	四库全书	殿本	备注
卷5，第19页下，第8行	雨	两	丽	传文作"岂雨说哉"，四库全书误
卷5，第23页下，第5行	斋	鲁	齐	经文作"伐齐纳纠"，四库全书误
卷5，第25页上，第7行	十	千	十	"十室之邑"，四库全书误
卷6，第12页下，第5行、第6行	锻	瑕	鍜	传文、注文、音义作"锻修"，四库全书误

"雨"，四库全书本误作"两"，传文作"雨"，注文复述其文，应作"雨"。

"伐齐纳纠"，四库全书本误作"伐鲁纳纠"，经文作"齐"，参考诸本与上下文意应作"齐"。

"十"，四库全书本误作"千"，依上下文意，自当作"十"。

"锻"，四库全书本作"瑕"，案余仁仲本、十行本均作"锻"，应作"锻"。

再如，隐公五年，初献六羽，范宁注："不言六佾者，言佾则干在其中，明妇人无武事，独奏文乐。"杨士勋疏："今仲子特为筑宫而祭之，妇人既无武事，不应得用干戚，故云'独奏文乐'。"浦卫忠于此出校记："'干'，阮校：闽、监、毛本'干'作'羽'。补校：此'干'字作'羽'，则上'不言六佾者'，'佾'字亦当作'羽'。"①

查余仁仲《春秋穀梁传集解》作"不言六佾者，言佾则干在其中"②，十行本作"不言六佾者，言佾则干在其中"③，闽、监、毛本作"言佾则羽在其中"。可知殿本所据监本，溯源之，闽本为改"干"为"羽"之始作者。

就上下文意读之，改"干"为"羽"，改错矣。因经文言"初献六羽"，

① （战国）穀梁赤著，（晋）范宁集解，（唐）杨士勋疏：《春秋穀梁传注疏》，《儒藏》（精华编89），北京大学出版社2015年版，第45页。

② （战国）穀梁赤著，（晋）范宁集解，（唐）杨士勋疏：《春秋穀梁传集解》卷1，（清）黎庶昌编：《古逸丛书》，华师大本，第8页b。

③ （战国）穀梁赤著，（晋）范宁集解，（唐）杨士勋疏：《监本附音春秋穀梁传注疏》卷2，第4页a。

范宁解云"不言六佾者",是针对经文而发,意谓经文若直书"初献六佾",则包括文舞(羽)及武舞(干戚),但妇人无武事,舞仅能用羽,故经文只言"六羽"(见表6-18)。

表6-18　四库荟要、四库全书、殿本异文表

出处	四库荟要	四库全书	殿本
卷2,第7页上,第4行	言羽則佾	言羽則佾	言佾則羽
卷2考证,第2页上,第5行	言羽則佾	言佾則羽	言佾則羽

又,齐召南考证云:"'不言六佾者,言佾则羽在其中,明妇人无武事,独奏文乐'此何休说,而范用之。"[1]既知此语出自何休注,查何休注原文为"不言六佾者,言佾则干舞在其中"[2],自知闽本误改也。四库全书本与四库荟要本誊缮之人,未能复查何休《春秋公羊传解诂》原文,遂以殿本所云不通,径改"言羽则佾在其中"。

四库全书本与四库荟要本将殿本原本已错的"言佾则羽",改成"言羽则佾",此或四库馆臣所致,非齐召南所为。何以知之?案殿本十三经后所附考证,比齐召南另刊之《注疏考证》添加较多内容。且于此,齐召南并未校出"言佾则羽在其中"与何休注有异,故考证依监本错文写之。后来四库全书本与四库荟要本改范宁注文,而考证部分,四库荟要本也改了,四库全书本则未改。

---

① (战国)榖梁赤著,(晋)范宁集解,(唐)杨士勋疏:《春秋榖梁传注疏》卷2考证,《景印文渊阁四库全书》,第2页。

② (汉)何休注,(唐)徐彦疏:《春秋公羊传解诂》卷1,《中华再造善本》,北京图书馆出版社2003年版,据宋余仁仲万卷堂刻本影印,第13页b。(汉)何休注,(唐)徐彦疏:《春秋公羊传注疏》卷3,《景印文渊阁四库全书》第145册,第7页a。

由此，推测四库全书本与四库荟要本在抄录过程中，可能有过交流与相互参照，虽然不是逐一相校，但在某些存有意义分歧的地方或有讨论。另外，四库馆臣经过考虑后对部分错误文字予以改正，但也有将原本对者改错的地方。部分据《经典释文》改正者，也存在未改的情况，二本并未据《经典释文》重头校正一次，仅偶然发现有异则改，若未发现者，则依殿本缮录，将错就错。

总而言之，四库全书本与四库荟要本并非一字不差地依照原刻缮录，其中有少部分的订正。另外，四库书系之缮录非如覆刻或精摹，其不求抄录字体与底本一模一样，允许用异体字，遂导致许多用字与底本有异。

五　经部春秋类与十三经体系

经学自汉五经、唐九经，而备于宋代。初为经注本、单疏本，又经官刻本、坊刻本陆续刊布，如北宋国子监刻九经、南宋国子监重刻九经、南宋抚州公使库刻九经、南宋兴国军学刻六经、南宋余仁仲万卷堂刻九经、南宋廖莹中世彩堂刻九经等。后合注疏刊于一部，如南宋越州刻十一经注疏、南宋建阳坊刻十三经注疏、明嘉靖李元阳刻十三经注疏、明万历北京国子监刻十三经注疏、明崇祯毛氏汲古阁刻十三经注疏等。至清代，十三经已是自成系统的成熟体系。

在《四库全书荟要》中，没有十三经类，其分经、史、子、集，经部包括易类、书类、诗类、春秋类、礼类、孝经类、论语类、孟子类、四书类、经解类、小学类等十一类。《春秋穀梁传注疏》属春秋类，排序在《春秋左氏传注疏》、宋吕祖谦《春秋左氏传说》、宋章冲《春秋左氏传事类始末》《春秋公羊传注疏》后，在宋孙复《春秋尊王发微》前。于清一代，春秋学著作仅收清康熙《日讲春秋讲义》《钦定春秋传说汇纂》、清乾隆《御纂春秋直解》三部，置于春秋类末。

稍后完成的《四库全书》，同《四库全书荟要》分经、史、子、集，不过细类有别，收书更多，更为详尽。经部包括易类、书类、诗类、礼类、春秋类、孝经类、五经总义类、四书类、乐类、小学类等十类，其中礼类又分周礼、仪礼、礼记、三礼总义、通礼、杂礼书六属，小学类分训诂、字书、韵书三属。《四库全书荟要》将"春秋类"序于"礼类"前,《四库全书》倒之。《春秋榖梁传注疏》属春秋类,排序在《春秋左氏传正义》《春秋公羊传注疏》后,在汉郑玄《箴膏肓》《起废疾》《发墨守》前。清代春秋学著作除收录康熙《日讲春秋讲义》《钦定春秋传说汇纂》、乾隆《御纂春秋直解》,与荟要本同,另收清代春秋学著作二十五部,多于《四库全书荟要》。

四库书系以"经部"统摄 / 拆解"十三经注疏"体系,虽然内容照录了殿本《十三经注疏》。从严格意义上来说,《十三经》并不存在于四库系统中。在四库系统中《春秋榖梁传注疏》隶属于经部春秋类著作。知识体系不同,将影响《春秋榖梁传注疏》的意义,在十三经中《春秋榖梁传注疏》代表《榖梁》学,在四库体系中《春秋榖梁传注疏》是春秋学之一。

不过,十三经的意义转而体现在分类上。《四库全书荟要》的分类体现了十三经经目,唯隐藏《尔雅》入"小学类",《论语》《孟子》尚可见"论语类""孟子类"。到了《四库全书》将"论语类""孟子类"纳入"四书类",十三经体系的痕迹变得更为微弱。

当初殿本选择监本作底本重新校订,意在凸显明代监本之讹,彰显自身之完善,并不知道日后会被编入四库书系。四库书系的构想,是将《十三经》打散,纳入建构的知识系统内,却无法完全取代十三经系统。尽管《十三经注疏》被编进四库系统中,十三经的体系仍有其自我传承的倾向,如后来阮元重新校勘并刊行《十三经注疏》,说明十三经注疏体系无法被其他系统取代,《十三经注疏》是传承经学最重要的方式。

小 结

清代乾隆皇帝重新校刊《十三经注疏》,早于四库书系,是新朝借《十三经注疏》这套经典标示其对于道统的继承。

殿本《十三经注疏》为清代官方钦定的成果,具有权威性,后来四库书系在收书时未另选他本,直以殿本作为底本。这就要求《四库全书》《四库全书荟要》依原刻缮录,不过由于四库书系是由誊录监生抄录,过程中往往因为书写习惯等，不经意间便以异体字书之，这种情形校对官、覆校官或许无法完全禁止，只好允许其存在。部分内容据《经典释文》改正殿本原本错误之处，也有殿本原来是对的，而后改错的情况，及一些手写错误。故《四库全书》《四库全书荟要》成书后与原来底本已不尽相同。

就《春秋榖梁传注疏》来说，四库全书本用字比四库荟要本用字较多同于殿本，三本里，殿本用异体字与发生错字的情况最少，其次是四库全书本，最后是四库荟要本。

第七章 《春秋正义》征引《穀梁传》及其方式

孔颖达纂修《春秋正义》时邀请《穀梁疏》作者杨士勋共同参定，说明杨士勋除了通《穀梁》也通《左传》。从字面上看，《春秋正义》征引《穀梁》既包括经传注，也包括《穀梁疏》，唯引用时并未明言。引《穀梁》之文后的解说基本上皆采穀梁家言，亦有少部分由《春秋正义》撰者依其理解进行解释。就征引数量来说，《春秋正义》引三礼1400余次，引《公羊》260余次，引《穀梁》仅140余次，于此可看出《春秋正义》的撰者对《穀梁》并不看重。进一步检视征引《穀梁》的内容，可以发现绝大多数对《左传》的解经并无实质帮助。又僖公之后七位继位鲁公，不论即位年数长短，征引《穀梁》的条目皆相当，疑此是撰者先大致决定征引数量，再在其中择定欲疏释的条目，稍事比对后征引之。

有关《春秋正义》的引书研究，前人已有不少深入与详尽的探讨，如张宝三《五经正义研究》[①]、安敏《〈春秋左传正义〉研究》[②]、郤同麟《〈春秋左传正义〉引经研究》[③]等。本章在前人学者研究成果的基础上，专门讨论征引《穀梁》的部分。据安敏统计《春秋正义》引《穀梁传》143次[④]，郤同麟统计为150余条[⑤]，郤氏另指出《正义》引《穀梁》独用范宁注[⑥]。然而魏晋时

① 张宝三：《五经正义研究》，华东师范大学出版社2010年版。
② 安敏：《〈春秋左传正义〉研究》，博士学位论文，华中师范大学，2008年。
③ 郤同麟：《〈春秋左传正义〉引经研究》，硕士学位论文，浙江大学，2008年。
④ 安敏：《〈春秋左传正义〉研究》，博士学位论文，华中师范大学，2008年，第256页。
⑤ 郤同麟：《〈春秋左传正义〉引经研究》，硕士学位论文，浙江大学，2008年，第23页。
⑥ 郤同麟：《〈春秋左传正义〉引经研究》，硕士学位论文，浙江大学，2008年，第19页。

期《榖梁》注实不止范宁一家，见诸《隋书·经籍志》者尚有唐固、麋信、张靖、徐乾、程阐、孔衍、徐邈、段肃、刘兆等。^①文廷海也曾统计《榖梁注疏》引用的《榖梁》著作，包括刘向《榖梁传注》、何休《榖梁废疾》、郑玄《释废疾》、张靖《笺废疾》、麋信《榖梁传注》、刘兆《春秋公羊榖梁传解诂》、江熙《春秋公羊榖梁二传评》、徐乾《春秋榖梁传注》、徐邈《春秋榖梁传义》、范宁《春秋榖梁传集解略例》《春秋榖梁传集解别例》《春秋榖梁传集解薄氏驳》《春秋榖梁传集解范氏答》等。^②又《春秋正义》引《公羊》相关文献达260余条^③，包括颜安乐《公羊颜氏记》、何休《春秋公羊解诂》《春秋左氏膏肓》、郑玄《笺膏肓》、卢钦《公羊序》、孔舒元《公羊传》等，其中引何休者达77次，而称引"范宁"者仅3次^④，称引"注云"者3次^⑤，另有采用范注而不名，径附于《榖梁传》下者8次^⑥，足见孔颖达等撰《春秋正义》并非无法获得《榖梁》相关著作，乃特意不取。其原因应与孔颖达对《榖梁传》的评价有关。孔氏曾云《榖梁》"道听涂说之学"^⑦、"曲辨妄生"^⑧、"妄为说耳"^⑨。当然，这种抑彼扬己的话有时是在表明立场，为了更好地在三传中获得《春秋》的话语权。此类表述立场的话范宁也提过，其云："《左氏》艳而富，其失也巫；《榖梁》清而婉，其失也短；《公羊》辩而裁，其失也俗。"^⑩

孔颖达又批评汉代左氏学"杂取《公羊》《榖梁》以释《左氏》，此乃以

---

① （唐）魏徵：《经籍志》，《隋书》卷32，中华书局1997年版，第931—932页。
② 文廷海：《〈春秋榖梁传注疏〉引书考论》，《南阳师范学院学报》（社会科学版）2005年第7期。文廷海：《清代春秋榖梁学研究》，巴蜀书社2006年版，第46—47页。
③ 郤同麟：《〈春秋左传正义〉引经研究》，硕士学位论文，浙江大学，2008年，第23页。
④ 桓公三年，《春秋左传注疏》卷6，第1页a；庄公六年，卷8，第11页b；昭公十八年，卷48，第16页b。
⑤ 参见庄公四年，《春秋左传注疏》卷12，第9页a；僖公二十八年，卷16，第14页a；昭公七年，卷44，第1页b。
⑥ 参见《春秋左传注疏》卷7，第25页；卷5，第8页a；卷9，第21页b；卷19，第4页b；卷54，第2页a；卷56，第19页a；卷57，第8页a；卷57，第20页a。
⑦ （晋）杜预集解，（唐）孔颖达疏：《春秋左传注疏》卷1，第4页b。
⑧ （晋）杜预集解，（唐）孔颖达疏：《春秋左传注疏》卷3，第21页b。
⑨ （晋）杜预集解，（唐）孔颖达疏：《春秋左传注疏》卷53，第17页b。
⑩ （战国）榖梁赤著，（晋）范宁集解，（唐）杨士勋疏：《春秋榖梁传序》，《监本春秋榖梁注疏》，第9页b。

冠双屦，将丝综麻，方凿圆枘"[①] 等，范宁也曾批评之前的穀梁家杂取二传解经，其云："《穀梁》传者虽近十家，皆肤浅，末学不经师匠，辞理典据既无可观，又引《左氏》《公羊》以解此传，文遇违反斯害也已。"[②] 由此可知二人对引他传解经的方式皆不表认同。在此背景下，孔颖达与范宁的著作中自然看不出其他二传的价值，不似郑玄注《周礼》引郑司农注，虽意见不尽相同，但不会因此贬低郑司农，注文中往往仍能看到郑司农注的学术价值。是以作者的心态与立场，会影响如何选取与使用对该经有利的事例，如此经过择取的引用也会对读者产生影响，争取读者的认同，甚至排斥他传。

孔颖达序云不敢自专，遂请国子博士谷那律及四门博士杨士勋、朱长才等"对共参定"[③]。从《春秋正义》中确实能看到正面引述《穀梁传》的例子，部同麟认为这是因为杜预颇有袭用《穀梁》之说，在疏不破注的前提下，孔颖达自然会遵循杜注用《穀梁》之说。[④] 除了疏不破注的理由，杨士勋曾撰《穀梁疏》，当其参与《春秋正义》修撰时，或许也会对《春秋正义》的解经产生一定的平衡作用。

一　杨士勋《穀梁疏》与《春秋正义》的关系

史传无杨士勋相关记载，孔颖达《春秋正义序》称"故四门博士臣"[⑤]，是知杨氏曾参与《春秋正义》修撰工作，并且在唐贞观十六年（642）孔颖达撰序或之前亡故。《穀梁疏》录杨士勋职衔为"国子四门助教"，则知《穀梁疏》成书在前，协助撰修《春秋正义》在后。杨士勋除了穀梁家身份，据张沛林研究，他还是刘炫的弟子。[⑥] 张沛林的依据是庄公二十七年疏文称"先师刘炫"[⑦]，并从时间上考证认为刘炫罢官于隋大业六年（610），后归于河

---

① （唐）孔颖达：《春秋正义序》，《春秋左传注疏》，第 2 页 b。

② （战国）穀梁赤著，（晋）范宁集解，（唐）杨士勋疏：《春秋穀梁传序》，《监本春秋穀梁注疏》，第 10 页 b。

③ （唐）孔颖达：《春秋正义序》，《春秋左传注疏》，第 4 页 b。

④ 部同麟：《春秋左传正义〉引经研究》，硕士学位论文，浙江大学，2008 年，第 22 页。

⑤ （唐）孔颖达：《春秋正义序》，《春秋左传注疏》，第 4 页 b。

⑥ 张沛林：《杨士勋为刘炫受业弟子考——以"先师"词意的历史转变为线索》，《追寻平实精微——汉唐春秋穀梁学论稿》，福建教育出版社 2019 年版，第 159—166 页。

⑦ （战国）穀梁赤著，（晋）范宁集解，（唐）杨士勋疏：《监本春秋穀梁注疏》卷 6，第 11 页 a。

间冻馁而死，时年六十八。①（其时至贞观十二年约莫三十年）此说法清人柳兴恩已提过，其称"《疏》引先师刘炫，则士勋者，刘光伯之徒也"，"据称先师，知士勋为炫之弟子"②。潘重规亦言杨士勋为刘炫弟子无疑。③承此说者，尚有王熙元、简博贤。④从杨士勋《穀梁疏》中多举《左传》《公羊》，且杨氏曾撰《春秋公穀考异》⑤，加上孔颖达邀其修撰《春秋正义》，可推知其除了专长《穀梁》，亦擅《左传》《公羊》。据刘炫自状：

> 《周礼》《礼记》《毛诗》《尚书》《公羊》《左传》《孝经》《论语》、孔、郑、王、何、服、杜等注，凡十三家，虽义有精粗，并堪讲授。《周易》《仪礼》《穀梁》，用功差少，子史文集，嘉言故事，咸诵于心，天文律历，穷核微妙。⑥

可知刘炫通三传。假设杨士勋非自学，其三传之学或受业于刘炫。从时间上来看，孔颖达曾向刘焯（刘炫、刘焯为同时人也）问学⑦，入唐后还与杨士勋共事，杨士勋是有可能为刘炫弟子的，但因无更多证据，可备为一说。⑧

除了杨士勋，孔颖达与刘炫的关系也很密切。孔颖达云奉敕删定《春秋正义》"据（刘炫）以为本，其有疏漏，以沈氏补焉。若两义俱违，则特申短见"⑨。刘文淇《春秋左氏传旧疏考正序》亦云："唐人所删定者仅驳刘炫说

---

① （唐）魏徵：《刘炫传》，《隋书》卷75，第1721—1723页。曹景年考证刘炫大约卒于隋大业九年（613）。参见曹景年《河间刘炫生平考述》，《唐山师范学院学报》2016年第6期。

② （清）柳兴恩：《穀梁大义述》卷17，《续修四库全书》，上海古籍出版社1995年版，据光绪十四年南菁书院刻皇清经解续编本影印，第132册，第2页a；卷16，第15页a。

③ 潘重规：《春秋公羊疏作者考》，《学术季刊》1955年第1期。

④ 简博贤：《今存唐代经学遗集考》，硕士学位论文，台湾师范大学，1970年，第125页。王熙元：《穀梁著述考征》，台北：广东出版社1974年版，第49页。以上可参见张宝三《杨士勋及其〈穀梁传疏〉相关旧说考辨》，《第二届唐代文化研究会论文集》，1995年，第108页。

⑤ （元）脱脱等：《艺文志》，《宋史》卷202，第5065页。

⑥ （唐）魏徵：《刘炫传》，《隋书》卷75，第1720页。

⑦ （后晋）刘昫等：《旧唐书》卷73，第2601页。

⑧ 张宝三认为"先师"之称于唐经疏中屡见，意为凤昔之经师，不可据此论断杨士勋为刘炫弟子，须有其他证据。参见张宝三《杨士勋及其〈穀梁传疏〉相关旧说考辨》，《第二届唐代文化研究会论文集》，第99—102页。赵友林也认为杨士勋为刘炫弟子的说法不可信。参见赵友林《杨士勋〈春秋穀梁传疏〉考》，《聊城大学学报》（社会科学版）2009年第4期。

⑨ （唐）孔颖达：《春秋正义序》，《春秋左传注疏》，第4页b。

百余条，余皆光伯《述议》也。"①但孔颖达于序中、疏文中不止一次标榜尊杜非刘的立场，其云：

> 刘炫于数君之内实为翘楚，然聪惠辩博固亦罕俦，而探赜钩深未能致远，其经注易者必具饰以文辞，其理致难者乃不入其根菱，又意在矜伐，性好非毁，规杜氏之失，凡一百五十余条，习杜义而攻杜氏，犹蠹生于木而还食其木，非其理也，虽规杜过，义又浅近……其事历然，犹尚妄说，况其余错乱，良可悲。②

又云：

> 刘君不达此旨，妄为规过，非也。③

这样的立场，即四库馆臣所谓孔疏"多左杜而右刘"④。值得注意的是，孔颖达是在隋炀帝大业年间被朝廷重用并以之取代刘焯、刘炫这一辈士人的青年才俊，在一定程度上超越刘炫是孔颖达等辈经学家的首要目标。为了超越，必然要以对刘炫的成果知根知底为前提。

研究发现，在杜预无注的情况下，孔颖达也会引用刘炫、服虔等注，并肯定前人的意见。⑤那么孔颖达为何要针对刘炫呢？安敏认为因为刘炫批驳杜预，而在疏不破注的前提下，孔颖达就要尽可能维护杜注的权威性。⑥若然，孔颖达完全可以不引刘炫的说法。另在左传学史中服、杜之争才是主流，从六朝开始一直到清代皆然，那又何必特别引刘炫而后非之？对孔颖达而言，其选择刘炫是经过仔细考虑的。刘炫博学多识，不仅注经，对汉代以来的传注也有所评议，更重要的是他还曾参与修国史、于内史省考定群言、

① （清）刘文淇：《春秋左氏传旧疏考正序》，《青溪旧屋文集》卷5，《续修四库全书》，上海古籍出版社1995年版，据清光绪九年刻本影印，第1517册，第3页b。
② （唐）孔颖达：《春秋正义序》，《春秋左传注疏》，第3页b。
③ （晋）杜预集解，（唐）孔颖达疏：《春秋左传注疏》卷5，第4页a。
④ （清）纪昀等：《春秋左传正义提要》，《四库全书总目提要》，第3页a。
⑤ 安敏：《〈春秋左传正义〉研究》，博士学位论文，华中师范大学，2008年，第66—68页。
⑥ 安敏：《〈春秋左传正义〉研究》，博士学位论文，华中师范大学，2008年，第71页。

点校书史、修定五礼等①，因此他充分理解朝廷修订经书礼典以正经训的目的与统一南北学的目标。孔颖达曾参与修《隋史》、修订《五礼》、奉敕纂修《五经正义》等，其目标与刘炫一致，是以选择刘炫著作作为主要参考文本最为适宜。但孔颖达不能落得因袭前书之名，所以贬抑刘炫以标举《正义》更胜于前，此在《春秋正义》尤其明显。因此之故，不论杨士勋与刘炫是否有师生关系，都不会改变《春秋正义》尊杜非刘的立场。

那么为《穀梁》作疏的杨士勋是否会将自己的成果放入《春秋正义》呢？郜同麟认为《春秋正义》引用《穀梁传》时独用范宁《春秋穀梁传集解》②，野间文史在《春秋正义引用书表》中指出，引用《穀梁传》尹更始 1 次，范宁 9 次③，二人均未提到《春秋正义》引用《穀梁疏》。

不过，《春秋正义》中的一些引文虽未注明出处，但经比对可以确认出自《穀梁疏》。举例如下。

1. 隐公三年，春，王二月己巳，日有食之

此言乃《春秋正义》引自《穀梁疏》的理由如下。

其一，此经下杜预注未引《穀梁》，又杜注认为此日食发生时间为二月朔，"朔"字之所以不见经文，乃是史官失录。注云："今《释例》以长历推经传，明此食是二月朔也。不书朔，史失之。"④而《穀梁》认为"不言朔，食晦日也"，以日食不在朔日所以不言"朔"。由此可知杜预与《穀梁》对经文不书朔的理解不同。因此《春秋正义》于此征引《穀梁》并非为了疏通杜注，而是存异，作为补充他传解经之义。

其二，《春秋正义》云："《穀梁传》曰其不言食之者何也？知其不可知也。是言慎疑，故不言月也。"⑤"慎疑"一词，《左传》、杜预注、《穀梁传》、范宁注均未提及，乃杨士勋文。《穀梁疏》作："其不言食之者何也者，谓经不书月食日也，知其不可知，知也者。谓圣人慎疑，作不知之辞者，知也。"⑥此段《春秋正义》疏通《穀梁》之文当是改自《穀梁疏》。另外，"知

---

① （唐）魏徵：《刘炫传》，《隋书》卷 75，第 1719—1720 页。
② 郜同麟：《〈春秋左传正义〉引经研究》，硕士学位论文，浙江大学，2008 年，第 23 页。
③ 野间文史：《春秋正义の世界》，广岛：溪水社 1989 年版，第 227 页。
④ （晋）杜预集解，（唐）孔颖达疏：《春秋左传注疏》卷 3，第 1 页 a。
⑤ （晋）杜预集解，（唐）孔颖达疏：《春秋左传注疏》卷 3，第 1 页 b。
⑥ （战国）穀梁赤著，（晋）范宁集解，（唐）杨士勋疏：《监本春秋穀梁注疏》卷 1，第 13 页 a。

其不可知，知也"一句，阮刻本无重"知"字，校勘记云："宋本下知字重，是也。"①《穀梁疏》即重字，以下"知"音智也。宋本《春秋左传注疏》与《穀梁疏》同②，当引自《穀梁疏》。

其三，杜预注："日行迟，一岁一周天；月行疾，一月一周天，一岁凡十二交会。"③《春秋正义》为之疏解，云：

> 古今之言历者，大率皆以周天为三百六十五度四分度之一，日行比月为迟，每日行一度，故一岁乃行一周天。月行比日为疾，每日行十三度十九分度之七，故一月内则行一周天，又行二十九度过半乃逐及日。言一月一周天者，略言之耳。其实及日之时，不啻一周天也。④

检《穀梁疏》作：

> 依历家之说，日一日一夜行天一度，月一日一夜行天十三度十九分度之七。天有三百六十五度四分度之一，故日行一岁一周天，计月逐及日之时，不啻周天，但举其大率耳。⑤

比对《正义》与《穀梁疏》，其起始语及"不啻"等行文与《穀梁疏》相当，此段应亦改自《穀梁疏》。

其四，《春秋正义》最后附上《穀梁》日食传例，其云：

> 《穀梁传》曰："言日不言朔，食晦日也。朔日并不言，食晦夜也。朔日并言，食正朔也。言朔不言日，食既朔也。"⑥

---

① 参见（晋）杜预集解，（唐）孔颖达疏，（清）阮元校勘：《左传注疏校勘记》，《春秋左传注疏》卷3，第1页a。
② （晋）杜预集解，（唐）孔颖达疏：《春秋左传正义》卷3，北京图书馆出版社2003年版，据宋庆元六年绍兴府刻宋元递修本影印，第6页a。
③ （晋）杜预集解，（唐）孔颖达疏：《春秋左传注疏》卷3，第1页a。
④ （晋）杜预集解，（唐）孔颖达疏：《春秋左传注疏》卷3，第1页a。
⑤ （战国）穀梁赤著，（晋）范宁集解，（唐）杨士勋疏：《监本春秋穀梁注疏》卷1，第12页b。
⑥ （晋）杜预集解，（唐）孔颖达疏：《春秋左传注疏》卷3，第2页a。

然此段文字与上句"《汉书·高祖本纪》，高祖即位三年十月、十一月晦日频食，则日有频食之理"并无关系，亦非《左传》、杜注之意，且对于《左传》解经意义不大。而《穀梁疏》于此经下正提及四种日食之例，疏云：

> 《穀梁》之例，书日食凡有四种之别，故此二月己巳，日有食之，传云言日不言朔，食晦日也。桓十七年，冬，十月朔，日有食之，传云言朔不言日，食既朔也，彼是二日食矣。又庄十八年，三月，日有食之，传云不言日不言朔，夜食也。又桓三年，七月壬辰朔，日有食之既，传云言日言朔，食正朔也。是有四种之别。[①]

故《春秋正义》应是据《穀梁疏》省略其文也。

总而言之，整段《正义》内容与《穀梁疏》多有重合，当是参考了《穀梁疏》。

2. 桓公十八年，春，王正月，公会齐侯于泺

案，此段《正义》疑改写自《穀梁疏》。

杜注云："公本与夫人俱行至泺，公与齐侯行会礼，故先书会泺，既会而相随至齐，故曰遂。"[②]注文并未对鲁桓公及夫人文姜有所批评，也没有提及不书批评的原因。而《春秋正义》云：

> 杜无明解。传载申繻之言，讥公男女相渎，盖以相亵渎之故，果致大祸。时史讥其男女无别，故不书及也。[③]

《左传》仅言"女有家，男有室，无相渎"，经注均未提及"男女无别"，而此不仅有"男女无别"，且有讥刺之文，此当是《正义》自行疏解或另有参考。

---

① （战国）穀梁赤著，（晋）范宁集解，（唐）杨士勋疏：《监本春秋穀梁注疏》卷1，第12页a。

② （晋）杜预集解，（唐）孔颖达疏：《春秋左传注疏》卷7，第25页a。

③ （晋）杜预集解，（唐）孔颖达疏：《春秋左传注疏》卷7，第25页a。

检《榖梁疏》可以发现，上文与《榖梁疏》所言密合无差，《榖梁疏》作：

> 左氏无正文，或当以公男女无别，故不言及。[①]

若非同文改写不当如此合辙。

另外，《左传》经注均未提到"不书及"之书法，其他传例也无因讥男女无别而有不书及的书法。即便在僖公十一年，公及夫人姜氏会齐侯于阳榖，杜注也仅提说夫人与公俱会齐侯非礼，[②]并未讨论书及或不书及。而杨士勋在《榖梁疏》中曾提出《左传》不言及的原因是"男女无别"，但这仅是杨士勋的推测，因为《榖梁》不言及乃以夫人骄伉为说，[③]与《左传》并不相同，《春秋正义》似乎直接采用了杨士勋的推论。于此可证此段文字当改写自《榖梁疏》。

3. 庄公十八年，秋，有蜮

杜预注："蜮，短狐也。盖以含沙射人为灾。"《春秋正义》云：

> 《榖梁传》曰："蜮，射人者也。"《洪范·五行传》曰："蜮，如鳖三足，生于南越。南越妇人多淫，故其地多蜮。淫女，惑乱之气所生也。"陆机[④]《毛诗义疏》云："蜮，短狐也，一名射景。如鳖三足，在江淮水中。人在岸上，景见水中，投人景则杀之，故曰射景，或谓含沙射人入皮肌，其创如疥。"[⑤]

乍看之下，《春秋正义》似分别引《榖梁传》、《洪范·五行传》、陆玑《毛诗义疏》等书解经。不过比对后会发现所引篇目与《榖梁疏》如出一辙，《榖梁疏》作：

---

① （战国）榖梁赤著，（晋）范宁集解，（唐）杨士勋疏：《监本春秋榖梁注疏》卷4，第12页b。
② （晋）杜预集解，（唐）孔颖达疏：《春秋左传注疏》卷13，第17页b。
③ （战国）榖梁赤著，（晋）范宁集解，（唐）杨士勋疏：《监本春秋榖梁注疏》卷4，第12页b。
④ "机"应作"玑"，下同。
⑤ （晋）杜预集解，（唐）孔颖达疏：《春秋左传注疏》卷9，第14页b。

　　《洪范·五行传》云："蜮，如鳖三足，生于南越。南越妇人多淫，故其地多蜮也。"陆机《毛诗义疏》云："蜮，短狐，一名射影，在江淮水中。人在岸上，影见水中，投人影则杀之，故曰射影，或谓含沙射人入人皮肌，其疮如疥。"[①]

　　若将二书与陆玑原文相比，更可见出《春秋正义》参考《穀梁疏》的痕迹，陆书作：

　　　　蜮，短狐也。一名射影，如龟三足，江淮水滨皆有之。人在岸上，影见水中，投人影则杀之，故曰射影也。南方人将入水，先以瓦石投水中，令水浊然后入。或曰含细沙射人入人肌，其创如疥。[②]

　　《春秋正义》与《穀梁疏》同时省略了"南方人将入水，先以瓦石投水中，令水浊然后入"一段，又"江淮水滨皆有之"皆作"在江淮水中"。依此可知《正义》此文当引自《穀梁疏》。

　　4. 文公十二年，二月庚子，子叔姬卒

　　案《左传》《公羊传》《穀梁传》、杜预、何休、范宁均未提到子叔姬为杞叔姬，唯独杨士勋《穀梁疏》引徐邈文中言此子叔姬为杞夫人。疏云："徐邈云：上传云子叔姬者，杞夫人见出，故不言杞。下传云许嫁者，言是别女，非杞叔姬也。"[③]检《春秋正义》云"杜谱不知此叔姬是何公之女"，底下引："《穀梁》以为公母姊妹谓同母姊妹"，以《穀梁》为证，则其曰"叔姬既为杞之夫人……杞叔姬卒"云云，[④]虽未列出其他征引书目，推断此段《正义》应据《穀梁疏》之意而疏释之。

　　以上例证，可以证明《春秋正义》征引了《穀梁疏》的内容，由于杨士勋参与了《春秋正义》的修撰，推测这部分的内容应该是杨士勋撰写的。

---

① （战国）穀梁赤著，（晋）范宁集解，（唐）杨士勋疏：《监本春秋穀梁注疏》卷6，第11页a。
② （三国）陆玑撰，（清）赵佑校正：《草木疏校正》卷下，《续修四库全书》，上海古籍出版社1995年版，据清乾隆白鹭洲书院刻本影印，第64册，第25页a。
③ （战国）穀梁赤著，（晋）范宁集解，（唐）杨士勋疏：《监本春秋穀梁注疏》卷11，第4页b。
④ （晋）杜预集解，（唐）孔颖达疏：《春秋左传注疏》卷19下，第4页b。

二 《春秋正义》博引众书与成于多人之手

《春秋正义》引用的内容以三礼最多，此是承继六朝尚礼的传统。如沈垚云："六朝人礼学极精。"[①] 周予同云："南朝重礼学。"[②] 除了承继六朝、刘炫等对礼的重视[③]，杨伯峻认为春秋时代即重礼，《左传》提到 462 次"礼"，把礼提到最高地位。[④] 郜同麟指出，因此之故，《春秋左传正义》对礼书亦特别重视，共引礼书约 1600 条。[⑤] 这是把《春秋正义》重礼的原因上溯到《春秋》重礼。安敏统计《春秋正义》引三礼 1429 次，并引用了文廷海的观点——"《春秋》强调礼，《春秋榖梁传》也从礼法的角度来阐释《春秋》，而《春秋榖梁传注疏》更广引三礼对《春秋》经传进行疏解"[⑥]——据以说明《春秋榖梁传注疏》如此，《春秋左传正义》也是这样。[⑦] 孔颖达也非常肯定礼的作用，曾云："古先圣王鉴其若此，欲保之以正直，纳之于德义，犹襄陵之浸，修堤防以制之；悍驾之马，设衔策以驱之。"[⑧]《春秋正义》援引这么多的礼文来疏通《左传》，我们应注意春秋时代的礼与《左传》的礼是否就是《春秋正义》中引述的三礼，此间当有合有不合。[⑨]

除了三礼，《春秋正义》博引群书，经史子集皆有。六朝所谓的集解，多是同类书的集录，即便义疏也多宗一家之言。《春秋正义》引文近 7000 条[⑩]，后世对于《正义》是专守一家，还是博采众说，仍各执其说。江声云：

① （清）沈垚：《落帆楼文集》卷 8，《清代诗文集汇编》，上海古籍出版社 2010 年版，第 598 册，第 14 页 b。
② 《周予同经学史论著选集》，上海人民出版社 1996 年版，第 855 页。
③ 程苏东提到，刘炫《孝经述议》于经传诸文凡有出处可考者，皆列其出处；凡经传说解涉及诸家异说者，好博征诸家，断以己意；凡经传中涉及礼制者，刘炫考证尤为精详，表现出对于礼学的独特兴趣与审慎态度。参见程苏东《〈毛诗正义〉"删定"考》，《文学遗产》2016 年第 5 期。
④ 杨伯峻：《论语译注》，中华书局 1980 年版，第 16 页。
⑤ 郜同麟：《〈春秋左传正义〉引经研究》，硕士学位论文，浙江大学，2008 年，第 23 页。
⑥ 文廷海：《〈春秋榖梁传注疏〉引书考论》，《南阳师范学院学报》（社会科学版）2005 年第 7 期。文廷海：《清代春秋榖梁学研究》，第 50 页。
⑦ 安敏：《〈春秋左传正义〉研究》，博士学位论文，华中师范大学，2008 年，第 254 页。
⑧ （唐）孔颖达：《礼记正义序》，参见（汉）郑玄注，（唐）孔颖达疏《礼记注疏》，台北：艺文印书馆 1997 年版，据清嘉庆二十年阮元刻十三经注疏本影印，第 1 页 b。
⑨ 关于《左传》与三礼间的同异，可参考许子滨《〈左传〉礼制与"三礼"有合有不合说》，《人文中国学报》2012 年第 18 期。
⑩ 郜同麟：《〈春秋左传正义〉引经研究》，硕士学位论文，浙江大学，2008 年，第 15 页。

唐初陆德明、孔颖达辈，专守一家，又偏好晚近。①

刘师培《国学发微》云：

正义之学，乃专守一家，举一废百之学也。②

马宗霍则有不同看法，其曰：

唐人义疏之学，虽得失互见，瑕不掩瑜。名宗一家，实采众说。
固不无附会之弊，亦足破门户之习。今就孔疏论之，《易》宗王、韩，
诚多空诠，然于马、郑、荀、虞诸家之古义，间亦有所援引，其取以
补辅嗣之阙漏者，固可以存汉学；即其袒王而以古说为非者，亦未尝
不可辨其非而观其是也。至所引庄氏、褚氏之说，虽无当于奥旨，亦
足以广谀闻。③

彼此认识不一，关键在于云《春秋正义》专守一家者，谓孔颖达取杜预一家
为之作疏，并批贾逵、服虔、刘炫等以维护杜预之说，此乃所谓专守一家。
然而《春秋正义》中引书既广且多，这难道不是博采众说？所以，笔者认
为，《春秋正义》引用文献具有一定的开放性，乃博采众说，可谓独成一种
与六朝义疏独宗一家之言不同的新的注疏方法。

《春秋正义》旁征博引，或删定旧疏，或补以新疏，且非成于一人之手，

---

① 参见（清）臧琳《杂录》，《经义杂记》，《续修四库全书》第 172 册，上海古籍出版社 1995 年
　版，据清嘉庆四年臧氏拜经堂刻本影印，第 172 册，第 7 页 b—8 页 a。
② 刘师培：《国学发微》，《刘申叔先生遗书》，台北：华世出版社 1975 年版，据民国二十三年宁武
　南氏校印本影印，第 35 页 b。
③ 马宗霍：《中国经学史》，商务印书馆 1937 年版，第 98 页。关于《五经义》优劣之讨论，褒
　贬不一，功过兼有，可参考《诂经精舍文集》收录胡敬、赵坦、陶定山、钱福林、周中孚所作
　《唐孔颖达五经义疏得失论》，参见阮元订《诂经精舍文集》卷 6，《丛书集成初编》，商务印书
　馆 1936 年版，第 1836 册，第 168—176 页；以及张宝三《五经义之得失与价值》，参见张宝
　三《五经正义研究》，第 881—888 页。

故行文风格及对经典的解释难以前后尽同，虽经再三厘订仍然存在文意不连贯的情形。如皮锡瑞云：

> 尝读《正义》，怪其首尾横决，以为必有讹脱。考各本皆如是，疑莫能释。后见刘文淇《左传旧疏考证》，乃知刘炫规杜，先申杜而后加规；《正义》乃翦截其文，以刘之申杜者列于后，而反以驳刘；又不审其文义，以致不相承接。首尾横决，职此之由。《易》《书》之疏，间亦类此，特未若《左传疏》之甚耳。①

此即《正义》成书时截引前人文章，删汰未能尽善所致。程苏东提到《毛诗正义》也是如此，其云：

> 《毛诗正义》中出现文本失序现象，正是唐人在二刘旧疏的基础上进行删定，时裁汰未尽所致，部分《正义》可据此辨识出二刘旧疏与唐人正义两个文本层次。②

由于裁汰未尽，反倒提供了足以辨别不同撰者的线索。

文本失序除了能辨识出二刘旧疏与唐人正义纵向的两个文本层次，也能通过行文差异厘析出同时代不同撰者的横向的两个文本区块。例如宣公十二年，春，楚子围郑。《左传》："守陴者皆哭。"杜预注："陴，城上俾倪。皆哭，所以告楚穷也。"《正义》曰：

> 陴，城上小墙。俾倪者，看视之名。襄六年，晏弱围莱，堙之环城，傅于堞。注云：堞，女墙也。③又二十五年，吴子门于巢，巢牛臣隐于短墙以射之。二十七年，卢蒲嫳攻崔氏，崔氏堞其宫而守之。注

---

① （清）皮锡瑞：《经学历史》，《续修四库全书》，上海古籍出版社 1995 年版，据清光绪三十二年思贤书局刻本影印，第 179 册，第 44 页 a—b。
② 程苏东：《〈毛诗正义〉"删定"考》，《文学遗产》2016 年第 5 期。
③ 《经典释文》云："堞，音牒，女墙也。一名俾，亦谓之俾倪。"参见（唐）陆德明《春秋左氏音义之三》，《经典释文》卷 17，第 20 页 b。

云：堞，短垣也。陴堞、俾倪、短墙、短垣、女墙，皆一物也。《说文》
云："堞，城上女垣也。"《广雅》云："陴倪，女墙也。"《释名》① 云：
"城上垣曰陴。于其孔中俾倪非常。亦言陴益也，助城之高也。或曰女
墙，言其卑小，比之于城，如女子之于丈夫也。"②

观杜注与传文之间的互文关系，知其言俾倪为城上短墙之意。《正义》先云
俾倪为看视之名，后又云俾倪、短垣为一物，二说实有矛盾。于此推测可能
是有两位撰者，前撰者以俾倪为看视，又或欲解"俾倪皆哭"，遂解为看视
之。后撰者不同意，却未删改其文，另援引杜注以证俾倪为短墙。此为同一
段疏文有两位不同撰者的例证。

又如桓公十八年，春，王正月，公会齐侯于泺。《春秋正义》云："时史
讥其男女无别，故不书及也。"又云："不言及夫人会者，夫人从公行耳。其
会之时，夫人不与，既会乃相随向齐。"③ 前者云不言及者，因讥之故；后言
不及者，夫人从公行而不与会，二说矛盾。当是不同撰者各有所见，最后汇
整时并未裁定一说，故二说并存。此亦可见疏文修撰为两位以上的撰者所作
的例证。

征引《穀梁传》的疏文也能从部分习惯用语中看出其非出于一人之
手。如：

1."非杜意""非左氏意"

（1）定公十五年，鼷鼠食郊牛，牛死，改卜牛。《春秋正义》云：

《公羊》以为不言其所食，漫也。谓所食非一处。《穀梁》注意亦然，
然非杜意也。④

---

① 一本作："城上垣曰睥睨，言于其孔中睥睨非常也。亦言陴，陴，裨也，言裨助城之高也。或
曰女墙，言其卑小，比之于城，若女子之于丈夫也。"参见（清）王先谦《释名疏证补》卷5，
《续修四库全书》第190册，第12页b。

② （晋）杜预集解，（唐）孔颖达疏：《春秋左传注疏》卷33，第2页a—b。

③ （晋）杜预集解，（唐）孔颖达疏：《春秋左传注疏》卷7，第25页a。

④ （晋）杜预集解，（唐）孔颖达疏：《春秋左传注疏》卷56，第19页a。

（2）定公十五年，丁巳，葬我君定公。《春秋正义》云：

> 《穀梁》以为葬不为雨止，礼也。雨不克葬，丧不以制也。非左氏意。①

（3）哀公八年，夏，齐人取谨及阐。《春秋正义》云：

> 《公羊》《穀梁》以为赂齐。谓前年鲁伐邾取邾子益，益是齐甥，畏齐故赂之。非左氏意也。②

案《春秋正义》云"非杜意""非左氏意"，乃因其与《公》《穀》二传不同，故发此语。上述引语出于卷 56 和卷 58，间隔不远，皆为比较三传而发，当为一人手笔。因为三传有异非仅此处，但他处《左氏》、杜注与《公》《穀》不同者，却未见此语。如桓公五年，《春秋正义》云："《公羊》《穀梁》皆以仍叔之子为父老代从政，左氏直云弱也。言其幼弱，不言父在，则是代父嗣位，非父在也。"③此《左传》与《公》《穀》不同，但未言与左氏有异，而是直接疏解差异所在。又如庄公十年，《春秋正义》："《穀梁传》曰：'以归，犹愈乎执也'，杜于隐七年注云：'但言以归，非执也'，则以归者，直将与其归，不被囚执，其耻轻于执也。"④此处《穀梁传》与杜注有异，《正义》亦是直接解释不同之处。而上述所引云非杜意、非左氏意者，文中均未进一步说明何以为非，直下结论耳。此两种行文方式当是不同作者使然，于此推测前后撰者非同一人。

2."显而异之""异而显之"

（1）昭十八年，夏，五月壬午，宋、卫、陈、郑灾。杜预注："来告，故书。天火曰灾。"《春秋正义》云：

---

① （晋）杜预集解，（唐）孔颖达疏：《春秋左传注疏》卷 56，第 19 页 b。
② （晋）杜预集解，（唐）孔颖达疏：《春秋左传注疏》卷 58，第 11 页 b。
③ （晋）杜预集解，（唐）孔颖达疏：《春秋左传注疏》卷 6，第 8 页 a。
④ （晋）杜预集解，（唐）孔颖达疏：《春秋左传注疏》卷 8，第 21 页 b—22 页 a。

传称皆来告火，知是来告，故书也。《春秋》书他国之灾皆是来告而书。《公羊传》曰："宋、卫、陈、郑灾，何以书？记异也。何异尔？异其同日而俱灾。外异不书，此何以书？为天下记异也。"《穀梁》亦云："其志，以同日也。"杜因此传有来告之文，故显而异之。①

（2）定公元年，夏，戊辰，公即位。杜预注："定公不得以正月即位，失其时，故详而日之，记事之宜，无义例。"《春秋正义》云：

　　《公羊传》曰："即位不日，此何以日？录乎内也。"《穀梁》以为"公丧在外，逾年六月乃得即位。危，故日之"。左氏无此义，故杜显而异之。②

（3）定公五年，夏，归粟于蔡。杜预注："蔡为楚所围，饥乏，故鲁归之粟。"《春秋正义》云：

　　《公羊传》曰："孰归之？诸侯归之。曷为不言诸侯归之？离至不可得而序，故言我也。"《穀梁传》亦然，贾逵取彼为说，云："不书所会，后也。"杜以传文唯言周亟耡无资，自解鲁归粟之意，不言诸侯归之，诸侯或亦归之，要此经所书其意不及诸侯，故显而异之。③

（4）定公四年，庚辰，吴入郢。杜预注："弗地曰入，吴不称子，史略文。"《春秋正义》云：

　　弗地曰入。襄十三年传例也。上文战称吴子，此言吴入楚，不称子，犹成三年郑伐许，昭十二年晋伐鲜虞，史略文，无义例。《公羊》《穀梁》以为吴于战称子，为其忧中国，故进而称爵。及其入郢，君舍

---

① （晋）杜预集解，（唐）孔颖达疏：《春秋左传注疏》卷48，第12页b—13页a。
② （晋）杜预集解，（唐）孔颖达疏：《春秋左传注疏》卷54，第2页a。
③ （晋）杜预集解，（唐）孔颖达疏：《春秋左传注疏》卷55，第1页a。

于君室，大夫舍于大夫室，反为夷狄之行，故贬而称吴。左氏无此义，故杜异而显之。[①]

案"显而异之""异而显之"，为疏者有意强调杜注有别于二传。然此二词仅出现在卷 39、卷 40、卷 41、卷 45（两次）、卷 48、卷 54（两次）、卷 55、卷 57，共计 10 次。且多用于三传比义，据此推测，此为某作疏人习惯用语，应为同一人所作。卷 39 之前未曾出现，则卷 39 之前关于三传比义之疏文另有撰者为之。

三　征引《穀梁传》的方式

关于引书研究，论者多从几个方向探讨：一是引了哪些书；二是引了多少次；三是如何引；四是引用的目的；五是引用的意义与价值。引了哪些书与引了多少次，可检索书名、篇名、作者名，统计其数量。统计时必然会发现古人引书没有统一的体例，这便涉及如何引的问题，主要有全引、节引、合引、意引、改引等。引文后一般会有解说，如《春秋正义》引《穀梁》后一般会有数语以疏通文意，这数语大部分会采用穀梁家传注之文。如桓公十八年，公与夫人姜氏遂如齐。《春秋正义》：

> 《穀梁传》曰："不言及夫人，何也？以夫人之伉不称数也。"言夫人骄伉不可及，故舍而不数也。[②]

后面疏通传文的内容即出自范宁集解，范宁原文作："夫人骄伉不可言及，故舍而弗数也。"[③]此处《春秋正义》未标明引文后面文字出自范宁注，而是直接置于引文后以疏通文意。

另有《春秋正义》云"《穀梁》以为"，其后文字并非传文，而是范宁集解，但行文未称"范宁"或"注云"。如定公元年，戊辰，公即位。《春秋

---

① （晋）杜预集解，（唐）孔颖达疏：《春秋左传注疏》卷 54，第 12 页 a—b。
② （晋）杜预集解，（唐）孔颖达疏：《春秋左传注疏》卷 7，第 25 页 a。
③ （战国）穀梁赤著，（晋）范宁集解，（唐）杨士勋疏：《监本春秋穀梁注疏》卷 4，第 12 页 b。

正义》云："《穀梁》以为公丧在外，逾年六月乃得即位，危，故日之。"① 范注云："公丧在外，逾年六月乃得即位，危，故日之。"② 故知此为范宁注文。

　　还有一种情况，征引《穀梁》后的释义文字既非传文，也非范宁集解等穀梁家言，而是《春秋正义》的撰者自作解释。如僖公二十五年，宋荡伯姬来逆妇。《春秋正义》曰："《穀梁传》曰'妇人既嫁不逾竟'，是妇人越境逆妇，非礼也。以非礼，故书之。"③ 比对《穀梁传》原文作"妇人既嫁不逾竟，宋荡伯姬来逆妇，非正也"，杨士勋疏云："复发传者，嫌为求妇为礼，故发之。"④ 由此可知，《正义》并非直接援引《穀梁》传注，而是参考了穀梁家言，然后再用自己的话疏通，这种情况只要二者文意一致并无不可。问题在于其解释与《穀梁传》的意思存在差异，这时就必须更加小心。如庄公十九年，秋，公子结媵陈人之妇于鄄，遂及齐侯、宋公盟。《春秋正义》：

　　　　《穀梁传》曰："其曰陈人之妇，略之也。"以未入国，略而不言陈侯夫人。⑤

范宁云：

　　　　但为遂事，但假录媵事耳，故略言陈人之妇。⑥

此处《春秋正义》与范宁对"略"字的解释不同。何者才是《穀梁传》的意思呢？从《穀梁》传文来看，其云："辟要盟也。媵，礼之轻者也；盟，国之重也，以轻事遂乎国重，无说。"⑦ 传文并未提及未入国之事，若顺着传文理解，范注更加合理。

　　不过《春秋正义》疏通文意之前，不可能不看《穀梁》的相关著作，既

---

① （晋）杜预集解，（唐）孔颖达疏：《春秋左传注疏》卷54，第2页a。
② （战国）穀梁赤著，（晋）范宁集解，（唐）杨士勋疏：《监本春秋穀梁注疏》卷19，第3页a。
③ （晋）杜预集解，（唐）孔颖达疏：《春秋左传注疏》卷16，第1页a—b。
④ （战国）穀梁赤著，（晋）范宁集解，（唐）杨士勋疏：《监本春秋穀梁注疏》卷9，第7页b。
⑤ （晋）杜预集解，（唐）孔颖达疏：《春秋左传注疏》卷9，第16页b。
⑥ （战国）穀梁赤著，（晋）范宁集解，（唐）杨士勋疏：《监本春秋穀梁注疏》卷6，第1页b。
⑦ （战国）穀梁赤著，（晋）范宁集解，（唐）杨士勋疏：《监本春秋穀梁注疏》卷6，第1页a。

然看过又如此解，必然是有意为之。参看杜预注"其称陈人之妇，未入国略言也"①，即可明白《春秋正义》如此疏解乃是为了配合杜预注。杜预自可有不同的理解，但不可强将杜预的解释托于《穀梁》。此类《春秋正义》不用穀梁家言而自疏通之文，若未复核原书恐怕就会误解了《穀梁》还不知。

还有一些细微的差异，如果不是非常仔细地辨别，就确实不容易发现。如成公十六年，壬申，公孙婴齐卒于狸脤②。《春秋正义》：

> 《公羊》《穀梁传》及诸儒皆以为十月十五日也……《公羊》《穀梁传》以为待公至，然后卒大夫。③

《正义》以《公》《穀》意同。不过，杨士勋已辨析过《公》《穀》不同，其云：

> 《公羊》之意，以为臣待君命然后卒大夫，此云致公而后录其卒，是与《公羊》异。杜预解《左氏》以为日误，又与二传不同也。④

检《公羊传》"公许之反为大夫，归至于狸轸而卒，无君命不敢卒大夫"⑤，以婴齐受命在外，国人不知，故不从大夫礼录之。《穀梁传》"致公而后录臣子之义也"，范宁注云："公事毕，然后书臣卒，先君后臣之义也。"⑥一则以待君命而后卒大夫，若国人知婴齐已受命则可卒日从大夫礼书卒；一则以君先臣后为义，必待公事毕而后书。二传不同，不宜云意同。

另有选他年经传作为解经的例证。如，庄公二十七年，秋，公子友如陈，葬原仲。《春秋正义》引："桓二年，《穀梁传》曰：'子既死，父不忍称

① （晋）杜预集解，（唐）孔颖达疏：《春秋左传注疏》卷9，第16页a。
② 《公羊》作"轸"，《穀梁》作"蜃"。
③ （晋）杜预集解，（唐）孔颖达疏：《春秋左传注疏》卷28，第20页b。
④ （战国）穀梁赤著，（晋）范宁集解，（唐）杨士勋疏：《监本春秋穀梁注疏》卷14，第13页a。
⑤ （汉）何休注，（唐）徐彦疏：《公羊传注疏》卷18，台北：艺文印书馆1997年版，据清嘉庆二十年阮元刻十三经注疏本影印，第14页b—15页a。
⑥ （战国）穀梁赤著，（晋）范宁集解，（唐）杨士勋疏：《监本春秋穀梁注疏》卷14，第13页a。

其名，臣既死，君不忍称其名。'是礼臣卒不名，陈人不称其名，故鲁史亦书其字。"① 案此《春秋正义》不引庄公二十七年《穀梁传》，另引桓公二年，盖庄公二十七年传文主要解释"不葬而曰葬"的经义，未对大夫称名称字进行解释。《春秋正义》因为杜预注云"礼，臣既卒不名，故称字"②，故引《穀梁》佐证杜注其来有自。

又如文公九年，秦人来归僖公成风之襚。《春秋正义》："《穀梁传》曰'衣衾曰襚'。"③ 案《春秋正义》未引同年《穀梁》事例，另引隐公元年《穀梁》传文，用以解释杜预"衣服曰襚"之注。

部分援引他年传例则有待商榷，如隐公三年，秋，七月，天王使宰咺来归惠公、仲子之赗。《左传》："天子七月而葬同轨毕至，诸侯五月同盟至，大夫三月同位至，士逾月外姻至。"出文"大夫三月同位至"下，杜预注云："古者行役不逾时。"④《正义》理解杜注以大夫、士卑，故云："位高则礼大，爵卑则事小，大礼逾时乃备，小事累月即成。"⑤ 大夫爵卑于天子诸侯故不逾时。不过，出文"古者行役不逾时"下，又云："同位谓同为大夫，共在列位者，待其来至三月待之。故知古者于法，行役不逾时也。隐五年《穀梁传》曰'伐不逾时'，明行役、聘问亦不逾时也。"⑥ 案《穀梁》"伐不逾时"，范宁注云："古者师出不逾时，重民之命，爱民之财。"⑦ 而大夫三月而葬，是差等天子诸侯，故伐不逾时与大夫行役、聘问不逾时的理由不同，《正义》引《穀梁》实无法证成其理。

从上述例证可以看出，《春秋正义》对于《穀梁》存在部分误释，这不是名物制度、人物叙述的差异，而是源于三传各有其内在脉络与义例原则，是以《春秋正义》引《穀梁》多引用事例，鲜少用其义例与褒贬。但三传一旦互为参照便避免不了"比义"，如何休《公羊墨守》《左氏膏肓》《穀梁废疾》，郑玄乃发《墨守》、针《膏肓》、起《废疾》；或如傅隶朴《春秋三传

---

① （晋）杜预集解，（唐）孔颖达疏：《春秋左传注疏》卷10，第10页a。
② （晋）杜预集解，（唐）孔颖达疏：《春秋左传注疏》卷10，第9页b。
③ （晋）杜预集解，（唐）孔颖达疏：《春秋左传注疏》卷19，第21页a。
④ （晋）杜预集解，（唐）孔颖达疏：《春秋左传注疏》卷2，第21页a—b。
⑤ （晋）杜预集解，（唐）孔颖达疏：《春秋左传注疏》卷2，第21页b。
⑥ （晋）杜预集解，（唐）孔颖达疏：《春秋左传注疏》卷2，第23页a。
⑦ （战国）穀梁赤著，（晋）范宁集解，（唐）杨士勋疏：《监本春秋穀梁注疏》卷2，第5页a。

比义》，就三传异义引之正之驳之。此类可作为疏释的条目不可胜数，然而《春秋正义》基本略过，并不引用。

至于引用的目的，张宝三曾归纳为疏通疑义、融会参证、引录异说、阙疑不质四点[1]。除此之外，《春秋正义》援引《穀梁》还有一些目的，如揭明杜预注文的出处、据以非难《穀梁》等。

1. 揭明出处

（1）桓公三年，有年。杜预注："无传。五谷皆熟，书有年。"《春秋正义》云：

> 此书有年，宣十六年书大有年。《穀梁传》曰："五谷皆熟为有年"，"五谷大熟为大有年"。杜取《穀梁》为说，其义亦当然也。[2]

此处《春秋正义》引用《穀梁》目的在于交代杜预注的来源。其意明白，无劳解说，故云其义与《穀梁》同。

（2）庄公元年，三月，夫人孙于齐。杜预注："夫人，庄公母也。鲁人责之，故出奔。内讳奔，谓之孙。"《春秋正义》云：

> 《穀梁传》曰："孙之为言犹孙也，讳奔也。"杜用彼为说。[3]

此为字面意，无复疏通，亦作为揭示杜注出处。

2. 非难《穀梁》

（1）庄公七年，夏，四月辛卯，夜[4]，恒星不见。《春秋正义》云：

> 《穀梁》"夜"作"昔"，《传》曰："日入至于星出谓之昔，不见者，可以见也。"必如彼言，星出以前名之曰昔，则名昔之时法当未有星矣，何以怪其不见而书为异也，明经所言夜者，夜昏之后，星应见之时，而

---

[1] 张宝三：《五经正义研究》，第130—202页。
[2] （晋）杜预集解，（唐）孔颖达疏：《春秋左传注疏》卷6，第3页b。
[3] （晋）杜预集解，（唐）孔颖达疏：《春秋左传注疏》卷8，第1页a。
[4] "夜"，《穀梁》作"昔"。

不见耳。①

案此《春秋正义》引《穀梁》，非存异说，而是借此非难《穀梁》。《正义》以昔时天尚未暗，不见恒星乃正常，说明《穀梁》"昔"字不通。

（2）庄公八年，春，王正月，师次于郎，以俟陈人、蔡人。《春秋正义》云：

> 贾逵及说《穀梁》者皆云陈、蔡欲伐鲁，故待之。陈、蔡于鲁竟绝路遥，春秋以来未尝构怨，何因辄伐鲁也？又俟者，相须同行之辞，非防寇拒敌之称，若是畏其来伐，当谓之御，不得称俟，故知期共伐郕耳。②

案《正义》以经文"以俟陈人、蔡人"为伐郕故，而非《穀梁》所言陈、蔡欲来伐鲁，说明《穀梁》不通。不过，《正义》此说也是推测之言，其自云："唯言以俟陈、蔡，不知何故待之？下有师及齐师围郕，或与陈、蔡同计，故云期共伐郕，陈、蔡不至，故待之。"③此《正义》引《穀梁》以非之，仍是为维护杜预说，检杜注云："无传。期共伐郕，陈、蔡不至，故驻师于郎以待之。"故知其所以然。

另外，从引用的取舍也能看出撰者对引用文献的态度，例如《春秋正义》引用《穀梁》甚少，部分重要议题也并未引用。如哀公十四年，春，西狩获麟。此是《春秋》绝笔处，三传皆重点阐释。《左氏》经传、杜注、《春秋正义》通篇讨论麟何以出、孔子所感而作、绝笔于此，等等，援引《公羊》《周礼》《尔雅》《广雅》《京房易传》《孝经援神契》《说文》《孔子家语》，以及何休、郑玄、贾逵、服虔、颍荣、王肃等，却一字未提及《穀梁》④。

又如僖公四年，公田，姬置诸宫六日，公至，毒而献之。公祭之地，地

---

① （晋）杜预集解，（唐）孔颖达疏：《春秋左传注疏》卷8，第13页b。
② （晋）杜预集解，（唐）孔颖达疏：《春秋左传注疏》卷8，第15页a。
③ （晋）杜预集解，（唐）孔颖达疏：《春秋左传注疏》卷8，第15页a。
④ （晋）杜预集解，（唐）孔颖达疏：《春秋左传注疏》卷59，第23页a。

坟，与犬，犬毙，与小臣，小臣亦毙。《正义》云：

> 《晋语》说此事云："公田，骊姬受胙，乃置鸩于酒，置堇于肉，公
> 至，召申生献。公祭地，地坟。申生恐而出。骊姬与犬肉，犬毙，饮小
> 臣酒，亦毙。"此传既略，当如《国语》也。贾逵云："堇，鸟头也。"
> 《穀梁传》曰："以鸩为酒，药脯以毒。"①

案《正义》以《左传》简略，引《国语》补充之，末附《穀梁》一句，引而
未论。检《穀梁传》，其文云：

> 君田而不在。丽姬以鸩为酒，药脯以毒。献公田来，丽姬曰："世
> 子已祠，故致福于君。"君将食，丽姬跪曰："食自外来者，不可不试
> 也。"覆酒于地而地贲，以脯与犬，犬死。②

经比较即可看出，《穀梁》实不逊于《国语》，然而《正义》既引《穀梁》，
却仅截取一句，仿佛《穀梁》无所可取。如前所述，孔颖达不引《穀梁》可
能与他对《穀梁》的评价有关，是对《穀梁》解经的否定与轻视。

《春秋正义》征引《穀梁》的数量甚少，以及在重要议题的讨论中对
《穀梁》解经的漠视，令人不得不怀疑《春秋正义》对《穀梁传》的轻视可
能导致其用一种随机的方式来征引《穀梁》。汉代三传书于竹帛后，流通渐
广，学者以知己知彼故，多兼采三家择善从之，故后代注疏者或明引，或
暗引，莫不相互参照，此是由于三传关系密切，可相互补充者多矣。例如
杜预直引《穀梁》，范宁采用《左传》、杜预注等③均是常态。然而《春秋正
义》对三传的关注远不如三礼，就三传而言，《穀梁》更为《正义》的撰者

---

① （晋）杜预集解，（唐）孔颖达疏：《春秋左传注疏》卷12，第15页b。
② （战国）穀梁赤著，（晋）范宁集解，（唐）杨士勋疏：《监本春秋穀梁注疏》卷8，第7页b—8
   页a。
③ 王熙元研究指出范宁注采左氏说凡35条，采杜预说143条。参见王熙元《穀梁范注发微》，《嘉
   新水泥公司文化基金会研究论文》第270种，台北：嘉新水泥公司文化基金会1972年版，第
   270种，第281、292页。

所忽略。

那么《正义》是如何征引《穀梁》的呢？首先，可以先排除《春秋正义》征引《穀梁》是以刘炫著作为本。检清人辑佚刘炫《春秋左氏传述义》[①]近百条，仅一次提及《穀梁》，则《春秋正义》中引《穀梁》应非据刘炫本，乃唐人引证之。

底下试论其方法。

第一，征引条目跨时颇远，中间皆略而不论，如隐公七年至桓公二年、僖公三十三年至文公五年、文公十四年至宣公元年、宣公八年至宣公十五年、成公三年至成公十五年、襄公元年至襄公五年、襄公七年至襄公十五年、襄公二十二年至襄公二十九年、昭公二年至昭公六年、昭公八年至昭公九年、昭公十年至昭公十二年、昭公十三年至昭公十八年、昭公十九年至昭公二十五年、昭公二十七年至昭公三十一年、定公五年至定公十五年、哀公八年至哀公十四年等，这些范围内皆无征引。其间若桓公弑隐公而即位、文公作僖公主、跻僖公、楚子入陈等均是《春秋》重要议题，《穀梁》也有重要之解经观点，但《春秋正义》都未采用。从征引的数量、内容，大抵可以推断《春秋正义》撰述时是选择性征引。所谓选择性征引，即非对三传从头至尾仔细地逐一比较，然后选择重要的条目征引之，而是在择定的范围内随机征引。当然，择定的范围也是随机的。

第二，在文公之后不论篇幅多少，都有一个大致的征引数量，如文公在位十八年征引 8 次，宣公在位十八年征引 7 次，成公在位十八年征引 10 次，襄公在位三十一年征引 9 次，昭公在位三十二年征引 11 次，定公在位十五年征引 7 次，哀公仅算至十四年征引 6 次。文公之前，隐公在位十一年征引 12 次，桓公在位十八年征引 7 次，庄公在位三十二年征引 35 次，闵公在位二年征引 3 次，僖公在位三十三年征引 28 次。相较而言，文公之后的征引数量相对平均，据此推想前后并非同一人所为。疑庄公、僖公部分可能有杨士勋参与，或由对《穀梁传》较为熟稔的人来做，后文或因杨士勋年高或亡故遂由他人接手，接手者采取每公约取数例的方式征引。

第三，《春秋正义》征引《穀梁》集中于经文，有 111 次，传文部分仅

① （隋）刘炫撰，（清）杨锡龄校：《春秋左氏传述义》，载王谟辑《汉魏遗书钞》，《续修四库全书》，第 1200 册。

32 次。一方面是《春秋》与《穀梁》较有交集，《左传》传文与《穀梁》交集少，故征引不多。又《左传》后面的传文多《穀梁》未有之文，无法找到对应的内容。另外，《正义》征引《穀梁》多于年首春下，计征引于此者达50 次，若加上春无注者，第一条于夏征引之者尚有 4 次，说明《春秋正义》撰者多选择从年首征引之。

以这样的方式征引，导致的结果就是部分被《正义》征引的《穀梁》除了为引而引外，很难找到其他理由来说明其引用的目的何在。如襄公二十九年，阍弑吴子余祭。《正义》曰：

> 《周礼》阍人，王宫每门四人。郑玄云："阍人，司昏晨以启闭者，刑人墨者，使守门。"既服墨刑，使之守门，是下贱人也。哀四年，盗杀蔡侯申，此为下贱非士，故不言盗也。《穀梁传》曰："不称名姓，阍不得齐于人，不称其君，阍不得君其君也。"①

案，此处援引《穀梁》既未疏通文意，又与杜注、《周礼》所论无关，不知引之目的何在。杜预注云"阍守门者，下贱非士，故不言盗"，强调不言盗的原因，底下《正义》引《周礼》、郑玄注也是讲阍人身份下贱，故经不书盗，此乃前后相应之解说。而《穀梁》在此就不称名姓、不称其君而言，与杜注、《周礼》、郑注完全不同，作疏者又未加以疏释，勉强仅能说是存异说。

另，征引《穀梁》不似征引《公羊传》时疏证详细。如庄公二年，夏，公子庆父帅师伐于余丘。杜预注："庄公时年十五，则庆父庄公庶兄。"此说与《公羊》不同，《公羊》以庆父为庄公母弟。《正义》为辩其说，为文云：

> 庄二十七年《公羊传》曰："公子庆父、公子牙、公子友皆庄公之母弟也。"左氏先儒用此为说，杜以不然，故明之。《释例》曰："经书公子庆父伐于余丘，而《公羊》以为庄公母弟。计其年岁，既未能统军，又无晋悼、王孙满幼知之文。此盖《公羊》之妄，而先儒曾不觉

① （晋）杜预集解，（唐）孔颖达疏：《春秋左传注疏》卷39，第 1 页 b。

悟，取以为左氏义。"今推案《传》之上下，羽父之弑隐公皆咨谋于桓公，则桓公已成人也。《传》曰："生桓公，而惠公薨。"指明仲子唯有此男，非谓生在薨年也。桓以成人而弑隐，即位乃娶于齐，自应有长庶，故氏曰孟，此明证也。公疾问后于叔牙，牙称庆父材，疑同母也。《传》称季友，文姜之爱子，与公同生，故以死奉般，情义相推，考之左氏，有若符契，是杜明其异母之意也。氏曰孟氏，《传》文实然，而《经》称仲孙，杜无明释。八年《传》称仲庆父，其举谥称之，则谓之共仲。盖庆父虽为庶长而以仲为字，其后子孙以字为氏，是以《经》书仲孙，时人以其庶长称孟，故《传》称孟孙，其以谥配字而谓之共仲，犹臧僖伯、管敬仲之类也。①

《正义》为证明杜注所言庆父为庄公庶兄，而非《公羊传》以公子庆父为庄公母弟，条分缕析，既详且密，对照《穀梁》偏举一二，是知《正义》不为而非不能为也。

这种情况在整部著作中并不容易被注意到，一般容易被注意到的是类似"述议"的体例，程苏东云："述议的特点就是主述一家而不必专守此说，以通经、训注为主而兼有驳议、问难、异同评。"②同时提出"述议体"标志着魏晋以来长期分裂的各种师学、家学正逐渐走向融合、会通，也为《五经正义》的编撰提供了主体的框架和内容。③《五经正义》在修撰时继承了通经、训注、驳议、问难、异同评等既有体式并加以发挥，因此更加成熟而自如。这类的归纳当是从整部著作的显性解经形式来说的，除此之外，我们也应该去注意一些特殊的类型，如对《春秋正义》征引单一文本进行分析，会发现《春秋正义》采取的解经形式并非皆如此丰富，而这些少数的案例正可反映撰者对所引文本的态度与方法。

---

① （晋）杜预集解，（唐）孔颖达疏：《春秋左传注疏》卷8，第5页a。
② 程苏东：《京都大学所藏刘炫〈孝经述议〉残卷考论》，《中华文史论丛》2013年第1期（总第109期）。
③ 程苏东：《京都大学所藏刘炫〈孝经述议〉残卷考论》，《中华文史论丛》2013年第1期（总第109期）。

小 结

孔颖达推崇《左传》、杜注，对《穀梁传》、范宁注较不认同，即使其邀请穀梁家杨士勋一同参与《春秋正义》的修撰工作，也并未改变对《穀梁》的立场。孔颖达邀请杨士勋参与修撰《正义》，非是因为杨士勋是穀梁家，更重要的原因当是杨士勋兼通三传。杨士勋曾参与修撰《春秋正义》的工作，为我们提供了《春秋正义》中可能引用《穀梁疏》的思路，最终经比对找出例证，证明《春秋正义》确实引用了《穀梁疏》，并且这部分内容可能就出自杨士勋的手笔。

《春秋正义》据《春秋述议》为本，继承了刘炫的述议体，以通经、训注为主，而兼有驳议、问难、异同评等，开拓了广引众书的注疏方法。不过《春秋正义》引书的内容过于庞杂，旁支的观点偶尔也有喧宾夺主之嫌，导致《春秋》主旨不甚突出，也不容易看出《春秋正义》具有系统性的春秋学观点，故刘师培曾云："冲远说经无一心得之说矣。"[①]

针对《春秋正义》征引《穀梁》的部分，其主要引用事例为不涉及褒贬的义例，且鲜少与《穀梁传》进行比义式的讨论。部分解释冠以"穀梁"之名，却不符合《穀梁》本义，可能误导读者对《穀梁》的认识，面对此类征引应当谨慎小心。在有限征引《穀梁》的例子中，由于前后征引数量明显有别，且部分习惯用语分布的位置明显有固定范围，据此推想前后撰者并非一人。另外，从文公之后征引的条目数量相当，推测撰者先大致决定了征引数量，然后在其中选择欲疏释的条目。因为征引的条目并非以重要议题作为选择依据，疑似采随机式的方式来择定要征引的内容。

当然这仅是针对《穀梁》的特殊做法，《春秋正义》整体仍具有非常高的学术价值，其重要性不可言喻，其贡献正如《四库全书总目提要》云："有注疏而后《左氏》之义明，《左氏》之义明而后二百四十二年内善恶之迹——有征……传与注疏均谓有大功于《春秋》可也。"[②]

---

① 刘师培：《国学发微》，第37页。
② （清）纪昀等：《春秋左传正义提要》，《四库全书总目提要》，第3页b。

下 篇

书法义例

第八章 内外例

——《穀梁传》的内外观与《春秋》书法义例

　　圣人运用书法寓褒贬于《春秋》，先儒知晓圣言，深明大义，遂据以解经。是以从传文去探索经典的思想内涵，便可通晓《春秋》的大义。本章从《穀梁传》中涉及内外的义例，探讨圣人以内外作为论析人事的方式之一，继而展开褒贬的书法。内外分为三类：一是以国境为界区分内外；二是以文明礼义来区分中国和夷狄；三是涉及出境入国的书法义例。内外思想始自"外内有别"，而以"天子无外"为目标，但在"无外"中仍然保有"有别"作为规范秩序的方式。概言之，《穀梁传》的内外观是关于内外何以有别以及内外关系如何的思考，是判断天子、诸侯、大夫是否遵循已建立的秩序的依据。从其内外观可窥见《穀梁传》解经具有系统的思想观念之一面。

　　司马迁云："孔子明王道，干七十余君，莫能用，故西观周室，论史记旧闻，兴于鲁而次《春秋》，上记隐，下至哀之获麟，约其辞文，去其烦重，以制义法，王道备，人事浃。七十子之徒口受其传指，为有所刺讥褒讳挹损之文辞不可以书见也。"[1] 如司马迁所云，《春秋》呈现了约文去重的义法，而非春秋时的历史全貌，因为孔子对于如何呈现"春秋"的面貌有其特别的思考，比如，近人研究认为，商周时期的历史、政治制度与社会结构[2]，如王

---

① （汉）司马迁：《十二诸侯年表》，《史记》卷 14，第 509 页。
② 社会结构学派提出了"阶层结构"（上下级结构）和"周缘地域结构"（横向级结构）。参见黄川田修《华夏系统国家群之诞生——讨论所谓"夏商周"时代之社会结构》，《三代考古（三）》，科学出版社 2009 年版，第 81—112 页。《春秋》虽然也提到天子与诸侯之间的上下关系，但保留了更多诸侯间横向关系的内容。

者与诸侯国[①]、方国、夷狄之间的关系，如内外服[②]、礼乐系统与非礼乐系统[③]等相关议题，并未显著地体现在《春秋》或三传的解经中。虽然《春秋》之义，信以传信，疑以传疑。[④]但它并非要将所有的史料文献一字不差地传承下来，它仅保证在《春秋》中所传的"内容"是秉持此原则，在此原则下另有内书外不书的义例。比如春秋二百四十二年，自周平王至周敬王经历十四王，此间岂无故事？相较于《左传》，《春秋》所记载的内容不及其十一，尤其鲁国卿大夫参与鲁国之事既多且深[⑤]，本亦为内书之对象，但《春秋》着墨较少，多数笔墨仍集中于鲁国及诸侯国之间，说明《春秋》是经过精心筛选的，仅保留所欲呈现的关于鲁、中国与夷狄的内容，目的是通过《春秋》提出对过去历史发展的检讨意见。凡讥刺褒讳不可以书见者口传弟子，七十子之徒传之后世，即三传矣。故欲解《春秋》须通过书法、义例与据以褒贬的理由，兼此三者方能完整地理解《春秋》大义。过去研究者虽也讨论这些议题，但未曾从内外观统合言之，实则此三义皆从内外之别及内外观展开。唯三传解经不尽相同，本章主要讨论《穀梁传》的内外思想。

一　据内外以论事的叙事立场

《穀梁传》据内外解经，是以内外作为书写历史人物事件的切入方式。不过区分内外以论事的方式不是《穀梁传》独有，而是在《穀梁传》之前就已经相当普遍。比如《论语》："见贤思齐焉，见不贤而内自省也。"[⑥]此处内外已非眼之所见的门里门外，而是对人我举止进行观察比较，作抽象性的思维，并据其结果产生指导方案。又如《大学》："古之欲明明德于天下者，先

---

① 鲁国正卿季孙氏不受周王爵命，《春秋》未置喙。参见王晖《西周春秋周王册命方国卿士之制初探》，《陕西师范大学学报》（哲学社会科学版）2022 年第 5 期。

② 《尚书·酒诰》："越在外服，侯、甸、男、卫、邦伯；越在内服，百寮、庶尹、惟亚、惟服、宗工。"参见（汉）孔安国传，（唐）孔颖达疏《尚书注疏》卷 14，台北：艺文印书馆 1997 年版，据清嘉庆二十年阮元校勘十三经注疏本影印，第 19 页 a—b。

③ 许宏：《礼制遗存与礼乐文化的起源》，《古代文明》第 3 卷，文物出版社 2004 年版，第 87—101 页。

④ （晋）范宁集解，（唐）杨士勋疏：《监本春秋穀梁注疏》卷 3，第 10 页 a。

⑤ 李启谦：《试谈鲁国宗法贵族共和政体》，《齐鲁学刊》1987 年第 1 期。

⑥ （魏）何晏注，（宋）邢昺疏：《论语注疏》卷 4，台北：艺文印书馆 1997 年版，据清嘉庆二十年阮元校勘十三经注疏本影印，第 4 页 b。

治其国；欲治其国者，先齐其家；欲齐其家者，先修其身；欲修其身者，先正其心；欲正其心者，先诚其意……"[1] 由外至内，再由内至外，如此思维皆具内外意识，并进行与内外有关的思考。

不论是据内言外，还是据外言内，凡以内外区分，虽言一，必有二。以此而论，说个门里门外，关键不只在门，还有个门内世界与门外世界的区别。比如隐公元年"公及邾仪父盟于眜"，《穀梁传》云："及者何？内为志焉尔。"[2] 解经看似是由"及"带出"内为志"的说法，但"及"字的使用是根据内外之别所择定的特定书法。"及"字是书法的结果，而不是原因。又如隐公二年，公会戎于潜。《穀梁传》："会者，外为主焉尔。"[3] 书"会"是由于外为主之故。《春秋》中凡书"及"与"会"，即包含鲁公盟会的"内为志"与"外为主"两种类型，这两种类型是对应存在，以揭示鲁国有别于鲁国之外。

从对象言之，《穀梁传》以鲁为主，但非绝对。在《穀梁传》中以内外作为解经依据的叙事立场除了从鲁国言内外，另有从绝对的道德判准来言内外。比如隐公五年，卫师入郕。《穀梁传》："入者，内弗受也。"[4] 此处内不指鲁国，指的是郕国。是从绝对的道德判准来讲，卫国率师入郕是错的。又如隐公八年，我入邴。《穀梁传》："入者，内弗受也。"[5] 内指的是郑国之邑，但此郑邑为郑伯所与。所以此"内弗受"之词对于郑国而言，乃是凌驾于郑国国君之上。上举二例《春秋》都是从绝对的道德判准来论断内外及事情之是非。

上述解经，《穀梁传》是有意识地从内外的观点来解经的。从内外来解经突出了书写者的主体意识，即书写者是居于内或外的立场，而主体是居于内还是外的立场，不仅是从鲁国的立场而言，而且从绝对的道德标准的立场而言。下文即以《穀梁传》为例展开讨论。

---

① （汉）郑玄注，（唐）孔颖达疏：《礼记注疏》卷 60，台北：艺文印书馆 1997 年版，据清嘉庆二十年阮元刻十三经注疏本影印，第 1 页 a—b。

② （战国）穀梁赤著，（晋）范宁集解，（唐）杨士勋疏：《监本春秋穀梁注疏》卷 1，第 3 页 a。

③ （战国）穀梁赤著，（晋）范宁集解，（唐）杨士勋疏：《监本春秋穀梁注疏》卷 1，第 8 页 a—b。

④ （战国）穀梁赤著，（晋）范宁集解，（唐）杨士勋疏：《监本春秋穀梁注疏》卷 2，第 3 页 a。

⑤ （战国）穀梁赤著，（晋）范宁集解，（唐）杨士勋疏：《监本春秋穀梁注疏》卷 2，第 8 页 b。

二 临一国之言：以国境为界的内外观

从西周初至春秋，随着诸侯国的壮大，卿大夫的势力也随之增大，周天子与诸侯国的紧张关系，也呈现在诸侯与卿大夫之间。有学者提出诸侯国之所以有如此大的独立性，是因为有宗族组织作为基础。如张荣明云：

> 同周邦与侯国的关系相似，在诸侯国内主要是侯国与大夫之家的关系，直接显现为国君与大夫之间的政治关系。我们今天往往过多地注意到国君与大夫之间政治关系的一面，而当时的人们更看重宗族关系。①

从现实来说，宗族关系可能是影响当时政治最重要的关键因素。不过，孔子仍将注意力聚焦在诸侯国与诸侯国之间，以及国君与大夫之间的政治关系上。《春秋》中有关内外的义例多以诸侯国境区别内外。孔子认为诸侯、大夫频繁或擅自出境会影响国之稳定，故强调无事不出境。比如庄公二十三年，公如齐观社。《穀梁传》云："无事不出境。"②谓鲁公非因正事出境，书其不当。"无事不出境"的规定一方面是约束诸侯；另一方面也是为了诸侯的安全，因为诸侯出境不比国内，遇险的机会大增。定公十年颊谷之会，《穀梁传》云："知者虑、义者行、仁者守，有此三者备，然后可以会矣。"③国君出境会盟须有护卫随侍，所谓虽有文事，必有武备也。④即便如此，仍难保安危，故国君非有正事不随意出境。当然诸侯并非不能出境，有事自然需要出境，《周礼·大行人》云："凡诸侯之邦交，岁相问也，殷相聘也，世相朝也。"⑤《穀梁传》亦云："天子无事，诸侯相朝，正也。考礼修德，所以尊天子也。"⑥说明诸侯邦交有相朝之礼，聘问自然是要出境的。

对于寰内诸侯、大夫而言，非受命不得出境。如隐公元年，祭伯来。

---

① 张荣明：《商周的国家结构与国教结构》，《社会科学战线》2000 年第 2 期。

② （战国）穀梁赤著，（晋）范宁集解，（唐）杨士勋疏：《监本春秋穀梁注疏》卷 6，第 5 页 a。

③ （战国）穀梁赤著，（晋）范宁集解，（唐）杨士勋疏：《监本春秋穀梁注疏》卷 4，第 13 页 a—b。

④ （战国）穀梁赤著，（晋）范宁集解，（唐）杨士勋疏：《监本春秋穀梁注疏》卷 19，第 13 页 b。

⑤ （汉）郑玄注，（唐）贾公彦疏：《周礼注疏》卷 37，台北：艺文印书馆 1997 年版，据清嘉庆二十年阮元刻十三经注疏本影印，第 22 页 b。

⑥ （战国）穀梁赤著，（晋）范宁集解，（唐）杨士勋疏：《监本春秋穀梁注疏》卷 2，第 12 页 b。

《穀梁传》云："来者，来朝也。其弗谓朝何也？寰内诸侯非有天子之命，不得出会诸侯。不正其外交，故弗与朝也。"[1]因祭伯未受天子之命径来鲁国，故《春秋》不书"来朝"，明其不正。范宁注谓："臣当禀命于君，无私朝聘之道。"杨士勋疏云："无自专之道。"[2]说明诸侯出入决于君命，不得自专。《穀梁传》又云："聘弓鍭矢不出竟场，束脩之肉不行竟中。"[3]言臣子非有君命不得私带聘问用的弓矢与锻修出境朝聘他国之君，这不仅是非命而出，更涉及僭越问题。故王引之曰："天子聘遗诸侯，天子之臣亦聘遗诸侯，则是与天子相比并，相敌耦，故谓之贰。人臣不敢并于至尊，故无外交。"[4]钟文烝亦云："聘遗器物，比并至尊，即专命之事也。"[5]强调臣子不得比尊天子。唯当时君不君臣不臣之事多矣，故孔子作《春秋》拨乱反正。[6]

诸如此者，内外以国境为界。国境内外何以作为解经的要项之一呢？"临一国之言焉。"[7]从某种意义上来说，诸侯国间的和谐将直接影响天下的稳定。从内外观来看，《春秋》记载大夫之事，除了大夫卒[8]，凡弑君[9]、逆女[10]、求赙[11]、来聘[12]、会盟[13]、执人[14]等，皆与诸侯有关。此大夫之事——所谓

---

① （战国）穀梁赤著，（晋）范宁集解，（唐）杨士勋疏：《监本春秋穀梁注疏》卷1，第7页a。
② （战国）穀梁赤著，（晋）范宁集解，（唐）杨士勋疏：《监本春秋穀梁注疏》卷1，第7页b。
③ （战国）穀梁赤著，（晋）范宁集解，（唐）杨士勋疏：《监本春秋穀梁注疏》卷1，第7页a—b。
④ 引自（清）钟文烝撰，骈宇骞、骈骅校点《春秋穀梁经传补注》，第429页。
⑤ 引自（清）钟文烝撰，骈宇骞、骈骅校点《春秋穀梁经传补注》，第429页。
⑥ （清）钟文烝撰，骈宇骞、骈骅校点：《春秋穀梁经传补注》，第429页。
⑦ 哀公七年，《穀梁传》："《春秋》有临天下之言焉，有临一国之言焉，有临一家之言焉。"参见（战国）穀梁赤著，（晋）范宁集解，（唐）杨士勋疏《监本春秋穀梁注疏》卷20，第9页b—10页a。杨士勋云："三者皆以内外辞别之。"参见（战国）穀梁赤著，（晋）范宁集解，（唐）杨士勋疏《监本春秋穀梁注疏》卷20，第9页b—10页a。
⑧ 隐公元年，公子益师卒。参见（战国）穀梁赤著，（晋）范宁集解，（唐）杨士勋疏《监本春秋穀梁注疏》卷1，第7页b。
⑨ 隐公四年，卫祝吁弑其君完。参见（战国）穀梁赤著，（晋）范宁集解，（唐）杨士勋疏《监本春秋穀梁注疏》卷2，第1页b。
⑩ 隐公二年，纪履緰来逆女。参见（战国）穀梁赤著，（晋）范宁集解，（唐）杨士勋疏《监本春秋穀梁注疏》卷1，第9页b。
⑪ 隐公三年，武氏子来求赙。参见（战国）穀梁赤著，（晋）范宁集解，（唐）杨士勋疏《监本春秋穀梁注疏》卷1，第14页a。
⑫ 隐公八年，天王使凡伯来聘。参见（战国）穀梁赤著，（晋）范宁集解，（唐）杨士勋疏《监本春秋穀梁注疏》卷2，第7页b。
⑬ 桓公十一年，柔会宋公、陈侯、蔡叔，盟于折。参见（战国）穀梁赤著，（晋）范宁集解，（唐）杨士勋疏《监本春秋穀梁注疏》卷4，第5页b。
⑭ 定公元年，晋人执宋仲几于京师。参见（战国）穀梁赤著，（晋）范宁集解，（唐）（转下页注）

"临一家之言"也。"临一家之言"虽言大夫，但其行止均涉及出境并与诸侯国事相关。就此而论，《春秋》中诸侯、大夫频繁出境实为祸端。故规范诸侯、大夫出境便能降低战事发生。当然，《春秋》中所言战事多是孔子生前已经发生，历史不可能改变，孔子能做的就是通过《春秋》说明二百四十二年间何以战事频繁、关键何在、如何解决。

三　临天下之言：以礼义区分中国夷狄的内外观

《穀梁传》除了以地理空间区别内外，另以礼义作为区别中国夷狄的标准，凡有文明讲礼义者内于中国，反之外于夷狄。区别中国夷狄原本是从是否尊周天子为共主来判断，于此则进一步发展成以文明与否作为依据。于此主体意识从周王移转至绝对的道德礼义主体。

首先在相对意义上，《穀梁传》称中国夷狄，表示二者所处之地不同，各有各的势力范围。如云："澶渊之会，中国不侵伐夷狄，夷狄不入中国，无侵伐八年，善之也，晋赵武、楚屈建之力也。"[①]中国与夷狄并不是单指一个类似周天子或一个诸侯国这样的单位，它们分别有同属中国的集团与同属夷狄的集团，如文公十四年，公会宋公、陈侯、卫侯、郑伯、许伯、曹伯、晋赵盾。癸酉，同盟于新城。《穀梁传》："同者，有同也，同外楚也。"[②]此时楚为夷狄，宋、陈、卫、郑、许、曹、晋、鲁同属中国。

其次在称中国夷狄上，善则褒之，恶则贬之。比如庄公十年，荆败蔡师于莘，以蔡侯献武归。《穀梁传》："荆者，楚也。何为谓之荆？狄之也。何为狄之？圣人立，必后至，天子弱，必先叛。故曰荆，狄之也。"[③]此处因为楚师获蔡侯故贬楚为中国讳。若楚无狄行，《春秋》也不会逢楚即贬。如宣公十一年，楚人杀陈夏征舒。《穀梁传》："此入而杀也，其不言入何也？外征舒于陈也。其外征舒于陈何也？明楚之讨有罪也。"[④]说明陈夏征舒有罪，

（接上页注⑭）杨士勋疏《监本春秋穀梁注疏》卷19，第1页a。

① （战国）穀梁赤著，（晋）范宁集解，（唐）杨士勋疏：《监本春秋穀梁注疏》卷16，第15页a。

② （战国）穀梁赤著，（晋）范宁集解，（唐）杨士勋疏：《监本春秋穀梁注疏》卷11，第7页a—b。

③ （战国）穀梁赤著，（晋）范宁集解，（唐）杨士勋疏：《监本春秋穀梁注疏》卷5，第16页a—b。

④ （战国）穀梁赤著，（晋）范宁集解，（唐）杨士勋疏：《监本春秋穀梁注疏》卷12，第12页b—13页a。

楚可以讨伐之。

相反，夷狄若与中国会盟，《春秋》往往进之。比如哀公十三年，公会晋侯及吴子于黄池。《穀梁传》："黄池之会，吴子进乎哉！遂子矣。吴，夷狄之国也，祝发文身，欲因鲁之礼，因晋之权，而请冠、端而袭其藉于成周，以尊天王。吴进矣！吴，东方之大国也，累累致小国以会诸侯，以合乎中国。吴能为之，则不臣乎？吴进矣！"[①]进吴称子，表示对吴国之君的认可。

中国与夷狄除了表示身份，在《穀梁传》中也作为有文明讲礼义与否的代称，二者之间以礼为界，就算是中国诸侯，只要违礼甚者即以夷狄贬之。如襄公三十年，夏，四月，蔡世子般弑其君固。《穀梁传》："其不日，子夺父政，是谓夷之。"[②]又昭公十二年，晋伐鲜虞。《穀梁传》："其曰晋，狄之也。其狄之何也？不正其与夷狄交伐中国，故狄称之也。"[③]蔡世子、晋侯均为中国，但行为失礼，《春秋》称夷狄贬之。由此可知，中国、夷狄既是身份统称，也作为善恶褒贬的特定称名。

唯《穀梁传》没有正夷狄之说，而仅就文明区别中国与夷狄。不论是荆称人[④]、狄称人[⑤]、吴称子[⑥]，均是"善累而后进之"。所谓"善"，即习礼尊天王[⑦]、信中国而攘夷狄[⑧]。如同《论语》云"见贤思齐焉"[⑨]，是自觉性所产生的主动义。故夷狄变为中国并不是因为中国教化所致，而是夷狄自觉向中国学习而改变。区别中国夷狄并不是目的，《穀梁传》认为《春秋》提出了可进之于中国或退之为夷狄的内外观。如哀公十四年，西狩获麟。《穀梁传》云：

① （战国）穀梁赤著，（晋）范宁集解，（唐）杨士勋疏：《监本春秋穀梁注疏》卷20，第13页b—14页b。
② （战国）穀梁赤著，（晋）范宁集解，（唐）杨士勋疏：《监本春秋穀梁注疏》卷16，第12页b—13页a。
③ （战国）穀梁赤著，（晋）范宁集解，（唐）杨士勋疏：《监本春秋穀梁注疏》卷17，第12页b—13页a。
④ （战国）穀梁赤著，（晋）范宁集解，（唐）杨士勋疏：《监本春秋穀梁注疏》卷6，第5页a。
⑤ （战国）穀梁赤著，（晋）范宁集解，（唐）杨士勋疏：《监本春秋穀梁注疏》卷8，第17页b。
⑥ （战国）穀梁赤著，（晋）范宁集解，（唐）杨士勋疏：《监本春秋穀梁注疏》卷19，第7页b。
⑦ （战国）穀梁赤著，（晋）范宁集解，（唐）杨士勋疏：《监本春秋穀梁注疏》卷20，第14页a。
⑧ （战国）穀梁赤著，（晋）范宁集解，（唐）杨士勋疏：《监本春秋穀梁注疏》卷19，第7页b—8页a。
⑨ （魏）何晏注，（宋）邢昺疏：《论语注疏》卷4，第4页b。

"其不言来，不外麟于中国也。其不言有，不使麟不恒于中国也。"①此处解经颇为迂回，却一语道破《春秋》的目的与当时的事实。《春秋》的目的是麟为中国之麟，且恒于中国；事实是麟不在中国，而在中国之外，且不恒于中国。②《穀梁传》言麟为鲁所获，此不从鲁境言，而是从中国言，那么获麟的意义就不从鲁来论说，而是对整个天下而言。不论麟是现实存在还是象征，当麟存在中国之外，恒于中国之外，而被期待不外于中国，恒于中国。进而言之，如果内可同于外，外可以合于内，内外之别就被消解。从文明礼义来说，中国不必然一定做得比夷狄好。《穀梁传》的关键在于向更高的文明礼义去"学"。

就此而论，"麟"本是中国之外之物、境外之物，在多数的人无法理解"麟"的意义与价值时，"麟"是不被认可的，如同《公羊传》云："麟者仁兽也。有王者则至，无王者则不至。有以告者曰：'有麕而角者。'"③"众莫之识，以为不祥"，甚者怀疑为"天下之妖"④。然而在孔子眼中，"麟"作为绝对的道德礼义的文明象征，中国夷狄不该向其学习吗？但要夷狄接纳中国的文明礼义，如同要中国改变原来的价值思想去接纳"麟"所代表的文明礼义一样困难。不过，当价值标准被定下来，外的身份或行为就与内之身份与行为没有区别，此即内外之别的消解。但这并不表示内外无别，而是在有别之上有一个更大的无别可包容有别。同理，中国与夷狄也是一样的，当内外的认知标准达到一致时，彼此就不存在对立，这是孔子破除夷夏之别的办法。

四　善恶褒贬：涉及出境入国的《春秋》书法

《穀梁传》虽有"天子无外"⑤的说法，但如同前文所述，其并非要消弭一切差异；相反，《穀梁传》既有无分别的终极理想，亦强调人我之间、国

---

① （战国）穀梁赤著，（晋）范宁集解，（唐）杨士勋疏：《监本春秋穀梁注疏》卷20，第15页b—16页a。

② 何休云："非中国之禽。"参见（汉）何休注，（唐）徐彦疏《春秋公羊传注疏》卷28，第8页b。

③ （汉）何休注，（唐）徐彦疏：《春秋公羊传注疏》卷28，第9页a—b。

④ 参见（汉）何休注，（唐）徐彦疏：《春秋公羊传注疏》卷28，第9页b。

⑤ （战国）穀梁赤著，（晋）范宁集解，（唐）杨士勋疏：《监本春秋穀梁注疏》卷4，第3页b。

与国之间、中国与夷狄之间仍然有别。因为"天下"虽然重要也是目标，但在现实层面上，"国"才是根本。故有别还须从具体的书法上去体现是非善恶褒贬，进行规范。所谓"制作终始之序，而治法本末之道也"①。

《春秋》中有一类义例与内外相关，即强调由国境之内出于国境之外或由国境之外入于国境之内的义例。过去研究者并未以内外义统合言之，而是分别将其看作独立的义例，或纳入时月日例中。如柳兴恩《穀梁大义述·述日月例》中列出如下义例：来盟莅盟、来归、来锡、来求、来朝、以归、纳、入、公如、外如、内大夫如、天王出居、诸侯来奔、诸侯出奔、内大夫出奔、外大夫奔、外大夫来奔。②将出国入境之例归入日月例下。

日月例固然重要，但日月例是在内外义基础上的补充义。如柳兴恩所述日月例义不外乎内外之义，而之所以列于日月例下，是强调轻重之别。前人之所以未以内外之义集结，是因为传例是从传文进行归纳的，而明言内外之文较少，故未能大观；若将有关内外之义归纳于一，则俨然可观。

比如桓公十一年，郑忽出奔卫。③郑忽为郑国世子，今书"出奔卫"，是出郑国之境。《穀梁传》云诸侯出奔于外，意谓失国。故在诸侯出境的书法上，书"出奔"则意指失国。又桓公十五年，郑伯突出奔蔡。④突为郑忽弟，即郑厉公，篡郑忽之位。现在郑伯突出奔蔡国，意谓失国。其后《春秋》书"郑世子忽复归于郑"，所谓"归者，归其所也"⑤，《穀梁传》云"反正也"⑥，故知郑忽先前出境是避危于外，后得宋公、鲁公、卫侯、陈侯等之力乃得归郑，是入郑即位。

以日月例补充，则如柳兴恩引范宁注所云："范注诸侯出奔例月，今出入皆日，以著其恶。"⑦

"入"即返入国，但含义与"归"不同。《穀梁传》曰："反，以好曰

① 廖平撰，郜积意点校：《穀梁古义疏》，中华书局2012年版，第723页。
② 参见（清）柳兴恩《穀梁大义述》卷1，《续修四库全书》第132册，上海古籍出版社1995年版，据光绪十四年南菁书院刻皇清经解续编本影印，第1页a—b。
③ （战国）穀梁赤著，（晋）范宁集解，（唐）杨士勋疏：《监本春秋穀梁注疏》卷4，第5页a。
④ （战国）穀梁赤著，（晋）范宁集解，（唐）杨士勋疏：《监本春秋穀梁注疏》卷4，第10页a—b。
⑤ （战国）穀梁赤著，（晋）范宁集解，（唐）杨士勋疏：《监本春秋穀梁注疏》卷9，第11页b。
⑥ （战国）穀梁赤著，（晋）范宁集解，（唐）杨士勋疏：《监本春秋穀梁注疏》卷4，第10页b。
⑦ （清）柳兴恩：《穀梁大义述》卷4，第24页b。

归，以恶曰入。"① 比如庄公六年，卫侯朔入于卫。《穀梁传》："入者，内弗受也。"② 以"入"有强行之义。凡《春秋》书"入"，不论入己国或入他国，皆恶也。又纳公孙宁、仪行父于陈。《穀梁传》："纳者，内弗受也。辅人之不能民，而讨，犹可；入人之国，制人之上下，使不得其君臣之道，不可。"③ 入是强入，纳是强纳，自外而强加之，皆弗受。哀公七年，公伐邾。八月己酉，入邾，以邾子益来。《穀梁传》："其言来者，有外鲁之辞焉。"④ 又《穀梁》传例："日入，恶入者也。"表明鲁哀公入邾，执邾子益，非礼。《春秋》虽内鲁，但事理之是非更在内鲁外鲁之上，所以言鲁哀公时《穀梁传》以"外鲁"之辞贬焉，可谓森严公正。

以日月例补充，则入，"书日者恶，即书时书月者固亦恶之，但不甚耳"⑤；纳，"书时者，此自诸侯卒葬'时，恶也'例来……范注云：'日之，恶甚也。'"⑥《春秋》一字褒贬，既得其例，又得其义。同时，内外是相依而成的概念，凡言内，亦有外在，凡言外，亦有内在，故经文虽以内弗受贬斥之，但仍有个不可为内弗受之举，有个内可为的指导义在，这便是《穀梁传》所据的内外观思想。

另外，《春秋》书"莅""会""及""以"等，《穀梁传》解经都是阐释其以内外谁为主之意。如昭公七年，叔孙婼如齐莅盟。《穀梁传》："莅，位也。内之前定之辞谓之莅，外之前定之辞谓之来。"⑦ 此盟为鲁国定之，遂言"莅"。宣公七年，卫侯使孙良夫来盟。《穀梁传》："来盟，前定也。"⑧ 即卫国定也。又如隐公二年，公会戎于潜。《穀梁传》："会者，外为主焉尔。"⑨ 隐公元年，公及邾仪父盟于眛。《穀梁传》："及者何？内为志焉尔。"⑩ 桓公二年，公会齐侯、陈侯、郑伯于稷，以成宋乱。《穀梁传》："以者，内为志焉尔，

① （战国）穀梁赤著，（晋）范宁集解，（唐）杨士勋疏：《监本春秋穀梁注疏》卷5，第14页a。
② （战国）穀梁赤著，（晋）范宁集解，（唐）杨士勋疏：《监本春秋穀梁注疏》卷5，第10页a。
③ （战国）穀梁赤著，（晋）范宁集解，（唐）杨士勋疏：《监本春秋穀梁注疏》卷12，第13页a。
④ （战国）穀梁赤著，（晋）范宁集解，（唐）杨士勋疏：《监本春秋穀梁注疏》卷20，第9页b—10页a。
⑤ （清）柳兴恩：《穀梁大义述》卷2，第5页b。
⑥ （清）柳兴恩：《穀梁大义述》卷5，第1页b。
⑦ （战国）穀梁赤著，（晋）范宁集解，（唐）杨士勋疏：《监本春秋穀梁注疏》卷17，第5页b。
⑧ （战国）穀梁赤著，（晋）范宁集解，（唐）杨士勋疏：《监本春秋穀梁注疏》卷12，第7页a。
⑨ （战国）穀梁赤著，（晋）范宁集解，（唐）杨士勋疏：《监本春秋穀梁注疏》卷1，第8页b。
⑩ （战国）穀梁赤著，（晋）范宁集解，（唐）杨士勋疏：《监本春秋穀梁注疏》卷1，第3页a。

公为志乎成是乱也。此成矣，取不成事之辞而加之焉。于内之恶，而君子无遗焉尔。"① "会""及""以"均表内外谁为主之意，此类经文不须另外说明，经义一目了然。

由此可知，《春秋》书"莅""会""及""以"表示内外谁为主之意；书"出奔""归""入""纳"兼有善恶褒贬之义。故日月例是在别内外的基础上强调善恶轻重，日月例对于《穀梁传》而言固然重要，但对日月例的基础如内外观等，亦不可忽视其意义。

除此之外，《穀梁传》另提出《春秋》关于内外记事的原则，例如外事不书。但《春秋》之中往往可见记载外事，如襄公九年，宋灾。《穀梁传》："外灾不志，此其志何也？故宋也。"②除了故宋、王者之后，外灾严重亦是可书的理由。如文公三年，雨螽于宋。《穀梁传》："外灾不志，此何以志也？曰，灾甚也。其甚奈何？茅茨尽矣。著于上，见于下，谓之雨。"③钟文烝亦云："灾及人故大，大故志，重人也。宋灾、伯姬卒与此相似。雨螽及沙鹿、梁山崩皆以害大变重，志于鲁策，亦此之类。"④以灾重书之。故知《春秋》虽于外事不书，然符合条件仍可书之。就此而论，关于内外的书写，不是为了划立界限，强调对立；相反，是通过内书、外不书，内讳不书、外不书而书等方式，强调其所关注的重点。

值得注意的是，从《穀梁传》经传文字归纳整理而出的义例，其阐释大义的方向是举凡《春秋》书某，便是某义。如果把《春秋》书法当作一个系统的思想，则可据相关联的内容爬梳出整体面貌。比如诸侯大夫出入国境的书法，在单一经文底下或出或入，只是表现一种情况。若把出和入作为一组概念时，不仅出有出的书法、入有入的书法，出和入更是一组相对而成的概念。并且出和入的善恶，也取决于内外观。由此出入和内外观可成为一组系统的概念。再将出入和内外观与以文明礼义所区别的中国夷狄合在一起观察，便可见到《春秋》内外观的整体思想体系。

---

① （战国）穀梁赤著，（晋）范宁集解，（唐）杨士勋疏：《监本春秋穀梁注疏》卷3，第4页b。

② （战国）穀梁赤著，（晋）范宁集解，（唐）杨士勋疏：《监本春秋穀梁注疏》卷15，第8页a。

③ （战国）穀梁赤著，（晋）范宁集解，（唐）杨士勋疏：《监本春秋穀梁注疏》卷10，第6页a。

④ （清）钟文烝撰，骈宇骞、骈骅校点：《春秋穀梁经传补注》，第571页。

小 结

《春秋》有临天下之言焉，有临一国之言焉，有临一家之言焉，此是《穀梁传》内外观的思想基础。这个基础是从上层对下层的观察。也就说"临一国之言"的对象是围绕诸侯国所发生的事，不仅是《春秋》书写的主要对象，也是夫子最关心的对象，但其是从高一层的天下观来看诸侯国之间的关系。"临天下之言"是以礼义文明区别中国夷狄，这是以礼作为区别的界限，对象是以天子与诸侯、夷狄的关系言之，但观察者是从比天下更高一层的绝对道德来观察。

《穀梁传》"据外内以别事"一方面确定了一个标准／界限来区分内外，另一方面提出超越内外的办法。超越内外并非强调内外无所分别，如同天人合一并非指天与人无所分别，而是人能够体察天的德，使人与天无所排斥，彼此相通、融合共处。原本以空间国界为标准的内外观，重新以礼义文明作为区分内外的原则，那么空间国界便不再是其所凭借以区分内外的要件。总之，《穀梁传》的内外观除了在空间上区别内外、在文明礼义上区别中国夷狄、在《春秋》书法上据内外之义褒善贬恶，更重要的是通过区别内外，提出改变内外之别的方式，使人有依循的准则。比如在中国夷狄上，能够依文明礼义而行，就能超越内外之别；在出境入国时，能够依制度规矩行事，那么内外之间的危险、冲突、对立便能够避免。这是《穀梁传》从内外论事所欲传达的大义。

第九章　卒葬例
——《榖梁传》卒葬例释

　　《榖梁传》解《春秋》卒葬，辅时月日以明义。于鲁公、夫人薨葬皆日。诸侯正则卒书日，不正不日，时卒恶也。若诸侯卒于外则不日；卒于外未逾境，日之，此例重于诸侯日卒正之例，凡二者同时，以逾境书日例解。大夫书卒不书葬，有故则葬，正日之，恶不日，恶事显著则日之，此为榖梁家法。夷狄之君不书卒，少进书卒，复进日之，皆不葬，若被弑书日，是谨弑，不用诸侯卒例解之。柳兴恩认为诸侯杀弑有夫子褒贬之义，遂以卒葬正则日不正不日例解之，虽有合者，不合更多，乃知不可以"卒葬例"统"杀弑例"。比之何休所注《公羊传》，卒葬分大国、小国、微国，合三世说；《榖梁传》分中国、夷狄，不分大小国。二传解经所据时月日不同，经义则多同矣。

　　《礼记·曲礼》云："天子死曰崩，诸侯曰薨，大夫曰卒。"①《春秋》天王书崩，鲁公书薨，外诸侯书卒，范宁云："《春秋》所称，曲存鲁史之义，内称公而书薨，所以自尊其君，则不得不略外诸侯书卒以自异也。"②以尊鲁称公书薨，略外诸侯变例书卒。鲁夫人书薨，《榖梁传》云："夫人之义从君者也。"③以夫妻一体，④同尊之。

　　《榖梁传》于卒葬又辅时月日以明正恶，如"日卒时葬正也"，"时卒

---

① （汉）郑玄注，（唐）孔颖达疏：《礼记注疏》卷5，台北：艺文印书馆1997年版，据清嘉庆二十年阮元刻十三经注疏本影印，第21页a。
② （战国）榖梁赤著，（晋）范宁集解，（唐）杨士勋疏：《监本春秋榖梁注疏》卷1，第14页b。
③ （战国）榖梁赤著，（晋）范宁集解，（唐）杨士勋疏：《监本春秋榖梁注疏》卷1，第11页b。
④ （汉）郑玄注，（唐）贾公彦疏：《仪礼注疏》卷30，台北：艺文印书馆1997年版，据清嘉庆二十年阮元刻十三经注疏本影印，第8页b。

恶也","日葬故也","月葬故也","不日在外也"等，传例与经文关联，若未细审，或以为矛盾，甚有乖违，虽范宁解之，杨士勋犹发"上下多违，纵使两解，仍有僻谬"①之惑，许桂林亦有"先儒多讥为迂妄"②之叹，足见《穀梁传》卒葬例难释。值得注意的是，《穀梁传》卒葬例并非仅是为记卒葬与时月日的凡例，其真正要传递的是夫子的褒贬之义。所以，不同身份的卒葬例虽同用时月日为记，反映的意义却不尽相同。在同一身份内的卒葬例中，也会通过些微差异来呈现不同的意义。由于传例与经文相互关联，并有轻重之别，若不能细察彼此关系，很容易就会发现并认为《穀梁传》前后解经矛盾，清代柳兴恩《穀梁大义述》、许桂林《春秋穀梁传时月日书法释例》、钟文烝《春秋穀梁经传补注》多单独解析传例，忽略了传例关联所形成的意义效应，殊不知此正是《穀梁传》善于经处，即卒葬须与时月日、逾境与否、正与不正合在一起解读，并不是单用一条传例即可解释所有类似的经文，后文分析可见，兹不赘述。加上从史赴告之说者，反对《春秋》有时月日例之褒贬，如僖公十四年，冬，蔡侯肸卒。经文书时，无月日，《穀梁传》云："诸侯时卒，恶之也。"③刘敞以为非，谓："君薨臣赴，赴以日月，此礼之常也。臣子少慢则赴不具日月，大慢则都不赴，《春秋》不改者，因文可以见也。若必以恶此君，则卒书时者，郑厉公、卫惠公，内则篡国，外则叛王，何为《春秋》不恶之哉？"④或王安石断烂朝报云云。要之，《穀梁》研究者须先把传例厘清，才可能让人接受《穀梁传》传例有其合理之处。大抵《穀梁传》解《春秋》卒葬，先分内外，次别身份，末述义例，循此，卒葬之义庶几可明也。

---

① （战国）穀梁赤著，（晋）范宁集解，（唐）杨士勋疏：《监本春秋穀梁注疏》卷7，第9页b。

② （清）许桂林：《穀梁释例一》，《春秋穀梁传时月日书法释例》，（清）王先谦辑：《皇清经解续编》卷659，清光绪十四年南菁书院刊本，第1页a。

③ （战国）穀梁赤著，（晋）范宁集解，（唐）杨士勋疏：《监本春秋穀梁注疏》卷8，第11页b。

④ （宋）刘敞：《春秋权衡》卷16，《文渊阁四库全书》第147册，台北：台湾商务印书馆1983年版，据文渊阁四库全书本影印，第3页b。案郑厉公、卫惠公者，钟文烝曾针对此问而提出解释。依传例，郑伯恶已前见，书日与齐小白同；依传例，卫侯恶已前见，书日与齐小白同。参见（清）钟文烝撰，骈宇骞、骈骅校点《春秋穀梁经传补注》，《儒藏》（精华编89），第572、582页。

一　鲁之卒葬时月日例

《春秋》尊鲁，书鲁公、夫人死曰薨，世子、大夫曰卒，以行文便宜，章节之名统曰卒葬。《穀梁传》论卒葬，首分内外，内外以鲁分之；次别身份，身份如鲁公、夫人、世子、内女、大夫等，各有义例。

（一）鲁公薨葬

1. 鲁公薨

鲁公乃国所独尊，薨不名，《穀梁传》云："薨称公，举上也。"[1] 葬不称公，称我君，《穀梁传》云："葬我君，接上下也。"[2] 凡鲁公薨葬，详录卒日及寝地，《传》云："内之大事，日。"[3] 范宁曰："鲁公薨，正与不正皆日，所以别内外也。"[4] 盖外诸侯正则日卒，不正不日卒，鲁公则皆日与之相别。薨书地者，如庄公三十二年，八月癸亥，公薨于路寝。《穀梁传》云："路寝，正寝也。寝疾居正寝，正也。"[5] 国君平日寝于燕寝或夫人之寝，有疾则移居路寝，以此未有他故为正。如赵匡云："君必终于正寝，以就公卿也。大位，奸之窥也；危病，邪之伺也。若蔽于隐，是女子小人得行其志也。"[6] 故君疾移于正寝适卒，以此为正。若君薨不在路寝，如僖公薨于小寝[7]、文公薨于台下[8]、襄公薨于楚宫[9]、定公薨于高寝[10]，皆非正也。

公薨于外，必不寻常，《春秋》书地，如公薨于齐、公薨于乾侯[11]，钟文

---

① （战国）穀梁赤著，（晋）范宁集解，（唐）杨士勋疏：《监本春秋穀梁注疏》卷10，第1页b。
② （战国）穀梁赤著，（晋）范宁集解，（唐）杨士勋疏：《监本春秋穀梁注疏》卷10，第1页b。
③ （战国）穀梁赤著，（晋）范宁集解，（唐）杨士勋疏：《监本春秋穀梁注疏》卷19，第2页b。
④ （战国）穀梁赤著，（晋）范宁集解，（唐）杨士勋疏：《监本春秋穀梁注疏》卷4，第12页b。
⑤ （战国）穀梁赤著，（晋）范宁集解，（唐）杨士勋疏：《监本春秋穀梁注疏》卷6，第17页b—18页a。
⑥ （唐）陆淳：《春秋集传微旨》卷上，《景印文渊阁四库全书》第146册，台北：台湾商务印书馆1983年版，据文渊阁四库全书本影印，第36页a。
⑦ （战国）穀梁赤著，（晋）范宁集解，（唐）杨士勋疏：《监本春秋穀梁注疏》卷9，第17页b。
⑧ （战国）穀梁赤著，（晋）范宁集解，（唐）杨士勋疏：《监本春秋穀梁注疏》卷11，第12页b。
⑨ （战国）穀梁赤著，（晋）范宁集解，（唐）杨士勋疏：《监本春秋穀梁注疏》卷16，第15页b。
⑩ （战国）穀梁赤著，（晋）范宁集解，（唐）杨士勋疏：《监本春秋穀梁注疏》卷19，第17页a。
⑪ （战国）穀梁赤著，（晋）范宁集解，（唐）杨士勋疏：《监本春秋穀梁注疏》卷4，第12页b；卷18，第15页a。

淼云:"君苟死于外,则皆地,重其异常。"①薨不地,故也②,如隐公为桓公与公子翬弑、闵公为庆父与哀姜弑,《春秋》仅书"公薨",不地以明有故。

2. 葬鲁公

鲁公薨而葬,皆书之。如闵公元年,夏,六月辛酉,葬我君庄公。③僖公、文公、宣公、成公、襄公、昭公、定公均同。唯隐公、闵公不书葬,《穀梁传》云:"君弑贼不讨,不书葬,以罪下也。"④"(闵公)其不书葬,不以讨母葬子也。"⑤二公被弑,《春秋》不书葬,示讥、讳也。另,桓公十八年,冬,十有二月己丑,葬我君桓公。桓公为齐所弑,君弑贼不讨不书葬,鲁未讨贼书葬,《穀梁传》云:"葬我君,接上下也。君弑贼不讨,不书葬,此其言葬,何也? 不责逾国而讨于是也。"⑥范宁谓:"时齐强大,非己所讨,君子即而恕之。"⑦此三者为葬鲁君之变例。

凡鲁公日薨、日葬、薨于路寝为正;君弑贼不讨不书葬,示讥。

(二)夫人薨葬

夫妇同体,夫人同鲁公书薨,范宁云:"夫人曰薨,从夫称。"⑧葬称葬我小君,《穀梁传》云:"以其为公配,可以言小君也。"⑨薨葬与鲁公同,皆书日。如:庄公二十一年,秋,七月戊戌,夫人姜氏薨。此桓公夫人,庄公之母。庄公二十二年,春,癸丑,葬我小君文姜。

另外,隐公二年,十有二月乙卯,夫人子氏薨。《穀梁传》云:"隐之妻也。"卒不书葬,《穀梁传》云:"夫人之义,从君者也。"范注:"隐弑,贼未讨。"⑩由此之故,夫人子氏从隐公亦不书葬。

又定公十五年,秋,七月壬申,弋氏卒。此定公妾,哀公母。钟文淼

① (清)钟文淼撰,骈宇骞、骈骅校点:《春秋穀梁经传补注》,第522页。
② (战国)穀梁赤著,(晋)范宁集解,(唐)杨士勋疏:《监本春秋穀梁注疏》卷2,第13页a。
③ (战国)穀梁赤著,(晋)范宁集解,(唐)杨士勋疏:《监本春秋穀梁注疏》卷6,第19页a。
④ (战国)穀梁赤著,(晋)范宁集解,(唐)杨士勋疏:《监本春秋穀梁注疏》卷2,第13页a。
⑤ (战国)穀梁赤著,(晋)范宁集解,(唐)杨士勋疏:《监本春秋穀梁注疏》卷6,第20页b。
⑥ (战国)穀梁赤著,(晋)范宁集解,(唐)杨士勋疏:《监本春秋穀梁注疏》卷4,第12页b—13页a。
⑦ (战国)穀梁赤著,(晋)范宁集解,(唐)杨士勋疏:《监本春秋穀梁注疏》卷4,第13页a。
⑧ (战国)穀梁赤著,(晋)范宁集解,(唐)杨士勋疏:《监本春秋穀梁注疏》卷1,第11页b。
⑨ (战国)穀梁赤著,(晋)范宁集解,(唐)杨士勋疏:《监本春秋穀梁注疏》卷6,第3页a。
⑩ (战国)穀梁赤著,(晋)范宁集解,(唐)杨士勋疏:《监本春秋穀梁注疏》卷1,第11页b。

云："成风以来，妾子为君母，皆为夫人。"① 然弋氏卒时，哀公未即位，弋氏仍为妾，不为君母，不可视同夫人，故不书薨。定公十五年，九月丁巳，葬定公；辛巳，葬定弋。葬时，不为君母，非为夫人，故不称小君，但知哀公后为鲁君，故录之。又如，哀公十二年，夏，五月甲辰，孟子卒。此昭公夫人。《穀梁传》云："其不言夫人何也？讳取同姓也。"② 讳不称夫人薨，亦不书葬。

凡鲁夫人卒从鲁公书薨，葬则书葬我小君，为内之大事，日之，示尊也；若为妾母，薨葬时子未即位，虽录之，不称夫人，不称小君；若有讳，不称夫人薨，不书葬。若身份不符，虽后来亦是夫人，当时不可用夫人例。

（三）未逾年之君卒

储君即位前，君存称世子，君薨称子某，既葬称子，逾年称公。③ 凡未即位而薨，为未逾年之君，书卒不书葬。未逾年之君卒虽不得称君，继位者仍以君视之。

1. 未有他故而卒，书日

世子未有他故而卒，书日。如襄三十一年，秋，九月癸巳，子野卒。《穀梁传》："子卒日，正也。"④ 昭公元年，公即位。《穀梁传》云："继正，即位，正也。"⑤ 昭公所继子野，子野为未逾年之君，无他故书日。

2. 有他故而卒，不书日

文公十八年，二月丁丑，公薨于台下⑥，六月书葬，其未有他故，仅薨非路寝不正耳。同年，冬，十月，子卒。此子赤也。来年，宣公即位，《穀梁传》："继故而言即位，与闻乎故也。"⑦ 且云"宣弑"⑧，加上《穀梁传》"子卒不日，故也"，范宁曰"故，杀也"⑨，皆指出子赤为宣公所杀。既然文公无

---

① （清）钟文烝撰，骈宇骞、骈骅校点：《春秋穀梁经传补注》，第 970 页。
② （战国）穀梁赤著，（晋）范宁集解，（唐）杨士勋疏：《监本春秋穀梁注疏》卷 20，第 13 页 a。
③ （战国）穀梁赤著，（晋）范宁集解，（唐）杨士勋疏：《监本春秋穀梁注疏》卷 9，第 10 页 b。
④ （战国）穀梁赤著，（晋）范宁集解，（唐）杨士勋疏：《监本春秋穀梁注疏》卷 16，第 15 页 b。
⑤ （战国）穀梁赤著，（晋）范宁集解，（唐）杨士勋疏：《监本春秋穀梁注疏》卷 17，第 1 页 a。
⑥ （战国）穀梁赤著，（晋）范宁集解，（唐）杨士勋疏：《监本春秋穀梁注疏》卷 11，第 12 页 b。
⑦ （战国）穀梁赤著，（晋）范宁集解，（唐）杨士勋疏：《监本春秋穀梁注疏》卷 12，第 1 页 a。
⑧ （战国）穀梁赤著，（晋）范宁集解，（唐）杨士勋疏：《监本春秋穀梁注疏》卷 12，第 17 页 b。
⑨ （战国）穀梁赤著，（晋）范宁集解，（唐）杨士勋疏：《监本春秋穀梁注疏》卷 11，第 13 页 a。

故，则宣公继子赤也，因有故，子卒不书日。

原则如此，但有特例，如庄公三十二年，八月癸亥，公薨于路寝。《榖梁传》："寝疾居正寝，正也。"[①]言庄公正卒。同年，冬，十月乙未，子般卒。闵公即位时，《榖梁传》云："继弑君，不言即位，正也。"[②]可知闵公所继非庄公也，《榖梁传》以闵公所继为公子般也。子般被公子牙、公子庆父弑之，明显有故而卒，何以书日？不正与前此传例相违乎？《榖梁传》知此有违，自云："子卒日，正也。不日，故也，有所见则日。"[③]范宁补充："闵公不书即位，是见继弑者也，故庆父弑子般，子般可以日卒，不待不日而显。"[④]也就是说，在"有所见"的条件下，可以书日。钟文烝亦云："既有所见矣，故还从常例，不削旧史书日文也。"[⑤]二人皆认为可书日，但理由不同，范宁以为不待不日而显有故，钟文烝则认为旧史均书日，若有故孔子删削之，以彰其义；若有故之事得见，则孔子不削旧史书日之文。不过，二者都未完全揭出《榖梁传》所要呈现的意义，即夫子是通过"正—有故—有所见"的组合来构成关联传例的整体。首先，云"子卒日，正也"，此乃正卒常例；次云"不日，故也"，此为有故之例；末云"有所见则日"，若有故之事在经文可见则书日。依此而论，"有所见则日"，此之书日，是在两个传例后关联起来的第三个传例，彰显其事之重。

凡未逾年之君，日卒不书葬，有故不日，有所见则日。

（四）鲁内女卒

《春秋》书鲁公之姑姊妹者有二，一为达许嫁年纪尚未适人之内女，二为适诸侯之内女，余均不书。

1. 达许嫁年纪尚未适人之内女

内女未适人，《春秋》不书，若至许嫁年纪，笄而字之，虽未出嫁而死，以成人礼卒之。如僖公九年，秋，七月乙酉，伯姬卒。《榖梁传》云："内女

---

① （战国）榖梁赤著，（晋）范宁集解，（唐）杨士勋疏：《监本春秋榖梁注疏》卷6，第17页b—18页a。

② （战国）榖梁赤著，（晋）范宁集解，（唐）杨士勋疏：《监本春秋榖梁注疏》卷6，第18页b。

③ （战国）榖梁赤著，（晋）范宁集解，（唐）杨士勋疏：《监本春秋榖梁注疏》卷6，第18页a。

④ （战国）榖梁赤著，（晋）范宁集解，（唐）杨士勋疏：《监本春秋榖梁注疏》卷6，第18页a。

⑤ （清）钟文烝撰，骈宇骞、骈骅校点：《春秋榖梁传补注》，第602页。

也，未适人不卒，此何以卒也？许嫁笄而字之，死则以成人之丧治之。"① 又如文公十二年，二月庚子，子叔姬卒。《穀梁传》云："其曰子叔姬，贵也，公之母姊妹也。其一传曰，许嫁以卒之也。"② 不书葬。钟文烝云："《经》之正例，内女卒皆日，不书葬。"③ 内女卒何以书日，前人未云，但举凡鲁内之大事，皆详录日也。

2. 适诸侯之内女

鲁公之姑姊妹适诸侯者，范宁谓尊与己同，故书卒。如僖公十六年，夏，四月丙申，缯季姬卒。若嫁大夫以下者，虽内女，不书。

常例不书葬，若有故，书葬。如襄公三十年，五月甲午，伯姬卒。襄公三十年，秋，葬共姬。《穀梁传》云："外夫人不书葬，此其言葬何也？吾女也；卒灾，故隐而葬之也。"④ 钟文烝以卒书日为贤伯姬，即《穀梁传》云："妇人以贞为行者也，伯姬之妇道尽矣。"又云："以卒日加灾上也，贤其死正以贤其平时。"⑤ 钟文烝此说或许是继承杨士勋疏，其云："外灾例时，今因伯姬灾卒，进日在上。"⑥ "进"字似有深意，所以进一步阐释，唯注疏解经若超于《穀梁传》原意，恐衍生新的解释。如钟文烝论"以卒日加灾上也，贤其死正以贤其平时"，颇有以经文书日有贤其死正可作为传例解释之嫌，反不若以《穀梁传》言"取卒之日加之灾上者，见以灾卒也"即可，更可对应下面葬共姬之经文云"卒灾，故隐而葬之也"之深痛义。

另可注意，庄公四年，三月，纪伯姬卒。《穀梁传》云："外夫人不卒，此其言卒，何也？吾女也，适诸侯则尊同，以吾为之变，卒之也。"⑦ 六月乙丑，齐侯葬纪伯姬。《穀梁传》云："外夫人不书葬，此其书葬何也？吾女也，失国，故隐而葬之。"⑧ 又庄公二十九年，冬，十有二月，纪叔姬卒。庄公三十年，八月癸亥，葬纪叔姬。此二例与常例恰好相反，常例是卒日，此

---

① （战国）穀梁赤著，（晋）范宁集解，（唐）杨士勋疏：《监本春秋穀梁注疏》卷8，第4页b。
② （战国）穀梁赤著，（晋）范宁集解，（唐）杨士勋疏：《监本春秋穀梁注疏》卷11，第4页b。
③ 钟文烝云："《经》之正例，内女卒皆日，不书葬"。参见（清）钟文烝撰，骈宇骞、骈骅校点《春秋穀梁传补注》，第597页。
④ （战国）穀梁赤著，（晋）范宁集解，（唐）杨士勋疏：《监本春秋穀梁注疏》卷16，第14页a。
⑤ （清）钟文烝撰，骈宇骞、骈骅校点：《春秋穀梁传补注》，第879页。
⑥ （战国）穀梁赤著，（晋）范宁集解，（唐）杨士勋疏：《监本春秋穀梁注疏》卷16，第13页b。
⑦ （战国）穀梁赤著，（晋）范宁集解，（唐）杨士勋疏：《监本春秋穀梁注疏》卷5，第8页a。
⑧ （战国）穀梁赤著，（晋）范宁集解，（唐）杨士勋疏：《监本春秋穀梁注疏》卷5，第8页a。

二例是葬日,《穀梁传》有"不日卒而日葬,闵纪之亡也"[①],为不日卒而日葬的理由提出解释。由此可知,《穀梁传》解经并非以一则传例通释全篇,往往通过传例变化来赋予经以新义,或彰显个别意义。书葬,明痛失吾女,而不日卒而日葬是特指亡国,又与灾卒不同。

另外,隐公七年,春,王三月,叔姬归于纪。范宁:"叔姬,伯姬之娣。"[②]叔姬不为夫人,虽内女不书卒。又宣公十六年,秋,郯伯姬来归。范宁谓:"为夫家所遣。"[③]伯姬虽是鲁女,既归鲁,不书卒。可见穀梁家法对于名分是相当重视的,有其身份,方有对应书写之例,若失去身份,即不书卒。

杨士勋曾于僖九年"伯姬卒"下,引范宁内女卒葬例云:"葬有三,卒亦有三,此文一也;僖十六年,鄫[④]季姬二也;成八年,杞叔姬三也。葬者,庄四年,葬纪伯姬,三十年,葬纪叔姬,襄三十年,宋葬共姬是也。"[⑤]不过,鲁之内女卒不止三例,如纪伯姬、子叔姬。又襄公三十年,五月甲午,伯姬卒。皆内女也,范宁未列之,或失察焉。

凡内女适诸侯者,卒书之,若被出,则不书;葬不书,若有故,隐痛书葬。

（五）鲁大夫卒

大夫与世子、内女不同,其与鲁公无亲,不可同尊,何以书卒?昭公十五年,二月癸酉,叔弓卒。《穀梁传》云:"大夫,国体也。"[⑥]范宁云:"君之卿佐,是谓股肱,股肱或亏,何痛如之?"[⑦]《穀梁传》释曰大夫为国之体,君赖之,故重也,书卒不书葬。

此外,《穀梁传》以《春秋》书日乃对鲁国大夫行褒贬之义。宣公五年,叔孙得臣卒。杨士勋云:"隐元年传曰:'大夫不日卒,恶也',今叔孙得臣不

---

① （战国）穀梁赤著,（晋）范宁集解,（唐）杨士勋疏:《监本春秋穀梁注疏》卷6,第15页b。
② （战国）穀梁赤著,（晋）范宁集解,（唐）杨士勋疏:《监本春秋穀梁注疏》卷2,第6页a。
③ （战国）穀梁赤著,（晋）范宁集解,（唐）杨士勋疏:《监本春秋穀梁注疏》卷12,第17页a。
④ 《穀梁传》作"缯",杨士勋疏作"鄫"。
⑤ 杨士勋引范宁《别例》,参见（战国）穀梁赤著,（晋）范宁集解,（唐）杨士勋疏《监本春秋穀梁注疏》卷8,第5页a。
⑥ （战国）穀梁赤著,（晋）范宁集解,（唐）杨士勋疏:《监本春秋穀梁注疏》卷18,第2页a。
⑦ （战国）穀梁赤著,（晋）范宁集解,（唐）杨士勋疏:《监本春秋穀梁注疏》卷1,第7页b。

日卒，亦恶可知矣。"①明鲁大夫日卒，正。不日卒，恶也。②此例出自隐公元年，公子益师卒。《穀梁传》云："大夫日卒，正也。不日卒，恶也。"唯经文未见公子益师之恶，何以云不书日以为恶？穀梁家为之解释，如范宁谓："罪，故略之。"③杨士勋补充云："今不书日，故云恶之。益师之恶，经传无文，盖《春秋》之前有其事也。麋信云：'益师不能防微杜渐，使桓弑隐。若益师能以正道辅隐，则君无推国之意，桓无篡弑之情。'所言亦无案据也。何休云：'《公羊》以为日与不日，为远近异辞。若《穀梁》云益师恶而不日，则公子牙及季孙意如如何以书日乎？'郑君释之曰：'公子牙，庄公弟，不书弟，则恶明也，故不假去日。季孙意如，则定公所不恶，故亦书日。'是郑意亦以为恶，故不日也。"④杨士勋引何休问难《穀梁》，以郑玄答公子牙与季孙意如的内容来推论这里郑玄应认为公子益师有恶故不日。实则，杨士勋欲借郑玄所据穀梁家法——"有所见"之例来解释，举凡无恶可见，以常例推之，则不书日为恶可知。

不过，何休问难《穀梁传》公子牙、季孙意如有恶，何以书日？确实是穀梁家需要面对的问题。

案庄公三十二年，秋，七月癸巳，公子牙卒。卒日，范宁引郑玄谓："牙，庄公母弟，不言弟，其恶以见，不待去日矣。"⑤但范宁并没有肯定郑玄的解释是对的，其云："传例：'诸侯之尊，弟兄不得以属通。'盖以礼，诸侯绝期而臣诸父昆弟，称昆弟，则是申其私亲也。宣十七年'公弟叔肸卒'，《传》曰：'其曰公弟叔肸，贤之也。'然则不称弟，自其常例耳。郑君之说，某所未详。"⑥杨士勋补充云："若牙实有罪，则应去公子以见疏，今书公子，故云未详也。"⑦又杨士勋于"叔孙得臣卒"下，举何休言叔孙得臣有罪，解释不日原因，其引曰："何休云：'知公子遂弑君，而匿情不言。'未审范意亦然以否。"⑧是范宁、杨士勋均未有善解。

① （战国）穀梁赤著，（晋）范宁集解，（唐）杨士勋疏：《监本春秋穀梁注疏》卷12，第6页b。
② （战国）穀梁赤著，（晋）范宁集解，（唐）杨士勋疏：《监本春秋穀梁注疏》卷1，第7页b。
③ （战国）穀梁赤著，（晋）范宁集解，（唐）杨士勋疏：《监本春秋穀梁注疏》卷1，第7页b。
④ （战国）穀梁赤著，（晋）范宁集解，（唐）杨士勋疏：《监本春秋穀梁注疏》卷1，第8页a。
⑤ （战国）穀梁赤著，（晋）范宁集解，（唐）杨士勋疏：《监本春秋穀梁注疏》卷6，第17页b。
⑥ （战国）穀梁赤著，（晋）范宁集解，（唐）杨士勋疏：《监本春秋穀梁注疏》卷6，第17页b。
⑦ （战国）穀梁赤著，（晋）范宁集解，（唐）杨士勋疏：《监本春秋穀梁注疏》卷6，第17页b。
⑧ （战国）穀梁赤著，（晋）范宁集解，（唐）杨士勋疏：《监本春秋穀梁注疏》卷12，第6页b。

钟文烝云:"此当以下文庆父事比观之,其义乃见。庆父首恶,牙次之。庆父犹公子遂,牙犹叔孙得臣也。庆父讳奔言如,又讳其缢死,则牙卒可书日以掩恶矣。"[1] 钟氏以庆父恶重,绝之不卒,公子牙恶轻,可书日掩恶,示有差等。

又如,定公五年,六月丙申,季孙意如卒。范宁:"意如逐昭公,而日卒者,明定之得立由乎意如,《春秋》因定之不恶,而书日以示讥。"[2] 钟文烝不同意范宁观点,认为书日乃史文常例,其云:"定固不以意如为罪人,而书日以卒,非欲见此意也。……如其说,则叔孙得臣,宣亦不以为罪人,何以不书日?明书日之意,不论其君之以为罪否也。书日自是常例。"[3] 钟文烝补注甚有见地,不过,前例既云公子牙日卒以顺下庆父讳文,其义可见;此却云季孙意如以恶可见,史文常例书日,若恶不可见,则以去日著之。解释虽有道理,但常例变例犹须会意兴解,常人岂能知之?不若直以"恶事显著者,则日"解之,可避免过度推阐之嫌。

另外,若大夫卒于外,书日,如成公十七年,壬申,公孙婴齐卒于狸蜃。《穀梁传》:"其地,未逾竟也。"[4] 《穀梁传》、注疏家未解书日原因。案此应作大夫日正解之,不可以诸侯卒于外,未逾竟日之例解释。虽外诸侯有未逾竟书日之例,大夫不敌诸侯,例不可与相敌体。且钟文烝补云:"言臣子者,连言子耳,注说固得之,亦以恤死恩礼宜自公出也。"[5] 亦有大夫为正之义。

若鲁大夫出奔,去国远,君臣礼亡,《春秋》不书卒。唯一例外是文公十四年,九月甲申,公孙敖卒于齐。《穀梁传》:"言卒,何也?为受其丧,不可不卒也。"[6] 盖文公十五年,《春秋》书"齐人归公孙敖之丧"也。既有归丧之事,故书卒,然此为奔也,奔皆不卒,书者仅此一例。又此书日,不以公孙敖为恶也。钟文烝据《左传》补曰:"敖奔而复,复而又适莒,至是又求复,许之。将来,及齐而卒。"[7] 可知鲁国已同意公孙敖返鲁,自不以其

---

① (清)钟文烝撰,骈宇骞、骈骅校点:《春秋穀梁经传补注》,第 601 页。
② (战国)穀梁赤著,(晋)范宁集解,(唐)杨士勋疏:《监本春秋穀梁注疏》卷 19,第 10 页 a。
③ (清)钟文烝撰,骈宇骞、骈骅校点:《春秋穀梁经传补注》,第 953 页。
④ (战国)穀梁赤著,(晋)范宁集解,(唐)杨士勋疏:《监本春秋穀梁注疏》卷 14,第 13 页 a。
⑤ (清)钟文烝撰,骈宇骞、骈骅校点:《春秋穀梁经传补注》,第 822 页。
⑥ (战国)穀梁赤著,(晋)范宁集解,(唐)杨士勋疏:《监本春秋穀梁注疏》卷 11,第 8 页 b。
⑦ (清)钟文烝撰,骈宇骞、骈骅校点:《春秋穀梁经传补注》,第 738 页。

恶也，以鲁大夫正则书日例解之，宜矣。

由此可知，鲁大夫死，《春秋》书卒，奔不卒，正则书日，恶则不日，恶事显著者，则日之。

二　外卒葬时月日例

外者，鲁国之外也。天子、诸侯虽外犹尊，书卒葬；诸侯夫人、外大夫以疏远，《春秋》不书，有故则书；夷狄之君更在中国外，不书，少进卒之，复进卒日，以嘉勉夷狄慕中国之义。

（一）天王之崩葬

天子尊，非鲁君可比，故独立论之。

1. 天王崩，书日正也

《春秋》王死曰崩，《穀梁传》云"天子志崩"[1]，以尊也[2]。如隐公三年，三月庚戌，天王崩。《穀梁传》："高曰崩，厚曰崩，尊曰崩。天子之崩，以尊也。其崩之何也？以其在民上，故崩之。其不名何也？大上，故不名也。"[3]言书崩不名之意。另外，王崩书日者，范宁云："日者，盖以明正，《传》于下诸侯发例，天子当亦同矣。"[4]范宁以诸侯例推天子例，欲阐明书日明正之义，但天子不志葬，和诸侯卒葬例不尽相同，愚以为不必特言明正之义。

如桓公十五年，三月乙未，天王崩。范宁注："桓王。"钟文烝："书日者，正也。周制，太子有孙而死则立孙。"[5]余者如僖公八年，冬，十二月丁未，天王崩。范宁注："惠王也。"文公八年，秋，八月戊申，天王崩。范宁注："襄王。"凡《春秋》载王崩八例，均日，但以天子崩为大事，鲁尊之而详录书日，不亦宜乎？且《春秋》书法中，鲁内尊皆日，将天王比之诸侯，不若比之鲁公书日之法，更合夫子尊周之意。

---

① （战国）穀梁赤著，（晋）范宁集解，（唐）杨士勋疏：《监本春秋穀梁注疏》卷11，第1页a。
② （战国）穀梁赤著，（晋）范宁集解，（唐）杨士勋疏：《监本春秋穀梁注疏》卷1，第13页b。
③ （战国）穀梁赤著，（晋）范宁集解，（唐）杨士勋疏：《监本春秋穀梁注疏》卷1，第13页a—b。
④ （战国）穀梁赤著，（晋）范宁集解，（唐）杨士勋疏：《监本春秋穀梁注疏》卷1，第13页a—b。
⑤ （清）钟文烝撰，骈宇骞、骈骅校点：《春秋穀梁经传补注》，第536页。

唯天王崩者，《春秋》未全录也。如周桓王之子周庄王于鲁庄公十二年崩，周庄王之子周厘王于鲁庄公十七年崩，及周顷王于鲁文公十四年崩，均未志。或以天子失天下，故史不志之。如《穀梁传》云："近不失崩，不志崩，失天下也。"①范宁云："京师去鲁不远，赴告之命可不逾旬而至，史不志崩，则乱可知。"②钟文烝亦云："史不失志，今《经》不志，明史本无。近而失之，知其不赴，近而不赴，是失天下，君子将使人考其事，知其义也。"③由此，《春秋》反映了周道衰微的事实，孔子虽尊周，于此阙亦不补也。

2. 天王不志葬，有故则志

"天子志崩不志葬"，如庄公三年，五月，葬桓王。《穀梁传》曰："天子志崩不志葬，必其时也，何必焉？举天下而葬一人，其义不疑也。"④以天子七月而葬，葬必合时，不待言也。若有变故，书葬。文公九年，辛丑，葬襄王。《穀梁传》："天子志崩不志葬。举天下而葬一人，其道不疑也。志葬，危不得葬也。日之，甚矣，其不葬之辞也。"⑤钟文烝："志葬者，以月为例，犹诸侯之月葬故也……葬天子而加日，甚于危不得葬，直是不葬之辞，犹诸侯之日葬危不得葬也。"⑥钟氏以天子崩葬与诸侯葬书月有故之义同，若书日，则更显有危，近乎不葬之义。

宣公三年，葬匡王。经中无月，钟文烝补曰："蒙上月。"⑦葬月，示有故也，但钟文烝并未言何故，仅以例言之有故尔。试想，周匡王于宣公二年，冬，十月乙亥崩，至三年春，尽春时犹不足七月，此或钟文烝蒙月之故。若然，襄公二年，春，王正月，葬简王。诸注疏均未有注，则此亦为有故也。以周简王于襄公元年，九月辛酉，崩。至此五月尔，不足七月，有故也。昭公二十二年，六月，叔鞅如京师。葬景王。《穀梁传》："王室乱。乱之为言，事未有所成也。"范宁云："天子志崩不志葬，志葬，危不得以礼葬也。"⑧以"月葬有故"例解之，亦合。凡天子志崩不志葬，书葬有故也，是以钟文烝

① （战国）穀梁赤著，（晋）范宁集解，（唐）杨士勋疏：《监本春秋穀梁注疏》卷11，第1页a。
② （战国）穀梁赤著，（晋）范宁集解，（唐）杨士勋疏：《监本春秋穀梁注疏》卷5，第6页b。
③ （清）钟文烝撰，骈宇骞、骈骅校点：《春秋穀梁经传补注》，第536页。
④ （战国）穀梁赤著，（晋）范宁集解，（唐）杨士勋疏：《监本春秋穀梁注疏》卷11，第1页a。
⑤ （战国）穀梁赤著，（晋）范宁集解，（唐）杨士勋疏：《监本春秋穀梁注疏》卷11，第1页a—b。
⑥ （清）钟文烝撰，骈宇骞、骈骅校点：《春秋穀梁经传补注》，第725页。
⑦ （清）钟文烝撰，骈宇骞、骈骅校点：《春秋穀梁经传补注》，第755页。
⑧ （战国）穀梁赤著，（晋）范宁集解，（唐）杨士勋疏：《监本春秋穀梁注疏》卷18，第6页a—b。

释王葬多以蒙月释之。

关于天王书葬的原因，钟文烝曾提出新解，其云："至五王之独得以不志葬示义者，《传》无明文，以其时考之，平、桓之崩则春秋之初也，惠之崩则齐霸之盛也，定之崩则春秋之中也，灵之崩则夷夏之弭兵也，不志葬之义，独在五王，其以此欤？"[①]不过，《穀梁传》已云书葬有故，钟氏另从五事言之，意非有故，与传义相反，且无深意，恐不足为凭。

（二）中国之卒葬

《春秋》卒葬辅以时月日例，《穀梁传》阐之，以为释褒贬之义，即孟子所云"孔子成《春秋》，而乱臣贼子惧"也[②]。此涉及褒贬，义分两端，为正为恶，可不慎乎？然时月日之例，随经发传，互有交错，诸侯尤多例，下文不嫌烦琐，一一梳理辨明。

1. 诸侯日卒

（1）齐、晋、宋、卫、陈、郑、蔡、许

"诸侯日卒，正也"，此为通例。文出隐公三年，八月庚辰，宋公和卒，《穀梁传》云："诸侯日卒，正也。"[③]"正"，范宁曰："正谓承嫡。"钟文烝补注云："世子、适子外，或立长庶，或以贤，或以卜，或以弟及，或以孙继，诸宜为君者，皆谓之正。"[④]钟氏扩大了范宁承嫡之说，解决了《春秋》中非嫡之君书日的问题。因诸侯日卒之正与不正易与鲁大夫"卒日正也，不日卒恶也"之"正"混淆，宜先分别诸侯之"正"为宜立为君之正；大夫卒，日正之为大夫之体正。

诸侯卒日者，尚有不正而日之例。如僖公十七年，冬，十有二月乙亥，齐侯小白卒。《穀梁传》云："此不正，其日之何也？其不正前见矣。"[⑤]杨士勋疏云："彼非正而书日者，以庄九年，齐小白入于齐。国氏及入，则不正之事已见，故于卒不复见之，而依常书日耳。"[⑥]钟文烝云："既有所见，还依

---

① （清）钟文烝撰，骈宇骞、骈骅校点：《春秋穀梁经传补注》，第 873 页。

② （汉）赵岐注，（宋）孙奭疏：《孟子注疏解经》卷 6 下，台北：艺文印书馆 1997 年版，据清嘉庆二十年阮元刻十三经注疏本影印，第 5 页 a。

③ （战国）穀梁赤著，（晋）范宁集解，（唐）杨士勋疏：《监本春秋穀梁注疏》卷 1，第 14 页 b。

④ （清）钟文烝撰，骈宇骞、骈骅校点：《春秋穀梁经传补注》，第 443 页。

⑤ （战国）穀梁赤著，（晋）范宁集解，（唐）杨士勋疏：《监本春秋穀梁注疏》卷 8，第 16 页 b。

⑥ （战国）穀梁赤著，（晋）范宁集解，（唐）杨士勋疏：《监本春秋穀梁注疏》卷 1，第 14 页 b—15 页 a。

常例。"① 即以齐侯小白之不正前已揭之，则卒例可日，意以经文虽日不妨其不正之嫌。

又如桓公十二年，丙戌，卫侯晋卒。晋不正，卒日，范宁曰："不正前见矣，隐四年，卫人立晋是也，与齐小白义同。"② 庄公二十一年，夏，五月辛酉，郑伯突卒。钟文烝："书日与齐小白同。"③ 庄公二十五年，夏，五月癸丑，卫侯朔卒。钟文烝："书日亦与齐小白同。"④ 哀公十年，三月戊戌，齐侯阳生卒。钟文烝："阳生虽正，然篡也。书日，盖与小白同。"⑤ 以上诸例，卒不应书日，卒日者，以君不正前已可见，遂书日，此为穀梁家法也。

另有公正应日卒者，因故去日。如成公十五年，夏，六月，宋公固卒。《穀梁传》："月卒日葬，非葬者也。此其言葬，何也？以其葬共姬，不可不葬共公也。葬共姬，则其不可不葬共公何也？夫人之义不逾君也，为贤者崇也。"⑥ 范宁云："宋共公正立，卒当书日，葬无甚危，则当录月，今反常违例，故知不葬者也。"⑦ 此处宋公正宜书日，但以书法去日，钟文烝亦云："共公卒本宜日，葬本不宜日，二事俱违例。"⑧ 此贤共姬，为顾及共姬不失夫人从君之义，故去宋公卒之日，以彰其义。若然，夫子微言深矣，然此属变例，非常例也。

（2）邾、薛、杞

后世注疏引何休卒葬分大小国之说解《穀梁传》者，实为不宜。如庄公十六年，邾子克卒。钟文烝："不日者，或不正，或史以其附庸新进略之。"⑨ 不日之故，钟氏未下定论，故云"或"，但下文又云"或以其附庸新进略之"，此说暗用何休意也。何休注："小国未尝卒而卒者，为慕霸者，有尊天子之心，行进也。不日，始与霸者，未如琐卒。"⑩ 又庄公二十八年，夏，四

① （清）钟文烝撰，骈宇骞、骈骅校点：《春秋穀梁经传补注》，第660页。
② （战国）穀梁赤著，（晋）范宁集解，（唐）杨士勋疏：《监本春秋穀梁注疏》卷4，第6页a。
③ （清）钟文烝撰，骈宇骞、骈骅校点：《春秋穀梁经传补注》，第572页。
④ （清）钟文烝撰，骈宇骞、骈骅校点：《春秋穀梁经传补注》，第582页。
⑤ （清）钟文烝撰，骈宇骞、骈骅校点：《春秋穀梁经传补注》，第988页。
⑥ （战国）穀梁赤著，（晋）范宁集解，（唐）杨士勋疏：《监本春秋穀梁注疏》卷14，第8页a。
⑦ （战国）穀梁赤著，（晋）范宁集解，（唐）杨士勋疏：《监本春秋穀梁注疏》卷14，第8页a。
⑧ （清）钟文烝撰，骈宇骞、骈骅校点：《春秋穀梁经传补注》，第814页。
⑨ （清）钟文烝撰，骈宇骞、骈骅校点：《春秋穀梁经传补注》，第566页。
⑩ （汉）何休注，（唐）徐彦疏：《春秋公羊传注疏》卷7，第18页a。

月丁未，郳子璵卒。钟文烝："郳卒书日始此，或是克不正，璵正。"① 不日之故，亦未敢定，但知此经文此前凡郳卒不日，此后则日。后昭公元年，六月丁巳，始书郳子华卒；定公三年，三月辛卯，郳子穿卒，皆日。案庄公十六年，郳子克卒。《穀梁传》："其曰子，进之也。"② 范宁："附齐而尊周室，王命进其爵。"③ 郳国之君于庄公十六年受爵于王，此后郳子卒葬例理应同于诸侯卒葬例。庄公十六年，郳子克卒，不日者，以不正释之；庄公二十八年，夏，四月丁未，郳子璵卒，日卒，以正释之。如此解郳子卒葬例，并不需要引《公羊传》大小国之说。

另外，若一日二事，卒者须据其承嫡与否，决定是否蒙日。如成公十七年，十有二月丁巳朔，日有食之。郳子爰且卒。钟文烝引范宁答薄氏云"连上日食之日"④，以此蒙日，以郳子爰且日卒正也。又云："推此则璵正，篷篨不正，日不日皆与大国同例。"⑤ 案文公十三年夏，五月壬午，陈侯朔卒。郳子篷篨卒。钟氏认为此不蒙日，以不日不正言之。不过，郳子篷篨为郳子璵子，继正。钟文烝据篷篨上无日遂云篷篨不正，非也。经文并没有记载篷篨不正之事，以此处蒙日，即可释篷篨正也。

庄公三十一年，夏四月，薛伯卒。钟文烝："不日者，或不正，或史以微国略之。不日而犹月，足知时卒为恶之明也。不葬者，或不会，或亦史略之。自后薛不书卒，盖不赴，至昭三十一年，与大国同例矣。"⑥ 此处，钟氏又据何休大国、小国、微国之说。又昭公三十一年，夏，四月丁巳，薛伯穀卒。钟文烝云："至此复来赴，书名则同盟情亲也，书日则正也，书葬而时则亦正也，皆与大国同例，终于《春秋》。"⑦ 钟氏所云与大国同例者，即定公十二年，经文书春，薛伯定卒及定公十二年夏，葬薛襄公。然此以诸侯日卒正例释之可也。

再如杞国，国虽小，例与中国诸侯同，不应有分别，况《穀梁传》并

① （清）钟文烝撰，骈宇骞、骈骅校点：《春秋穀梁经传补注》，第590页。
② （战国）穀梁赤著，（晋）范宁集解，（唐）杨士勋疏：《监本春秋穀梁注疏》卷5，第20页a。
③ （战国）穀梁赤著，（晋）范宁集解，（唐）杨士勋疏：《监本春秋穀梁注疏》卷5，第20页a。
④ （清）钟文烝撰，骈宇骞、骈骅校点：《春秋穀梁经传补注》，第822页。
⑤ （清）钟文烝撰，骈宇骞、骈骅校点：《春秋穀梁经传补注》，第822页。
⑥ （清）钟文烝撰，骈宇骞、骈骅校点：《春秋穀梁经传补注》，第598页。
⑦ （清）钟文烝撰，骈宇骞、骈骅校点：《春秋穀梁经传补注》，第936页。

未特言小国而云例有别也。如襄公二十三年，三月己巳，杞伯匄卒。襄公二十三年夏，葬杞孝公。昭公六年春，王正月，杞伯益姑卒。昭公六年夏，葬杞文公。昭公二十四年秋，八月丁酉，杞伯郁厘卒。昭公二十四年冬，葬杞平公。定公四年五月，杞伯成卒于会。哀公八年冬，十有二月癸亥，杞伯过卒。哀公九年春，王二月，葬杞僖公。如此等等，均载之甚详，与中国诸侯卒葬例同。而钟文烝于僖公二十三年，杞子卒处云："不日者，或不正，或史略之。"① 不得其解。又于襄公六年，春，王三月壬午，杞伯姑容卒处云："自此终于《春秋》皆名，或日或不日，皆书葬，或时或月，悉与大国同例。"② 钟文烝以襄公六年为断，云杞自此与大国同例；以襄公六年之前，杞国卒葬之记载用小国例。实不必如此分，盖《穀梁传》解《春秋》，并未于卒葬特言邾国、杞国为微国或小国而另有卒葬之例，既然无说，不须分大国、小国、微国，宜也。钟文烝有此之说，乃其注意到微国之君卒，初多未书日，后来方有书日者，因此遂以为由小国例转从大国例。但《穀梁传》已云正则日，不正不日也；若有不正书日者，必其不正前见矣，则不待书日以彰其不正，故以穀梁家法解之即可。

（3）刘

环内诸侯不日。如定公四年，刘卷卒。《穀梁传》："此不卒而卒，贤之也。环内诸侯也，非列土诸侯。"③ 因此之故，钟文烝复云："不日者，卒之已是加录，不复须日。"④ 则此刘卷卒，日不日与正不正无关。

（4）曹

僖公七年，曹伯班卒。案曹昭公为曹厘公子，继正不日。文公九年，曹伯襄卒。案曹共公为曹昭公子，继正不日。昭公十四年，三月，曹伯滕卒。案曹武公为曹成公子，继正不日。昭公十八年，春，王三月，曹伯须卒。案曹平公为曹武公子，继正不日。昭公二十七年，曹伯午卒。案曹悼公为曹平公子，继正不日。定公八年，曹伯露卒。案曹靖公为曹悼公子，继正不日。以上数例《春秋》不日，注疏未加申说，仅钟文烝云："终生卒日葬月，自

---

① （清）钟文烝撰，骈宇骞、骈骅校点：《春秋穀梁经传补注》，第 674 页。
② （清）钟文烝撰，骈宇骞、骈骅校点：《春秋穀梁经传补注》，第 833 页。
③ （战国）穀梁赤著，（晋）范宁集解，（唐）杨士勋疏：《监本春秋穀梁注疏》卷 19，第 7 页 a。
④ （清）钟文烝撰，骈宇骞、骈骅校点：《春秋穀梁经传补注》，第 949 页。

此射姑、班、襄、庐、负刍、滕、须、午、露九君卒皆月而不日，惟寿卒日，庐、负刍以逾境故不日，射姑等七君，皆当是不正，不应八世中独寿得以正立。射姑前称世子，又非不正，以意度之，或者射姑虽为世子，本不正。班、襄诸君皆不正，盖所谓楚国之举恒在少者乎？《传》记无文，不敢定也。班、襄、庐、滕、须，葬皆时，射姑、寿、负刍、露，葬皆在上事月下。午葬月，何休以为为下出也。"①《穀梁》无传，钟氏亦仅能以例推耳。

（5）滕

夷狄之君卒不日，少进则日。如成公十四年，春，王正月，莒子朱卒。钟文烝："莒卒皆不日，与吴同例。"②成公十四年，秦伯卒。钟文烝："少进书卒不书日，又少进书日，乃是狄之从滕、楚、莒、吴之例。"③襄公十二年，秋，九月，吴子乘卒。此吴始书卒，然皆不日。钟氏将滕与楚、莒、吴、秦同列为狄之属。其依据为隐公七年，春，王三月，滕侯卒。《穀梁传》云："滕侯无名，少曰世子，长曰君，狄道也。其不正者名也。"④不过，滕国首封之主为周文王十四子姬绣，不应以狄视之，如范宁云"责滕侯用狄道"⑤，是责中国之君用狄道耳，非贬以为狄。又隐公十一年，滕侯、薛侯来朝。《穀梁传》："天子无事，诸侯相朝，正也。考礼修德，所以尊天子也。诸侯来朝时正也。"⑥既同是诸侯相朝为正，岂是夷狄乎？况且滕子多次与齐、晋、宋等中国诸侯会盟往伐夷狄，如成公十三年，夏，五月，公自京师，遂会晋侯、宋公、卫侯、郑伯、曹伯、邾人、滕人伐秦。⑦岂有夷狄随中国伐夷狄乎？最关键的是《春秋》夷狄不书葬，不可违此大义，而钟文烝将滕公书葬亦解释为夷狄"少进"⑧，此断非《穀梁传》本义也。

如宣公九年，八月，滕子卒，滕昭公也。成公十六年，夏，四月辛未，滕子卒。昭公三年春，王正月丁未，滕子原卒。昭公三年五月，葬滕成公。

① （清）钟文烝撰，骈宇骞、骈骅校点：《春秋穀梁经传补注》，第 577 页。
② （清）钟文烝撰，骈宇骞、骈骅校点：《春秋穀梁经传补注》，第 812 页。
③ （清）钟文烝撰，骈宇骞、骈骅校点：《春秋穀梁经传补注》，第 813 页。
④ （战国）穀梁赤著，（晋）范宁集解，（唐）杨士勋疏：《监本春秋穀梁注疏》卷 2，第 6 页 b。
⑤ （战国）穀梁赤著，（晋）范宁集解，（唐）杨士勋疏：《监本春秋穀梁注疏》卷 2，第 6 页 b。
⑥ （清）钟文烝撰，骈宇骞、骈骅校点：《春秋穀梁经传补注》卷 2，第 12 页 b。
⑦ （清）钟文烝撰，骈宇骞、骈骅校点：《春秋穀梁经传补注》卷 14，第 5 页 b。
⑧ 钟文烝云："滕至此始书葬，盖亦所为少进。"参见（清）钟文烝撰，骈宇骞、骈骅校点《春秋穀梁经传补注》，第 887 页。

昭公二十八年秋，七月癸巳，滕子宁卒。昭公二十年冬，葬滕悼公。哀公四年秋，八月甲寅，滕子结卒。哀公四年冬，十有二月，葬滕顷公。哀公十一年秋，七月辛酉，滕子虞母卒。哀公十一年冬，十有一月，葬滕隐公。无一不与中国诸侯卒葬例同。故疑滕非狄也，将滕归为狄，恐钟文烝误释。

2.诸侯卒书时月

诸侯卒书时，乃夫子贬抑恶之之意。如僖公十四年，冬，蔡侯肸卒。《穀梁传》云："诸侯时卒，恶之也。"[1]杨士勋引糜信云："蔡侯肸父哀侯，为楚所执，肸不附中国，而常事父雠，故恶之而不书日也。"[2]云蔡侯肸不顾父雠，与雠人交，故夫子贬恶之。[3]依此，相同事例若未发传，注疏均以此义解经。如定公十二年，春，薛伯定卒。钟文烝："时卒者，恶之。"[4]哀公十三年，夏，许男成卒。钟文烝："时卒，亦恶之。"[5]

诸侯若有恶行，卒上无时，此须系上经之时，所谓蒙时也。如僖公二十四年，冬，天王出居于郑。晋侯夷吾卒。范宁云晋侯夷吾曰："不葬，篡文公而立，失德。"[6]晋侯失德，然上无系时，则须蒙前经之"时"以解经，即以二十四年"冬"作为诸侯时卒之时。不过，蒙不蒙时，注疏者见解偶有歧异，如钟文烝不认为晋侯卒蒙时，其云："晋惠公也，篡立及韩战失民，固是失德，但此从蔡侯肸时卒之例，非从宋公兹父不葬之例，以鲁不会葬不书葬耳。"[7]并引《国语》"十月，惠公卒"，以《国语》有月，得蒙月示不恶也，遂云："疑《晋语》得之，其月盖此年之月欤？"[8]然蒙时关乎贬恶与否，如范宁、钟文烝二说，若未能解，则义不明也。

从时恶之例，此宜云晋侯夷吾失德，蒙时恶之。何故？盖夷吾篡立，不日不正矣。既不葬，失德明矣，正合乎《穀梁传》不日不正，失德不葬，则

<hr>

[1] （战国）穀梁赤著，（晋）范宁集解，（唐）杨士勋疏：《监本春秋穀梁注疏》卷8，第11页b。

[2] （战国）穀梁赤著，（晋）范宁集解，（唐）杨士勋疏：《监本春秋穀梁注疏》卷8，第11页b。

[3] 钟文烝："不书葬者，《疏》谓或是失德，或是鲁不会。言鲁不会是也，言失德非也。凡时卒恶之与失德不葬，各为一例。去葬之罪重，时卒之讥较轻。时卒不可去葬，不葬者鲁不会也。去葬亦不须时卒，则所谓一事不再讥也。"参见（清）钟文烝撰，骈宇骞、骈骅校点《春秋穀梁经传补注》，第651页。

[4] （清）钟文烝撰，骈宇骞、骈骅校点：《春秋穀梁经传补注》，第963页。

[5] （清）钟文烝撰，骈宇骞、骈骅校点：《春秋穀梁经传补注》，第991页。

[6] （战国）穀梁赤著，（晋）范宁集解，（唐）杨士勋疏：《监本春秋穀梁注疏》卷9，第7页a。

[7] （清）钟文烝撰，骈宇骞、骈骅校点：《春秋穀梁经传补注》，第675页。

[8] （清）钟文烝撰，骈宇骞、骈骅校点：《春秋穀梁经传补注》，第675页。

此蒙时恶之宜也。钟文烝引《国语》云云，彼书时，《春秋》不书，岂非更彰明夫子删削之大义，故去史官之月，恶之也。

又如僖公二十八年，陈侯款卒。钟文烝："陈穆公也，前称世子非不正，盖不蒙上月，在恶之之例。"[①]钟氏云陈侯恶，蒙时。推阐过程是先明陈侯世子，卒应书日，今不日，未可以不正言之；陈侯既正不日，则不可以蒙月示不恶；以此而论，仅恶之可解。

另外，庄公三十一年，夏，四月，薛伯卒。钟文烝云："不日者，或不正，或史以微国略之。不日而犹月，足知时卒为恶之明也。"[②]经书时月，钟文烝以蒙时恶之。不过，不知钟氏所据何来，若薛伯未有恶行之事，宜蒙月释之，不宜曰蒙时以为恶也。

蒙月、蒙时之例，关乎贬恶，不能不察。杨士勋云："是诸侯正而无恶，纵在外在内卒书日，不正无恶则书月。但有大恶，不问正与不正皆时也。"[③]是知，若仅书时，诸侯恶之；若经文书时书月，不恶蒙月，恶则蒙时。

3. 诸侯葬时月日例

诸侯有卒事必有葬事，凡不葬者，有故也。昭公十三年，冬，十月，葬蔡灵公。《穀梁传》："变之不葬有三：失德不葬，弑君不葬，灭国不葬。然且葬之，不与楚灭，且成诸侯之事也。"[④]不葬而葬，必有义，如范宁云："蔡灵公弑逆无道，以致身死国灭，不宜书葬，书葬者，不令夷狄加乎中国，且成诸侯兴灭继绝之善，故葬之。"[⑤]或有书不葬者，以鲁不会其葬，故不书。如范宁云："有书卒不书葬，盖外虽赴卒，而内不会葬，无其事则阙其文，史策之常也。"[⑥]

另外，《春秋》之义君弑不书葬，然《春秋》君弑书葬者凡七例。其中，君弑讨贼则葬，以重讨贼，五例[⑦]；余二例，君弑未讨贼犹葬，如襄公三十

---

① （清）钟文烝撰，骈宇骞、骈骅校点：《春秋穀梁经传补注》，第685页。

② （清）钟文烝撰，骈宇骞、骈骅校点：《春秋穀梁经传补注》，第598页。

③ （战国）穀梁赤著，（晋）范宁集解，（唐）杨士勋疏：《监本春秋穀梁注疏》卷7，第9页a。

④ （战国）穀梁赤著，（晋）范宁集解，（唐）杨士勋疏：《监本春秋穀梁注疏》卷17，第15页b。

⑤ （战国）穀梁赤著，（晋）范宁集解，（唐）杨士勋疏：《监本春秋穀梁注疏》卷17，第15页b。

⑥ （战国）穀梁赤著，（晋）范宁集解，（唐）杨士勋疏：《监本春秋穀梁注疏》卷1，第15页a。

⑦ （1）隐公四年，春，戊申，卫祝吁弑其君完。隐公五年，夏，四月，葬卫桓公。（2）庄公八年，冬，十有一月癸未，齐无知弑其君诸儿。庄公九年，秋，七月丁酉，葬齐襄公。（3）宣公十年，癸巳，陈夏征舒弑其君平国。宣公十有二年春，葬陈灵公。（4）昭公十九年，夏，五月戊辰，许世子止弑其君买。昭公十九年，冬，葬许悼公。（5）哀公四年，春，王二月庚戌，盗弑蔡侯申。哀公四年，冬，十有二月，葬蔡昭公。

年，蔡世子般弑其君固。此子弑父夺父政，已继君位无法讨贼。《春秋》书葬，《传》云"不忍使父失民于子也"[①]，意使蔡世子般之恶得显，故弑虽未讨贼仍书葬。次者，昭公十一年，楚子虔诱蔡侯般杀之于申。[②]《春秋》于昭公十三年，葬蔡灵公。《传》云："葬之，不与楚灭，且成诸侯之事。"[③]蔡灵公虽弑君失德，然《春秋》不与夷狄杀中国、不与楚灭，故葬之。

除不葬例，《穀梁传》辅时月日以褒贬之。凡葬者日、葬者月，故也；葬时，正也。

（1）日葬故也

隐公三年，冬，十有二月，齐侯、郑伯蒙于石门。癸未，葬宋缪公。《穀梁传》："日葬，故也，危不得葬也。"[④]或僖公三十三年，癸巳，葬晋文公。《穀梁传》："日葬，危不得葬也。"[⑤]范宁："《传例》曰：诸侯时葬，正也；月葬，故也；日者，忧危最甚，不得备礼葬也。"[⑥]钟文烝："葬具月日，知其有变，故不为正矣，而日葬尤为危不得葬，甚于月。"[⑦]此明日葬、月葬皆有变故，日葬危甚于月葬。以此推之，成公三年，辛亥，葬卫穆公。成公三年，乙亥，葬宋文公。昭公七年，十有二月癸亥，葬卫襄公。虽注疏未解，均日葬有故之例。

（2）月葬故也

凡诸侯葬月者，有故也。如隐公五年，夏，四月，葬卫桓公。《穀梁传》："月葬，故也。"范宁谓："有祝吁之难，故十五月乃葬。"[⑧]以卫有弑君之难，故月之。此例，《穀梁传》发传数次，如隐公八年，八月，葬蔡宣公。《穀梁传》："月葬，故也。"[⑨]庄公三年，夏，四月，葬宋庄公。《穀梁传》："月葬，故也。"[⑩]余者，虽未发传，其义相同。

---

① （战国）穀梁赤著，（晋）范宁集解，（唐）杨士勋疏：《监本春秋穀梁注疏》卷16，第14页a。
② （战国）穀梁赤著，（晋）范宁集解，（唐）杨士勋疏：《监本春秋穀梁注疏》卷17，第10页a—b。
③ （战国）穀梁赤著，（晋）范宁集解，（唐）杨士勋疏：《监本春秋穀梁注疏》卷17，第15页b。
④ （战国）穀梁赤著，（晋）范宁集解，（唐）杨士勋疏：《监本春秋穀梁注疏》卷17，第15页b。
⑤ （战国）穀梁赤著，（晋）范宁集解，（唐）杨士勋疏：《监本春秋穀梁注疏》卷9，第17页b。
⑥ （战国）穀梁赤著，（晋）范宁集解，（唐）杨士勋疏：《监本春秋穀梁注疏》卷20，第5页b。
⑦ （清）钟文烝撰，骈宇骞、骈骅校点：《春秋穀梁经传补注》，第444页。
⑧ （战国）穀梁赤著，（晋）范宁集解，（唐）杨士勋疏：《监本春秋穀梁注疏》卷2，第3页a。
⑨ （战国）穀梁赤著，（晋）范宁集解，（唐）杨士勋疏：《监本春秋穀梁注疏》卷2，第9页b。
⑩ （战国）穀梁赤著，（晋）范宁集解，（唐）杨士勋疏：《监本春秋穀梁注疏》卷5，第5页b。

　　其中，襄公三十年，冬，十月，葬蔡景公。《榖梁传》："不日卒而月葬，不葬者也。卒而葬之，不忍使父失民于子也。"①案蔡景公于襄公三十年，夏，四月，为蔡世子般所弑，依理，君弑贼不讨不书葬，而此葬之且月，《榖梁传》谓"不葬者也"，遂知此不葬而葬，"书月"申其义也。

　　另有蒙月之例，与日葬之例同，若经文之中无载日月，须蒙前事之月，以明"月葬，故也"例。如文公六年，冬，十月，公子遂如晋。葬晋襄公。钟文烝于"公子遂如晋"下，云："月者，为葬。"②昭公十年，九月，叔孙诺如晋。葬晋平公。钟文烝："月者，为葬晋平公起。"③凡有故者，若经上无月，则蒙上事之月。

　　（3）时葬正也

　　《榖梁传》云："日卒，时葬，正也。"④如成公十三年，冬，葬曹宣公。《榖梁传》云："葬时，正也。"⑤案日葬、月葬故也，若葬书时，明无故也。钟文烝云："书时所以为正者，葬是彼国臣子之事，彼国自有史书详其月日，鲁史记之但当书时而已，此盖《经》之新例。"⑥钟文烝以此为常事书时，鲁史记正常书之而已。不过，《榖梁》"正"有多义，如"谨始之正月"；"邪也非正"；"大夫日卒，正也；不日卒，恶也"；"使大夫，非正也"；"诸侯日卒，宜为君之正也"；"诸侯与正而不与贤也"；"辟中国之正道以袭利谓之盗"；等等。而"葬时，正也"，除正常之义，亦兼"正面推扬"之义。如宣公十二年，春，葬陈灵公。案陈灵公于宣公十年为陈大夫夏征舒所弑，陈国为讨贼，却于宣公十一年由楚人杀之，《榖梁传》："其外征舒于陈何也？明楚之讨有罪。"⑦楚虽讨有罪，但以夷狄讨中国，是以乱治正，故《榖梁传》云："不使夷狄为中国也。"范宁云："楚子入陈，纳淫乱之人，执国威柄，制其君臣，偾倒上下，错乱邪正，是以夷狄为中国。"⑧则此处《春秋》时葬，实有"正中国贬夷狄"之深义。

① （战国）榖梁赤著，（晋）范宁集解，（唐）杨士勋疏：《监本春秋榖梁注疏》卷16，第14页 a。
② （清）钟文烝撰，骈宇骞、骈骅校点：《春秋榖梁经传补注》，第715页。
③ （清）钟文烝撰，骈宇骞、骈骅校点：《春秋榖梁经传补注》，第898页。
④ （战国）榖梁赤著，（晋）范宁集解，（唐）杨士勋疏：《监本春秋榖梁注疏》卷15，第7页 a。
⑤ （战国）榖梁赤著，（晋）范宁集解，（唐）杨士勋疏：《监本春秋榖梁注疏》卷14，第6页 a。
⑥ （清）钟文烝撰，骈宇骞、骈骅校点：《春秋榖梁经传补注》，第812页。
⑦ （战国）榖梁赤著，（晋）范宁集解，（唐）杨士勋疏：《监本春秋榖梁注疏》卷12，第13页 a。
⑧ （战国）榖梁赤著，（晋）范宁集解，（唐）杨士勋疏：《监本春秋榖梁注疏》卷12，第13页 a。

葬亦有蒙时之例。若经文无时月，且诸侯无危，须蒙时也。如桓公五年，夏，齐侯、郑伯如纪。天王使任叔之子来聘。葬陈桓公。钟文烝："时葬，正也。"[1]此即蒙上事之时。又如宣公三年，冬，十月丙戌，郑伯兰卒。葬郑穆公。此经文无时月，承上事载时月日，钟文烝云："盖不蒙月，在时葬正例。"

另外，若经文无时月，承上事既有时，复有月、日者，凡经文未书有故，则蒙时也。如昭公六年，春，王正月，杞伯益姑卒。葬秦景公。蒙上事之时。又如昭公八年，冬，十月壬午，楚师灭陈，执陈公子招，放之于越，杀陈孔奂。下载葬陈哀公。《穀梁传》："不与楚灭，闵之也。"[2]此葬上无时月，查陈哀公无故，且为夷狄所杀，与宣公十二年，春，"葬陈灵公"之事同。故应蒙上事之时，示其正。

4. 外夫人

外夫人不书卒不书葬，唯一例外，乃庄公二年，秋，七月，齐王姬卒。《穀梁传》云："为之主者，卒之也。"[3]王姬为齐侯夫人，本是天王姊妹，身份尊贵，鲁君曾参与婚嫁之事，视如亲。范宁云："主其嫁则有兄弟之恩，死则服之。服之，故书卒。"[4]《礼记》："齐告王姬之丧，鲁庄公为之大功。"[5]因亲故，丧遂有服。杨士勋引何休云："内女卒日，此不日者，恩实轻于内女。"又云："成八年，冬，十月癸卯，杞叔姬卒。书日。此不书日者，是轻于内女也。"[6]王姬虽尊，但《春秋》书法较内女为轻，以其轻，归外夫人例。

5. 外大夫

（1）外大夫卒

外大夫不书卒不书葬，有恩深者则书。如隐公三年，夏，四月辛卯，尹氏卒。《穀梁传》："尹氏者何也？天子之大夫也。外大夫不卒，此何以卒之

---

① （清）钟文烝撰，骈宇骞、骈骅校点：《春秋穀梁经传补注》，第493页。

② （战国）穀梁赤著，（晋）范宁集解，（唐）杨士勋疏：《监本春秋穀梁注疏》卷17，第9页a。

③ （战国）穀梁赤著，（晋）范宁集解，（唐）杨士勋疏：《监本春秋穀梁注疏》卷5，第5页a。

④ （汉）郑玄注，（唐）孔颖达疏：《礼记注疏》卷9，第8页a。

⑤ （战国）穀梁赤著，（晋）范宁集解，（唐）杨士勋疏：《监本春秋穀梁注疏》卷5，第5页a。

⑥ （战国）穀梁赤著，（晋）范宁集解，（唐）杨士勋疏：《监本春秋穀梁注疏》卷5，第5页a。

也？于天子之崩为鲁主，故隐而卒之。"① 尹氏为周大夫，《春秋》以天王崩时，尹氏在职诏鲁人吊之②，因此故，恩深录之。

又文公三年，夏，五月，王子虎卒。《穀梁传》云："叔服也，此不卒者也，何以卒之？以其来会葬，我卒之也。或曰，以其尝执重以守也。"③《穀梁传》重申外大夫不书卒，此书者，《传》存二说，一曰文公元年，叔服来会僖公葬，以此恩深故录之；一曰僖公二十四年天王出居于郑，叔服执重任以守国④，以此有功，故录之。

（2）葬外大夫

庄公二十七年，秋，公子友如陈葬原仲。《穀梁传》："言葬不言卒，不葬者也。不葬而曰葬，讳出奔也。"⑤《春秋》虽书葬陈原仲，《穀梁传》云非为葬而书，乃为讳公子友出奔而书也。

故知《春秋》于外夫人、外大夫，均不书卒不书葬，书者，均属特例。

（3）夷狄之君卒葬时月日例

《穀梁传》："何为狄之？圣人立，必后至，天子弱，必先叛。"⑥ 徐乾云："中国君卒，正者例日，篡立不正者不日。夷狄君卒，皆略而不日，所以殊夷夏也。"⑦ 然《春秋》有夷狄之君书卒书日者。如宣公十八年，甲戌，楚子吕卒。足见徐乾云"皆"，非为定则。

检夷狄之君卒，合计十七例，楚六、吴四、莒二、秦五，均不葬，唯秦国之君有葬者三。

杨士勋于宣公十八年，楚子吕卒，疏云"夷狄不卒，据自此以前，吴、楚君卒而不书"⑧，以吴、楚为夷狄。《春秋》夷狄尚有白狄、戎等，唯不书卒，书吴、楚者，乃少进之故。如襄十二年，秋，九月，吴子乘卒。少进书卒也。

夷狄亦有书日者，《穀梁传》云："夷狄不卒，卒，少进也。卒而不日，

---

① （战国）穀梁赤著，（晋）范宁集解，（唐）杨士勋疏：《监本春秋穀梁注疏》卷1，第13页b。
② （清）钟文烝撰，骈宇骞、骈骅校点：《春秋穀梁经传补注》，第442页。
③ （战国）穀梁赤著，（晋）范宁集解，（唐）杨士勋疏：《监本春秋穀梁注疏》卷10，第5页b。
④ （清）钟文烝撰，骈宇骞、骈骅校点：《春秋穀梁经传补注》，第710页。
⑤ （战国）穀梁赤著，（晋）范宁集解，（唐）杨士勋疏：《监本春秋穀梁注疏》卷6，第11页a—b。
⑥ （战国）穀梁赤著，（晋）范宁集解，（唐）杨士勋疏：《监本春秋穀梁注疏》卷5，第16页a。
⑦ （战国）穀梁赤著，（晋）范宁集解，（唐）杨士勋疏：《监本春秋穀梁注疏》卷10，第2页a。
⑧ （战国）穀梁赤著，（晋）范宁集解，（唐）杨士勋疏：《监本春秋穀梁注疏》卷12，第18页b。

日，少进也。"① 唯书"日"不言正不正②，仅以"进"言之。范宁云："中国君日卒，正也。不日，不正也。今进夷狄，直举其日，而不论正之与不正。"③ 杨士勋亦云："中国卒则日，不正乃不日，夷狄进之则日，不论正与不正。"④ 是以，昭公元年，冬，十有一月己酉，楚子卷卒。乃少进而书，无关中国诸侯正卒例。⑤

其中，莒本中国诸侯，后行夷礼，或有狄行，《春秋》夷狄之。如成公十四年，春，王正月，莒子朱卒。徐邈曰："传称'莒虽夷狄犹中国也'，言莒本中国，末世衰弱，遂行夷礼。葬皆称谥，而莒君无谥，谥以公配。而吴、楚称王，所以终《春秋》亦不得书葬。"⑥ 杨士勋："今不书葬者，莒行夷礼，则是失德。又葬须称谥，莒夷无论，故不书葬也。"⑦

另外，秦国之君始为夷狄卒不葬，昭公五年后书葬，或进之耳。《穀梁传》云秦为夷狄，首见僖公三十三年，夏，四月辛巳，晋人及姜戎败秦师于殽。《穀梁传》云："秦越千里之险，入虚国，进不能守，退败其师徒，乱人子女之教，无男女之别，秦之为狄，自殽之战始也。"⑧《穀梁传》云秦自殽之战始狄之。故文公十八年，秦伯罃卒。宣公四年，秦伯稻卒。虽少进书卒，以夷狄视之，不可书葬。

但昭公五年《春秋》书"葬秦景公"。定公九年，秋，秦伯卒。同年冬，葬秦哀公。哀公三年，冬，十月癸卯，秦伯卒。同年，葬秦惠公。钟文烝认为秦伯卒书日，从少进之例，非以正不正论。⑨ 于葬秦景公下，补注云："秦至此始书葬，亦所谓少进欤？"⑩ 从此推测之言，又云："观于春秋之末，

① （战国）穀梁赤著，（晋）范宁集解，（唐）杨士勋疏：《监本春秋穀梁注疏》卷6，第11页a—b。
② （战国）穀梁赤著，（晋）范宁集解，（唐）杨士勋疏：《监本春秋穀梁注疏》卷6，第11页a—b。
③ （战国）穀梁赤著，（晋）范宁集解，（唐）杨士勋疏：《监本春秋穀梁注疏》卷6，第11页a—b。
④ （战国）穀梁赤著，（晋）范宁集解，（唐）杨士勋疏：《监本春秋穀梁注疏》卷6，第11页a—b。
⑤ 许桂林云："《传》意夷与中国不同故别著此例，实则进之即用日卒正卒耳。"案许氏认为日卒即是中国诸侯日卒正例。若此，则与《穀梁传》不同。参见（清）许桂林《穀梁释例三》，《春秋穀梁传时月日书法释例》，载（清）王先谦辑《皇清经解续编》卷659，第21页b。
⑥ （战国）穀梁赤著，（晋）范宁集解，（唐）杨士勋疏：《监本春秋穀梁注疏》卷14，第6页b。
⑦ （战国）穀梁赤著，（晋）范宁集解，（唐）杨士勋疏：《监本春秋穀梁注疏》卷14，第6页b。
⑧ （战国）穀梁赤著，（晋）范宁集解，（唐）杨士勋疏：《监本春秋穀梁注疏》卷9，第16页b—17页a。
⑨ （清）钟文烝撰，骈宇骞、骈骅校点：《春秋穀梁经传补注》，第980页。
⑩ （清）钟文烝撰，骈宇骞、骈骅校点：《春秋穀梁经传补注》，第892页。

可得战国大势，屡书于越，知越将强也……书'癸卯，秦伯卒'，则秦、楚从横角胜之渐也。"① 案钟文烝此以楚比秦，恐不类，因为楚自始至终都是夷狄身份，而《春秋》书秦殽之战后方狄之，至秦惠公卒日书葬，此应是去夷狄之名，复以中国诸侯日卒正也例书之。

案宿国之君卒，仅一例。《穀梁传》："宿，微国也。未能同盟，故男卒也。"② 钟文烝："宿亦书日，则日正、不日不正之例兼施于小国明矣。"③ 不葬，范宁、杨士勋未有解释，钟文烝则云："宿、薛、杞不葬者，或鲁不会，或史以微国而略之。"④ 钟氏云"或"，并未下确论，或以宿国为中国诸侯论之。钟文烝曾云："终《春秋》书卒者十八国，宋、卫、蔡、陈、郑、齐、晋卒葬兼备，大国例也。曹、许，从大国例者也。邾、薛、杞，前不葬后葬，小国例也。宿，一见隐篇，故亦不葬也。滕、秦，前不葬后葬。楚、莒、吴不葬，皆夷狄例也。"⑤ 马承源考证纪年历王三十三年（前846）的"晋侯𬭚编钟"铭文所载"夙夷"，云："古'夙'、'宿'二字通假，故'宿'应该就是铭文之'夙'，此'夙夷'即'宿夷'。……即东夷的风姓之国。"⑥ 若其时"宿"为夷，是否在鲁隐公八年（前715）"宿"亦为夷狄？若是，依夷狄之君卒葬例，少进书卒，复进日卒，不书葬，此或可释不葬之因。

三　诸侯卒于外书日考

诸侯常例卒于路寝，但有卒于外者，《穀梁传》另有义例，并以书日明其义，此与上文讨论诸侯卒葬书日例似有重叠，若不厘清二者关系，则易对传文产生疑问。在穀梁家法内，诸侯卒于外书日之义重于书日正之例，即二者条件俱在，穀梁家解释从卒于外例，不从日卒正之例。

---

① （清）钟文烝撰，骈宇骞、骈骅校点：《春秋穀梁经传补注》，第981页。
② （战国）穀梁赤著，（晋）范宁集解，（唐）杨士勋疏：《监本春秋穀梁注疏》卷2，第8页b—9页a。
③ （清）钟文烝撰，骈宇骞、骈骅校点：《春秋穀梁经传补注》，第461页。
④ （清）钟文烝撰，骈宇骞、骈骅校点：《春秋穀梁经传补注》，第462页。
⑤ （清）钟文烝撰，骈宇骞、骈骅校点：《春秋穀梁经传补注》，第443页。
⑥ 马承源：《晋侯𬭚编钟》，《上海博物馆集刊》1996年第7期。

1. 卒于外，不书日

僖公四年，夏，许男新臣卒。《穀梁传》："诸侯死于国，不地；死于外，地。"范宁："新臣卒于楚，故不日耳，非恶也。"① 襄公十八年，曹伯负刍卒于师。此曹伯在外卒，循此例，故不日。又如定公四年，杞伯成卒于会。在外，不日也。

另外，昭公二十三年，夏，六月，蔡侯东国卒于楚。范宁："不日，在外也。以罪出奔，又奔雠国，故不葬。"② 范宁以诸侯卒于外不日例解之，杨士勋则以"不日"解"诸侯时卒恶也"，其云："案诸侯之卒，不日以明庶，不以外为异，《传》曰：'诸侯时卒，恶之'，今东国奔雠，何以书月？"③ 然常例时卒不月，此书月，故不得解。杨氏遂云："诸侯之奔，例不书卒，今蔡侯之卒，见奔雠国而死，恶之可知，以在外以明恶，故书月以显之。"④ 杨士勋在时卒不月的传例上，为奔在外又有恶行的诸侯新创传例，云诸侯卒在外且恶者，书月以显之。不过，《穀梁传》未有此例，以"卒在外不日"即可解，不必另设传例。

2. 卒于外，未逾竟，书日

诸侯卒于外，未逾竟也，日之。如襄公七年，十有二月，公会晋侯、宋公、陈侯、卫侯、曹伯、莒子、邾子于鄬。郑伯髡原如会，未见诸侯；丙戌，卒于操。《穀梁传》："其地，于外也。其日，未逾竟也。日卒，时葬，正也。"⑤ 杨士勋云："葬在八年，此处发之者，以郑伯被弑而同正卒。既同正卒，宜云正葬，故连言也。重发正卒之传者，今被弑而同正卒，嫌与他例异，故明之也。"⑥ 案杨氏云"郑伯被弑而同正卒"，此与"诸侯日卒正也"之"正"不同，尤易混淆，彼"正"为宜为君之意，此"正"为正寝之正。不过，杨氏是依《穀梁传》"日卒，时葬，正也"文解之，但传文已先云"其日，未逾竟"，知此日卒，乃因未逾竟而书也。至于"日卒，时葬，正也"，为"郑伯将会中国，其臣欲从楚，不胜其臣弑而死"，讳其痛也，故

---

① （战国）穀梁赤著，（晋）范宁集解，（唐）杨士勋疏：《监本春秋穀梁注疏》卷7，第8页b。
② （战国）穀梁赤著，（晋）范宁集解，（唐）杨士勋疏：《监本春秋穀梁注疏》卷18，第7页a。
③ （战国）穀梁赤著，（晋）范宁集解，（唐）杨士勋疏：《监本春秋穀梁注疏》卷18，第7页a。
④ （战国）穀梁赤著，（晋）范宁集解，（唐）杨士勋疏：《监本春秋穀梁注疏》卷18，第7页a。
⑤ （战国）穀梁赤著，（晋）范宁集解，（唐）杨士勋疏：《监本春秋穀梁注疏》卷15，第7页a。
⑥ （战国）穀梁赤著，（晋）范宁集解，（唐）杨士勋疏：《监本春秋穀梁注疏》卷18，第7页b。

以此云之。

又如宣公九年，辛酉，晋侯黑臀卒于扈。《穀梁传》："其地，于外也。其日，未逾竟也。"范宁曰："外，谓国都之外。"[1] 杨士勋不从《穀梁传》"未逾竟，日"例，仍以诸侯日卒正也解之，其云："晋侯黑臀不书葬者，旧解以为篡立故也，今案黑臀既书日卒，未必篡立，盖鲁不会，故不书也。"[2] 钟氏则认为"未逾竟，日"之例，高于诸侯"正卒，日"之例，钟氏云："国都之外及竟外，皆外也。"[3]《穀梁传》未逾竟之说，亦同《公羊传》："扈者何？晋之邑也。"[4] 并云："此注甚错谬。《传》言在外未逾竟者当书日，与在竟外者不同，明书日为未逾竟之通例，不以正不正论。在竟外而卒，苟非明书其所卒之国，则正不正悉不日。"[5] 此说解决了范宁"旧说逾竟亦不日，然则诸侯不正，而与未逾竟无以别"之难题。

同样的例子，杨士勋不得其解，钟文烝以"未逾竟，日"之例，高于诸侯"正卒，日"之例解决。如成公十三夏，五月，曹伯庐卒于师。《穀梁传》："《传》曰：闵之也。公、大夫，在师曰师，在会曰会。"杨士勋："不日卒者，盖非嫡子为君故也。又僖四年注云：'新臣卒于楚，故不日耳。'则此不日者，或当为卒于秦故也。若然，襄二十六年'壬午，许男宁卒于楚'，注云：'许男卒于楚，则在外已显矣。日卒，明其正。'二注不同者，以无正文，二理俱通，故为两解；或亦新臣非嫡子，不须两解，理足可通耳。"[6] 钟文烝云："在外未逾竟者，正不正皆日，在竟外而文不显者，正不正皆不日，在竟外而文显者正则日，不正则不日，与常例同。若夫恶之而时卒者，悉不论其正与不正，在国内国外、竟内竟外。但新臣又不入此例耳，凡此中国诸侯书卒之别也。"[7]

钟文烝解决了范宁、杨士勋不得其解的难题，但其"文显说"实源于范宁。襄公二十六年，八月，壬午，许男宁卒于楚。范宁："许男卒于楚，

---

[1] （战国）穀梁赤著，（晋）范宁集解，（唐）杨士勋疏：《监本春秋穀梁注疏》卷12，第10页b。

[2] （战国）穀梁赤著，（晋）范宁集解，（唐）杨士勋疏：《监本春秋穀梁注疏》卷12，第10页b。

[3] （清）钟文烝撰，骈宇骞、骈骅校点：《春秋穀梁经传补注》，第764页。

[4] （汉）何休注，（唐）徐彦疏：《春秋公羊传注疏》卷15，第21页a。

[5] （清）钟文烝撰，骈宇骞、骈骅校点：《春秋穀梁经传补注》，第765页。

[6] （战国）穀梁赤著，（晋）范宁集解，（唐）杨士勋疏：《监本春秋穀梁注疏》卷14，第6页a。

[7] （清）钟文烝撰，骈宇骞、骈骅校点：《春秋穀梁经传补注》，第811页。

则在外已显，日卒，明其正。"①因此，钟文烝是在穀梁家法中找到的解决之道。

四 诸侯卒葬例不可通"弑""杀"书日之例

诸侯被弑而亡，言弑不言卒，但亦书日，亦言"正卒也"，此"弑"书日，不同于诸侯卒日正也例，亦易混淆，故须廓清之。

（一）弑

1. 弑诸侯

昭公十九年，夏，五月戊辰，许世子弑其君买。《穀梁传》："日弑，正卒也。正卒，则止不弑也。"②，《穀梁传》明言此书日为许悼公正卒，范宁亦云："止弑而日，知其不弑。"③不以许世子弑君。葬事亦不云弑。如冬，葬许悼公。《穀梁传》："日卒时葬，不使止为弑父也。"④

若然，宣公十年，癸巳，陈夏征舒弑其君平国。十有二年，春，葬陈灵公。范宁云："'日卒，时葬，正也'，灵公淫夏姬，杀泄冶，臣子不能讨贼，逾三年然后葬，而日卒时葬，何邪？"⑤范宁以陈灵公被"弑"曰"卒"，且引《穀梁传》传例明陈灵公正而书日。杨士勋以陈夏征舒弑其君平国，不日，蒙上事"五月，公至自齐"之月。其云："书月以见故。"注疏不同，二解均误。凡中国诸侯被弑者，日者正也。如襄公二十六年，春，王二月辛卯，卫宁喜弑其君剽。《穀梁传》："此不正，其日何也？殖也立之，喜也君之，正也。"⑥知君正乃日也。则"陈夏征舒弑其君平国"，书日，欲明陈灵公正也。

另外，定公十三年，冬，晋荀寅、士吉射入于朝歌以叛。晋赵鞅归于晋。薛弑其君比。杨士勋云："不日月者何？解，传言剽不正，其日何？则庶子为君而被弑，则不日而月之。传曰'诸侯时卒，恶之'，宜从此例。薛

① （战国）穀梁赤著，（晋）范宁集解，（唐）杨士勋疏：《监本春秋穀梁注疏》卷16，第9页a。
② （战国）穀梁赤著，（晋）范宁集解，（唐）杨士勋疏：《监本春秋穀梁注疏》卷18，第3页b。
③ （战国）穀梁赤著，（晋）范宁集解，（唐）杨士勋疏：《监本春秋穀梁注疏》卷18，第3页b。
　案阮刻本无"不"字，据传文补上。
④ （战国）穀梁赤著，（晋）范宁集解，（唐）杨士勋疏：《监本春秋穀梁注疏》卷18，第3页b。
⑤ （战国）穀梁赤著，（晋）范宁集解，（唐）杨士勋疏：《监本春秋穀梁注疏》卷12，第13页b。
⑥ （战国）穀梁赤著，（晋）范宁集解，（唐）杨士勋疏：《监本春秋穀梁注疏》卷16，第8页b。

比书时，亦其恶也。"①杨士勋采"诸侯时卒，恶之"例，蒙时解之。但是，卒日不以中国诸侯日卒正也例解之，而以诸侯卒时恶之例解之，恐不甚恰当。故弑之日与诸侯正卒之日有别，不可引其例来解释诸侯正卒之日。

2. 弑夷狄之君

文公元年，冬，十月丁未，楚世子商臣弑其君髡。《穀梁传》："日髡之卒，所以谨商臣之弑也。夷狄不言正、不正。"②此夷狄之君被弑，书日，谨臣弑君。

昭公十三年，夏，四月，楚公子比自晋归于楚，弑其君虔于乾溪。《穀梁传》："弑君者日，不日，比不弑也。"范宁云："据文元年'丁未，楚世子商臣弑其君髡'，日，此不日，比不弑。"③范宁二处解经，其意一致。杨士勋云："弑君日，不辨嫡庶者，中国死者正则日，不正不日，是楚不关中国之例，故范注引商臣为证也。"④

以上乃夷狄之君被弑之例，若非被弑而卒，一般不日，如徐乾云："中国君卒，正者例日，篡立不正者不日；夷狄君卒，皆略而不日，所以殊夷夏也。"⑤夷狄之君惟少进可书日。如宣公十八年，秋，七月甲戌，楚子吕卒。《穀梁传》："夷狄不卒，卒，少进也。卒而不日，日，少进也。日而不言正、不正，简之也。"⑥以夷狄卒日，少进耳，不言正不正。

以此观哀公四年，春，王二月庚戌，盗弑蔡侯申。《穀梁传》虽不言书日之义，由上可知，谨弑君也。

另外，襄公三十年，夏，四月，蔡世子般弑其君固。《穀梁传》："其不日，子夺父政，是谓夷之。"⑦蔡国之君虽非夷狄，但以子弑父，故《春秋》夷之。此不日，非蔡世子般非嫡承不正，乃因其弑父比之夷狄，故不日也。郑玄《释废疾》："商臣弑父，日之，嫌夷狄无礼，罪轻也。今蔡中国而又弑父，故不日之，若夷狄不足责然。"⑧钟文烝："楚世子商臣与公子比两文相对

---

① （战国）穀梁赤著，（晋）范宁集解，（唐）杨士勋疏：《监本春秋穀梁注疏》卷19，第16页a。
② （战国）穀梁赤著，（晋）范宁集解，（唐）杨士勋疏：《监本春秋穀梁注疏》卷10，第2页a。
③ （战国）穀梁赤著，（晋）范宁集解，（唐）杨士勋疏：《监本春秋穀梁注疏》卷17，第13页b。
④ （战国）穀梁赤著，（晋）范宁集解，（唐）杨士勋疏：《监本春秋穀梁注疏》卷17，第13页b。
⑤ （战国）穀梁赤著，（晋）范宁集解，（唐）杨士勋疏：《监本春秋穀梁注疏》卷10，第2页a。
⑥ （战国）穀梁赤著，（晋）范宁集解，（唐）杨士勋疏：《监本春秋穀梁注疏》卷12，第18页b。
⑦ （战国）穀梁赤著，（晋）范宁集解，（唐）杨士勋疏：《监本春秋穀梁注疏》卷16，第13页a—b。
⑧ （战国）穀梁赤著，（晋）范宁集解，（唐）杨士勋疏：《监本春秋穀梁注疏》卷16，第13页a—b。

为义，商臣弑日则为谨之，比弑不日则不弑也。蔡世子般与许世子止两文相对为义，般弑不日则为夷之，止弑日则不弑也，其义互相易。"① 冬，十月，葬蔡景公。《穀梁传》："不日卒而月葬，不葬者也。卒而葬之，不忍使父失民于子也。"②

《穀梁传》传例夷狄之君卒少进则书日，不言正不正，若夷狄之君被弑谨其事而书日，二者书日，意义有别。故夷狄之君被弑虽然也是亡，但事重不以卒事看待，而是以其被弑，谨弑事也。

（二）杀

昭公十一年，夏，四月丁巳，楚子虔诱蔡侯般杀之于申。《穀梁传》："称时、称月、称日、称地，谨之也。"③《穀梁传》言"谨"，但范宁认为："蔡侯般，弑父之贼，此人伦之所不容，王诛之所必加。礼，凡在官者杀无赦，岂得恶楚子杀般乎？……楚虔灭人之国，杀人之子，伐不以罪，亦已明矣。……楚灵王之杀蔡侯般，亦犹晋惠之戮里克，虽伐弑逆之国，诛有罪之人，不获讨贼之美，而有累谨之名者，良有以也。"④ 范氏不以楚子虔有罪。又昭公十三年，冬，十月，葬蔡灵公。《穀梁传》："变之不葬有三：失德不葬，弑君不葬，灭国不葬。然且葬之，不与楚灭，且成诸侯之事也。"⑤ 知此例日，《穀梁传》谨不以夷狄杀中国之君也，非范宁之所解也。

此蔡侯般卒，以其被杀为重，书日，不以日卒正之例解。

上之所论，诸侯、夷狄之君为臣下所弑或遭他国杀者，其日谨其弑，不日不弑。

不过，清人柳兴恩认为诸侯卒葬书时月日，皆自"日卒正也""日葬故也"例来。其云《春秋》所以治诸侯，故书其卒葬特详，而日月褒贬之例亦特备。通传之以书日而褒者，皆自"日卒，正也"之例推之；以书日为贬者，皆自"日葬，故也"之例推之。⑥ 柳氏以此欲明《春秋》不仅为弑君正名，进一步通过不日，言君不正之义。

---

① （清）钟文烝撰，骈宇骞、骈骅校点：《春秋穀梁经传补注》，第878页。
② （战国）穀梁赤著，（晋）范宁集解，（唐）杨士勋疏：《监本春秋穀梁注疏》卷16，第14页a。
③ （战国）穀梁赤著，（晋）范宁集解，（唐）杨士勋疏：《监本春秋穀梁注疏》卷17，第10页a—b。
④ （战国）穀梁赤著，（晋）范宁集解，（唐）杨士勋疏：《监本春秋穀梁注疏》卷17，第10页b。
⑤ （战国）穀梁赤著，（晋）范宁集解，（唐）杨士勋疏：《监本春秋穀梁注疏》卷17，第15页b。
⑥ （清）柳兴恩：《诸侯卒葬》，《穀梁大义述》卷3，《续修四库全书》第132册，第13页a—b。

按柳兴恩云："弑例凡二十有五，其书日者，皆自'日卒，正也'例来。其不日者，凡十有一，其十有一之中，发传者凡三，余无传者凡八。"①认为《春秋》书弑书日，正也；书弑不书日，不正也。检《春秋》弑例二十五，并非如柳氏所言"凡书日卒，皆正也"。例如：

（1）文公元年，冬，十月丁未，楚世子商臣弑其君髡。《穀梁传》："日髡之卒，所以谨商臣之弑也，夷狄不言正不正。"②《穀梁传》已言此书日，强调楚世子弑君弑父之举，非关乎正与不正。范宁引徐乾曰："中国君卒正者，例日；夷狄君卒，皆略而不日。"③亦知夷狄君卒不日，既书之，非可用中国君卒正也之例解释。

（2）襄公二十五年，夏，五月乙亥，齐崔杼弑其君光。《穀梁传》："庄公失言。"范宁注："庄公言语失漏。"④皆言过在庄公，故此虽书日，不为正卒。

（3）成公十八年，庚中，晋弑其君州蒲。《穀梁传》："称国以弑其君，君恶甚矣。"杨士勋疏："州蒲二年之间杀四大夫，故于此发恶例。"⑤此言州蒲之过，非可以"日卒，正也"例解，宜用"称国以弑其君，君恶甚矣"传例解之。

又，不日卒，亦非不正之意。如：

（1）文公十八年，莒弑其君庶其。柳兴恩以"夷之，不日"解之。范宁注云："称国以弑其君，君恶甚矣。"⑥范注情理更通，柳氏以莒弑君为夷，然中国弑君多矣，多未夷之，贬恶而已。

（2）昭公十三年，夏，四月，楚公子比自晋归于楚。弑其君虔于乾溪。《穀梁传》："弑君者日，不日，比不弑也。"范宁注："比不弑。"⑦《春秋》《穀梁》之义，重在"非弑"，故柳氏以不书日，言君不正，经传多不可证。

其实，不书日者，《穀梁传》多义，柳氏的问题在于未区分其中差异。

---

① （清）柳兴恩：《穀梁大义述》卷3，第17页b。
② （战国）穀梁赤著，（晋）范宁集解，（唐）杨士勋疏：《监本春秋穀梁注疏》卷10，第2页a。
③ （战国）穀梁赤著，（晋）范宁集解，（唐）杨士勋疏：《监本春秋穀梁注疏》卷10，第2页a。
④ （战国）穀梁赤著，（晋）范宁集解，（唐）杨士勋疏：《监本春秋穀梁注疏》卷16，第7页a—b。
⑤ （战国）穀梁赤著，（晋）范宁集解，（唐）杨士勋疏：《监本春秋穀梁注疏》卷14，第13页b。
⑥ （战国）穀梁赤著，（晋）范宁集解，（唐）杨士勋疏：《监本春秋穀梁注疏》卷11，第13页b。
⑦ （战国）穀梁赤著，（晋）范宁集解，（唐）杨士勋疏：《监本春秋穀梁注疏》卷17，第13页b。

如襄公十九年，郑杀其大夫公子嘉。《穀梁传》："称国以杀大夫，杀无罪也。"[①] 襄公二十三年，晋人杀栾盈。《穀梁传》："称人以杀，杀有罪也。"[②] 襄公二十七年，卫杀其大夫宁喜。《穀梁传》："称国以杀，罪累上也。"[③] 三者皆不书日，意义迥然，柳氏以日卒正也，实无法区别经文书杀之异。

综上所举，柳兴恩的推进在于其注意到"杀""弑"非如段玉裁所言仅欲正名臣弑君之义，柳氏企图将"弑""杀"结合卒葬之时月日例，以明夫子褒贬义。只是以卒葬时月日论杀弑之例，虽有合者，亦颇有违例，乃知不可以诸侯"卒葬例"统"杀弑例"。

五 《穀梁传》、何休注《公羊传》卒葬例异同

《公羊传》于卒葬，几无发传，仅有一例，即隐公八年，八月，葬蔡宣公。《公羊传》："卒何以日而葬不日？卒赴而葬不告。"[④] 有赴告至则日之，虽论日不日，但无他意。余者或于卒事云"何以不名？"[⑤] 或文公十八年，冬，十月，子卒。《公羊传》："子卒者孰谓？谓子赤也。何以不日？隐之也。何隐尔？弑也。弑则何以不日？不忍言也。"[⑥] 以隐痛不忍言，故不日之。至于葬者，隐公三年，冬，十有二月癸未，葬宋缪公。《公羊传》："葬者曷为或日或不日？不及时而日，渴葬也；不及时而不日，慢葬也。过时而日，隐之也；过时而不日，谓之不能葬也。当时而不日，正也。当时而日，危不得葬也。"[⑦] 仅此一例，余葬均未言与时月日之事。今日所见《公羊传》卒葬例实由何休所阐发，以三世说结合卒葬日月例，故以何休注说与《穀梁传》比较异同。

《穀梁传》与何休论卒葬皆兼时月日为例，然传例有别，唯比其解经，方能分别二者异同。

---

① （战国）穀梁赤著，（晋）范宁集解，（唐）杨士勋疏：《监本春秋穀梁注疏》卷8，第1页b。
② （战国）穀梁赤著，（晋）范宁集解，（唐）杨士勋疏：《监本春秋穀梁注疏》卷2，第2页a。
③ （战国）穀梁赤著，（晋）范宁集解，（唐）杨士勋疏：《监本春秋穀梁注疏》卷16，第9页b。
④ （汉）何休注，（唐）徐彦疏：《春秋公羊传注疏》卷3，第13页b。
⑤ （汉）何休注，（唐）徐彦疏：《春秋公羊传注疏》卷3，第8页b。
⑥ （汉）何休注，（唐）徐彦疏：《春秋公羊传注疏》卷14，第17页b。
⑦ （汉）何休注，（唐）徐彦疏：《春秋公羊传注疏》卷2，第10页a—b。

（一）诸侯卒葬

1.诸侯卒时月日例

《公羊传》谓"诸侯记卒记葬"①，何休注："卒日葬月，达于《春秋》，为大国例。"②认为卒日葬月乃大国卒葬常例，唯变有三，卒不日、非常葬、不书葬。③《穀梁传》谓"诸侯日卒，正也"，以宜为君者谓之正，卒日之。如庄公元年，十月乙亥，陈侯林卒。《公羊传》无传，但以卒日为常例，《穀梁传》云："诸侯日卒，正也。"④

案何休解《公羊传》卒葬，分三世，又分大国、小国、微国，《穀梁传》则不分也。除上述大国例通经不变外，微国于所闻世，卒月不葬，如庄公十六年，邾娄子克⑤卒。《公羊传》无传，何休注："小国未尝卒而卒者，为慕霸者，有尊天子之心，行进也。不日，始与霸者，未如琐卒。"⑥徐彦疏云："始与霸者，有尊天子之心，未朝天子故也。"⑦庄公二十八年，四月丁未，邾娄子琐卒。何休注："日者，附从霸者朝天子，行进。"⑧郜积意进一步云"卒日，二见经而行更进"⑨，以此为所传闻之世微国例，本不书日，若二见经则卒可书日。

于所见世，何休认为《公羊传》卒日葬时，如昭公元年，六月丁巳，邾娄子华卒。秋，葬邾娄悼公。⑩而《穀梁传》云："其曰子，进之也。"⑪范宁曰："附齐而尊周室，王命进其爵。"⑫《穀梁传》以称子，乃王命进爵，认为邾国之君于庄公十六年受爵于王，此后邾子卒例同中国诸侯之例。故庄公十六年，邾子克卒，不日者，乃邾子克不正也；庄公二十八年，夏，四月丁未，邾子琐卒，日卒，即邾子琐为正也。不分大小国，亦不以三世有所

---

① （汉）何休注，（唐）徐彦疏：《春秋公羊传注疏》卷2，第7页b。
② （汉）何休注，（唐）徐彦疏：《春秋公羊传注疏》卷2，第15页a。
③ 郜积意、曾新桂：《何休〈公羊〉外诸侯卒葬日月例释》，《汉学研究》2017年第35卷第4期。
④ （战国）穀梁赤著，（晋）范宁集解，（唐）杨士勋疏：《监本春秋穀梁注疏》卷5，第3页a。
⑤ 《穀梁传》作"邾子克"。
⑥ （汉）何休注，（唐）徐彦疏：《春秋公羊传注疏》卷7，第18页a。
⑦ （汉）何休注，（唐）徐彦疏：《春秋公羊传注疏》卷7，第18页a。
⑧ （汉）何休注，（唐）徐彦疏：《春秋公羊传注疏》卷9，第2页a。
⑨ 郜积意、曾新桂：《何休〈公羊〉外诸侯卒葬日月例释》，《汉学研究》2017年第35卷第4期。
⑩ 郜积意、曾新桂：《何休〈公羊〉外诸侯卒葬日月例释》，《汉学研究》2017年第35卷第4期。
⑪ （战国）穀梁赤著，（晋）范宁集解，（唐）杨士勋疏：《监本春秋穀梁注疏》卷5，第20页a。
⑫ （战国）穀梁赤著，（晋）范宁集解，（唐）杨士勋疏：《监本春秋穀梁注疏》卷5，第20页a。

区别。

另外，《穀梁传》认为时卒恶也，何休则以"不月"言之。如僖公十四年，冬，蔡侯肸卒。《穀梁传》云："诸侯时卒，恶之也。"① 何休注："不月者，贱其背中② 国而附父雠，故略之甚也。"③ 又如定公十二年，春，薛伯定卒。钟文烝："时卒者，恶之。"④ 何休注："不日月者，子无道，当废之。而以为后未至三年失众见弑，危社稷宗庙，祸端在定⑤，故略之。"⑥ 哀公十三年，夏，许男成⑦卒。钟文烝："时卒，亦恶之。"⑧ 何休注："比陈蔡，不当复卒，故卒葬略。"⑨ 郜积意等云："戌自复其国，其恶深，不当录其卒葬。今虽书其卒葬，而略录者，正欲见其自复为非礼，及本当卒日葬月，略录而为卒时葬时。"⑩ 二传所据时月例不同，经义同贬恶矣。

又如僖公二十八年，陈侯款卒。钟文烝："陈穆公也，前称世子非不正，盖不蒙上月，在恶之之例。"⑪ 钟氏云陈侯恶，蒙时。何休注："卒不日者，贱其歧意于楚。"⑫ 何休仅言不日，未提蒙时或蒙月，郜积意等据何休例云："卒上蒙六月……是贱而略之。"⑬ 此二传所蒙不同，经义同贬陈侯款。

凡经文载诸侯卒，《穀梁传》以诸侯未有恶行蒙月不蒙时。《公羊传》何休以所传闻世，小国卒月葬时为常例。如庄公二十三年，冬，十有一月，曹伯射姑卒。经文无书恶事，《穀梁传》蒙月不蒙时。何休云："曹达《春秋》常卒月葬时也。"⑭ 既云"卒月葬时"，知二传皆以月言之。

2. 诸侯葬时月日例

关于葬者，《穀梁传》葬者日、葬者月，故也；葬时，正也。何休云

---

① （战国）穀梁赤著，（晋）范宁集解，（唐）杨士勋疏：《监本春秋穀梁注疏》卷8，第11页b。

② 阮刻本注文作"小"，徐彦疏作"中"，情理更通。

③ （汉）何休注，（唐）徐彦疏：《春秋公羊传注疏》卷11，第10页b。

④ （清）钟文烝撰，骈宇骞、骈骅校点：《春秋穀梁经传补注》，第963页。

⑤ 阮刻本注文作"定"，徐彦疏亦从"定"，校勘记作"是"。

⑥ （汉）何休注，（唐）徐彦疏：《春秋公羊传注疏》卷26，第10页b。

⑦ 《公羊传》作"戌"。

⑧ （清）钟文烝撰，骈宇骞、骈骅校点：《春秋穀梁经传补注》，第991页。

⑨ （汉）何休注，（唐）徐彦疏：《春秋公羊传注疏》卷28，第3页b。

⑩ 郜积意、曾新桂：《何休〈公羊〉外诸侯卒葬日月例释》，《汉学研究》2017年第35卷第4期。

⑪ （清）钟文烝撰，骈宇骞、骈骅校点：《春秋穀梁经传补注》，第685页。

⑫ （汉）何休注，（唐）徐彦疏：《春秋公羊传注疏》卷12，第13页b。

⑬ 郜积意、曾新桂：《何休〈公羊〉外诸侯卒葬日月例释》，《汉学研究》2017年第35卷第4期。

⑭ （汉）何休注，（唐）徐彦疏：《春秋公羊传注疏》卷8，第8页b。

《春秋》卒日葬月为大国常例，三世皆同。所传闻世，小国卒月葬时，微国不当卒，变例则书卒。所闻世，小国卒日葬时，微国卒月不葬。所见世，小国卒日葬月，微国卒日葬时。[①]如隐公三年，冬，十有二月癸未，葬宋缪公。《穀梁传》："日葬，故也，危不得葬也。"范宁："《传例》曰：诸侯时葬，正也；月葬，故也；日者，忧危最甚，不得备礼葬也。"[②]钟文烝："葬具月日，知其有变，故不为正矣，而日葬尤为危不得葬，甚于月。"[③]此明日葬、月葬皆有变故，日葬危甚于月葬。《公羊传》则云："不及时而日，渴葬也。"[④]二传据义不同，有故则同也。

又如桓公十五年，夏，四月己巳，葬齐僖公。《穀梁传》日葬有故。何休注："当时而日者，背殡伐郑，危之。"[⑤]昭公七年十有二月癸亥，葬卫襄公。何休："当时而日者，世子辄有恶疾不早废之，临死乃命臣下废之，自下废上，鲜不为乱，故危录之。"[⑥]二传均以日葬有故阐发经义。

《穀梁传》诸侯葬月者，有故也。如隐公五年，夏，四月，葬卫桓公。《穀梁传》："月葬，故也。"范宁谓："有祝吁之难，故十五月乃葬。"[⑦]以卫有弑君之难，故月之。何休以《公羊》"过时而不日，谓之不能葬也"[⑧]解之。一以有故不日，一以过时不日。又如隐公八年，八月，葬蔡宣公。《穀梁传》："月葬，故也。"《公羊传》："卒何以日而葬不日？卒赴而葬不告。"[⑨]此不日，何休云："不告天子也。"[⑩]郜积意曰："葬不日者，何氏释作葬月……未五月而葬，谓之慢葬……乃臣子慢薄其君父"[⑪]，可理解为有故。

《穀梁传》云："时葬，正也。"《公羊传》无传。如桓公五年，夏，齐

①　参见郜积意、曾新桂《何休〈公羊〉外诸侯卒葬日月例释》，《汉学研究》2017年第35卷第4期。

②　（战国）穀梁赤著，（晋）范宁集解，（唐）杨士勋疏：《监本春秋穀梁注疏》卷1，第15页a。

③　（清）钟文烝撰，骈宇骞、骈骅校点：《春秋穀梁经传补注》，第444页。

④　（汉）何休注，（唐）徐彦疏：《春秋公羊传注疏》卷2，第10页a。

⑤　（汉）何休注，（唐）徐彦疏：《春秋公羊传注疏》卷5，第15页a。

⑥　（汉）何休注，（唐）徐彦疏：《春秋公羊传注疏》卷22，第13页a。

⑦　（战国）穀梁赤著，（晋）范宁集解，（唐）杨士勋疏：《监本春秋穀梁注疏》卷2，第3页a。

⑧　（汉）何休注，（唐）徐彦疏：《春秋公羊传注疏》卷2，第10页b。

⑨　（汉）何休注，（唐）徐彦疏：《春秋公羊传注疏》卷3，第13页a。

⑩　（汉）何休注，（唐）徐彦疏：《春秋公羊传注疏》卷3，第13页a。

⑪　郜积意、曾新桂：《何休〈公羊〉外诸侯卒葬日月例释》，《汉学研究》2017年第35卷第4期。。

侯、郑伯如纪。天王使任叔之子来聘。葬陈桓公。钟文烝："葬时，正也。"①
此蒙上事之时。何休注云："不月者，责臣子也，知君父有疾，当营卫，不谨
而失之也。"②此处何休虽未言陈桓公为正，仅贬责臣子，无关陈桓公之不正。
又如宣公三年，冬，十月丙戌，郑伯兰卒。葬郑穆公。钟文烝云："盖不蒙
月，在时葬正例。"何休注云："葬不月者，子未三年而弑，故略之也。"③以
宣公四年，郑公子归生弑其君夷之故也。此虽言弑，但无关郑穆公之不正。
故二传经义上并没有显著的歧异。

另外，宣公十二年，春，葬陈灵公。案陈灵公于宣公十年为陈大夫夏征
舒所弑，夏征舒未及为陈国所讨，反于宣公十一年由楚人杀之，《榖梁传》：
"其外征舒于陈何也？明楚之讨有罪。"④楚虽讨有罪，但以夷狄讨中国，是
以乱治正，故《榖梁传》云："不使夷狄为中国也。"范宁云："楚子入陈，
纳淫乱之人，执国威柄，制其君臣，傎倒上下，错乱邪正，是以夷狄为中
国。"⑤则此《春秋》时葬，实有"正中国贬夷狄"之深义。何休《公羊传》
仅有卒日葬月例，此惟时，故何休云："不月者，独宁、仪行父有诉楚功，
上已言纳，故从余臣子恩薄略之。"⑥是贼为楚已讨之，臣子虽欲讨之而无所
讨也，⑦但又不与楚外讨，⑧故以"不月"言之。二传所据时月不同，经义则
同外楚。

（二）大夫卒

《榖梁传》言鲁大夫日卒，正也；不日卒，恶也。外大夫不卒。《公羊
传》亦云外大夫不卒⑨，至于鲁大夫卒日，何休以三世恩之深浅论之，其云：
"于所见之世，恩已与父之臣尤深，大夫卒有罪无罪皆日录之。丙申，季孙
隐如卒是也。于所闻之世，王父之臣恩少杀，大夫卒无罪者日录，有罪者不
日，略之。叔孙得臣卒是也。于所传闻之世，高祖、曾祖之臣恩浅，大夫卒

---

① （清）钟文烝撰，骈宇骞、骈骅校点：《春秋榖梁经传补注》，第493页。
② （汉）何休注，（唐）徐彦疏：《春秋公羊传注疏》卷4，第14页b。
③ （汉）何休注，（唐）徐彦疏：《春秋公羊传注疏》卷15，第8页a。
④ （战国）榖梁赤著，（晋）范宁集解，（唐）杨士勋疏：《监本春秋榖梁注疏》卷12，第13页a。
⑤ （战国）榖梁赤著，（晋）范宁集解，（唐）杨士勋疏：《监本春秋榖梁注疏》卷12，第13页a。
⑥ （汉）何休注，（唐）徐彦疏：《春秋公羊传注疏》卷16，第5页b。
⑦ （汉）何休注，（唐）徐彦疏：《春秋公羊传注疏》卷16，第5页a—b。
⑧ （汉）何休注，（唐）徐彦疏：《春秋公羊传注疏》卷16，第3页b。
⑨ （汉）何休注，（唐）徐彦疏：《春秋公羊传注疏》卷2，第8页b。

有罪无罪皆不日，略之也。公子益师、无骇卒是也。"①云大夫卒日者，以三世之义别之，所见之世有罪无罪均日录，所传闻之世有罪无罪皆不日，惟所闻之世依有罪无罪分之，有罪不日，无罪日录之。

如隐公元年，公子益师卒。《公羊传》："何以不日？远也。"②二传解经不同，《穀梁传》云："大夫日卒，正也。不日卒，恶也。"③以卒不日例恶也。《公羊传》以所传闻之事，大夫有罪无罪均不日解之。二传虽不同，皆符合各自传例。

又宣公八年，辛巳，有事于大庙。仲遂卒于垂。《穀梁传》认为此卒日也，但仲遂不正，杨士勋云："仲遂有罪。"④杨氏认为仲遂与宣公弑子赤，罪已昭明，不须去日明罪。《公羊传》云："公子遂也，何以不称公子？贬。曷为贬？为弑子赤贬。"⑤云仲遂有罪。宣公为所闻之世，若仲遂有罪，依何休解经此当有罪不日，虽上事录日，不蒙也。仲遂有罪，《穀梁传》以罪自明，蒙日；《公羊传》云仲遂有罪，不蒙日方得"有罪者不日"之义。是二传据例不同，义则同矣。

另外，文公十四年，九月甲申，公孙敖卒于齐。《穀梁传》："奔大夫不言卒，而言卒何也？为受其丧，不可不卒也。其地，于外也。"⑥仅此一例。《公羊》无传，何休注："已绝，卒之者，为后齐胁鲁归其丧有耻，故为内讳，使若尚为大夫。"⑦文公属所闻之世，依"大夫卒无罪者日录，有罪者不日"例，文公八年，公孙敖奔莒，何休注："日者，嫌敖罪明，则起君弱，故讳使若无罪。"⑧是公孙敖有罪明矣。既有罪，卒日，岂不矛盾？何休注："内讳"，使若无罪。案云"奔"日之乃大夫出奔正其罪也，如襄公二十三年，冬，十月乙亥，臧孙纥出奔邾。《穀梁传》："其日，正臧孙纥之出。"⑨二

①　（汉）何休注，（唐）徐彦疏：《春秋公羊传注疏》卷1，第23页a—b。所见者，谓昭、定、哀，己与父时事也。所闻者，谓文、宣、成、襄，王父时事也。所传闻者，谓隐、桓、庄、闵、僖，高祖、曾祖时事也。

②　（汉）何休注，（唐）徐彦疏：《春秋公羊传注疏》卷1，第23页a。

③　（战国）穀梁赤著，（晋）范宁集解，（唐）杨士勋疏：《监本春秋穀梁注疏》卷1，第7页b。

④　（战国）穀梁赤著，（晋）范宁集解，（唐）杨士勋疏：《监本春秋穀梁注疏》卷12，第8页a。

⑤　（汉）何休注，（唐）徐彦疏：《春秋公羊传注疏》卷15，第15页b—16页a。

⑥　（战国）穀梁赤著，（晋）范宁集解，（唐）杨士勋疏：《监本春秋穀梁注疏》卷11，第8页b。

⑦　（汉）何休注，（唐）徐彦疏：《春秋公羊传注疏》卷14，第10页b。

⑧　（汉）何休注，（唐）徐彦疏：《春秋公羊传注疏》卷13，第15页a。

⑨　（战国）穀梁赤著，（晋）范宁集解，（唐）杨士勋疏：《监本春秋穀梁注疏》卷16，第6页a。

传皆以公孙敖有罪，唯《穀梁传》以大夫出奔不正罪之，何休于例不可解，以内讳解之。

《穀梁传》与何休注《公羊传》所据不同，何休释卒葬并日月以三世为说；《穀梁传》据卒日葬时为正，卒时葬日月为恶，以褒贬为重。二传解经所据虽不同，经义则多同。

小　结

《穀梁传》解《春秋》卒葬例，对象包含鲁公、夫人、世子、内女、适诸侯之内女、大夫，外之天王、诸侯、夷狄之君，并辅时月日配之以明其义。释鲁公、夫人薨葬皆日。世子日卒不葬，有故不日。大夫卒而不葬，有故则葬，正则日，恶则不日，恶事显著则可日之。适诸侯之内女卒而不葬，有故则葬。天王尊，志崩不志葬，有故则葬。外诸侯不分大小国，正则卒日，不正不日，时卒恶也，月卒不正不恶。若诸侯卒于外则不日，此例重于正则日之例；卒于外，未逾境，日之，此例重于正则日之例。若诸侯有恶，经文上无时月，则蒙上事之时。月葬、日葬有故，时葬正也，若经文上无时月，有故蒙月，无危则蒙时。夷狄之君不书卒，少进书卒，复进则日之，皆不葬。外夫人、外大夫不书卒不书葬，书之均属有故。

部分经文句式相同，褒贬意义却不同，此是先儒批评《穀梁》传例不严谨处。实则，此种情况《穀梁传》可以"正则日，恶则不日，恶事显著则可日"及"卒于外不日，未逾境日"之例重于"诸侯日卒正"之例解之，知此家法，则疑可解矣。

清代穀梁家钟文烝最为仔细，大抵注疏不得善解处，其皆有补注，但钟氏偶有过度推阐之嫌，且论述分散，不成系统，若悬置其过度阐释部分，则钟氏论著仍是理解《穀梁传》卒葬例的最佳参考著作。另一位清代穀梁家柳兴恩尝试援用"卒日正也"例解释诸侯被弑与杀大夫之书日者，虽有合者，不合更多，乃知不可以"卒葬例"统"杀弑例"也。

厘清《穀梁传》卒葬例，与何休注《公羊传》卒葬比照，可知《公羊传》分卒日葬月为大国例，通三世不易；小国、微国于三世则各有改易。如所传闻世，小国卒月葬时，微国不当卒，变例则书卒；所闻世，小国卒日葬时，微国卒月不葬；所见世，小国卒日葬月，微国卒日葬时。《榖梁传》则不分大国、小国也。二传解经所据不同者，如蔡侯胖卒、薛伯定卒、许男成卒等，《榖梁传》以时卒恶之，何休以不月略之，所据不同，褒贬义则同。又如《榖梁传》云葬书月书日，示有故也；《公羊传》虽无传，经文下何休皆有注，云"不及时而日，渴葬也"，"危录之"，"过时而不葬"，有故之义亦同矣，此或二传同出子夏故也。

第十章　姓氏名字例
——《穀梁传》姓氏名字例释

　　《仪礼》《礼记》之冠字、五十字，三传解经均以"字"言之，未加分别。汉代郑玄、何休提出"且字"说，以别于单称之"字"。后人因对"且字"的理解不同，众说纷纭。何休《公羊解诂》另有"冠且字""名且字"之文，皆是"且字"义。郜积意总结何休《公羊》字氏例释，言《春秋》所载"仪父"一词为且字。而"仪父"同为《穀梁》经文，历代穀梁家却未用且字解经。是以本章讨论《穀梁传》"仪父"是否为且字，并论《穀梁》书字之法。最后提出《穀梁传》不以加"父"字为称字之法，而是书法。

　　隐公元年，公及邾仪父盟于眜。①郜积意据何休、郑玄对称"字"的解释，言"仪父"为"且字"。其云：

　　　　冠字所以目为且字者，须藉连他词以成美称也。连伯仲，成敬称，如伯纠例；连甫，成美称，如仪父例；连子，为贵称，如子突例。对文言之，义各有当；散文言之，皆是美称。

并注云："郑玄注《士冠礼》亦持是说。"②不过，《公羊传》对经文"仪父"仅言称字"褒之也"③，并未提及"连甫"有"成美称"之意，美称之义当从

---

① （战国）穀梁赤著，（晋）范宁集解，（唐）杨士勋疏：《监本春秋穀梁注疏》卷1，第3页a。《公羊传》作"邾娄仪父"。参见（汉）何休解诂，（唐）徐彦疏《春秋公羊传注疏》卷1，第13页a。

② 郜积意：《何休〈公羊〉字氏例释》，《中国文哲研究集刊》2016年第49期。

③ （汉）何休解诂，（唐）徐彦疏：《春秋公羊传注疏》卷1，第13页a。

《穀梁传》来。《穀梁传》云："仪，字也。父，犹傅也，男子之美称也。"① 言仪父者，以字配父，"父"为男子之美称。范宁注云："附庸之君未王命，例称名，善其结信于鲁，故以字佩之。"② 而穀梁家也仅言"字"，并未提到"且字"。何休注《公羊传》时使用了"且字"，郑玄注《仪礼》《礼记》时亦使用了"且字"一词。《穀梁》虽未有此说法，仍有《穀梁》"仪父"可否用且字来解释的问题。

何休注没有提到郑玄与且字相关的其他文献，郑玄注经时也没有提到何休与《公羊注》，但二人不约而同地使用了同样的词句来注经。故想对"且字"一词有清楚的认识，须先从礼制上来讨论，并厘清何休与郑玄的解释，如此或能回答《穀梁》"仪父"是否可用"且字"来解释这一疑问。

一　《仪礼》《礼记》称字之法

古人加冠立字，或五十字之，礼典各有记载，如《礼记·檀弓》："冠字者，人年二十，有为人父之道，朋友等类，不可复呼其名，故冠而加字。"③《仪礼·士冠礼》曰年二十冠而字之，辞云："令月吉日，昭告尔字。爰字孔嘉，髦士攸宜。宜之于假，永受保之，曰伯某甫。"仲、叔、季，唯其所当。④ 郑玄注："伯仲叔季，长幼之称。甫是丈夫之美称。孔子为尼甫，周大夫有嘉甫，宋大夫有孔甫，是其类。甫字或作父。"⑤ 郑玄称言"伯仲叔季"以别长幼，并举尼甫为美称之例。贾公彦疏云："伯某甫者，某若云嘉也。但设经不得定言人字，故言甫为且字。"⑥ 贾公彦提到甫为且字，并引郑玄《礼记注》疏通注文之意，其云："《礼记》诸侯薨，复曰'皋，某甫复'。郑

---

① （战国）穀梁赤著，（晋）范宁集解，（唐）杨士勋疏：《监本春秋穀梁注疏》卷1，第3页a。父者美称之例，如"晋处父"。参见（战国）穀梁赤著，（晋）范宁集解，（唐）杨士勋疏《监本春秋穀梁注疏》卷10，第3页a。

② （战国）穀梁赤著，（晋）范宁集解，（唐）杨士勋疏：《监本春秋穀梁注疏》卷1，第3页a。

③ （汉）郑玄注，（唐）孔颖达疏：《礼记注疏》卷7，台北：艺文印书馆1997年版，据清嘉庆二十年阮元刻十三经注疏本影印，第23页b。

④ （汉）郑玄注，（唐）贾公彦疏：《仪礼注疏》卷3，第9页a。

⑤ （汉）郑玄注，（唐）贾公彦疏：《仪礼注疏》卷3，第9页a。

⑥ （汉）郑玄注，（唐）贾公彦疏：《仪礼注疏》卷3，第9页a。

云：'某甫，且字。'以臣不名君，且为某之字呼之。既此某甫立为且字。"①
贾公彦疏解"某甫"为且字，与郑玄一样，并未言伯某、伯某甫为且字。

贾公彦于此另疏理二十字与五十字于殷制、周制之异同。其云：

> 殷质，二十为字之时，兼伯、仲、叔、季呼之；周文，二十为字之
> 时，未呼伯、仲，至五十乃加而呼之。故《檀弓》云"五十以伯仲"，
> 周道也。是呼伯仲之时，则兼二十字而言。若孔子生于周代，从周礼呼
> 尼甫，至五十去甫以尼配仲，而呼之曰仲尼是也。若然，二十冠而字
> 之，未呼伯、仲、叔、季。今于二十加冠而言者，一则是殷家冠时，遂
> 以二十字呼之；二则见周家若不死，至五十乃加而呼之。若二十已后
> 死，虽未满五十，即得呼伯仲。知义然者，见庆父乃是庄公之弟，桓六
> 年庄公生，至闵公二年庆公死，时庄公未满五十，庆父乃是庄公之弟，
> 时未五十，庆父死，号曰共仲。是其死后虽未五十，得呼仲叔季。故
> 二十冠时，则以伯、仲、叔、季当拟之，故云"唯其所当"也。②

贾公彦提到殷制冠字之法，二十冠字可加伯仲叔季；若从周制言之，冠字时
不加伯仲叔季，须等年五十以后呼之，若二十以后死，年虽未五十，得以伯
仲叔季呼之。此二十冠时辞曰伯仲叔季，是拟之之辞，算是特例。贾公彦虽
明确指出其对冠辞"伯某甫"的意见，但其疏文提出两种可能性：其一，以
《仪礼·士冠礼》称字之法是殷制，则冠者可直称伯、仲、叔、季；其二，
以此为周道，二十冠时不称伯、仲、叔、季。而周制有一特殊情况是冠者年
二十以后死，死时虽未满五十，可以呼伯、仲、叔、季，以重死者，故冠辞
上得以称之。然而这样的解释稍嫌牵强，因冠礼乃嘉礼，在生人辞上涵盖亡
者称字之法，实无必要。

贾公彦复引《礼记·檀弓》："幼名，冠字，五十以伯仲，死谥，周道
也。"③言周制幼呼名，冠而字之，五十以后称伯仲。此说与孔颖达《礼记正

---

① （汉）郑玄注，（唐）贾公彦疏：《仪礼注疏》卷3，第9页a—b。
② （汉）郑玄注，（唐）贾公彦疏：《仪礼注疏》卷3，第9页b。
③ （汉）郑玄注，（唐）孔颖达疏：《礼记注疏》卷7，第23页b。

义》不同。孔颖达云："自殷以前，为字不在冠时，伯仲不当五十，以殷尚质，不讳名故也。"① 又云："年至五十，耆艾转尊，又舍其二十之字，直以伯仲别之，至死而加谥，凡此之事，皆周道也。"② 孔颖达谓周制伯仲为五十字，年五十以后舍二十之冠字，直呼伯仲。就此而言，孔颖达以五十以后须舍二十之冠字，而贾公彦并未提到须舍二十之冠字，其云"加而呼之"，是二人不同之处。

比较孔、贾所言可知，二人对五十称字之法的解释不同，然而目前仍并无法判断孰是孰非，因为礼书所载或为某一时空的礼制规范，至于所指何时、何人、何地，是否严格施行并不得而知，需要类似《春秋》之类的史记所记载的人物氏字来加以验证。如《春秋》载祭伯、凡伯、③ 毛伯、④ 郑祭仲、⑤ 原仲、⑥ 荣叔、女叔、⑦ 叔服、⑧ 南季⑨ 等，虽不知是否年五十后称，但如孔颖达所云舍二十之字，直以伯仲别之。《春秋》中亦可见贾公彦所加伯仲之例，如蘧伯玉，⑩ 唯不知是殷制二十之法，还是周道五十之法。是以《春秋》虽然有记载，仍无法判定其与《仪礼》《礼记》的称字之法是否相合。郜积意云：

> 以《春秋》证之，庄公二十七年《公羊传》谓季友乃庄公母弟，庄公生于桓公三年，至闵公元年，季子未及五十岁可知。然闵公元年经"季子来归"，已见"季"字，是与《檀弓》"五十以伯仲"不合。孔颖达云周制五十乃直呼伯仲，不合季子之例。又，《春秋》有凡伯、

---

① （汉）郑玄注，（唐）孔颖达疏：《礼记注疏》卷7，第23页b。郜积意认为孔颖达于殷制五十之称，孔氏实无明言。又云贾公彦于殷制五十之称，贾氏亦略而不言。参见郜积意《何休〈公羊〉字氏例释》，《中国文哲研究集刊》2016年第49期。案殷时或未有五十字之制，故孔、贾未言。
② （汉）郑玄注，（唐）孔颖达疏：《礼记注疏》卷7，第23页b。
③ 凡，氏；伯，字。《穀梁传注疏》卷2，第7页b。
④ 毛，采邑；伯，字也。《穀梁传注疏》卷10，第1页a。
⑤ 范宁注："祭，氏；仲，名。"《穀梁传注疏》卷4，第4页b。《左传》《公羊传》均已以仲为字。另程发轫《春秋名号归一图补正》，祭仲。祭，氏；仲，字。又名祭足、祭仲足、祭封人仲足。参见程发轫《春秋人谱》，台北：台湾商务印书馆1990年版，第105页。
⑥ 原，氏；仲，字。《穀梁传注疏》卷6，第11页b。
⑦ 女，氏；叔，字。《穀梁传注疏》卷6，第8页b。
⑧ 天子大夫称字，盖未受采邑，故不称氏。《穀梁传注疏》卷10，第1页a。
⑨ 南，氏姓也；季，字也。《穀梁传注疏》卷2，第10页a。
⑩ （战国）穀梁赤著，（晋）范宁集解，（唐）杨士勋疏：《监本春秋穀梁注疏》卷16，第6页a。

> 原仲、荣叔、南季，伯、仲、叔、季并是字称，而《士冠礼》则以伯、仲、叔、季为连称之辞，非字称，是《春秋》与《士冠礼》不合。贾公彦言周制二十、五十之呼皆连冠字某，其说也异于伯、仲为字称之例。①

不合的情况说明春秋时期或许存在另一套别行的礼制规范。实际的情况可能更为复杂，不同诸侯国或从周制或从殷制，或自行据礼制因地制宜加以损益，另外不同身份、大小学国、夷夏之别等都可能是称字之法不同的原因。如《礼记》云五十以伯仲。然孔子子伯鱼，弟子季路，年未五十或亦已加伯、季字。无论如何，礼制的称字代表人的身份有所转换，或成年，或以示尊、表德等，但在《春秋》中称字另含书法意义，如天子、诸侯、大夫因身份尊贵而不名，若书名则有恶之之义。

从礼制称字之法到《春秋》书人，因为《春秋》经文有该书而不书或不该书而书之书法，人们很容易看到礼书与《春秋》的差异。如庄公十四年，荆入蔡。《穀梁传》云："荆者，楚也。其曰荆何也？州举之也。州不如国，国不如名，名不如字。"②言荆而不书楚者，实包含贬义，并非不知何人所为。或如程发轫所云："经传引用人名，字号不一其称。……晋士会，有士季、随季、随会、季氏、随武子、范武子、范会之八称。"③八者皆指一人，程发轫据以认为："《春秋》称字之例自成一系，诸家之说纷错不一，以经籍所载互有异同故。"④或云："考何休、郑玄之论且字，其义已逸出《士冠礼》《檀弓》之外。"⑤并以此说明礼书与《春秋》之差异的原因。不过，虽然礼书所记载的制度是称字之法，或加冠时，或年五十时所施行，而《春秋》所载的是某事件上之人如何称呼，不尽然便是当时时空下称名称字的礼制，但彼此对礼的内涵如"且字"的理解应不会有太大歧异。

---

① 郜积意：《何休〈公羊〉字氏例释》，《中国文哲研究集刊》2016 年第 49 期。
② （战国）穀梁赤著，（晋）范宁集解，（唐）杨士勋疏：《监本春秋穀梁注疏》卷 5，第 18 页 b—19 页 a。
③ 程发轫：《春秋人谱》，第 67 页。
④ 郜积意：《何休〈公羊〉字氏例释》，《中国文哲研究集刊》2016 年第 49 期。
⑤ 郜积意：《何休〈公羊〉字氏例释》，《中国文哲研究集刊》2016 年第 49 期。

二 何休、郑玄"且字"说

《仪礼》《礼记》称字，或冠字或五十字，何休、郑玄另有以"且字"一词注经者。如桓公四年，天王使宰渠伯纠来聘。何休注："天子下大夫系官氏、名且字。"[①] 何休以"纠"为字，与"伯"合称"且字"。《仪礼·士丧礼》："哀子某为其父某甫筮宅。"郑玄注："某甫，且字也。"[②] 郑玄谓某（字）与甫合称，云"某甫"是"且字"。

后人如何理解"且字"？孔颖达云："某者是字，甫者，丈夫美称。而郑所以谓为且字者，旧说云：未斥其人，且以美称配成其字。"[③] 孔氏云"且"为冠字加一美称以配之。

阮元云："古谓伯仲之下一字曰且字，如言仲山甫，山甫是且字，合仲乃[④]为字，盖且字冠而有之，伯仲五十乃称也。"[⑤] 阮元认为某甫为且字，年二十加冠时所立，伯仲五十以后称之，是为字。

恽毓鼎云：

> 古者有姓、氏、族、字、且字、谥之分，今以孔子一人证之：子为姓（孔子出于商，姓子），孔为氏（宋大夫孔父以字为谥，后人因以为氏，孙以王父字为氏，故孔子氏孔），即为族（郑君曰族者氏之别名），尼为且字（段按：《说文》：且，荐也。凡承藉于下曰且。凡冠而字，只

---

① （汉）何休解诂，（唐）徐彦疏：《春秋公羊传注疏》卷4，第12页b。
② （汉）郑玄注，（唐）贾公彦疏：《仪礼注疏》卷37，第16页a。
③ （汉）郑玄注，（唐）孔颖达疏：《礼记注疏》卷4，第20页a—b。
④ 原作"如"，据阮元《公羊校勘记》改作"乃"。参见（汉）何休解诂，（唐）徐彦疏《春秋公羊传注疏》卷4校勘记，第5页a。
⑤ （晋）杜预集解，（唐）孔颖达疏：《春秋左传注疏》卷60校勘记，第1页b。阮元校勘记云："凡言且字者，皆谓二十字也，非谓五十字也。《少牢》疏言之甚明。《少牢》云伯某，某在伯下是二十字也。此云某子，某在（子）字上，是五十字。故少牢为且字，此为祖字。"参见《仪礼注疏》卷44校勘记，第2页b。阮元校勘记："凡承藉于下曰且。凡冠而字只有一字耳。必五十而后以伯仲，故下一字所以承藉伯仲也。言伯某、仲某是称其字。单言某甫是称其且字。若韩非子于孔子单言尼，盖五十以前事也。此注家且字之说也。"参见《礼记注疏》卷8校勘记，第15页b。阮元校勘记："且者，荐也。凡表德必以一字为伯仲之荐，去伯仲而单举下一字云某甫，谓之且字。"参见（汉）郑玄注，（唐）贾公彦疏：《周礼注疏》卷19校勘记，台北：艺文印书馆1997年版，据清嘉庆二十年阮元刻十三经注疏本影印，第6页b。

一字耳。必五十而后以伯仲，故下一字所以承藉伯仲也。言伯某仲某是称其字，单言某甫，是称其且字），加仲称仲尼为字。[1]

恽毓鼎云尼为且字，以冠字五十以后承伯仲，故为且字。

章太炎云："凡有藉意者多从且声，俎、菹是也。古祖宗字皆作且，且加一层也。曾亦训增，皆有重藉之意。古人字甫，上加以伯、仲、叔、季：甫即且字，亦藉荐上字之谊。"[2]章太炎强调加一层的意思，即且字若藉，上可荐字。

姚永辉认为："就命字形式而言，冠而字之，所命为单言字，就称字形式而言，却有称'正字'和称'且字'之别……只要未冠以排行，大多可视作称其'且字'。"[3]姚氏认为凡以"伯"（仲、叔、季）为排行者为正字，未加"伯"字者，均为且字。以结构形式言之：

> 正字："伯某甫（父）"（排行＋二十字＋美称）
>
> 　　　伯某（排行＋二十字）
>
> 且字：二十字＋美称[4]

郜积意云：

> 且字者，加冠之字也。加冠之字何以目为且字？说者有二，一谓冠字乃暂为字称，五十之后始是正字。如孔颖达《礼记正义》云："五十以伯仲，是正字；二十之时曰某甫，是且字，言且为之立字。"一谓冠字须藉连他词而为称，故目为且字，且，藉借之义也。如段玉裁《说文解字注》云："且，古音俎，所以承藉进物者。引申之，凡有藉之词皆曰且。"又云："盖古二十而冠，只云某甫。五十而后以伯仲某甫者，所

---

[1]　（清）恽毓鼎著，史晓风整理：《恽毓鼎澄斋日记》，浙江古籍出版社 2004 年版，第 33 页。

[2]　章太炎讲授，朱希祖等记录，王宁整理：《章太炎说文解字授课笔记》，中华书局 2008 年版，第 588 页。

[3]　姚永辉：《"且字"考：命字文化变迁视野下的观察》，《新国学》2012 年第 9 卷。

[4]　参考姚永辉《"且字"考：命字文化变迁视野下的观察》，《新国学》2012 年第 9 卷。

以藉伯仲也。"以何、郑论且字相证，知第二说于义为长。古人冠而字，仅一字"某"，然一字恐不成文辞，故以他词如子、甫、伯、仲等配之，所以配之者，表美意也。①

郜积意云"且字"为加冠之字，若未加甫、子等，只能称字；若有加甫、子等，称为且字。并云：

> 且字以冠字为本，《士冠礼》云"伯某甫"者，某即是冠字。据何、郑之注，此称号实可析为三，或云伯某，如《春秋》之伯纠；或云某甫，如《礼记》之尼甫；或云伯某甫，如《诗》之仲山甫。郑注"伯某甫"，仅释"伯""甫"，不释"某"，"某"乃加冠之字，以可知，从省文耳。②

以《仪礼·士冠礼》伯某甫为例，认为"伯某""某甫""伯某甫"均为且字。不过，郜氏举段玉裁说为证，言冠字须藉连他词（冠字一字不成文辞，须以子、甫、伯仲配之）为称，目为且字。此说或可商榷。从引文来看，段玉裁谓"且"字义为"有藉而加之也"③，某甫为藉（"且"），五十而后以伯仲加于字（某甫）上。段氏言且字义虽与孔颖达不同，但言且字之法与孔颖达无不同。因为段玉裁在《且字考》云："伯仲叔季，定于天者也。昭告尔字，必连举之，不以为五十以前之常称，五十以前但称某甫，五十乃称伯某甫也。"④段玉裁认为二十岁加冠之字，亦可称且字，原因在于五十而后将再加伯仲于二十之冠字上，此时冠字所以藉伯仲，故称且字。于此，《礼记正义》云："《檀弓》云'五十以伯仲'，是正字；二十之时曰某甫，是且字，言且为之立字。"⑤孔颖达"言且为之立字"之暂且义，段玉裁亦有此意。故云"且"字有二义，当是；然必以藉义为长，则不尽然。或可二存。愚意段

---

① 郜积意：《何休〈公羊〉字氏例释》，《中国文哲研究集刊》2016 年第 49 期。
② 郜积意：《何休〈公羊〉字氏例释》，《中国文哲研究集刊》2016 年第 49 期。
③ （汉）许慎撰，（清）段玉裁注，鲁实先正补：《说文解字注》卷 14 篇上，台北：黎明文化事业股份有限公司 1996 年版，据清嘉庆二十年经韵楼藏版影印，第 29 页 a—b。
④ （清）段玉裁：《且字考》，《经韵楼集》卷 2，《续修四库全书》第 1434 册，上海古籍出版社1995 年版，据清嘉庆十九年刻本影印，第 13 页 b。
⑤ （汉）郑玄注，（唐）孔颖达疏：《礼记注疏》卷 41，第 2 页 b。

氏"且字"之意在于冠字（某甫）可以藉伯仲，故称冠字为且字，非指"一字恐不成文辞""冠字须藉连他词而为称"。不过郜积意想要解释的是何休"且字"义，故仅取段氏阐述且为藉之义，并无不可，只是承藉之对象以为是"字"，此有别于段玉裁，应察之。

相对于何休，郑玄注经使用"且字"一词的次数较多。如《仪礼·士丧礼》"哀子某谓其父某甫筮宅"，郑玄注："某甫，且字也。若言山甫、孔甫矣。"贾公彦疏云："某甫且字也者，谓二十加冠时且字。若言山甫、孔甫矣者，此亦二十加冠所称，故《士冠礼》云'伯某甫。仲叔季唯其所当'。郑亦以孔甫之字解某甫，则孔甫之等是实字，以某甫拟之，是且字也。是以诸侯薨复者，亦言某甫。郑云某甫且字，是为之造字也。"① 《礼记》"阳童某甫"，郑玄注："某甫，且字也。尊神不名，为之造字。"孔颖达疏："曰某甫，所以不呼其名者，尊神之也。故为之造字。称曰某甫，且字也。"② 《礼记》"天王某甫"，郑玄注："某甫，且字也。"孔颖达疏："且字者，云某是天子之字，甫是男子美称也。祝称天子字而下云甫是尼父之类也。故《穀梁传》云：'父犹傅也，男子美称也'，《士冠礼》注曰：'甫，丈夫美称'，而《杂记》附于殇，称'阳童某甫'，郑注云：'尊神不名，为之造字'，以此而言，某者是字，甫者丈夫美称。而郑所以谓为且字者，旧说云：'未斥其人，且以美称配成其字'，音义隐云：'且，假借此字也'。"③

《仪礼·特牲馈食礼》"某诹此某事适其皇祖某子，尚飨"，郑注："某子者，祖字也，伯子、仲子也。"④ 郑玄以某子为伯子、仲子，则"某"是伯、仲，非冠字，故注以"祖字"解之。此"祖字"不可易以"且字"，因且字必有冠字，"某子"既无冠字，则不可目为且字。如段玉裁云："《特牲篇》'某子'之某为伯仲，故注称祖字；《少牢篇》'伯某'之某为某甫，故注称且字；言各有当也。"⑤ 祖字以伯仲，即五十字，此处似不强调年五十以后称之。若强调年五十以后称，名五十字；若未强调年五十以后称，则以祖字名之，意谓非年五十即可以伯仲称字。贾公彦疏亦云："某子者祖字也，伯子

① （汉）郑玄注，（唐）贾公彦疏：《仪礼注疏》卷37，第16页a。
② （汉）郑玄注，（唐）孔颖达疏：《礼记注疏》卷41，第2页a—b。
③ （汉）郑玄注，（唐）孔颖达疏：《礼记注疏》卷4，第20页a—b。
④ （汉）郑玄注，（唐）贾公彦疏：《仪礼注疏》卷44，第3页b。
⑤ （清）段玉裁：《且字考》，《经韵楼集》卷2，第12页a。

仲子者，以其某在子上，为男子美称，故以某为伯仲叔季，五十字。下篇云皇祖伯某，郑注云伯某且字也。不为五十字。以某在伯下，故为且字解之。与此异也。"①

《礼记》"尼父"，郑玄注："尼父因其字以为之谥。"孔颖达疏云："尼父，尼则谥也，父且字，甫是丈夫之美称。称字而呼之尼父也。"②

由上可知，即便贾公彦、孔颖达作疏以不破注为原则，但述且字义也与郑玄不尽相同。

将众说分别条列，如下：

> 某甫，且字：郑玄、贾公彦、孔颖达、段玉裁、阮元、姚永辉
>
> 甫，且字：贾公彦、孔颖达、章太炎
>
> 某，且字：徐彦、③恽毓鼎
>
> 伯某，④且字：何休、（郑玄）
>
> 伯某、某甫、伯某甫，且字：郜积意⑤

大抵以某甫为且字，为何休、郑玄等论且字者之共识。而以伯某、伯某甫为且字者，则鲜矣。

虽然郑玄于《仪礼·少牢》"用荐岁事于皇祖伯某"，注云："伯某，且字也"⑥，但此重点在于补充大夫或因字为谥之例。如贾公彦云：

> 伯某，某或且字有谥者，即某为谥也。此经云伯某，是正祭之称

---

① （汉）郑玄注，（唐）贾公彦疏：《仪礼注疏》卷44，第3页b。

② （汉）郑玄注，（唐）孔颖达疏：《礼记注疏》卷8，第24页a。

③ 徐彦云："系官以为氏，渠是名，纠是且字也。"参见（汉）何休解诂，（唐）徐彦疏《春秋公羊传注疏》卷4，第13页a。

④ 伯某之称有二义，一为敬老，一为排行。姚永辉认为敬老之称，为且字，若作排行不为且字。

⑤ 郜积意："据何、郑之注，此称号实可析为三，或云伯某，如《春秋》之伯纠；或云某甫，如《礼记》之尼甫；或云伯某甫，如《诗》之仲山甫。"参见郜积意《何休〈公羊〉字氏例释》，《中国文哲研究集刊》2016年第49期。案：郜积意对何休、郑玄且字的理解，认为伯某在加冠之时即可称之，此可称且字，亦可称冠字。郜积意将"伯某"当作且字例，就是表示其非五十字，因此也认为伯某甫为且字。如此"伯某"非年五十以后方称，其加冠时便可称之。而贾公彦、段玉裁、阮元等认为伯某仅在五十以后称之，不可称为且字。

⑥ （汉）郑玄注，（唐）贾公彦疏：《仪礼注疏》卷47，第2页b。

也。若时有告请，而非常祭祀，则去伯，直云且字。言某甫，则聘礼赐饔唯羹饪，筮一尸，若昭若穆，仆为祝，祝曰："孝孙某，荐嘉礼于皇祖某甫"是也。若卿大夫无谥，正祭与非常祭一，皆言五十字在子上，与士正祭礼同，则云某子，故《聘礼》记云"皇考某子"是也。《特牲》士礼无谥，正祭称皇考某子。若士告请之祭，则称且字。故《士虞》记云"适尔皇祖某甫"。[①]

伯某若是且字，贾氏何言"若时有告请，而非常祭祀，则去伯，直云且字"？是知言某甫为且字，言伯某为字谥。至于何休注伯纠为且字，并未解释，故不知所据。

郜积意论何休字氏例，以宰渠伯纠为例，言五十不必单称伯、仲，"伯某"也非二十之称例，是何注与《檀弓》《士冠礼》所言有异。[②]其言"伯某""伯某甫"为且字，则不消说五十字之称字法。然《礼记·檀弓》明言"五十以伯仲"，段玉裁阐述云："伯仲叔季，定于天者也。昭告尔字，必连举之，不以为五十以前之常称，五十以前但称某甫，五十乃称伯某甫也。"[③]认为伯某甫为五十字，非且字。段氏所言亦非无据之论。或《公羊》与《檀弓》《士冠礼》是有差别的，孰是孰非，难以骤断。笔者以为伯某甫者当有其称，若仲山甫等，但若欲以且字为说则需要更多的例证，有待贤者再议。

三 "冠且字""名且字"辨

何休注《公羊》，郑玄注《仪礼》《礼记》，二人解经对象不同，却同样使用"且字"一词，可见"且字"于汉时已为经师所用。但何休在为数不多的注文中还提到"冠且字""名且字"，其与"且字"关系为何，宜详加辨析。

---

① （汉）郑玄注，（唐）贾公彦疏：《仪礼注疏》卷47，第3页a。
② 郜积意：《何休〈公羊〉字氏例释》，《中国文哲研究集刊》2016年第49期。
③ （清）段玉裁：《且字考》，《经韵楼集》卷2，第13页b。

（一）冠且字

宣公十五年，王札子杀召伯、毛伯。《公羊传》："王札子者何？长庶之号也。"何休注云：

> 天子之庶兄。札者，冠且字也。礼，天子庶兄冠而不名，所以尊之。子者，王子也。天子不言子弟，故变文上"札"系先王以明之。[①]

何休注云"冠且字"，但未释其义。郜积意云："'札者，冠且字也'，谓札是加冠之字，也是且字。冠字所以称为且字，以其须连称之词也。此连称之词是'子'，冠字'札'与'子'相连为且字'子札'。经倒书'札子'者，以天王不言子弟，故移'札'于'子'上以系先王。此札子是变例，常文则是子札。"[②] 郜氏据何休注"札者，冠且字也"，云"冠且字"为"且字"，并以"札者"概括"札"与"札子"二义，既表冠字，亦表且字。检郜积意对且字下的定义，其云"冠字一字不成文辞，须以子、甫、伯仲配"，则"札"一字，何以为且字？故郜积意解释"札与子相连为且字"。不过，冠字虽为且字之本，但冠字与且字并不完全等同，否则不必另起且字之说以别单称之字。故冠字是冠字，且字是且字。愚意何休本意乃言"札"为冠字，今本何注作"札者，冠且字"，或衍"且"字，原应作"札者，冠字也"。若必以且字言之，或今本何注阙"子"字，原作"札子者，且字也"。无论如何，"冠且字"当非专名，其当如贾公彦疏解云"谓二十加冠时且字"[③]，以此解释何休注文"冠且字"，则为"二十加冠时之且字"，言"冠且字"，省文也。

据此衍生的问题是"札子"，是否为"且字"。

郜积意举且字藉连他词之例，除了伯某、某甫，并加某子之例，即札子、子突。[④] 此说甚有创见。郜积意以何休对且字的理解，补充了郑玄未曾提到的且字例证。可以说"某子"为且字，乃何休所提，郜积意加以发扬并

---

① （汉）何休解诂，（唐）徐彦疏：《春秋公羊传注疏》卷16，第13页 b。
② 郜积意：《何休〈公羊〉字氏例释》，《中国文哲研究集刊》2016年第49期。
③ （汉）郑玄注，（唐）贾公彦疏：《仪礼注疏》卷37，第16页 a。孔广森亦云："冠时且字也。"参见（清）孔广森《公羊春秋经传通义》卷2，《续修四库全书》第129册，上海古籍出版社1995年版，据清嘉庆刻㸑轩孔氏所著书本影印，第9页 a。
④ 参见郜积意《何休〈公羊〉字氏例释》，《中国文哲研究集刊》2016年第49期。

整理成且字例。不过何休在庄公六年王人子突处，仅提到"僖公八年，王人不称字，嫌二人"，以此说明"子突"为字，并未强调子突为且字。徐彦疏："欲言微者，书其美字。"①徐彦亦以子突为字，未言且字。但其称"美字"，或有郜氏所言称美为且字之意。

"子"者，何休云"贵子之称"，彰明贵意。则公羊家以"子突"为字，称子为贵，或然也，但以子突为且字，则未必。因为甫、父作为男子之美称，并无他义，仅是承藉冠字，而《公羊传》称子言贵者并非承藉冠字，其与身份有关。如："子突者何？贵也。贵则其称人何？系诸人也。曷为系诸人？王人耳。""其称子纠何？贵也。其贵奈何？宜为君者也。""其称王季子何？贵也。其贵奈何？母弟也。"②皆是因身份尊贵而称子。

又，贵子之称必系乎字，方为且字，若系乎名，则不可谓为且字。比如《榖梁传》以子突为名，则子突不能成为且字例。但郜积意举"仪父"之例与某子例并列，使《榖梁》子突有与《公羊》子突同为且字例之嫌，故此处不得不重新加以梳理，以说明何休且字说必须在《公羊》系统内方能成立。

（二）名且字

桓公四年，天王使宰渠伯纠来聘。《公羊传》云："其称宰渠伯纠何？"何休注："据刘卷卒，氏采，不名且字。"③郜积意云：

> "不名且字"者，"不"是否定词，"名且字"是宾词。刘卷为圻外诸侯，入为天子大夫，生称刘子，卒称刘卷，其称例与天子下大夫"名且字"异，故云"不'名且字'"，意谓"刘卷"但名而无且字，异于宰渠伯纠既名又且字之例。考定公四年徐彦疏云"刘卷其但字者"，又以"卷"为字，实则此疏之"字"，当是"名"字之误。④

---

① （汉）何休解诂，（唐）徐彦疏：《春秋公羊传注疏》卷6，第15页b。案《公羊传》、何休注，凡云子均以贵言，未以美称。此或假《仪礼》郑注，或假《榖梁》范注。
② （汉）何休解诂，（唐）徐彦疏：《春秋公羊传注疏》卷6，第15页b；卷7，第6页b；卷16，第2页b。
③ （汉）何休解诂，（唐）徐彦疏：《春秋公羊传注疏》卷4，第12页b。
④ 郜积意：《何休〈公羊〉字氏例释》，《中国文哲研究集刊》2016年第49期。

案郜积意云"名且字"为既书名又书且字，[①]则"不'名且字'"应理解为既不书名，亦不书且字。不过郜积意解释"不'名且字'"为但名而无且字。同样这句话，段玉裁谓："不名，且字者。不书其名，但书其且字。"[②]但见古文之难解。又郜积意不同意徐彦于定公四年所云"卷为字"之说。[③]其依据在何休注"宰渠伯纠"。

《公羊传》云："宰渠伯纠者何？天子之大夫也。其称宰渠伯纠何？下大夫也。"何休注："天子下大夫系官氏、名且字……称伯者，上敬老也。"[④]徐彦曾归纳《公羊》大夫氏字，云：

> 上大夫即例称五十字，即祭伯、南季、荣叔之属是也。次大夫例称二十字，即家父之属是也。下大夫系官氏名且字，即宰渠伯纠是也。……其刘子、单子之属，不称字而称子者，谓诸侯入为天子大夫，故设文非王臣之常称。[⑤]

注文中何休并未特别指明"宰渠伯纠"四字何者是名，何者是字。徐彦云："渠是其名。"[⑥]郜积意解云："宰渠伯纠为天子下大夫，据何注，宰是系官之氏，渠是名，伯纠是且字，'伯'为表敬之意。何休以宰渠为老臣，则宰渠已过五十岁可知。"[⑦]郜积意解释纠是冠字，连"伯"以为且字，渠为名，宰为官氏。不过，何休注文明言："老臣不名，宰渠伯纠是也。"[⑧]以宰渠伯纠为老臣不名，则"渠"字为何还是名呢？段玉裁也有同样的疑问。段玉裁认为今本《公羊》注衍一"名"字。其云：

> 《公羊》何注"宰渠伯纠，天子下大夫，系官氏且字"，各本于

---

① 郜积意：《何休〈公羊〉字氏例释》，《中国文哲研究集刊》2016年第49期。
② （清）段玉裁：《且字考》，《经韵楼集》卷2，第13页a。
③ 认为《公羊》"卷"应为"字"者，还有段玉裁。参见《公羊传注疏》卷4校勘记，第5页a。
④ （汉）何休解诂，（唐）徐彦疏：《春秋公羊传注疏》卷4，第12页b。
⑤ （汉）何休解诂，（唐）徐彦疏：《春秋公羊传注疏》卷3，第4页b。
⑥ （汉）何休解诂，（唐）徐彦疏：《春秋公羊传注疏》卷4，第13页a。
⑦ 郜积意：《何休〈公羊〉字氏例释》，《中国文哲研究集刊》2016年第49期。
⑧ （汉）何休解诂，（唐）徐彦疏：《春秋公羊传注疏》卷4，第13页a。

"且"字上衍一"名"字。疏云："渠是名。"然则下文云"老臣不名，宰渠伯纠是也"，作何解乎？此由浅人不解且字之旨，因添名字于此，谓渠是名，纠是字。名而又字，故曰"名且字"。而不省注明言不名也，且二百四十年中有一人名字兼书乎？①

段氏说《春秋》书人或名或字，未见书名又书字之例。陈立《公羊义疏》采段玉裁说，直云"系官氏且字"②。恽毓鼎亦采段玉裁说法，将"名"字删去，其云：

桓四年"天王使宰渠伯纠来聘"注云："宰渠伯纠，天子下大夫，系官（宰）氏（渠）且字（纠），称伯者，（伯）上敬老也。"③

从礼制来说，幼名，冠字，五十以伯仲，正以成人以后不乎其名，称字为礼。若称人既有名又有字，其讳名之意便无所适从。然而公羊家对于名与不名却有自己的解释。如徐彦云：

系官以为氏，渠是名，纠是且字也。

渠是其名，而言不名者。谓计其官爵之时，实合氏官名而且字，但以其年老，故兼称伯，示有不名之义也，故知之矣。④

徐彦解释纠是且字。宰渠伯纠原本合称宰渠纠，以其年老，故称伯，此谓不名。王闿运云："宰，官也。渠，氏也。伯纠，字也。"⑤孔广森云："渠，氏也。伯纠，冠时且字也。"⑥郜积意不同意徐彦、王闿运、孔广森等公

---

① （清）段玉裁，《且字考》，《经韵楼集》卷2，第15页a—b。
② （清）陈立：《公羊义疏》卷14，《续修四库全书》第130册，上海古籍出版社1995年版，据清光绪十四年南菁书院刻皇清经解续编本影印，第10页a。
③ （清）恽毓鼎著，史晓风整理：《恽毓鼎澄斋日记》，第33页。
④ （汉）何休解诂，（唐）徐彦疏：《春秋公羊传注疏》卷4，第13页a—b。
⑤ （清）王闿运：《春秋公羊传笺》卷2，《续修四库全书》第131册，上海古籍出版社1995年版，据清光绪三十四年刻本影印，第14页a—b。
⑥ （清）孔广森：《公羊春秋经传通义》卷2，《续修四库全书》第129册，上海古籍出版社1995年版，据清嘉庆刻㸑轩孔氏所著书本影印，第9页a。

羊家的解释，认为且字"伯纠"不可分言。① 又云段氏不明何休名字之称例，其云：

> 何休之意，凡字与名相连，皆属不名之例。渠是名，因与且字连
> 称，故可目为不名。②

郜氏以名字连称为不名，并举《春秋》中叔肸、季友为例，说明叔字，肸名，季字，友名，均为名字相连，③以此反驳段玉裁说《春秋》未见名字兼书者。然而《穀梁》以叔为长幼之序，肸为字，季为长幼之序，友为字，并非名、字连称。就此《公》《穀》有歧义，何休的字氏例释必须在《公羊》系统中来理解。

原本且字乃指五十字以前之字，郜积意顺着郑玄"伯某甫"之例，结合何休例证，将且字的适用范围扩大，认为五十岁以后仍可用且字，五十字之前也可以用伯仲叔季。但将且字说用于《春秋》解经，其是否能更好地解释《春秋》之义呢？或者反过来说，若不使用且字一词，是否有碍《春秋》的解释呢？对于《穀梁传》而言，且字为何休、郑玄用以区别单称之字的称法，同时何休构建了且字的适用体系来解决五十用字的问题。而历代研究者暨穀梁家论《春秋》书字均不在称字之法，其重点在于书字之法。此于下面两节展开讨论。

四　《春秋》未尝有书字之法？

《春秋》书名书字是否有褒贬义，学者看法不一，若言《春秋》无书字之法，则更不必论依字褒贬。如方苞提出《春秋》无书字之法，其曰："传以子突为字，亦非也。古有以子某名者见于传记，陈子亢、介子推之类是

---

① 郜积意：《何休〈公羊〉字氏例释》，《中国文哲研究集刊》2016 年第 49 期。
② 郜积意：《何休〈公羊〉字氏例释》，《中国文哲研究集刊》2016 年第 49 期。
③ 郜积意：《何休〈公羊〉字氏例释》，《中国文哲研究集刊》2016 年第 49 期。叔肸为字、名。叔服为五十字。参见文公元年，天王使叔服来会葬。何休注："服者，字也。叔者，长幼称也。"《公羊传注疏》卷 13，第 1 页 a。

也。有以某父名者，经所书齐侯禄父、仪行父、箕郑父是也。《春秋》未尝有书字之法也。"① 方氏从古有书"子某""某父"为名之例，论《春秋》以子突、仪父为字乃非，认为凡《春秋》不当名而名，当名而不名，皆旧史之文也。方苞主要针对杜预而发此言。

杜预《春秋释例》曰："《春秋》之义，贬责书其名，斥所重也。"② 庄公六年，王人子突救卫。杜预云："王人，王之微官也，虽官卑而见授以大事，故称人而又称字。"③ 孔颖达疏云："子突虽则官卑，蒙王授以大事，故称人而又称字，贵王人所以责诸侯也。"④ 杜预、孔颖达以王人为下士，因命而进之同中士，中士未足以为荣，故超从大夫之例，称字以贵之。⑤ 于此，《穀梁传》云："王人，卑者也。称名，贵之也。"范宁注："何休以为称子则非名也。"又引郑玄云："王人贱者，录则名可，今以其衔命救卫，故贵之，贵之则'子突'为字可知明矣。此'名'当为'字'误尔。"复引徐乾曰："王人者，卑者之称也，当直称王人而已，今以其能奉天子之命救卫而拒诸侯，故加名以贵之。僖八年，'公会王人、齐侯'，是卑者之常称。"⑥ 范宁并存二说，未下定论。

论者以王人为卑者，诸说无有歧异，而"子突"是名是字，则说法不一。如郑玄云卑者以名，今以贵之故字；徐乾云王人为卑者常称，例不书名，今书名已贵之，不劳书字。因为《春秋》中，除子突之外，僖公八年、二十九年，鲁僖公与王人会盟，仅书王人，无名字，以此论之，徐乾之说可以成立。若言王人子突虽为卑者，既受王命，等同命卿，以大夫之礼尊而不名，以字书之，义亦可通，郑玄之说亦可成立。二说皆有其理，此或范宁难以定是非之由。

方苞又举"邾仪父"为例，云古有以"父"为名者，以仪父为字非。案《左传》杜预云："附庸之君，未王命，例称名，能自通于大国，继好息

① （清）方苞：《春秋通论》卷4，《景印文渊阁四库全书》第178册，台北：台湾商务印书馆1983年版，据文渊阁四库全书本影印，第10页 b。
② （晋）杜预集解，（唐）孔颖达疏：《春秋左传注疏》卷2，第9页 a—b。
③ （晋）杜预集解，（唐）孔颖达疏：《春秋左传注疏》卷8，第11页 a。
④ （晋）杜预集解，（唐）孔颖达疏：《春秋左传注疏》卷8，第11页 a。
⑤ （晋）杜预集解，（唐）孔颖达疏：《春秋左传注疏》卷8，第11页 a。
⑥ （战国）穀梁赤著，（晋）范宁集解，（唐）杨士勋疏：《监本春秋穀梁注疏》卷5，第9页 b—10页 a。

民,故书字贵之。"①《公羊传》亦云:"何以名?字也。曷为称字?褒之也。"②《穀梁传》:"仪,字也。父犹傅也,男子之美称也。"范宁注:"附庸之君未王命,例称名。善其结信于鲁,故以字配之。"③三传以仪父为字,皆有训解,方氏之说与三传异,于此可见。

以《春秋》无书字之法者,还有顾栋高。顾氏云:

> 大夫为诸侯之臣,附庸之君下公侯伯子男一等,今君称名而臣称字,公侯伯子男称名,而附庸之君称字,于崇卑之分不几倒置,为此说者不过欲以名字见褒贬尔。于是有以杀大夫之书名为贬,至以泄冶之直谏而死,与里克、宁喜之弑逆同科。以大夫出奔之书名为贬,至以公子慭之为国除恶,与良霄、栾盈之叛臣同罪,而《春秋》之旨愈晦。④

顾氏云凡谓称字称名有褒贬,多是论《春秋》者强为之解,其认为《春秋》称字称名不一而足,若就此而定是非,多有前后矛盾不可通说者。其举宣公九年,陈杀其大夫泄冶。以泄冶为忠臣,里克、宁喜不可与之相提并论。案《穀梁传》云:"称国以杀其大夫,杀无罪也。泄冶之无罪如何?陈灵公通于夏征舒之家,公孙宁、仪行父亦通其家。或衣其衣,或衷其襦,以相戏于朝。泄冶闻之,入谏曰:'使国人闻之则犹可,使仁人闻之则不可。'君愧于泄冶,不能用其言而杀之。"⑤如此,陈大夫泄冶本没有犯错,只因言语触怒君王而招杀身之祸,应为忠臣。对比里克、宁喜二人弑君,与之相类,似有矛盾。然而,里克弑君为重耳,《穀梁传》:云:"里克弑二君与一大夫,其以累上之辞言之何也?其杀之不以其罪也。"⑥明言不以里克杀奚齐、弑卓子、杀大夫荀息称罪。至于宁喜,其虽弑君,但较之卫献公,《穀梁》更着重贬

---

① (晋)杜预集解,(唐)孔颖达疏:《春秋左传注疏》卷2,第8页a。
② (汉)何休解诂,(唐)徐彦疏:《春秋公羊传注疏》卷1,第13页a。
③ (战国)穀梁赤著,(晋)范宁集解,(唐)杨士勋疏:《监本春秋穀梁注疏》卷1,第3页a。
④ (清)顾栋高:《春秋大事表》卷48,《景印文渊阁四库全书》,台北:台湾商务印书馆1983年版,据文渊阁四库全书影印,第180册,第32页b—33页a。
⑤ (战国)穀梁赤著,(晋)范宁集解,(唐)杨士勋疏:《监本春秋穀梁注疏》卷12,第10页b—11页a。
⑥ (战国)穀梁赤著,(晋)范宁集解,(唐)杨士勋疏:《监本春秋穀梁注疏》卷8,第7页a。

卫献公，故云宁喜由君弑君"不以弑君之罪罪之者，恶献公也"①。若仅以经文相比，确有矛盾，若参酌传文大意，则知并不矛盾。

再则，顾氏云大夫出奔书名为贬，认为郑人杀良霄、晋人杀栾盈有恶，而公子慭为国除恶，岂可同贬？昭公十二年，公子慭出奔齐。《穀梁》无传，但按《穀梁》出奔例，乃正其有罪。②参见《左传》云："季平子立，而不礼于南蒯。南蒯谓子仲：'吾出季氏，而归其室于公，子更其位，我以费为公臣。'子仲许之。"③子仲即公子慭，其应许南蒯谋叛季子，是以下犯上，岂可言忠？后来公子慭与叔仲小、南蒯欲谋季氏，但公子慭将此事告诉昭公，从昭公如晋。将谋事告诉昭公是对南蒯无信，由此可知，以公子慭非为国除恶之人，贬之可也。

顾氏又云：

> 夫大夫之杀与出奔，列国无不以名赴而以字赴之理，列国不以字赴，鲁史何从而得其字。鲁史既不书其字，孔子于百年后更何从追书其字耶？杜于凡书名者，皆曰恶之，必当日俱有字书于简册，圣人特以恶之而斥其名。殊不知大夫既已正典刑与逃窜，其本国方深恶痛绝之不暇，岂更有褒嘉之辞，而以其字赴于诸侯耶？④

此处顾氏将两件事混为一说，其先质疑古时赴告以名不以字，若鲁史没有记载列国大夫之字，孔子何以知大夫之字。故他是从史言之，认为赴告均以名赴，无有字赴。然后他认为杜预之说断无可能，讥讽道，难道孔子当时得见名与字于简册之上，圣人恶之故只书其名吗？然赴告书名书字与孔子能否知悉该人名字并书名贬之，二者没有必然关系，顾氏推断孔子不能得知当时人之名字，亦是推测耳。

顾栋高以古之赴告有名无字，又疑"附庸之君称字"之说，下文续论附

---

① （战国）穀梁赤著，（晋）范宁集解，（唐）杨士勋疏：《监本春秋穀梁注疏》卷16，第9页b—10页a。
② 钟文烝："书奔，与臧孙纥同"，参见（清）钟文烝撰，骈宇骞、郝淑慧点校《春秋穀梁经传补注》，中华书局1996年版，第624页。另参见《穀梁传注疏》卷16，第6页a。
③ （晋）杜预集解，（唐）孔颖达疏：《春秋左传注疏》卷45，第29页b—30页a。
④ （清）顾栋高：《春秋大事表》卷48，第33页b—34页a。

庸之君称名称字。

顾栋高云：

> 邾仪父与介葛卢、郳黎来均为附庸，则不宜有差别。今以仪父为
> 字，而以葛卢与黎来为名可乎？[①]

孙复云："郳，附庸也。附庸之君，例书字。二十三年，萧叔朝公是也。此
名者，以其土地微陋，其礼不足，贱之也。"[②]叶梦得亦已经注意到《春秋》
书附庸之君称名称字不统一，叶氏为其解释云："郳，邾之别国，而未盛，
其国后为小邾者也。犁来，郳君之名。附庸之君，以字见。犁来书名，不
满三十里之国也。"[③]孙、叶二人言附庸之君例称字，郳黎来因其地小，于礼
不足，故称名。二人所据，乃董仲舒《春秋繁露》云："附庸字者方三十里，
名者方二十里。"[④]

附庸之君称字还是称名，历来有不同说法。如杜预、孔颖达即认为附
庸之君例称名，见《左传》"郳犁来来朝，名，未王命也"，杜预注："未受
爵命为诸侯，传发附庸称名例也。"孔颖达云："郳者，附庸之国，犁来其君
之名。传言未王命者，解其称名之意，由未得爵命为诸侯故称名也。经书其
名，传言未王命，此传所发即是附庸称名之例，例当称名，故仪父称字，为
贵之也。"[⑤]又云："天子大夫四命称字，附庸称名者，以王朝之臣，故特尊之
而称字。"[⑥]二人以附庸称名，特尊称字。

杜预、孔颖达与孙复、叶梦得同样认为《春秋》对附庸之君存在称名称
字之别，差异在于如何理解称名称字。杜、孔以附庸称名，特尊称字，叶梦
得、孙复以附庸称字，地少三十里为礼不足者称名。前者书名是常例，书字

① （清）顾栋高：《春秋大事表》卷48，第33页b。
② （宋）孙复：《春秋尊王发微》卷3，《景印文渊阁四库全书》第147册，台北：台湾商务印书馆
　　1983年版，据文渊阁四库全书本影印，第5页b—6页a。
③ （宋）叶梦得：《叶氏春秋传》卷5，《景印文渊阁四库全书》第149册，台北：台湾商务印书馆
　　1983年版，据文渊阁四库全书本影印，第15页b。
④ （汉）董仲舒：《爵国》，《春秋繁露》卷8，《四部丛刊》初编，商务印书馆1929年版，第3页a。
⑤ （晋）杜预集解，（唐）孔颖达疏：《春秋左传注疏》卷8，第10页。
⑥ （晋）杜预集解，（唐）孔颖达疏：《春秋左传注疏》卷2，第9页a—b。

是尊之；后者书字是常例，书名是卑之。

究竟附庸之君该称名还是称字？除三传、杜预、孔颖达外，陆淳《春秋集传辩疑》引赵匡云："盖见庄十六年邾子克卒，以为同盟故书，遂以仪父是字耳，殊不知仪父亦名也，与鲁季孙行父及晋荀林父等亦以父为名也，缘其未得王命，止是附庸之君，故卒时不书。至庄十六年邾子克卒者，即其嗣君，自以王命为子，故书卒耳，且附庸之君非有勤王之善，纵能自通于大国，自利之事耳，有何嘉而字以褒之乎？若仪父实贤，桓十五年与牟人、葛人来朝一例称人何哉？理又可见也。"赵匡认为附庸之君无有可嘉，书名正合宜，若书字则不知其所褒。顾炎武则云："邾仪父之称字者，附庸之君，无爵可称，若直书其名，又非所以待邻国之君也，故字之。卑于子、男而进于变夷之国，与萧叔朝公同一例也。《左氏》曰'贵之'，《公羊》曰'褒之'，非矣。"①赵、顾之说似各有其理。

胡安国提出不同于前者区别附庸之君称名称字的方式，其说法实受程颐启发。程颐曰：

> 郳犁来来，修朝礼，故书曰朝，且其后数从中国诸侯之会，王命以为小邾子，盖于此已能自进于礼矣。僖二十九年，春介葛卢来，冬介葛卢来。襄十八年春，白狄来，则惟以夷礼，不能成朝，故直书曰来。郳犁来、介葛卢，夷狄附庸例书名。②

程氏不以地之大小分别，提出夷狄附庸例书名，能行中国礼者书"朝"，不能行者书"来"。胡安国据此推衍，曰："王朝大夫例称字，列国之命大夫例称字，诸侯之兄弟例称字，中国之附庸例称字。《春秋》书法，有例当称字，或黜而书名；例当称人，或进而书字，则褒贬系焉。"③胡氏据程颐提出的夷狄附庸称名，另提出中国附庸称字之说，其曰："郳，国也。犁来，名也。

---

① （清）顾炎武撰，严文儒、戴扬本校点：《日知录》卷4，《顾炎武全集》，上海古籍出版社2011年版，第18册，第171页。

② 引自（宋）李明复《春秋集义》卷15，《景印文渊阁四库全书》，台北：台湾商务印书馆1983年版，据文渊阁四库全书本影印，第155册，卷12，第8页b—9页a。

③ （宋）胡安国：《春秋传》卷1，《景印文渊阁四库全书》第151册，台北：台湾商务印书馆1983年版，据文渊阁四库全书本影印，第2页b。

国何以名？夷狄之附庸也。中国附庸例书字，邾仪父、萧叔是也。夷狄附庸例书名。"①

不过，无论杜预所说"附庸称名，郳犁来是也"，还是《穀梁传》范宁注所言"附庸之君未王命例称名，善其结信于鲁，故以字配之"，抑或《白虎通·考黜篇》"元士有功者，亦为附庸"②，又若孙觉《春秋经解》"邾，附庸国，仪父，字。附庸之君未得列于诸侯，故书字以别之。"③ 等，均未曾言夷狄附庸之说。故毛奇龄讥胡安国曰：

> 邾者，附庸之国；仪父，则邾君字也。《王制》"天子之元士视附庸"，则天子上士以名字通，原可称名并称字者，况附庸四命，较元士又多一命，则虽未受王命，而早为附庸，其得通上国，自在可名可字之间，此亦是例。而胡氏又自为制云："中国之附庸例称字，邾仪父、萧叔是也；夷狄之附庸例称名，郳犁来、介葛卢是也。"吾不知称名称字其分中国、夷狄者出自何书？乃同一附庸，同一邾子之后，而忽分仪父、犁来为中国、夷狄。学者注经可自造族姓、自定封国、自判华夏，肆然无忌惮一至于此，岂不可怪！④

毛氏认为邾仪父之邾与郳黎来之郳，二者皆源于同宗，皆是颛顼之后，周武王克商后求其苗裔，得六终之孙名侠者，封为附庸国，使居邾地，因以名。邾仪父是邾侠十二世孙，而郳亦是邾侠之后代，是邾与郳皆中国附庸，必分夷狄，则邾当为夷，如今却将邾仪父归为中国附庸例称字，岂不矛盾？若不分中国附庸与夷狄附庸，一准以附庸论，或可如杨士勋"书名者，附庸常例。仪父称字，传言贵之"来疏解。

总之，前人论《春秋》称人，关键不在论该字是否为且字。而《穀梁

---

① （宋）胡安国：《春秋传》卷7，第6页a。
② （清）陈立撰，吴则虞点校：《白虎通疏证》，中华书局1994年版，卷7，第312页。
③ （宋）孙觉：《春秋经解》卷1，《景印文渊阁四库全书》第147册，台北：台湾商务印书馆1983年版，据文渊阁四库全书本影印，第2页b。
④ （清）毛奇龄：《春秋毛氏传》卷2，《景印文渊阁四库全书》第176册，台北：台湾商务印书馆1983年版，据文渊阁四库全书本影印，第15页b—16页a。

传》有书字之法，其书法包括书字与书名。

五 《榖梁传》书字书名

《榖梁传》书字书名，是为称人，人之有尊卑，故分尊称卑称。其云："尊者取尊称焉，卑者取卑称焉。"[①] 称法不仅是尊卑之别，还能藉尊称尊之，卑称卑之。如隐公三年，天王崩，《榖梁传》云："其不名何也？ 大上，故不名也。"[②] 天王指周平王宜臼，但尊者不名，故称天王，以示太上不书名讳。又如襄公七年郑伯髡原如会，《榖梁传》云："礼，诸侯不生名。此其生名何也？ 卒之名也。"[③] 诸侯尊不生名，因故而书。天子大夫亦不名，如隐公九年，天王使南季来聘。《榖梁传》："季，字也。"范宁注："季云字者，明命为大夫，不以名通也。"[④] 范宁以"天子之大夫不名""命大夫不名"之例证南季之"季"为字。又庄公元年，单伯逆王姬，《榖梁传》云："单伯者何？ 吾大夫之命乎天子者也。命大夫，故不名也。"[⑤] 单伯为鲁国大夫，因受天子命，身份较鲁命大夫尊，故不名。若尊者书名，则多有义，如诸侯失国，则名。桓公七年，榖伯绥来朝，邓侯吾离来朝。《榖梁传》："其名何也？ 失国也。"[⑥]《曲礼》亦云："诸侯失地，名。"[⑦] 依此传例，检视桓公十一年，郑忽出奔卫，《榖梁传》："郑忽者，世子忽也。其名，失国也。"[⑧] 僖公二十八年，卫侯郑自楚复归于卫，《榖梁传》："郑之名，失国也。"哀公八年，归邾子益于邾，《榖梁传》："益之名，失国也。"同是失国书名例。

为诸侯大夫者，常例亦不名，名则有义。比如诸侯大夫致则名，以此见君臣之礼。昭公十四年，意如至自晋。《榖梁传》："大夫执则致，致则名。"[⑨] 昭公二十四年，婼至自晋。范宁注云："致臣于庙，则直名而已，所谓君前

① （战国）榖梁赤著，（晋）范宁集解，（唐）杨士勋疏：《监本春秋榖梁注疏》卷5，第7页a。
② （战国）榖梁赤著，（晋）范宁集解，（唐）杨士勋疏：《监本春秋榖梁注疏》卷1，第13页a。
③ （战国）榖梁赤著，（晋）范宁集解，（唐）杨士勋疏：《监本春秋榖梁注疏》卷15，第7页a。
④ （战国）榖梁赤著，（晋）范宁集解，（唐）杨士勋疏：《监本春秋榖梁注疏》卷2，第10页a。
⑤ （战国）榖梁赤著，（晋）范宁集解，（唐）杨士勋疏：《监本春秋榖梁注疏》卷5，第2页a。
⑥ （战国）榖梁赤著，（晋）范宁集解，（唐）杨士勋疏：《监本春秋榖梁注疏》卷3，第13页a。
⑦ （汉）郑玄注，（唐）孔颖达疏：《礼记注疏》卷5，第13页b。
⑧ （战国）榖梁赤著，（晋）范宁集解，（唐）杨士勋疏：《监本春秋榖梁注疏》卷4，第5页a。
⑨ （战国）榖梁赤著，（晋）范宁集解，（唐）杨士勋疏：《监本春秋榖梁注疏》卷18，第1页a。

臣名。"①此就传例"致则名",则知"意如""婼"为大夫之名。

反之书名于《春秋》者,若非贬抑,则身份相较为低。如定公十四年,天王使石尚来归脤,《穀梁传》云:"其辞石尚,士也。何以知其士也?天子之大夫不名。"②以天子大夫不名,此名之,故推知石尚为士。诸如此类,乃尊者不名而名之例。凡此皆涉及名字之辨,辨乎明,方可知夫子书法之用心。

由是可知,称字为贵,尊者不名,为《春秋》称人之常例。而《春秋》书名者实多矣,如桓公十六年,卫侯朔出奔齐。诸侯尊而不名,此名者,《穀梁传》云天子召,卫侯不往,故《春秋》书"朔之名,恶也"③。书卫侯之名,恶卫侯不听天子。是《春秋》书名有贬恶之义,配合《穀梁》解经,可知其大义。下文梳理三类书名恶也例。

（一）出奔书名恶也

桓公十五年,郑伯突出奔蔡。此经记载出奔且书名,《穀梁传》曰"讥夺正也"④,传又讥之,钟文烝注云:"讥夺正"为"恶也"⑤。又如闵公二年,公子庆父出奔莒。经书庆父出奔书名,《穀梁传》云"其曰出,绝之也"⑥,有贬恶绝之之意,同为诸侯出奔书名恶也例。

借《穀梁春秋》"出奔书名恶也"例,可推阐无传之经之经义。如襄公三十年,郑良霄出奔许。《穀梁传》云"自许入于郑",未言郑良霄有恶。此处书出奔又书"良霄",依义例推之,良霄为其名,其人恶也。此可与经中后文相证,后文即云郑人杀良霄,《穀梁传》书"不言大夫,恶之也",说明书郑良霄名恶也。

前人于此,有以时月日例释之,如柳兴恩"外大夫奔例",云:"奔,书时者,恶之也;恶甚,则月。"⑦其中亦举"郑良霄出奔许"为例,然须蒙时月方合"外大夫出奔,书时月以恶之"例。

---

① （战国）穀梁赤著,（晋）范宁集解,（唐）杨士勋疏:《监本春秋穀梁注疏》卷18,第9页a。
② （战国）穀梁赤著,（晋）范宁集解,（唐）杨士勋疏:《监本春秋穀梁注疏》卷19,第16页b。
③ （战国）穀梁赤著,（晋）范宁集解,（唐）杨士勋疏:《监本春秋穀梁注疏》卷4,第11页b。
④ （战国）穀梁赤著,（晋）范宁集解,（唐）杨士勋疏:《监本春秋穀梁注疏》卷4,第10页a—b。
⑤ （清）钟文烝撰,骈宇骞、骈骅校点:《春秋穀梁经传补注》,第112页。
⑥ （战国）穀梁赤著,（晋）范宁集解,（唐）杨士勋疏:《监本春秋穀梁注疏》卷6,第20页b。
⑦ （清）柳兴恩:《穀梁大义述》卷5,第6页a—b。

（二）立君书名恶也

诸侯尊不生名，若于立君书名，意指新君恶也。如隐公四年，卫人立晋，《穀梁传》："晋之名，恶也。"晋何以恶？《穀梁传》云公子晋得众，是以众人欲立之，谓得众则是贤。但贤者不宜立，《春秋》与正不与贤也。[①] 依义例推之，此公子晋不宜立，立君书名，知恶也。

又如昭公二十三年，尹氏立王子朝。书立书名，则王子朝恶也。查尹氏立王子朝之前，《春秋》书"天王居于狄泉"，周既有天王，且王未崩，岂立新王？知王子朝逼周敬王避于狄泉以自立。故此亦为"立君书名恶也"为例。

柳兴恩"立例"云"凡立者不宜立者，均不日"。然成公六年二月辛巳，立武宫。此书日有违立例不日之说。柳兴恩只好另外补充曰："此自诸侯卒葬日，危也，危不得葬也例来。"[②] 其矛盾之处在于将"立君"与"立宫"，皆归为"立例"。

（三）入国书名恶也

凡入国者书名，恶也。见庄公六年，卫侯朔入于卫，《穀梁》："朔之名，恶也。朔入逆，则出顺矣。朔出入名，以王命绝之也。"[③] 又如庄公九年，齐小白入于齐。《穀梁传》："齐公孙无知弑襄公，公子纠、公子小白不能存，出亡。齐人杀无知而迎公子纠于鲁。公子小白不让公子纠先入，又杀之于鲁，故曰齐小白入于齐，恶之也。"[④] 此知《穀梁》恶公子小白，故书名。又如哀公六年，齐阳生入于齐，《穀梁传》："阳生入而弑其君，以陈乞主之何也？不以阳生君荼也。其不以阳生君荼何也？阳生正，荼不正。不正则其曰君何也？荼虽不正，已受命矣。入者，内弗受也。荼不正，何用弗受？以其受命，可以言弗受也。阳生其以国氏何也？取国于荼也。"[⑤] 是《穀梁》以齐阳生弑君，故书名恶之也。余者《春秋》入国书名，《穀梁》虽无传，均可依此传例释书名之义。如桓公十五年，郑伯突入于栎，钟文

---

① （战国）穀梁赤著，（晋）范宁集解，（唐）杨士勋疏：《监本春秋穀梁注疏》卷2，第2页b。
② （清）柳兴恩：《穀梁大义述》卷3，第27页b。
③ （战国）穀梁赤著，（晋）范宁集解，（唐）杨士勋疏：《监本春秋穀梁注疏》卷5，第10页a—b。
④ （战国）穀梁赤著，（晋）范宁集解，（唐）杨士勋疏：《监本春秋穀梁注疏》卷5，第14页a—b。
⑤ （战国）穀梁赤著，（晋）范宁集解，（唐）杨士勋疏：《监本春秋穀梁注疏》卷20，第8页b。

炁补注云："名者，恶也"[1]；成公十八年，宋鱼石复入于彭城，范宁注："鱼石十五年奔楚，《经》称复入者，明前奔时入彭城以叛也。今楚取彭城以封鱼石"[2]；定公十三年，晋赵鞅入于晋阳以叛，《穀梁传》："叛，直叛也"[3]，均是入国书名贬恶之例。

书名贬恶之例，实由不书字而来，因为这些所恶之人本为尊贵者，常例书字，因为言行不当，故不书字。

分梳《穀梁传》天子大夫称字例、诸侯大夫称名，与附庸之君称名、贵称字，可证《春秋》书字之法与褒贬有关。孔子将礼制之称字转换成《春秋》书法，以"该书而不书"或"不书而书"变换之，不仅没有影响读者对该人的认识，反而赋予其人其事以褒贬意义。

小　结

何休、郑玄提出"且字"说，以别于单称之字，此前并无此说，是知此为汉代提出的解经语。不过后世对"且字"的理解不一，既有云"甫"为且字，"某甫"为且字，亦有言"某"为且字、"伯某甫"为且字者。郜积意总结何休《公羊》字氏例释，将冠字连称伯仲、子、甫等皆纳入且字例，但笔者认为此例应当限于何休《公羊》的解经系统内。

《春秋》称人以字非称字之法，其书字有借以别用之意，称伯仲、称子、称父，均就其身份而言。称子、称父为特定对象的书法，非作为礼制称字，《穀梁传》当从此解。

就此而论，《穀梁传》中的"字"与礼制称字，差别在于礼典是称字之法，《春秋》是书法。《春秋》中并未借且字为书法之用，故《穀梁传》亦未借且字立义。厘清了礼制称字与《春秋》书字之关系，即可了解礼制称字之法虽是《春秋》称字之例的源头，但在《春秋》书法中已不强调称字之法，而是借用书字与不书字来凸显对人之褒贬。

---

① （清）钟文烝撰，骈宇骞、骈骅校点：《春秋穀梁经传补注》，第124页。

② （战国）穀梁赤著，（晋）范宁集解，（唐）杨士勋疏：《监本春秋穀梁注疏》卷14，第13页b。

③ （战国）穀梁赤著，（晋）范宁集解，（唐）杨士勋疏：《监本春秋穀梁注疏》卷19，第15页b。

第十一章　杀弑例

——《穀梁传》杀弑考

夫《春秋》东周时作，后遭秦火，传本遂绝。至汉代，经文与三传书于竹帛，用字略不同，如弑君者，有曰杀，有曰弑（试）。段玉裁曰《春秋》正名之书，二字不可相通[①]；钟文烝则云古时仅有杀字，一字二读[②]。此有待厘析，以正是非。

一　杀弑不可相通说暨古只有杀字说

段玉裁云：

> 周公之典曰放弑其君，则残之。正其名曰弑，定其罪曰残。残者，掌戮，所谓膊焚辜肆也。惟其名正而后其罪定。书弑者，圣人所以残之也。[③]

又云：

> 凡《春秋传》于弑君，或云杀者，述其事也。《春秋经》必云弑者，正其名也。弑者，臣杀君也。[④]

---

①　（汉）许慎撰，（清）段玉裁注，鲁实先正补：《说文解字注》卷 3 篇下，第 28 页 b。
②　（清）钟文烝撰，骈宇骞、郝淑慧点校：《春秋穀梁经传补注》，卷 1，第 36 页。
③　（清）段玉裁：《春秋经杀弑二字辩别考》，《经韵楼集》卷 4，第 5 页 b。
④　（清）段玉裁：《春秋经杀弑二字辩别考》，《经韵楼集》卷 4，第 5 页 a。

认为《春秋经》记杀君者，必书弑其君，以正其名，以定其罪。顺此，段氏续论"杀""弑"不可相通，其云：

> 杀声于音在脂部，式声于音在之部。"脂""之"者，古音之大判，彼此不相假借也。凡六书假借必其音同部。故"杀"与"弑"，音殊义殊。汉《公羊》经传假"试"为"弑"，断无有假"杀"为"弑"者也。凡三经三传之用"杀"为"弑"者，皆讹字也。①

段玉裁以同谐声者必同部，视其偏旁为声，而知其音在某部。今杀字，偏旁为杀，声在第十五部②；弑字，偏旁为式，声在第一部③。二字不同部，不得相通假借。

段氏认为二字有特定书法，非杀君不得书弑。如昭公十三年，《公羊传》"楚公子弃疾弑公子比"，公子比非君，不得书弑。是以，段玉裁撰《公羊经传弑字辩误》，辩"弑"为讹字，云何氏不知正误，于大义有伤。④依段氏之见，《公羊传》此处应作"杀"。另如僖公九年，《穀梁传》"晋里克杀其君之子奚齐"，段玉裁认为奚齐是君，"杀"为讹字，应作"弑"。其云：

> 曰弑者，子不敢自君，民臣不敢不君之。书弑，所以范天下后世之凛，其丧君与成君无异也。⑤

不过，《穀梁》不以奚齐为即位国君，范宁曰："国人不君之，故系于其君。"杨士勋云："今奚齐书时者，为未成君，且又不正。"⑥柳兴恩计弑君二十五例，亦不数此。三人均就奚齐未成君，国人不以为君言之，故不书"弑"。

笔者以为，段玉裁举"杀""弑"古音不得相通，二字异义，无法证明《春秋》用字，因为段氏所据的是宋代以后版本。

---

① （清）段玉裁：《春秋经杀弑二字辩别考》，《经韵楼集》卷4，第5页a。
② （清）段玉裁：《古十七部谐声表》，《六书音均表》表二，第21页a。
③ （清）段玉裁：《古十七部谐声表》，《六书音均表》表二，第2页a。
④ （清）段玉裁：《公羊经传弑字辩误》，《经韵楼集》卷4，第29页a—31页a。
⑤ （清）段玉裁：《春秋经杀弑二字辩别考》，《经韵楼集》卷4，第6页b。
⑥ （战国）穀梁赤著，（晋）范宁集解，（唐）杨士勋疏：《监本春秋穀梁注疏》卷8，第6页b。

今见宋代之后通行本，弑君皆书"弑其君"，不用"杀其君"，恰如段氏之论。"杀""弑"既已辨明，经传亦已改正，段玉裁犹云："自汉以后，经籍讹舛，'杀'而讹'弑'者且有之，'弑'而讹'杀'者尤多矣。"[1] 这一点段氏实为驳难陆德明也。段玉裁说：

> 陆德明为《释文》，绝无裁断之识，但于隐四年，卫弑其君完。发凡曰：弑，本又作杀，同音试，凡弑君之例，皆放此，可以意求，不重音。[2]

段氏认为，陆德明言"弑"者一本作"杀"，此非也；又言杀音试，此又非也。段玉裁以"杀""弑"古音不同部，二字不得假借，则"杀"不可音"试"。所以，段氏认为陆德明释"弑"，书"杀，同音试"者，乃陆氏不明《春秋》为正名之书，不知涉君之事，"弑"正而"杀"非，用"杀"，讹也，以此讥陆德明无裁断之识。又云：

> 经传"杀""弑"二字转写，既多讹乱，音家又或拘泥，中无定见，多有"杀"读"弑"者。按述其实，则曰"杀君"；正其名，则曰"弑君"。《春秋》正名之书也，故言"弑"不言"杀"；三传述实以释经之书也，故或言"杀"，或言"弑"，不必传无"杀君"字也。[3]

段氏以为经传于历代传写过程中产生讹乱，有"弑"作"杀"者，音家或也觉得应作"弑"字，但又未能决断，是以书"杀"，音试。段玉裁提出夫子述作大义，《春秋》乃正名之书，杀君皆言"弑"，不言"杀"。又云：

> 凡经传"弑"，既讹作"杀"，音家从而为辞曰"音弑"，曰"申志反"者，皆不合乎正误之法。"杀"之不得音"弑"，犹"弑"之不得音"杀"也。[4]

---

① （清）段玉裁：《春秋经杀弑二字辩别考》，《经韵楼集》卷4，第5页b。
② （清）段玉裁：《春秋经杀弑二字辩别考》，《经韵楼集》卷4，第5页b—6页a。
③ （汉）许慎撰，（清）段玉裁注，鲁实先正补：《说文解字注》卷3篇下，第28页a—b。
④ （清）段玉裁：《春秋经杀弑二字辩别考》，《经韵楼集》卷4，第5页a。

段氏云音家释"杀"，曰"音弑""申志反"，当释本音，所以应将讹字正之
为"弑"，方合乎正误之法。且见陆德明释经传，不论所见经本作"杀其
君"，或作"弑其君"，皆音试，释音未有定则，故段氏以此难之。其后，宋
代余仁仲刊《公羊传》《穀梁传》附入《经典释文》，发现《释文》所释经注
与正文字不同，则直言不敢臆定，其云：

> 以家藏监本及江浙诸处官本参校，颇加厘正，惟是陆氏释音，字或
> 与正文字不同……众皆不敢以臆见更定，姑两存之，以俟知者。①

余氏虽不敢正其文字，依"信以传信，疑以传疑"二存之，可见"杀""弑"
用字，确实存在讹乱。

另外，阮元言"杀""弑"有别，说法与段玉裁不尽相同，其云：

> 经中"弑"字，明见于《易·文言》"臣弑其君，子弑其父"，与
> "杀"同而大有分别。此盖圣人不忍言之，若谓天下于君父不应有杀之
> 事，而竟有之，何忍言之？故于"杀"之词气，惕之、戚之、缓之、
> 轻之也。何以明之？"弑"从式得声，《说文》人部伿字，解曰"惕
> 也"，引《春秋》《国语》曰"于其心伿然"。今《国语》韦注作"戚
> 然"，当依许作"伿，惕然"，而"戚然"亦同此意。圣贤于此变"杀"
> 言"弑"，盖其词气惕然、戚然，稍缓之、稍轻之，非猝然，甚之、急
> 之、重之也。知此字词气之本义，则《春秋》之书"弑"书"杀"可得
> 其意。……君臣父子之义定，则此字之书法、读法亦定。……以"弑"
> 为"杀"，即失《春秋》第一大义。②

按阮元之说，时有二字，夫子以词气惕然，稍缓之、稍轻之，不忍书"杀"，
故变"杀"言"弑"。然王力云：

---

① 参见（清）黎庶昌编《春秋穀梁传集解》，《古逸丛书》，光绪十年刊本，第 1 页 b。
② （清）阮元：《弑杀解》，参见（清）柳兴恩《弑》，《穀梁大义述》卷 3，第 21 页 b—22 页 a。

先秦的声调，分为"舒""促"两大类，但又细分为长短，舒而长的声调就是平声，舒而短的声调就是上声，促声不论长短，我们一律称为入声。长入到了中古变为去声，短入仍旧是入声。[1]

从古声调来说，"杀"声舒而长，"弑"声促而短，既声促，如何惕然，稍缓之？或当反言之，圣人以臣杀父、子杀君，不足以表达警惕之意，故以"弑"声猝然，甚之、急之、重之也，变"杀"言"弑"。

另外，钟文烝对此有不同见解，其云：

> 窃意古只有"杀"字，而上杀下及敌者相杀，读"杀"，短言之；下杀上，读"杀"，长言之。其字则皆从殳，杀声之字，《穀梁》《左氏》经传所用也。弑者，后出之字，从杀省式声，或又假借试字，亦式声，《公羊》经传所用也。凡六艺群书在《公羊》前者，皆有"杀"无"弑"也，其参差混乱并《公羊》中亦不画一者，皆写本、刊本之失也。……此字有两读，无两字，伯冲[2]亦未知之。今知必然者，宋弑与夷、捷，晋弑卓，皆有及大夫文，《传》与《左传》皆言里克弑二君与一大夫，《明堂位》言鲁君臣未尝相弑，其字皆必当作"杀"者也。但以诸"弑"字相承已久，未便辄改，姑沿用之，而著其说于此。[3]

钟文烝认为古只有杀字，一字两读，或短言之，或长言之，无两字。其论据有二：其一，六艺群书在《公羊》前者，有杀无弑；其二，经文书宋弑与夷、晋弑卓，皆有及大夫文。故古"弑"当作"杀"。

钟氏短言、长言或从清儒古声调说而来，盖陈第提出"四声之辨，古人未有"[4]，顾炎武云"长言则今之平上去声也，短言则今之入声也"[5]，段玉裁言

---

[1] 王力：《汉语史稿》，科学出版社 1958 年版，第 65 页。

[2] 陆淳，字伯冲。

[3] （清）钟文烝撰，骈宇骞、郝淑慧点校：《春秋穀梁经传补注》，卷 1，第 36 页。

[4] （明）陈第：《读诗拙言》，凤凰出版社 2010 年版，据清道光二十七年番禺潘氏刊本影印，第 3 页 b。

[5] （清）顾炎武：《音论》卷中，商务印书馆 2006 年版，第 11 页。

"古平上为一类，去入为一类，上与平一也，去与入一也"①，以及孔广森、江有诰、王念孙、刘逢禄、夏燮、章炳麟、黄侃等均多有讨论。阮元以"弑"字词气稍缓之，钟文烝云下杀上、长言之，不谋而合。然而，钟文烝云弑为后出之字，代以下杀上之"杀"。依此，"弑"字应从下杀上言之"杀"衍生而来。然就声调而言，恰恰相反，反而从短言之，似有不合。因此，愚意钟文烝查先秦典籍有"杀"无"弑"，后受阮元词气说启发，从词气猝然或轻缓别之，推论古代"杀"字，一字二读，以上杀下为短言，以下杀上为长言。"弑"字起用之后，"杀""弑"遂别。然钟氏未辨"弑"字若由长言之"杀"衍，何以竟成短言促声，足见其理不尽意。

二　弑字考

考"弑"字，东汉许慎于建光元年（121）撰成《说文解字》，将"弑"收入"杀"部，并云"从杀省，式声"②，说明"弑"字为后起字。查西汉以前出土文献，有"杀"字③，无"弑"字。如，西汉文景时期至武帝初期（前140—前118）银雀山汉墓竹简"崔杼果式（弑）壮（庄）公"④。僖公十年"晋里克弑其君卓及其大夫荀息"，东汉灵帝熹平四年（175）至东汉光和六年（183）熹平石经《春秋》作"克杀"⑤；文公十四

---

① （清）段玉裁：《古四声说》，《六书音韵表·今韵古分十七部表》，第19页。
② （汉）许慎撰，（清）段玉裁注，鲁实先正补：《说文解字注》卷3篇下，第28页b。
③ 底下所举出土文献著作均仅见"杀"字。张亚初编著：《殷周金文集成引得》，中华书局2001年版，字号0800，第439页。董莲池编著：《新金文编》上册，作家出版社2011年版，第371页。中国社会科学院考古研究所编辑：《甲骨文编》，中华书局1965年版，第134页。滕壬生：《楚系简帛文字编》（增订本），湖北教育出版社2008年版，第299页。《睡虎地秦简文字编》，文物出版社1994年版，第45页。方勇：《秦简牍文字编》，福建人民出版社2012年版，第88页。何琳仪：《战国古文字典：战国古文字声系》下册，中华书局1998年版，第940页。汉语大字典字形组编：《秦汉魏晋篆隶字形表》，四川辞书出版社1985年版，第206页。
④ 银雀山汉墓竹简整理小组编：《银雀山汉墓竹简（壹）·晏子》，文物出版社1985年版，第591页。
⑤ 马衡：《汉石经集存》，上海世纪出版股份有限公司、上海书店出版社2014年版，第31页b。相同例子尚有襄公二十六年，卫宁喜弑其君剽。熹平石经作"宁喜杀其"（第35页b）。昭公十三年，楚公子比自晋归于楚。弑其君虔于乾溪。熹平石经作"杀其君"（第36页b）。昭公十九年，许世子止弑其君买。熹平石经作"杀其君"（第37页a）。

年"齐公子商人弑其君舍",石经《春秋》作"杀其君"①;襄公二十六年"宁喜弑其君",石经《春秋》作"宁喜杀其"②;昭公十三年"楚公子比自晋归于楚,弑其君虔于乾溪",石经《春秋》作"楚公子比自晋归于楚,杀其君虔于乾溪"③;又"楚公子弃疾弑公子比",石经《春秋》作"杀公子比";昭公十九年"许世子止弑其君",石经《春秋》作"杀其君"④。桓公十一年,《公羊传》:"何以不书葬,隐之也。何隐尔? 弑也",石经《公羊》作"试"⑤。《易·文言》作"臣试其君,子试其父"⑥,东汉灵帝中平二年(185)曹全碑作"𢧵父篡位"⑦等等。上述简文、石经、碑文或作"杀",或作"试",未见"弑"字。

又,陈寿祺辑许慎《五经异义》,作"晋里克杀其君之子奚齐""齐公子商人杀其君舍"⑧,许慎或作"杀",至少杜佑所见经本作"杀"。

再检清华大学藏战国竹简,凡"弑君"者,亦作"杀君"。今仅举《春秋》载之者为例。如:

(1)僖公十年,《穀梁经》"晋里克弑其君卓",清华简作:"献公卒,乃立奚齐。其大夫里之克乃杀奚齐,而立其弟悼子,里之克或(又)杀悼子。"⑨案奚齐、悼子言立,是成君也。

(2)宣公十年,《穀梁经》"陈夏征舒弑其君平国",清华简作:"陈公子征舒杀其君灵公。"⑩

(3)襄公二十五年,《穀梁经》"齐崔杼弑其君光",清华简作:"齐崔杼杀其君庄公。"⑪

从出土文献来看,《春秋》均用"杀"字,可假设西汉以前无"弑"字,

① 参见马衡《汉石经集存》,第33页a。
② 参见马衡《汉石经集存》,第35页b。
③ 参见马衡《汉石经集存》,第36页b。
④ 参见马衡《汉石经集存》,第37页a。
⑤ 参见马衡《汉石经集存》,第38页b。
⑥ 马衡:《汉石经集存》,第28页b。
⑦ 曹全碑。
⑧ 参见(清)陈寿祺《五异义疏证》卷下,(唐)杜佑《通典》卷93,《续修四库全书》第171册,上海古籍出版社1995年版,第37页b、16页b。
⑨ 李学勤主编:《清华大学藏战国竹简·贰》,上海文艺出版集团、中西书局2011年版,第150页。
⑩ 李学勤主编:《清华大学藏战国竹简·贰》,第170页。
⑪ 李学勤主编:《清华大学藏战国竹简·贰》,第177页。

"弑"或两汉之际所造。参见葛亮云：

> 殷墟甲骨文中旧释为从攴从它或从攴从也之字应为"杀"字的前
> 身，字形象以扑杖击杀蛇虺、鲜血四溅之形……金文形体应是在甲骨文
> 形体基础上加注意符"人"而成，秦汉文字中"杀"字又进一步讹变，
> 遂为小篆所本。……"弑"字《说文》分析为"从杀省，式声"，应该
> 是在"杀"字变得不象形之后才出现的。[①]

在金文时期，"杀"字加上"人"之意符，说明兼用于杀人。从杖击致死，
其人并没有特定。

《春秋》既书"杀"字，何必造"弑"字？夫子作《春秋》，为尊者讳
耻，为贤者讳过，为亲者讳疾也[②]，对诸侯大夫杀君直书不讳，以此警世。
然经过秦朝一统天下，君王地位不断提升，为了凸显君臣不可相敌，是
以汉代对原本夫子书"杀"已具备贬义的书法，犹嫌不足，为了崇君而造
"弑"字，专用于君父，标举以下犯上、大逆不道之重，如王充云："罪莫
大于弑君。"[③]

为何是"弑"？许慎云："从杀省，式声。"[④] 杀，戮也；戮，杀也。从殳。

[①] 葛亮："解字：杀 / 弑"，见古文字微刊，2017 年 6 月 1 日。

[②] 《穀梁传》成公九年。参见（战国）穀梁赤著，（晋）范宁集解，（唐）杨士勋疏《监本春秋穀梁
注疏》卷 14，第 2 页 a。

[③] （汉）王充：《死伪》，《论衡》卷 21，张元济等：《四部丛刊》正编，台北：台湾商务印书馆
1979 年版，据上海涵芬楼藏明通津草堂本影印，第 1 页 b。《贾谊传》："夫立君臣，等上下，
使父子有礼，六亲有纪，此非天之所为，人之所设也。夫人之所设，不为不立，不植则僵，不
修则坏。"参见（汉）班固《后汉书》卷 48，中华书局 1965 年版，第 2246 页。《董仲舒传》：
"人受命于天，固超然异于群生，人有父子兄弟之亲，出有君臣上下之谊。"参见（汉）班固
《后汉书》卷 52，第 2516 页。《司马迁传》："故臣弑君，子弑父，非一朝一夕之故，其渐久矣。
有国者不可以不知《春秋》，前有谗而不见，后有贼而不知。为人臣者不可以不知《春秋》，守
经事而不知其宜，遭变事而不知其权。为人君父者而不通于《春秋》之义，必蒙首恶之名。
为人臣子不通于《春秋》之义者，必陷篡弑诛死之罪。其实皆以善为之，而不知其义，被之空
言不敢辞。夫不通礼义之指，至于君不君，臣不臣，父不父，子不子。夫君不君则犯，臣不臣
则诛，父不父则无道，子不子则不孝。此四行者，天下之大过也。"参见（汉）班固《后汉书》
卷 62，第 2717—2718 页。

[④] （汉）许慎撰，（清）段玉裁注，鲁实先正补：《说文解字注》卷 3 篇下，第 28 页 b。

殳者，“以杖殊人也”。段玉裁注：“殊，断也。”[①]以殳杀之。“殳”“戈”，骨刻文字形相近，《说文》“戈，平头戟也”[②]，皆可为杀人器。以殳为杀，书杀；以戈为杀，或书。又，“殳”“戈”“式”形近，或形近假借，或双声假借，或旁转假借，从杀从式，式亦声，立“弑”字。“弑”，广义为杀，狭义为臣弑君、子弑父。如许慎云：“弑，臣杀君也。”[③]至《汉书·五行志》可见“杀”“弑”二字同书于一句，如“晋相弑杀，五世乃定”[④]。二字二义，不相混用。

三　经文改杀为弑考

今人不知“弑”字乃汉代后起，是以读“弑其君”，未曾有疑，若读“杀其君”，反指为讹错。实则，《穀梁经》载“弑”者，唐前旧本多作“杀”，查陆德明《穀梁经释文》虽作“弑”字，然从释音可推原本所见经本作“杀”。如隐公四年，卫州吁弑其君完。阮元云：

> “弑其，申志反。”按此，当本作“杀其”，故陆音“申志反”，如本作“弑”，无烦音矣。陆云：“弑字从式，杀字从殳，不同也。字多乱故，时复音之，可知，则不重出。”语极明析。[⑤]

又于“冯弑，音试”下云：

> 按此当本作“冯杀，音试”。浅人据注疏本改作“弑”。[⑥]

---

① （汉）许慎撰，（清）段玉裁注，鲁实先正补：《说文解字注》卷3篇下，第24页b。

② （汉）许慎撰，（清）段玉裁注，鲁实先正补：《说文解字注》卷3篇下，第34页b。

③ （汉）许慎撰，（清）段玉裁注，鲁实先正补：《说文解字注》卷3篇下，第28页b。

④ （汉）班固撰，（清）王先谦补注，上海师范大学古籍整理研究所整理：《五行志》，《汉书补注》，上海古籍出版社2008年版，第1509页。

⑤ 参见（清）阮元等《春秋公羊传释文校勘记》卷1，《续修四库全书》第183册，上海古籍出版社1995年版，据清嘉庆阮氏文选楼刻本影印，第1页b—2页a。

⑥ 参见（清）阮元等《春秋公羊传释文校勘记》卷1，第1页b。

王筠看法与阮元相同。其云：

> 既音"申志反"，则正文作"杀"字。①

按阮元、王筠意见，经文应作"杀"。查今本《穀梁》经传，"弑"字出现九十五次，以"杀"解之，皆不违意。惟昭公十三年"楚公子弃疾杀公子比"，《穀梁传》云："当上之辞也。当上之辞者，谓不称人以杀，乃以君杀之也。讨贼以当上之辞，杀，非弑也。比之不弑有四。取国者称国以弑，楚公子弃疾杀公子比，比不嫌也。《春秋》不以嫌代嫌。弃疾主其事，故嫌也。"传中"杀""弑"同见，似有二字。然此处依文意，乃言公子比并未杀其君虔，不得以讨贼论，如范宁注云："实有弑君之罪，则人人皆欲杀，宜称人以杀之。今言楚公子弃疾杀公子比，明弃疾所杀，非弑君之人。"②故此应作"杀，非弑也"。

若不同意阮元、王筠对陆德明《经典释文》释音的解释，认为《经典释文》为释本音，如"弑，音试"者，则"杀，音试"，"杀"应作"弑"字。此即段玉裁云音家讹乱不能正误，所以"杀，音试"有之，"弑，音试"亦有之（见表11–1）。

---

① 参见黄焯《经典释文汇校》卷16，中华书局2006年版，第20页b。王引之认为今本《左传》注及《经典释文》改杀为弑。其云，《释文》"闻公杀，申志反"。盖"杀"有"如字"与"申志反"二音，故别之曰"申志反"。《左传》《释文》"杀"音"申志反"者，凡十三见，并与此同。今本注及《释文》俱改杀为弑，非也。参见（清）王引之《春秋左传·攻灵公》，《经义述闻》卷18，第3页a—b。笔者对照《穀梁传》与《经典释文》，计六十七例中，有五十一例《经典释文》所释字与今本同。有十一例《经典释文》书杀音试，今本作弑之例，如隐公二年注"隐弑贼未讨"、三年注"弑君不葬"、十年注"窜弑"、桓公元年传"弟弑兄"、二年传"内弑其君"、十年注"见弑"、庄公元年注"弑逆"、文公十四年注"并弑"、十四年经"弑其君"、宣公八年注"共弑子赤"、襄公十年注"所弑"。另有三例《经典释文》书杀音试，今本作杀之例，此或未改尽之遗。例如，僖公十年注"杀奚齐"，《释文》作杀音试；成公十七年注"见杀"，《释文》作杀音试；哀公二年注"欲杀"，《释文》作弑音试。有一例，哀公六年注"后弑"，《释文》作杀音试。《经典释文》书杀音杀，今本作弑，此或不该改而径改之笔。另有一例，襄公二十六年经"宋公杀其世子座"，《经典释文》作弑音试，不当。由此之故，笔者认为《公羊春秋》《穀梁春秋》在陆德明《经典释文》完成后，与监本、江浙官本刊刻前，经过一次经、传、注正文字的工程，改者依据陆德明释音为试者，改杀为弑，成为今本。

② （战国）穀梁赤著，（晋）范宁集解，（唐）杨士勋疏：《监本春秋穀梁注疏》卷17，第14页a。

表 11-1 《穀梁传》与《经典释文》弑字表

今传穀梁经之通行本	经典释文	余本释文	旧本释文
（1）隐公四年：卫祝吁弑其君完	弑其：音试，释旧作杀，注下同	无释文	应作杀
（2）桓公二年：宋督弑其君与夷	弑其：音试，下及下注同	无释文	应作杀
（3）庄公八年：齐无知弑其君诸儿	弑其：音试，下同	无释文	应作杀
（4）庄公十二年：宋万弑其君捷	弑其：申志反，下注先弑同	无释文	应作杀
（5）僖公十年：晋里克弑其君卓，及其大夫荀息	弑其君：申志反，下弑二君，所为弑并同	无释文	应作杀
（6）文公元年冬十月丁未：楚世子商臣弑其君髡	弑其：申志反，传同	弑其：申志反，传同	应作杀
（7）文公十四年：齐公子商人弑其君舍	杀其：音试，本又作弑，传及注同	杀其：音试，本又作弑。经文作弑	经作杀
（8）文公十六年：宋人弑其君杵臼	弑其：申志反	无释文	应作杀
（9）文公十八年：齐人弑其君商人	弑其：申志反，后悉同	无释文	应作杀
（10）文公十八年：莒弑其君庶其			
（11）宣公二年：晋赵盾弑其君夷皋	弑其：音试，年内皆同	无释文	应作杀
（12）宣公四年：郑公子归生弑其君夷	弑其：音试	无释文	应作杀
（13）宣公十年：陈夏征舒弑其君平国	弑其：音试	无释文	应作杀
（14）成公十八年：晋弑其君州蒲			
（15）襄公二十五年：齐崔杼弑其君光	弑其：音试，注同	无释文	应作杀
（16）襄公二十六年：卫宁喜弑其君剽	弑其：音试，下文及注皆同	无释文	应作杀

续表

今传穀梁经之通行本	经典释文	余本释文	旧本释文
（17）襄公二十九年：阍弑吴子余祭	阍弑：下音试，下同	无释文	应作杀
（18）襄公三十年：蔡世子般弑其君固	弑其：音试，下尽蔡般，传及注皆同	无释文	应作杀
（19）襄公三十一年：莒人弑其君密州	弑其：音试	无释文	应作杀
（20）昭公十三年：楚公子比自晋归于楚。弑其君虔于乾溪	弑其：凡弑字从式，杀字从殳。君父曰弑，取积渐之名。自外则皆曰杀，此可以意求也。传本多作杀字，故时复音，之后放此	无释文	应作杀
（21）昭公十九年：许世子止弑其君买	弑其：音弑，下文及注皆同	无释文	应作杀
（22）昭公二十七年：吴弑其君僚			
（23）定公十三年：薛弑其君比			
（24）哀公四年：盗弑蔡侯申	盗弑：音试，下文注皆同	无释文	应作杀
（25）哀公六年：齐陈乞弑其君荼			

无论如何，《经典释文》虽有参差，但现今流传之通行本，经传已改"杀其君"为"弑其君"。愚以为《穀梁》经过二次厘订，第一次为汉代，第二次为唐代。

（一）汉代

据史载，秦火后，经籍佚乱，两汉均曾整齐脱误，是正文字。如《汉书·艺文志》云：

　　孝武世，书缺简脱，礼坏乐崩，圣上喟然而称曰："朕甚闵焉！"
于是建藏书之策，置写书之官，下及诸子传说，皆充秘府。至成帝时，以书颇散亡，使谒者陈农求遗书于天下。诏光禄大夫刘向校经传诸子诗赋。①

又《后汉书·孝安帝纪》云：

诏谒者刘珍及五经博士，校定东观五经、诸子、传记、百家艺术，整齐脱误，是正文字。②

说明朝廷对于经籍整理相当重视。又如石渠阁、白虎观召五经名儒，集将、大夫、博士、议郎、郎官、诸生议五经同异；熹平四年"诏诸儒正五经文字，刻石立于太学门外"③等，多次对经传进行校定。

朝廷颁布经典文字与解释对后来著述产生了重要影响。如班固《白虎通德论·诛伐》云："弒者，试也，欲言臣子杀其君父不敢卒，候间司事，可稍稍试之。"以"试"释"弒"，后来熹平石经曾有以"试"为"弒"之例，见《公羊传》隐公十一年"何隐尔？弒也"，"弒"字即作"试"④。同时期，刘熙《释名》曰："下杀上，曰弒。弒，伺也，伺间而后得施也。"⑤其解释与《白虎通德论》一致。以此反推，白虎观会议对"弒"的解释应为公羊家师说。

而《左传》《穀梁传》与许慎，"弒"皆作"臣弒君"义，后来成为主要

---

① （汉）班固撰，（清）王先谦补注，上海师范大学古籍整理研究所整理：《艺文志》，《汉书补注》，第1701页。
② （南朝宋）范晔撰，（唐）李贤等注：《后汉书》卷5，中华书局1965年版，第215页。另参见《汉书·王莽传》："莽奏起明堂、辟雍、灵台，为学者筑舍万区，作市、常满仓，制度甚盛。……网罗天下异能之士，至者前后千数，皆令记说廷中，将令正乖缪，壹异说云。"参见（汉）班固撰，（唐）颜师古注《汉书》卷96上，第4069页。《东观汉记·樊准》："孝明皇帝尤垂意于经学，即位删定乖疑，稽合图谶。"参见（东汉）刘珍等撰，吴树平校注《东观汉记校注》卷12，中华书局2008年版，第464页。《后汉书·伏侯宋蔡冯赵牟韦列传》："永和元年，诏无忌与议郎黄景校定中书《五经》、诸子百家、艺术。"参见（南朝宋）范晔撰，（唐）李贤等注《后汉书》卷26，第898页。《张曹郑列传》："郑玄括囊大典，网罗众家，删裁繁诬，刊改漏失，自是学者略知所归。"参见（南朝宋）范晔撰，（唐）李贤等注《后汉书》卷35，第1213页。
③ （南朝宋）范晔撰，（唐）李贤等注：《后汉书》卷8，第336页。
④ 马衡：《汉石经集存》，第38页b。
⑤ （汉）刘熙：《释名》卷8，中华书局1985年版，第130页。

解释，取代了"稍稍试之"与"伺间之伺"的字义。熹平石经后，《公羊传》未再用"试"字可证。

汉之后"弑"字虽已用于弑君，然《春秋》为圣人所述，或不敢擅改，仍作"杀其君"者，唯音读"试"以别之，以明下杀上之意。《穀梁传》亦如是，皆音"试""申志反"，但部分经本，或作"杀"，或作"弑"，并未统一。按陆德明所见《穀梁传》，即有一本作"弑"，一本作"杀"之例。如：

（1）桓公元年，《穀梁传》"桓弟弑兄"。《经典释文》："弟杀：申志反，本又作弑，下及下注同。"[1]

（2）桓公二年，《穀梁传》"内弑其君"。《经典释文》："内杀：音试，下文注皆同。"[2]

（3）桓公十八年，《穀梁传》"君弑贼不讨"。《经典释文》："君弑：音试，又作杀。"[3]

（4）庄公元年，《穀梁传》"君弑于齐"。《经典释文》："君弑：申志反，又作杀，如字，注同。"[4]

（二）唐代

第二次厘正，则在唐代。唐太宗以经籍去圣久远，文字多讹谬，诏前中书侍郎颜师古考定《五经》，颁于天下，命学者习焉。又以儒学多门，章句繁杂，诏国子祭酒孔颖达与诸儒撰定《五经》义疏，凡一百七十卷，名曰《五经正义》，令天下传习。[5] 勘正五经正义后，亦厘正《穀梁》经注。此由陆德明《经典释文》原作"杀其君"者，今本皆改作"弑其君"可知；又如唐石经"杀其君"者，亦改作"弑"。

孔颖达等，如何将"杀"改作"弑"，而不误正[6]。其一，凡经注中，陆德明释"音试""音弑""申志反"者，将所释之字，改作"弑"字。其二，

---

[1] （唐）陆德明：《经典释文》，上海古籍出版社1985年版，第1279页。

[2] （唐）陆德明：《经典释文》，第1282页。

[3] （唐）陆德明：《经典释文》，第1283页。

[4] （唐）陆德明：《经典释文》，第1284页。

[5] （后晋）刘昫等：《旧唐书》卷189上，中华书局2013年版，第4941页。

[6] 襄公二十六年，宋公杀其世子座。《经典释文》作"弑其，如字"，"弑"应作"杀"。此或今本《经典释文》误正。

若《释文》未音①，凡杀君者，改作"弒其君"。

自此之后，宋代监本、官本，坊刻本袭之，今流传之通行本所见均为"弒其君"也。

四 《穀梁传》"弒"君三十五考

《春秋》弒君，《韩非子·外储说右上》引子夏曰："《春秋》之记臣杀君，子杀父者，以十数矣"；《淮南子·主述训》云："弒君三十六"；《史记·太史公自序》"春秋之中，弒君三十六"；刘向《说苑·建本》"春秋之中，弒君三十六"；董仲舒《春秋繁露·灭国上》"弒君三十六"；《春秋繁露·盟会要》"弒君三十六"；王充《论衡·死伪》"春秋之时，弒君三十六"；《汉书·刘向传》"弒君三十六"；《汉书·天文志》"弒君三十六"；《前汉纪·孝元皇帝纪中》"弒君三十六"；《东观汉记·丁鸿》"春秋日蚀三十六，而弒君三十六"；至颜师古列举弒者条目等，均言《春秋》弒君三十六。另有云弒君三十二者，如《春秋繁露·王道》"弒君三十二"；《后汉书·桓荣丁鸿列传》"春秋日食三十六，弒君三十二"。

段玉裁则曰弒君二十六，其云：

> 经文于杀诸侯必曰弒，二百四十二年，凡书弒二十有六。②

首先，段氏云"杀诸侯必曰弒"，乃就今之通行本言之，若西汉之前，书"杀"也。其二，段玉裁所数限于《春秋》经文，传文所述"弒君"之事不数。前人于传文言弒君者，亦数之，段氏不依，以"三十六"之"三"为讹字，云：

> 师古所注《汉书》之讹字，审矣。二十六弒者，汉经师旧说也。③

---

① 未音者，如哀公六年，齐陈乞弒其君荼、哀公十三年，盗杀陈夏区夫等。
② （清）段玉裁：《春秋经杀弒二字辩别考》，《经韵楼集》卷4，第5页 b。
③ （清）段玉裁：《春秋经杀弒二字辩别考》，《经韵楼集》卷4，第9页 a。

段氏数得二十六例①，前人数三十六例，乃定义不同，致数不同耳。

　　查《穀梁》经传，若就经文书"弑其君"数之，凡二十五例。若合经传言"弑君"者，则不止二十五例。《穀梁》犹有传文书弑之事，经文隐而不书的义法；或经文书弑，实不弑之微言。析而言之，可分六类，即实弑且书、虽书弑而主君恶、未弑而书弑、弑而不书于《春秋》、非君而书弑君、弑而不称君。

（一）实弑且书

　　凡君被弑者，《春秋》书之。如：

（1）隐公四年，卫祝吁弑其君完。

（2）桓公二年，宋督弑其君与夷。

（3）庄公八年，齐无知弑其君诸儿。

（4）庄公十二年，宋万弑其君捷。

（5）僖公十年，晋里克弑其君卓，及其大夫荀息。

（6）文公元年，楚世子商臣弑其君髡。

（7）宣公四年，郑公子归生弑其君夷。

（8）宣公十年，陈夏征舒弑其君平国。

（9）襄公二十五年，齐崔杼弑其君光。

（10）襄公二十九年，阍弑吴子余祭。

（11）襄公三十年，蔡世子般弑其君固。

（12）哀公四年，盗弑蔡侯申。

（13）哀公六年，齐陈乞弑其君荼。

　　以上大夫、世子、公子弑君，孔子揭明弑而代之之嫌。

---

① （清）段玉裁：《公羊经传弑字辩误》，《经韵楼集》卷4，第29页b。段氏用弑之说，乃针对《春秋》而言，凡经文言杀，其为弑者，辄改杀为讹字。例如，僖公九年，晋里克杀其君之子奚齐。《左传》《穀梁传》经文作"杀"，若不数此，则《春秋》弑者二十五，段氏从《公羊传》数之，故言二十六。又云："刘向所治者《穀梁》，不治《左氏》，此二十六弑，三经所同。"参见（清）段玉裁《春秋经杀弑二字辩别考》，《经韵楼集》卷4，第9页a。查《穀梁春秋》，载弑者二十五，知段氏此说不确。为此，段玉裁特撰一文，说明晋里克杀其君之子奚齐，应为弑，而非杀。参见（清）段玉裁《晋里克弑其君之子奚齐》，《经韵楼集》卷4，第10页a—11页a。但《左传》《穀梁传》文字可征，段氏仅能就《公羊传》说，不能改《左传》《穀梁传》经文。

（二）虽书弑而主君恶

凡君被弑，《穀梁》传云"称国以弑其君，君恶甚矣"，此例虽书弑，主君恶也。如：

（1）文公十六年，宋人弑其君杵臼。

（2）文公十八年，齐人弑其君商人。

（3）文公十八年，莒弑其君庶其。

（4）成公十八年，晋弑其君州蒲。

（5）襄公二十六年，卫宁喜弑其君剽。

襄公二十七年，宁喜由君弑君，而不以弑君之罪罪之者，恶献公也。范宁注引郑嗣曰："书宁喜弑其君，则喜之罪不嫌不明。今若不言喜之无罪而死，则献公之恶不彰。"[①]

（6）襄公三十一年，莒人弑其君密州。

（7）昭公二十七年，吴弑其君僚。

（8）定公十三年，薛弑其君比。

以上弑君，孔子二贬，既书弑君，且示君恶，上下无道。

（三）未弑而书弑

凡《春秋》书弑，《穀梁传》云实未弑，此《春秋》笔法也。如：

（1）宣公二年，晋赵盾弑其君夷皋。

《穀梁传》："穿弑也，盾不弑。"又云："子为正卿，入谏不听，出亡不远。君弑，反，不讨贼，则志同。"

（2）昭公十三年，楚公子比自晋归于楚。弑其君虔于乾溪。

范宁注："实有弑君之罪，则人人皆欲杀，宜称人以杀之。今言楚公子弃疾杀公子比，明弃疾所杀，非弑君之人，比之不弑四验也。"又云："比实无弑君之罪，而主杀之者，是弃疾欲为君之嫌。"[②]

（3）昭公十九年，许世子止弑其君买。

《穀梁传》："正卒，则止不弑也。不弑而曰弑，责止也。"

以上未弑而书弑，孔子责之也。说明臣虽未弑君，但君弑不讨贼，视与

---

① （战国）穀梁赤著，（晋）范宁集解，（唐）杨士勋疏：《监本春秋穀梁注疏》卷16，第9页b。

② （战国）穀梁赤著，（晋）范宁集解，（唐）杨士勋疏：《监本春秋穀梁注疏》卷17，第14页a。

弑君者志同。又，虽无弑君之行，间使君亡，责以同罪。

（四）弑而不书于《春秋》

凡君被弑，《春秋》不书，于《穀梁传》揭示弑君情事。如：

（1）弑隐公

隐公元年，《穀梁传》："隐将让而桓弑之，则桓恶矣。桓弑而隐让，则隐善矣。"

（2）弑桓公

庄公去即位以表继弑。庄公元年，《穀梁传》："继弑君，不言即位，正也。"

（3）弑子纠

庄公九年，《穀梁传》："齐小白入于齐。大夫出奔，反以好曰归，以恶曰入。齐公孙无知弑襄公，公子纠、公子小白不能存，出亡。齐人杀无知而迎公子纠于鲁。公子小白不让公子纠先入，又杀之于鲁，故曰齐小白入于齐，恶之也。"哀公六年，范宁注："小白立乃后弑，虽然，俱篡国而受国焉尔。传曰齐小白入于齐，恶之也。阳生其以国氏何？取国于荼也。义适互相足，又何自反乎？子纠宜立，而小白篡之，非受国于子纠，则将谁乎？"[1]

（4）弑子般

庄公三十二年，《穀梁经》："冬，十月乙未，子般卒。"范宁注："在丧，故称子。般，其名也。庄公大子，不书弑，讳也。"又云："闵公不书即位，是见继弑者也。故庆父弑子般，子般可以日卒，不待不日而显。"[2]

（5）弑闵公

闵公二年，公子庆父出奔莒。《穀梁传》："其曰出，绝之也。庆父不复见矣。"范宁注："庆父弑子般、闵公，不书弑，讳之。"[3]

（6）赵穿弑夷皋

宣公二年，晋赵盾弑其君夷皋。《穀梁传》："穿弑也。"

（7）弑子赤

宣公八年，仲遂卒于垂。范宁注："遂与宣公共弑子赤。"

---

[1]　（战国）穀梁赤著，（晋）范宁集解，（唐）杨士勋疏：《监本春秋穀梁注疏》卷20，第9页a。

[2]　（战国）穀梁赤著，（晋）范宁集解，（唐）杨士勋疏：《监本春秋穀梁注疏》卷6，第18页a。

[3]　（战国）穀梁赤著，（晋）范宁集解，（唐）杨士勋疏：《监本春秋穀梁注疏》卷6，第20页b。

（8）弑郑伯

襄公七年，《穀梁传》："郑伯将会中国，其臣欲从楚，不胜其臣，弑而死。其不言弑，何也？不使夷狄之民加乎中国之君也。"

（9）庆封弑其君

昭公四年，《穀梁传》："庆封弑其君，而不以弑君之罪罪之者，庆封不为灵王服也，不与楚讨也。"范宁注："传例曰：称人以杀大夫，为杀有罪。今杀庆封，经不称人，故曰不以弑君之罪罪之。"[1]

（10）楚公子围弑其兄之子

昭公四年，《穀梁传》："若楚公子围弑其兄之子而代之为君者乎。"

（11）阳生弑君图

哀公六年，《穀梁经》"齐陈乞弑其君荼"，《穀梁传》："阳生入而弑其君，以陈乞主之，何也？不以阳生君荼也。其不以阳生君荼，何也？阳生正，荼不正，不正则其曰君，何也？荼虽不正，已受命矣。"范宁注引郑君曰："阳生篡国，故不言公子。"[2]

以上，孔子为鲁隐讳，为齐桓公隐讳，为中国之君隐讳，不书弑君，而《穀梁传》书之。另有，公子、大夫连同弑君，《春秋》书其一，《穀梁传》书其二。

（五）非君而书弑君

齐公子商人弑其君舍

文公十四年，《穀梁经》"齐公子商人弑其君舍"，《穀梁传》："舍未逾年，其曰君何也？成舍之为君，所以重商人之弑也。"又云："舍之不日，何也？未成为君也。"范宁注："舍不成君，则杀者非弑也。"[3]

《穀梁传》云舍未成为君，意谓齐公子商人所杀非为君，惟夫子成其意，重商人之杀，故称君。范宁亦云："杀者，非弑也。"说明此非弑君。陆德明《经典释文》作："杀其，音试，本又作弑。"[4]

---

① （战国）穀梁赤著，（晋）范宁集解，（唐）杨士勋疏：《监本春秋穀梁注疏》卷17，第4页a。
② （战国）穀梁赤著，（晋）范宁集解，（唐）杨士勋疏：《监本春秋穀梁注疏》卷20，第9页a。
③ （战国）穀梁赤著，（晋）范宁集解，（唐）杨士勋疏：《监本春秋穀梁注疏》卷11，第8页b。
④ （唐）陆德明：《经典释文》，第1305页。

（六）弑而不称君

（1）卫人杀祝吁

隐公四年，《穀梁经》"为祝吁弑其君完"，《穀梁传》："大夫弑其君以国氏者，嫌也。弑而代之也。"[①] 同年九月，《穀梁经》"卫人杀祝吁于濮"，《穀梁传》云："称人以杀，杀有罪也。"范宁注："有弑君之罪者，则举国之人皆欲杀之。"[②]

（2）齐人杀无知

庄公八年，《穀梁经》"齐无知弑其君诸儿"，《穀梁传》："大夫弑其君以国氏者，嫌也。弑而代之也。"[③]

二例为弑君代之者，自立为君。经文书杀未改弑，或正文字者见夫子不称"其君"二字，故未正之。

以上述弑君，计三十八例。去其重三，赵盾弑君（赵穿弑君）、陈乞弑君（阳生弑君）、崔杼弑其君（庆封弑其君），则《穀梁》弑君为三十五例。

经传判乎弑君之罪，关键标准在于身份与行为目的。孔子正名，非为揭发事实，而是借以构成阐述微言大义的条件，总其意不外褒贬。如：

第一，继弑君不言即位，正也。

凡君被弑，不言即位，《春秋》正之。如庄公元年"春，王正月"，《穀梁传》："继弑君不言即位，正也。继弑不言即位之为正何也？曰先君不以其道终，则子不忍即位也。"[④] 此为褒也。

第二，大夫弑其君，以国氏者，嫌也，弑而代之也。

凡大夫弑其君，《春秋》以国氏者，大夫嫌也，弑君而代之也。如隐公四年"卫祝吁弑其君完"，《穀梁传》："大夫弑其君，以国氏者，嫌也，弑而代之也。"[⑤] 此为贬也。

---

① （战国）穀梁赤著，（晋）范宁集解，（唐）杨士勋疏：《监本春秋穀梁注疏》卷2，第1页b。
② （战国）穀梁赤著，（晋）范宁集解，（唐）杨士勋疏：《监本春秋穀梁注疏》卷2，第2页a。
③ （战国）穀梁赤著，（晋）范宁集解，（唐）杨士勋疏：《监本春秋穀梁注疏》卷5，第13页a。
④ （1）桓公元年，《穀梁传》："继故不言即位，正也。继故不言即位之为正何也？曰先君不以其道终，则子弟不忍即位也。继故而言即位，则是与闻乎弑也。继故而言即位，是与闻乎弑何也？曰先君不以其道终，己正即位之道而即位，是无恩于先君也。"（2）闵公元年春，王正月。《穀梁传》："继弑君不言即位，正也。亲之非父也，尊之非君也，继之如君父也者，受国焉尔。"（3）僖公元年春，王正月。《穀梁传》："继弑君不言即位，正也。"
⑤ 庄公八年"齐无知弑其君诸儿"，《穀梁传》："大夫弑其君以国氏者，嫌也，弑而代之也。"

《春秋》书杀大夫或书弑其君，非为叙其行为，目的在褒贬是非，阐述大义。正如孟子所云："世衰道微，邪说暴行有作，臣弑其君者有之，子弑其父者有之。孔子惧，作《春秋》。"是《春秋》为夫子因感而作。又云："孔子成《春秋》而乱臣贼子惧。"孔子作《春秋》是使后来者见《春秋》褒贬是非，心存警惕，有所不为也。

另外，汉代造"弑"字取代"杀"，《穀梁传》中或有直以"弑君"意解经之文，或以"弑"音言之，乃出自汉代经师传述，非自先秦子夏、穀梁子所传之口。如何证明这是汉代经师所传呢？愚意以为，可从传中叙述弑君之文判之。若传中以问答、传例解经，此应由口传相承，如隐公十一年，公薨。《穀梁传》："其不言葬何也？君弑，贼不讨，不书葬，以罪下也。"

又如庄公九年，齐小白入于齐。《穀梁传》："大夫出奔，反以好曰归，以恶曰入。齐公孙无知弑襄公，公子纠、公子小白不能存，出亡。齐人杀无知而迎公子纠于鲁。公子小白不让公子纠先入，又杀之于鲁，故曰齐小白入于齐，恶之也。"

案《穀梁传》中书"无知弑襄公"，又书"齐人杀无知"。今见之或以为袭自《春秋》经文。然春秋之际，无"弑"字，经文应作"无知杀其君诸儿（襄公）"。汉代有意识的以"杀君"当言"弑"，故阐述传文时，穀梁经师便以"弑襄公"释经，或音"弑"来述"齐公孙无知弑襄公"此句。

又如，僖公十年，晋杀其大夫里克。《穀梁传》："称国以杀，罪累上也。里克弑二君与一大夫，其以累上之辞言之何也？其杀之不以其罪也。其杀之不以其罪奈何？里克所为杀者，为重耳也。"

案《穀梁传》中言"弑二君"，又言"杀之不以其罪""所谓杀者"，同样是"杀""弑"同用。段玉裁云传以述其事，不妨相混。但依传文所述，"称国以杀，罪累上也。里克弑二君与一大夫，其以累上之辞言之何也"，此应作"称国以杀，罪累上也。其以累上之辞言之何也"，此增"里克弑二君与一大夫"文于句中，或汉代经师之意，特以强调里克弑君。

小 结

第一，臣弑君在先秦以前，不胜枚举，孔子始对此特书以贬之。汉代对孔子贬斥弑君之罪，甚为推崇，由此更确立了君臣上下关系之不可违逆。但当时对孔子提的"宁喜由君弑君，而不以弑君之罪罪之者，恶献公也"这一说法，则有所保留。如《墨子》引晏子曰："孔某深虑同谋以奉贼，劳思尽知以行邪，劝下乱上，教臣杀君，非贤人之行也。"[1]孔子之《春秋》并存二义。至汉代，强化了前者大义，弱化了后者。因此，"弑"字的创造，反映了汉代的君臣观。

第二，历来对"杀""弑"源流未能辩说明白，以今本为是，至读《释文》云"弑，本又作杀"，则以为非。本章从出土文献证明《春秋》初始，唯有"杀"字，至汉代为凸显君臣差等，造"弑"字专用于君父。然圣人之经，不敢妄改，仍沿用杀字，唯读音试。至唐代正文字及宋代合刊经注疏释文时，为便人见字知义，将"杀其君"者改作"弑其君"，其根据传习音读，兼陆德明《经典释文》书"音试"或"申志反"者改。据改之后，人读"定本"不易混淆，但云古本"杀其君"为非，则不然也。

第三，《春秋》书弑其君者，凡二十五例，若合不书于《春秋》者，计三十五例。弑君之例应注意其书法，如未弑而书弑，或虽书弑而主君恶之大义。

第四，《春秋》经传，义理分明，经言弑君，非为述其事，更有褒贬，方是其要义。如范宁云：

> 夫罚不及嗣，先王之令典；怀恶而讨，丈夫之丑行。楚虔灭人之国，杀人之子，伐不以罪，亦已明矣。庄王之讨征舒，则异于是矣。凡罚当其理，虽夷必申；苟违斯道，虽华必抑。故庄王得为伯讨，齐侯不得灭纪。赵盾救陈，则称师以大之；灵王诱蔡，则书名以恶之。所以情理俱扬，善恶两显，岂直恶夷狄之君，讨中国之乱哉！夫楚灵王之杀蔡般，亦犹晋惠之戮里克，虽伐弑逆之国，诛有罪之人，不获讨贼之美，而有累谨之名者，良有以也。[2]

夫子明察君臣之目的与行为，借此褒贬是非，是夫子为天理人道正其理也。

---

[1]　墨翟：《非儒下》，《墨子》卷9，台北：台湾"中华书局"1981年版，第67页。

[2]　（战国）穀梁赤著，（晋）范宁集解，（唐）杨士勋疏：《监本春秋穀梁注疏》卷17，第10页 b。

结　论

经典流传有两个层面，一个是物质性的，一个是思想性的。物质性的透过文字记载或书于竹帛上、抄写纸上、刻于板上；思想性的是文字中表达的思想与精神。不论物质性与思想性，此些文本与阐释均有层层积累的继承痕迹，也有部分革新与创造，彼此同中有异、异中有同，唯有逐一厘清不同时代不同人所添上的新意方能还原各自的本来面目。如《穀梁传》各种版本，包括写本、刻本、影印本中的经注本、单疏本、注疏本、白文本等，每种本子在不同时代也常有新的整理本。思想性的继承亦复如此，经、传、注、疏、补注，以及各种三传比义著作。历代学者如范宁、杨士勋、钟文烝、柳兴恩、柯劭忞、王熙元、张丽娟等也都在前人的基础上继续研究而留下许多成果，这些成果都是今人需要借鉴的宝贵经验，具有不可磨灭的功劳。当然每个领域必定还会有一些可以补充完善的地方，这也是后人需要继踵前贤的地方。

底下总结研究成果。

其一，就版本来说，今存宋代余仁仲刻《春秋穀梁传集解》分前印本与经修订的重印本，虽然前印本仅残存六卷，我们仍可以从中发现重印本修订了十九个讹字，补上十九例脱文，不过也有七例为前印本无误，重印本新增的讹误，说明重印本虽经修订，但前印本不因此而失去校勘价值。其次单疏本提供了现今广为流传的注疏本一个参照，比如注疏本为了将经注本与单疏本合刊改动了出文体例，若未曾比对单疏本基本无法知悉疏文的本来面目。再者单疏本所引经传文字部分与注疏本异，说明单疏本与注疏本所据经注本的底本不同。又现存三种单疏本虽称抄自明代李中麓藏本，但彼此差异说明陈鳣、瞿镛抄本为一系，刘承幹所据的单疏本为另外一系。这些认识对于重校《春秋穀梁传注疏》具有重大帮助。

其二，就书法义例而言，《穀梁传》以时月日、书与不书作褒贬，其与所据的思想观点密切配合。思想观点是因，褒贬是果，研究义例不可仅据褒贬为论，应结合圣人据以褒贬的依据与原则。比如《穀梁传》内外区别鲁国与鲁国之外、中国与夷狄，这些内外观与《春秋》书法的关系非常紧密，换句话说，《春秋》书法是依据内外观而产生。尤其特别的是《穀梁传》在内外之别上将齐桓公与鲁国国君并列为整个内外观的最核心位置，这是很特别的立场，可以说《穀梁传》突出了齐桓公在《春秋》的意义与地位。又比如《穀梁传》针对鲁公、夫人、大夫、外诸侯、外大夫均有不同的卒葬例，体现在《春秋》经文的是书与不书，但若未对《穀梁传》内外尊卑亲疏的关系有所了解，便无法确定时月日例是否该蒙时或蒙月。其次《穀梁传》对《春秋》书姓氏名字与《公羊传》《左传》不同，这涉及对内外、附庸之君的定义，唯有先了解《穀梁传》区分身份的方式，才可能在三传比义中厘清《穀梁传》的解释为何与《公羊传》《左传》不同。再者，《穀梁传》"杀""弑"二字，段玉裁云《春秋》正名之书，不得相通，钟文烝则曰古弑皆作杀，一字二读为二义。查西汉以前无弑字，汉代以降文本书杀书弑者均有，尚未统一。至陆德明著《经典释文》时仍可见到"弑"作"杀"之文本。直至唐代经正文字，"杀""弑"方全面统一。知此文本变化过程方可解决陆德明所见本与今本《春秋》若干不合之例。

附　录

傅隶朴《春秋三传比义》之解经方法

　　傅隶朴《春秋三传比义》是一部评议三传是非，阐扬孔子《春秋》微言大义的著作。傅氏采取的解经方法，是以"事义"为断。所谓"事义"是"传事"与"释义"的合称。"传事"如同《左传》以史解经，以事实作为解经的根据；"释义"则如《公羊传》《穀梁传》揭示孔子《春秋》经义，以圣人褒贬人事是非为其宗旨。傅隶朴运用这两种方法，对三传经说进行逐条疏解、驳正，并比较三传异同，辨析三传优劣，定《春秋》之是非。

　　傅隶朴《春秋三传比义》是一本解经著作，该书通过疏解三传文意，评议讹误，重新厘定了《春秋》经义。要判断三传是非，本非易事，此因今人离古既远，又非师徒相授，何以能知三传家法，从而据实论断？若要辨析三传所释是非，进而重新判定《春秋》之义，更是难上加难之事。傅隶朴经学造诣深邃，独具只眼，凭借"事义"为规矩，借以作为解经的准绳，从而建构了一套完整的解经系统。本文之作，用意即在探析傅隶朴如何结合"传事"与"释义"，以重新梳理《春秋》经义。

一　《春秋》及三传性质的界定

　　傅隶朴进行《春秋》三传比义前，先对《春秋》及三传的性质进行了界定，表明其看法，并以此作为论断三传是非的标准。

（一）论《春秋》的性质

傅隶朴主张"春秋"是周代史记通名，并非鲁国专有，也非孔子发明。孔子周游列国不为诸国君所用，乃于鲁哀公十一年自卫返鲁，取鲁国策书加以修订，寄托其拨乱反正的宏愿，名之曰"春秋"，作为教材。从此以后，"春秋"之名即由通名变为专名，其性质也由原本的周代史书，转而成为寄托孔子经世思想的一家之言。

关于《春秋》的书法，傅隶朴提出四点。

1. 删削

春秋之时，同盟诸侯，例必书葬，虽滕、薛小国也不例外，楚、吴是强国，必然会有记载。然在《春秋》中，楚、吴二国之君却仅书卒而不书葬。例如襄公二十八年十二月乙未，楚子昭卒。《左传》云楚康王卒，公欲反，叔仲昭伯曰："我楚国之为，岂为一人行也？"子服惠伯曰："君子有远虑，小人从迩，饥寒之不恤，谁遑其后，不如姑归也。"叔孙穆子曰："叔仲子专之矣；子服子始学者也。"荣成伯曰："远图者，忠也。"公遂行。[1] 又襄公二十九年春王正月，公在楚。《左传》云："楚人使公亲禭。"[2] 这说明鲁襄公出席了丧礼，但《春秋》未记载鲁襄公参与楚子丧。

又如鲁襄公二十九年四月，《左传》："葬楚康王。公及陈侯、郑伯、许男送葬，至于西门之外，诸侯之大夫，皆至于墓。"[3] 由此来看，鲁襄公既在楚，又亲自送葬，鲁史自然当书。然《春秋》经文并无葬楚子的记载。

上述不书葬的二例，傅隶朴认为其原因在于楚国以王礼葬楚子，僭越了天王的礼制，为了正君臣名分，孔子删削不书。

2. 阙疑

孔子存鲁史之阙，未自作主张擅加补苴，以存其真。

如鲁桓公十四年"夏五"二字，《公羊传》《穀梁传》各有说解。《公羊传》云："夏五者何？无闻焉尔。"《穀梁传》则云："孔子曰：听远音者，闻其疾而不闻其舒；望远者，察其貌而不察其形。立乎定、哀，以指隐、桓，

---

① （晋）杜预集解，（唐）孔颖达疏：《春秋左传注疏》卷38，台北：艺文印书馆1997年版，据清嘉庆二十年阮元校勘十三经注疏本影印，第18页a、31页b。

② （晋）杜预集解，（唐）孔颖达疏：《春秋左传注疏》卷39，第1页a。

③ （晋）杜预集解，（唐）孔颖达疏：《春秋左传注疏》卷39，第4页a—b。

隐、桓之日远矣。夏五，传疑也。"①《穀梁传》援引孔子日远之说，信以传信，疑以传疑，存其原貌。傅隶朴认为"夏五"是孔子以策书脱漏，任其残缺，不加补足，以保存记载原貌。此处傅隶朴阙疑不补之说，实取《穀梁传》义。②

又如哀公十三年，公会晋侯及吴子于黄池。傅隶朴认为黄池之会，是吴国夫差所召集，而经序晋侯于吴子之上，是依据黄池之盟的歃血先后书写，见《左传》秋七月辛丑，"盟，吴、晋争先。吴人曰：于周室我为长，晋人曰：于姬姓我为伯……乃先晋人"③。吴子与晋侯相争歃血顺序先后，僵持不下。其后因勾践乘虚入吴，夫差急于回国处理，遂让晋侯歃血于前，仓皇南归。吴因救亡不暇，未以盟事赴告诸侯，故鲁史记"会"而不载"盟"。孔子虽知有此会盟，亦不敢擅书"盟于黄池"。

3. 修正

傅隶朴认为凡孔子有意褒贬，或欲隐讳之处，辄修正《春秋》经文。

如"郑伯克段于鄢"，《左传》云："段不弟，故不言弟。如二君，故曰克。称郑伯，讥失教也。谓之郑志，不言出奔，难之也。"④《左传》言鲁史原文应为"郑伐公弟段于鄢"。傅隶朴评议《左传》虽将经的史实交代清楚，然后就经文逐字释其含义，不过，这些经文明显不类史官的记载，也不合赴告的体例。所以孔子将"郑"改为"郑伯"，借以讥庄公之失教；将"伐"字改为"克"，以讥兄弟如二国；改"公弟段"为"段"，以著段之不弟。⑤

又如鲁僖公二十八年，天王狩于河阳。《左传》云："晋侯召王以诸侯见……仲尼曰以臣召君，不可以训，故书曰'天王狩于河阳'。"⑥傅隶朴解为

---

① （战国）穀梁赤著，（晋）范宁集解，（唐）杨士勋疏：《监本春秋穀梁注疏》卷4，台北：艺文印书馆1997年版，据清嘉庆二十年阮元刻十三经注疏本影印，第8页a。

② 《穀梁传》认为"夏五"是传疑，不补。《公羊传》另有他解，云："夏五者何？无闻焉尔。"《公羊传》不明"夏五"为何也，故云无闻焉尔。徐彦疏云："此言'夏五'，师所不说，何氏以'五'字或衍文。"《公羊传》解释为无闻焉尔；徐彦解释师所不说，又言何休以"五"为衍文，三家解释不一。参见（汉）何休注，（唐）徐彦疏《春秋公羊传注疏》卷5，台北：艺文印书馆1997年版，据清嘉庆二十年阮元刻十三经注疏本影印，第13页a—b。

③ （晋）杜预集解，（唐）孔颖达疏：《春秋左传注疏》卷59，第7页b—8页b。

④ （晋）杜预集解，（唐）孔颖达疏：《春秋左传注疏》卷2，第18页b—19页a。

⑤ 傅隶朴：《春秋三传比义》，台北：台湾商务印书馆1983年版，第8页。

⑥ （晋）杜预集解，（唐）孔颖达疏：《春秋左传注疏》卷16，第30页a。

孔子不认同晋侯以臣召君,有失君臣体制,违背名分,不可以为训,遂将原文改为"天王狩于河阳",借此彰显君臣名分不可逾越。

4. 仍旧

傅隶朴认为凡旧史合于《春秋》之义者,孔子仍其旧文,不加更动。如鲁宣公二年,晋赵盾弑其君夷皋。《左传》云:"大史书曰:赵盾弑其君……孔子曰:董狐,古之良史也,书法不隐。"[1]此为晋大史董狐所书,虽与史实不符,傅隶朴认为孔子以其合于《春秋》凡例,称为良史,所以保持原文不变。

以上对《春秋》性质的界定及书写方式,可以见出傅隶朴将《春秋》视为孔子整理修订之作。其中孔子对《春秋》修订或保留的理由,部分依据三传,亦有傅隶朴所谓依事义推断,给予适当解释者。

(二)论三传性质

傅隶朴主张三传来源各有不同,左氏亲接闻于孔子,当春秋、战国之交,将其著于竹帛,记事详赡为其特色。公羊、穀梁同出子夏之门,口耳相授达三百年,不免有传讹之处。《公羊传》《穀梁传》成书较晚,《公羊传》著于竹帛在汉景武之际,《穀梁传》则在汉昭宣之间。《穀梁》解经因袭《公羊传》居多。

1. 论《左传》

孔子重其事,不敢增补,许多史实残缺不全,全赖三传补苴张皇。三传之中,《左传》贡献最大,若非该书记事详明,有助理解史实之来龙去脉,仅读《春秋》原文,后人常不明前因后果。

如鲁隐公七年,戎伐凡伯于楚丘。《左传》云:"王使凡伯来聘,还。戎伐之于楚丘。"[2]此为叛王。鲁僖公四年春王正月,公会齐侯、宋公、陈侯、卫侯、郑伯、许男、曹伯侵蔡,遂伐楚。《左传》云:"尔贡包茅不入,王祭不共,无以缩酒,寡人是征。"[3]此为伯讨。二处书法皆为"伐",但师出之名不同,若非《左传》叙述因由,实无法辨别其中是非。傅氏因此极为肯定《左传》记事之功。

---

① (晋)杜预集解,(唐)孔颖达疏:《春秋左传注疏》卷21,第11页b—12页a。

② (晋)杜预集解,(唐)孔颖达疏:《春秋左传注疏》卷4,第6页a。

③ (晋)杜预集解,(唐)孔颖达疏:《春秋左传注疏》卷12,第11页b。

但《左传》亦有记事不清、颠倒经义之处。如鲁襄公三十一年十一月，莒人弑其君密州。《左传》云："莒犁比公生去疾及展舆，既立展舆，又废之，犁比公虐，国人患之。十一月，展舆因国人以攻莒子，弑之，乃立。""书曰：莒人弑其君买朱鉏，言罪之在也。"①意思是罪在买朱鉏，展舆只是顺应民情。傅隶朴则以为密州既立展舆又废之，只不过是二三其德而已，罪不至死，且展舆非长子，本不当立，废之的过失并不大于立之。展舆却利用国人之患弑其君父以自立，这岂能让乱臣贼子惧哉！因此傅隶朴在评议《左传》时，以此为经书弑君君有罪的依据，殊为不当。此外，经书"密州"，传言"买朱鉏"，究竟是一人，是二人？仅就《左传》记载是无从分辨其真伪是非的。

2. 论《公羊传》《榖梁传》

《公羊传》《榖梁传》不重史实，专从经文字义上钻研分析。傅隶朴以为，就理解隐约经义而言，二者诚有彰阐之功，然妄立非例之例颇多，实不可仆数。

如隐公元年冬，十有二月，祭伯来。《公羊传》："祭伯者何？天子之大夫也。何以不称使？奔也。奔则曷为不言奔？王者无外，言奔则有外之辞也。"②《公羊传》言经不书奔，因天子无外，如书奔，是显示天子有外。傅隶朴指出，此解说并无史实为据。其实《春秋》有记载天子大夫书奔之例，如成公十二年"周公出奔晋"③、襄公三十年"王子瑕奔晋"④，皆是其例。故傅隶朴认为《公羊传》如此阐释，适得其反，不是为尊王而作，乃为贬王而作。⑤

又隐公三年八月庚辰，宋公和卒。《榖梁传》云："诸侯日卒，正也。"⑥傅隶朴举出庄公二十三年冬十有一月，曹伯射姑卒。⑦云此有月无日，此复何解耶？即同诸侯卒，为何宋公卒书日，曹伯卒不书日？两处事同而例非，显然《榖梁传》的日月例不够严谨。傅氏因此认为《榖梁》日月之例，多穿

① （晋）杜预集解，（唐）孔颖达疏：《春秋左传注疏》卷40，第18页b—19页a。
② （汉）何休注，（唐）徐彦疏：《春秋公羊传注疏》卷1，第21页b。
③ （汉）何休注，（唐）徐彦疏：《春秋公羊传注疏》卷18，第1页b。
④ （汉）何休注，（唐）徐彦疏：《春秋公羊传注疏》卷21，第14页b。
⑤ 傅隶朴：《春秋三传比义》，第16页。
⑥ （战国）榖梁赤著，（晋）范宁集解，（唐）杨士勋疏：《监本春秋榖梁注疏》卷1，第14页b。
⑦ （战国）榖梁赤著，（晋）范宁集解，（唐）杨士勋疏：《监本春秋榖梁注疏》卷6，第5页b—6页a。

凿附会，不足相信。此正四库馆臣所评"《公羊》《穀梁》二家，勾棘日月以为例，辨别名字以为褒贬，乃获致穿凿而难通"①。

傅隶朴界定《春秋》及三传性质，是为铺展以事义解经的合理性。以《春秋》是孔子删订过的文本为基础，说明三传解释，有正确，也有误解，故需要通过事义标准来断义是非，正三传之误。

二　梳理前人三传比较的脉络

傅隶朴比义三传，探悉《春秋》本义，与前人单传解经不同。单传解经倾向于诠释"传""注疏"者，如何休、杜预、范宁、孔颖达之解经方法。傅隶朴强调自己是复位《春秋》本义，不唯阐述《春秋》大义，且定三传是非，将前贤误释一一厘正。

比义不主单传，不就三传解经方法讨论，亦不讨论三传注疏问题，仅就"经""传"论本义是非。此法与过往"疏不破注"的传统不同。傅隶朴铺展学术脉络，自谓承继汉代马融《三传异同说》、唐陆淳所辑《春秋啖赵二先生集传辩疑》、宋刘敞《春秋权衡》、清初《钦定春秋汇纂》、顾栋高《三传异同表》、廖平《春秋三传折衷》此一脉络。

马融《三传异同说》亡佚，《后汉书》所引马融云："尝欲训《左氏春秋》，及见贾逵、郑众注，乃曰：'贾君精而不博，郑君博而不精。既精既博，吾何加焉！'但著《三传异同说》。"②马融著是书，缘于前人注经各有长短，未臻至善，各有可商榷之处。该书既已亡佚，傅隶朴所承袭的应只是马融企图整齐三传异同的想法。

陆淳所辑《春秋啖赵二先生集传辩疑》，颇为傅隶朴采用。例如《春秋集传辩疑凡例》云：

> 凡三传叙事有先后于经者，今皆移于本经之下。
> 凡三传叙事不主于经文，又无别意可通者，皆不入。

---

① （清）纪昀等：《四库全书总目》卷29，第45页a。
② （南朝宋）范晔撰，（唐）李贤注：《马融传》，《后汉书》卷60，中华书局1965年版，第1972页。

凡左氏无经之传，今皆不取。①

傅隶朴《春秋三传比义》亦以《春秋经》为主，其下附列三传，若《春秋》无经文，虽《左传》有文，一概略而不论。例如鲁襄公二十九年《春秋》："春，王正月，公在楚。""夏，五月，公至自楚。"《左传》正月至五月间，尚有："二月，癸卯，齐人葬庄公于北郭。""夏，四月，葬楚康王，公及陈侯，郑伯，许男，送葬，至于西门之外，诸侯之大夫，皆至于墓，楚郏敖即位。"②因《春秋》无文，傅隶朴不录。故《春秋三传比义》之作，并未尽录三传，不能以为三传尽在其中矣。此处傅隶朴采用了陆淳凡无经之传，概不录入之著述原则。

又如傅隶朴为了对应经文，调整传文先后位置。此即"凡三传叙事有先后于经者，今皆移于本经之下"之著述原则。见鲁僖公二十八年：

冬，公会晋侯，齐侯，宋公，蔡侯，郑伯，陈子，莒子，邾人，秦人，于温。

天王狩于河阳。壬申，公朝于王所。

晋人执卫侯归之于京师，卫元咺自晋复归于卫。

诸侯遂围许，曹伯襄复归于曹，遂会诸侯围许。③

经文分列如此。《左传》原文为：

（1）冬，会于温，讨不服也。（2）卫侯与元咺讼，宁武子为辅，针庄子为坐，士荣为大士，卫侯不胜，杀士荣，刖针庄子，谓宁俞忠而免之，执卫侯，归之于京师，置诸深室，宁子职纳橐饘焉。（3）元咺归于卫，立公子瑕。（4）是会也，晋侯召王，以诸侯见，且使王狩。仲尼曰，以臣召君，不可以训，故书曰，天王狩于河阳，言非其地也，且明德

---

① （唐）陆淳：《春秋集传辩疑凡例》，《春秋啖赵二先生集传辩疑》，（清）钟谦钧辑：《古经解汇函二十三种》第29册，清同治十二年粤东书局刻本，第1页a—b。

② （晋）杜预集解，（唐）孔颖达疏：《春秋左传注疏》卷39，第4页a。

③ 傅隶朴：《春秋三传比义》，第405—412页。

也。(5) 壬申, 公朝于王所。(6) 丁丑, 诸侯围许。(7) 晋侯有疾, 曹
伯之竖侯, 獳货筮史, 使曰, 以曹为解, 齐桓公为会而封异姓, 今君为
会, 而灭同姓, 曹叔振铎, 文之昭也, 先君唐叔, 武之穆也, 且合诸侯
而灭兄弟, 非礼也, 与卫偕命, 而不与偕复, 非信也, 同罪异罚, 非刑
也, 礼以行义, 信以守礼, 刑以正邪, 舍此三者, 君将若之何, 公说,
复曹伯, 遂会诸侯于许。晋侯作三行以御狄, 荀林父将中行, 屠击将右
行, 先蔑将左行。[①]

傅隶朴分之如下:

冬, 公会晋侯, 齐侯, 宋公, 蔡侯, 郑伯, 陈子, 莒子, 邾人, 秦人, 于温。
(1) 冬, 会于温, 讨不服也。
天王狩于河阳。
(4) 是会也, 晋侯召王, 以诸侯见, 且使王狩。仲尼曰, 以臣召君, 不
可以训, 故书曰, 天王狩于河阳, 言非其地也, 且明德也,
　壬申, 公朝于王所。
　傅隶朴不录《左传》文。
　晋人执卫侯归之于京师。
(2) 卫侯与元咺讼, 宁武子为辅, 针庄子为坐, 士荣为大士, 卫侯不
胜, 杀士荣, 刖针庄子, 谓宁俞忠而免之, 执卫侯, 归之于京师, 置诸深
室, 宁子职纳橐饘焉。
　卫元咺自晋复归于卫。
(3) 元咺归于卫, 立公子瑕。
　诸侯遂围许。
(6) 丁丑, 诸侯围许。
　曹伯襄复归于曹, 遂会诸侯围许。
(7) 晋侯有疾, 曹伯之竖侯, 獳货筮史, 使曰, 以曹为解, 齐桓公为会

---

① 傅隶朴:《春秋三传比义》, 第 405—412 页。

而封异姓，今君为会，而灭同姓，曹叔振铎，文之昭也，先君唐叔，武之穆
也，且合诸侯而灭兄弟，非礼也，与卫偕命，而不与偕复，非信也，同罪异
罚，非刑也，礼以行义，信以守礼，刑以正邪，舍此三者，君将若之何，公
说，复曹伯，遂会诸侯于许。

由上举各例可知，傅隶朴进行三传比义时，业已调整了《左传》顺序。
必须对照《左传》原文，方能知悉傅隶朴调整顺序之目的何在。

关于宋刘敞《春秋权衡》，陈振孙曾云："原甫始为权衡，以平三家之得
失，然后集众说，断以己意，而为之传。"[1]评议三传得失，断以己意，此为
处理三传异同的基本方式。傅隶朴亦据此为法，时取其说。如鲁僖公十六
年，六鹢退飞过宋都。《穀梁传》："石无知，故日之。鹢，微有知之物，故
月之。"傅隶朴不同意《穀梁传》以"不日"为义之说，转据刘敞所谓"非
也。言是月者，嫌与五石为一日，故分别之耳。《穀梁》本以日月解经，因
此以诬圣人"[2]以立说。

顾栋高撰《三传异同表》，条列三传，并于文末评议三传是非。表前短
序云："《左传》之作者左丘明为鲁太史，亲见鲁之载籍，如郑书、晋志，夫
子未尝笔削之《春秋》莫不毕览，故其事首尾通贯，学者因是以考其是非，
若《公》《穀》则生稍后，又未仕列于朝，无从见国史，其事出于闾巷所传
说，故脱漏甚，或鄙倍失真。"[3]又云："对三传俱不可通，而后儒以意臆断
者，亦附列其间。啖、赵、陆之《辨疑》，刘氏敞之《权衡》，李氏廉之《会
通》及圣朝《汇纂》，用以平三传同异四家之说，犹有未惬，则间附鄙见，
极知僭逾，然学者得藉是以求圣人之意。"[4]此因顾氏以为《左传》得见史册，
故记事翔实，足为通晓《春秋》时代背景之依据。再则参酌前人之说，评议
三传解经优劣，间附己意以立说。上述二点，傅隶朴皆有所取于顾氏论点，
从而建立己说。

傅隶朴梳理前贤三传比较之脉络，建立起三传比义的传统，因此后出转

---

① （宋）马端临撰，华东师范大学古籍研究所点校：《经籍考十·春秋》，《文献通考》卷183，中
　　华书局2011年版，第5397页。
② 傅隶朴：《春秋三传比义》，第394页。
③ （清）顾栋高：《三传异同表》，《春秋大事表》卷42之1，《景印文渊阁四库全书》第180册，
　　台北：台湾商务印书馆1983年版，据文渊阁四库全书影印，第1页b—2页a。
④ （清）顾栋高：《三传异同表》，《春秋大事表》卷42之1，第2页b—3页a。

精，所获亦多，遂以作《春秋三传比义》。

三　比义解经

前人三传及注疏常以例解经，各有所见，亦各成体系，虽偶有违碍之例，但注疏者恒本"疏不破注"之原则强以解释。傅隶朴对此颇不以为然，除解经不依三传外，并先破除"例"，自云："凡《春秋》之例，都当以义为断，不可拘泥。"① 甚者因循陆淳所云"凡《公》《穀》日月时例，一切不取"②，以及顾栋高《春秋偶笔》所主"看《春秋》须先破一例字"。因而傅隶朴强调：说《春秋》有辞同而义同者，有辞同而义异者，若以辞同义必同为例，强辞同而义异者以就例，则解经胶柱鼓瑟，不知变通，将有"差之毫厘，谬以千里"之可能。

傅隶朴举庄公二十六年，曹杀其大夫；僖公二十五年，宋杀其大夫为例。言二十七年曹杀其大夫，《公羊传》云："曷以不名？众也。"③ 二十五年宋杀其大夫，《公羊传》云："曷以不名？宋三世无大夫，三世内娶也。"④ 又举成公十七年，"晋杀其大夫却锜、却州、却至"⑤，三人为众，何以又名？傅隶朴认为书法相同，理由却不一，何以能成例？故评议《公羊传》以例解经不通。《穀梁传》亦有相似之例。隐公三年八月庚辰，宋公和卒。《穀梁传》云："诸侯日卒，正也。"⑥ 傅隶朴引刘敞语驳之，言"庄公二十三年冬十有一月，曹伯射姑卒。有月无日，此复何耶？"即同样为诸侯卒，为何宋公卒书日，曹伯卒不书日？二处事同而例非，显然《穀梁传》的日月例不够严谨，故认为《穀梁》日月之例，多穿凿附会，不足为信。⑦ 是以傅隶朴解经不以《公》《穀》之日月例解释，而另觅他法。就此而言，凡欲通三传者，必先破除所谓义例。此因三传各有义例，若要进行三传比较，各自的义例定然无法

---

① 傅隶朴：《春秋三传比义》，第 250 页。
② （唐）陆淳：《春秋集传辩疑凡例》，《春秋啖赵二先生集传辩疑》，第 2 页 a。
③ （汉）何休注，（唐）徐彦疏：《春秋公羊传注疏》卷 8，第 14 页 b。
④ （汉）何休注，（唐）徐彦疏：《春秋公羊传注疏》卷 12，第 4 页 b—5 页 a。
⑤ （汉）何休注，（唐）徐彦疏：《春秋公羊传注疏》卷 18，第 15 页 a。
⑥ （战国）穀梁赤著，（晋）范宁集解，（唐）杨士勋疏：《监本春秋穀梁注疏》卷 1，第 14 页 b。
⑦ 傅隶朴：《春秋三传比义》，第 32 页。

涵盖其他二传，故欲比较三传，必先排除此一障碍。

有鉴于此，傅隶朴于该书序言首先标举比义解经原则，兹分述于下。

1. 以"传"发"经"之微 [1]

以《传》阐发《春秋》之微言。如昭公十年夏，齐栾施来奔。《左传》：

> 齐惠栾、高氏皆嗜酒，信内多怨，强于陈、鲍氏而恶之。夏，有告陈桓子曰："子旗、子良将攻陈、鲍。"亦告鲍氏。桓子授甲而如鲍氏，遭子良醉而骋，遂见文子，则亦授甲矣。……五月庚辰，战于稷，栾、高败，又败诸庄。国人追之，又败诸鹿门。栾施、高强来奔。陈、鲍分其室。……桓子尽致诸公，而请老于莒。桓子召子山，私具幄幕、器用、从者之衣屦，而反棘焉。子商亦如之，而反其邑。子周亦如之，而与之夫于。反子城、子公、公孙捷，而皆益其禄。凡公子、公孙之无禄者，私分之邑。国之贫约孤寡者，私与之粟。曰：《诗》云"陈锡载周"，能施也，桓公是以霸。公与桓子莒之旁邑，辞。穆孟姬为之请高唐，陈氏始大。 [2]

《左传》记载齐惠之族栾氏、高氏，栾施、高疆皆纵情酒色，结怨于国人。其时陈氏、鲍氏闻栾氏将攻己，乃先发制人，后将所得尽献齐侯，告老还其封邑莒，深得人心，从此发展壮大，最终取代齐国。栾施、高疆同奔鲁，而经只书栾施，不书高疆，原因在于高疆非卿，例不当书。栾、高为齐之公族，陈、鲍并非宗族，由于栾、高出奔，陈氏遂大，以至倾覆姜氏，代有齐国。此事乃姜氏妫姓嬗代之关键所在，《左传》叙述颇为详尽。傅隶朴赞其详叙其事，以发明经义之蕴蓄，不愧为史家。[3] 以《左传》详于记事补充《春秋》未尽言之义，可使经义更加完善。

2. 以"经"正"传"之误

三传若有不尽之处，可以《春秋》正之。如僖公九年冬，晋里克杀其君

---

① 傅隶朴：《春秋三传比义》，"序"第5页。
② （晋）杜预集解，（唐）孔颖达疏：《春秋左传注疏》卷45，第12页 a—14页 a。
③ 傅隶朴：《春秋三传比义》，第920页。

之子奚齐。《左传》:"里克杀奚齐于次。书曰:'杀其君之子',未葬也。"[1]
《公羊传》:"此未逾年之君,其言弑其君之子奚齐何? 杀未逾年君之号也。"[2]
《穀梁传》:"其君之子云者,国人不子也。国人不子何也? 不正其杀世子申
生而立之也。"[3]

　　傅隶朴认为《左传》未葬称子,是史册书例,此"君之子"乃特别书
法,并非例书。但加上"未葬也"三字,不仅无益,反有画蛇添足之嫌。
《公羊传》虽注意到"子"字,却忽略了"君之",故不能算是正确。《穀梁
传》言国人不承认其为君之子,是不同意献公杀申生而立奚齐的做法,但父
子天伦,岂可由国人来决定。故傅隶朴评议《左传》于经义明而未彻,《公
羊》仅是一知半解,《穀梁》则全不对。[4]若以《春秋》为史实,不加附会,
其实亦可得其正解。

　　以上两点,说明经传可以相互补充,或匡正是非,傅隶朴的做法是既不
以经为主,也不以传非经,主要在以事为主,能符合当时事实便是其义。

　　3. 对于三传之得失,有可比较者,则比较其得失以为断

　　如宣公四年春王正月,公及齐侯平莒及郯。莒人不肯。公伐莒,取向。
《左传》:"公及齐侯平莒及郯,莒人不肯。公伐莒,取向,非礼也。平国以
礼,不以乱。伐而不治,乱也。以乱平乱,何治之有? 无治,何以行礼?"[5]
《公羊传》:"此平莒也,其言不肯何? 辞取向也。"[6]《穀梁传》:"及者,内为
志焉尔。平,成也。不肯者,可以肯也。伐犹可,取向甚矣。莒人辞不受治
也。伐莒,义兵也。取向,非也,乘义而为利也。"[7]

　　傅隶朴以《左传》经义在讥鲁宣公非礼;认为《公羊传》言莒无不肖之
事,是在为鲁讳取制造借口;谓《穀梁传》以莒不接受调和而伐莒,本可说
是义兵,但取向则否,其实是借义之名而谋实利,所以不可谓为义兵。三者

---

[1] (晋)杜预集解,(唐)孔颖达疏:《春秋左传注疏》卷13,第12页a。
[2] (汉)何休注,(唐)徐彦疏:《春秋公羊传注疏》卷11,第4页b—5页a。
[3] (战国)穀梁赤著,(晋)范宁集解,(唐)杨士勋疏:《监本春秋穀梁注疏》卷8,第6页b。
[4] 傅隶朴:《春秋三传比义》,第327页。
[5] (晋)杜预集解,(唐)孔颖达疏:《春秋左传注疏》卷21,第18页b。
[6] (汉)何休注,(唐)徐彦疏:《春秋公羊传注疏》卷15,第8页b。
[7] (战国)穀梁赤著,(晋)范宁集解,(唐)杨士勋疏:《监本春秋穀梁注疏》卷12,第5页b—6
页a。

相较,以《左氏》为平实,《公羊》为谬妄,《榖梁》为穿凿。① 此为就三传得失进行比较之一例。衡其论断,仍以事义为标准。

4. 若仅有一传,无可比较者,亦必参伍其事义以为断

如庄公二十五年,伯姬归于杞。《榖梁传》:"其不言逆何也?逆之道微,无足道焉尔。"傅隶朴云:"经文与隐公二年'伯姬归于纪'全同。《左氏》前无传,此亦无传,是认为史官例书,无他义。《公羊》前有传,此无传,是避重出。《榖梁》前传甚繁,此仅重述前传尾语,亦无新意。"②

仅有一传,无可比较时,傅氏即从相同事例之经传,择取其义解经。

5. 后儒说《春秋》之新意,有可以资三传之印证者,亦偶引之;若于三传无涉者,则弃而不取,以免滋生纷拏

如鲁桓公十一年春正月,齐人、卫人、郑人盟于恶曹。《左传》:"齐、卫、郑、宋盟于恶曹。"此处《公》《榖》无传。《左传》亦未释经义,仅于经所列盟国中,加了宋国。杜注以为经有阙文。孔颖达:"丘明作传,本以解经,经传不同,皆传是其实。今传有宋,而经无宋,知是经之阙文。宋为大国,传处郑下,是史文旧阙,传先举经之所有,乃乙阙者实之,故后言宋耳,非谓盟之序列宋在下也。"傅隶朴全书不用注疏之说,此处则以孔颖达疏解极是,遂引以补充。③ 大抵说来,傅隶朴所论多半集中于经传,至于注、疏,若非紧要,原则上均不引用。于其解经而言,此一做法可回避后人解释滋生的是非问题。

6. 三传名物制度有所欠考者,则引《诗》《礼》以补充之

如庄公十九年秋,公子结媵陈人之妇于鄄,遂及齐侯、宋公盟。《公羊传》:"媵者何?诸侯取一国,则二国往媵之,以侄娣从。"《榖梁传》:"媵,浅事。""媵,礼之轻者也。"傅隶朴以为有所不足,因引《仪礼·士昏礼》:"女从者,毕袗玄缁""媵布席于奥"补充之。④

从上可知,傅隶朴比义目的在阐发夫子微言大义,虽认为三传未可尽信,应以《春秋》事义、史实为断,然并未完全否定三传有传经义之功,仅

---

① 傅隶朴:《春秋三传比义》,第555页。
② 傅隶朴:《春秋三传比义》,第235页。
③ 傅隶朴:《春秋三传比义》,第114页。
④ 傅隶朴:《春秋三传比义》,第213页。

反对不明历史地理而空言义例。也就是说，《左传》优点在叙事详尽，少有穿凿解经；《公》《穀》优点在推阐夫子大义，缺点则为无所依傍即发挥诠释，此为二传偶有错解的原因所在。傅氏强调断义必须符合史实、地理、礼制，经义方能成立；反之，若违反史实，即使发挥有理，也仅是穿凿附会，不可谓为正解。评议并非比义用意所在，透彻阐发夫子微言大义，才是解经核心。

四　事义解经

傅隶朴解经最重要的突破，是以"传事"与"释义"作为断义是非的标准这一解经之法。"传事"，以事实为主，主要依据《左传》记事；"释义"，则揭示《春秋》经义所在。傅氏虽评议三传，实非摒弃三传，用意所在为整合三传特长，将《左传》记事与《公》《穀》释义结合，于事义的前提下解释《春秋》经义。此前，叶梦得已注意到"事义"解经方式，故云："《左氏》传事不传义，是以详于史，而事未必实，以其不知经也。《公羊》《穀梁》传义不传事，是以详于经，而义未必当，以不知史故也。……不得于事，则考于义；不得于义，则考于事，事义更相发明。"[①]不过，叶梦得融会三传，重新作传，云"不得于事，则考于义；不得于义，则考于事"，交相为用，酌三家以求史与经，究竟应如何考义、考事，则引而未发，不见深论，后人难以得知。有鉴于此，傅隶朴标举"传事"与"释义"二事，用为断义是非之法，借此解决《公》《穀》用例违碍矛盾之弊，故于比义中处处揭示断义缘由。

（一）传事

所谓"传事"，即无关义例，为史策原文。傅隶朴认为《左传》以详载史事为长，若以史解经，自然少有问题。历史是客观事实，可作为解经的重要依据，经传所记即鲁史，既无义例，亦无笔削。此类经文傅隶朴即明文标示"无义例"，或径谓"鲁史原文"。

---

① （宋）叶梦得：《叶氏春秋传》，"序"，《景印文渊阁四库全书》，台北：台湾商务印书馆1983年版，据文渊阁四库全书本影印，第149册，第2页b—3页a。

如鲁襄公十九年，季孙宿如晋。《左传》："季武子如晋拜师，晋侯享之，范宣子为政，赋黍苗，季武子兴，再拜稽首。曰：'小国之仰大国也，如百穀之仰膏雨焉，若常膏之，其天下辑睦，岂唯敝邑？'赋六月。"傅隶朴云："经言如晋，《左氏》言如晋拜师，说明了如晋的原故，是传事。"[①]

又如隐公五年夏四月，葬卫桓公。《左传》："夏，葬卫桓公，卫乱，是以缓。"卫桓公前年春被弑，至此方葬，超过诸侯五月而葬之礼，因此《左传》言"缓"。傅隶朴云："此经为鲁史原文，据卫之赴告而书，非夫子笔削。故《左氏》仅用'卫乱'解之。"[②]又隐公五年秋，卫师入郕。《左传》："卫之乱也，郕人侵卫，故卫师入郕。"傅隶朴则以《左传》之文为"史官记载，无褒贬之义"[③]。

由此可知，凡《春秋三传比义》中记以"传事"者，意即《春秋》经文或传文为鲁史原文，无褒贬、义例、笔削。

傅隶朴以"传事"为断义方法，若经传解释不符"传事"，则可定是非。另外，凡无依据的推测，都应还原为经文传事的本质，不妄加解释。如昭公十六年，楚子诱戎蛮子杀之。《左传》："楚子闻蛮氏之乱也与蛮子之无质也，使然丹诱戎蛮子嘉杀之，遂取蛮氏。既而复立其子焉，礼也。"文中以楚子杀蛮子嘉，取其地，直同盗匪杀人越货，复立其子，《左传》称"礼也"，傅隶朴谓此"不仅是诬经，并且污辱大舜、周公，真荒谬已极"[④]。之所以断《左传》诬经，原因在于《左传》解释楚子杀戎蛮子立其子为"礼也"，类此文字若依史策原文，述而不论，不加褒贬，自然不会滋生错误。

（二）释义

"释义"强调《春秋》的经义，应在解经时加以阐发。傅隶朴一方面评议三传以例解经，一方面则致力于阐发《春秋》微言大义。傅氏并不反对三传，其用意在纠正三传偶有的误解《春秋》之处。"释义"是经文通过"传事"的检验，进一步断义是非的解经方法。"传事"是还原《春秋》经文的本质，"释义"则是阐发《春秋》之要义，若有不切合经义的解释，即视为

---

① 傅隶朴：《春秋三传比义》，第798页。
② 傅隶朴：《春秋三传比义》，第42页。
③ 傅隶朴：《春秋三传比义》，第42页。
④ 傅隶朴：《春秋三传比义》，第951页。

穿凿。

如僖公元年，春王正月。《公羊传》："公何以不言即位？继弑君，子不言即位。此非子也，其称子何？臣、子一例也。"《公羊传》以子继弑君，例不书即位，僖公虽为闵公之庶兄，非属父子相继，然闵公既已成君，僖公即为臣，臣继君位，亦同子继父立，故于例，僖公不当书即位，傅隶朴以为《公羊》此说，深得夫子之意。[①]

又如庄公元年春王正月。《穀梁传》："继弑君不言即位，正也。继弑君不言即位之为正，何也？曰先君不以其道终，则子不忍即位也。"傅隶朴以《穀梁传》有继被弑之君即位者，不言即位之例，认为"此传实得经义之正"[②]。从而得见傅隶朴所谓《春秋》经义有以事义为断之判准。

传文解释若不符经义，则加以评议。如桓公元年春王正月，公即位。《公羊传》："继弑君不言即位。此其言即位何？如其意也。"《公羊传》以桓公之意，正望隐弑而己得立，故经书如其意以书即位，傅隶朴谓此实是乱臣贼子欲为君者，圣人若不察其情，以君位与之，则《春秋》何以能使乱臣贼子惧？故谓《公羊传》所云"不惟是渎经，简直是诬圣"[③]。傅隶朴强调《春秋》经文应是史官据事直书，乃为常例，以此否定《公羊传》的解释。可知傅隶朴若见传文解释不当，则匡正之。

因有"传事"与"释义"二法以解经，故傅隶朴得以就三传传文进行断义，从而衡量其得失。

小　结

傅隶朴《春秋三传比义》非仅比较三传异同，辨析是非，在进行比义前，实已梳理了比义的系谱，规整了比义的原则，界定三传的特长，最后的目的是重新阐发孔子《春秋》微言大义。

傅氏解经以史实为主，不尽信三传，然微言大义亦不脱三传。其意图在以"传事""释义"二法，作为定是非、断经义的判准。

---

① 傅隶朴：《春秋三传比义》，第 277 页。
② 傅隶朴：《春秋三传比义》，第 145 页。
③ 傅隶朴：《春秋三传比义》，第 74 页。

傅隶朴相信《春秋》经义，因此只要三传解经能得经义，就会标举出来，此是《春秋三传比义》最终不会成为史学著作的关键所在。

另外，值得注意的是，傅隶朴排比三传，进行异同比较，需要割裂传文相附于经，此事异常困难，难以面面俱到。如鲁庄公二十四年，赤归于曹郭公。《公羊传》："赤者何？曹无赤者，盖郭公也。郭公者何？失地之君也。"①《穀梁传》："赤，盖郭公也。何为名也？礼，诸侯无外归之义，外归非正也。"然而傅隶朴未将二传系于此经文之下，而是前移挪置于"冬，戎侵曹，曹羁出奔陈，赤归于曹"经文下，将"郭公"独立为一条经文。②此调整原因在于傅隶朴不同意《公羊传》《穀梁传》将"郭公"连缀在"赤归于曹"经文下。类此之文，读者自行对照原书即可知晓，不碍傅隶朴匡三传之误以正《春秋》的贡献。

傅隶朴《春秋三传比义》"弑君"探析

傅隶朴论"弑君"不主三传，以事义论之，认为《春秋》《左传》多鲁史、赴告，可据此厘正经义。凡三传解经不合事义者，非之。另外，傅隶朴反对三传"弑君称君，君无道"之传例，凡称国弑君之例，傅隶朴皆不以君恶释之，屡为被弑之君平反欲加之罪。

傅隶朴认为"春秋"是鲁史之名，孔子自卫返鲁取鲁国策书修订，仍名之"春秋"，著述凡例乃当时史官记事标准，史官依据赴告而书，若无赴告，不得擅书，唯部分内容经过孔子删削、修正③，如襄公二十九年夏四月，《春秋》未书鲁君会丧，《左传》"楚康王葬。公及陈侯、郑伯、许男送葬"。傅隶朴认为鲁公会葬，鲁史不可能不书，《春秋》不书，乃夫子以楚国用王礼葬楚子，僭天子之制，故删削。又如"郑伯克段于鄢"，傅隶朴认为据《左传》解释，原文当作"郑伐公弟段于鄢"，是夫子改"郑"为"郑伯"，改"公弟段"为"段"，改"伐"为"克"。

---

① （汉）何休注，（唐）徐彦疏：《春秋公羊传注疏》卷8，第12页b。

② （战国）穀梁赤著，（晋）范宁集解，（唐）杨士勋疏：《监本春秋穀梁注疏》卷6，第8页a。

③ 傅隶朴：《春秋三传比义》，"自序"第1—2页。

傅隶朴对三传的看法，以为三传有阐述经义之功，但妄立非例之例亦有，若不辨明，《春秋》微言大义就永远无法得知。傅隶朴提出"以传发经之微，以经正传之谬，于三传之得失，有可比较者，则比较其得失以为断，其或仅有一传，无可比较者，参伍其事义以为断"[1]，作为辨析经义之方法。

有关《春秋》的核心，庄子谓"以道名分"，君臣有别即正名分。这样的观点经由孔子阐释慢慢被后世接受，不仅接受，后来君王更强化了天尊地卑、君尊臣卑的思想。其中，弑君之"弑"可作为君臣别名分的一个例证。本来致人于死或杀人，不论臣杀君，君杀臣，皆作"杀"，后来臣杀君给予特定用字，如许慎《说文解字》云："弑，臣杀君也。"[2]借此警惕为人臣者，莫有弑君取而代之之心，即顾栋高云："圣人烛其隐微而大书特书以惕之，俾天下万世之读是编，人人耻为大恶，而不敢一毫逾臣子之常分，有以寝邪谋而戢异志。"[3]

《春秋》里记载了 242 年间当时诸侯国有关弑君之事，三传解经或因师承传授不同而有出入，傅隶朴如何透过事义解经厘清三传是非，是本文所欲探析的。

一 《春秋》弑君

先秦两汉文献中提及《春秋》弑（杀）君者，如《韩非子·外储说右上》引子夏曰："《春秋》之记臣杀君，子杀父者，以十数矣"；《淮南子·主述训》云："弑君三十六"；董仲舒《春秋繁露·灭国上》"弑君三十六"，《春秋繁露·盟会要》"弑君三十六"；《史记·太史公自序》"《春秋》之中，弑君三十六"；刘向《说苑·建本》"《春秋》之中，弑君三十六"；王充《论衡·死伪》"春秋之时，弑君三十六"；《汉书·刘向传》"弑君三十六"，《汉书·天文志》"弑君三十六"；《前汉纪·孝元皇帝纪中》"弑君三十六"；

---

[1]　傅隶朴：《春秋三传比义》，"自序"第 5 页。

[2]　（汉）许慎撰，（清）段玉裁注，鲁实先正补：《说文解字注》卷 3 篇下，台北：黎明文化事业股份有限公司 1986 年版，第 28 页 b。

[3]　（清）顾栋高：《孔子成春秋而论臣贼子惧论》，《春秋大事表》，中华书局 1993 年版，第 2522 页。

《东观汉记·丁鸿》"春秋日蚀三十六，而弑君三十六"。另有云弑君三十二者，如《春秋繁露·王道》"弑君三十二"；《后汉书·桓荣丁鸿列传》"春秋日食三十六，弑君三十二"；等等。凡此文献记载，仅说明《春秋》弑君次数，未详细指出弑君为某，至颜师古方陈列其项，其云：

> 隐公四年卫州吁弑其君完；十一年羽父使贼弑公于寪氏；桓二年宋督弑其君与夷；七年曲沃伯诱晋小子侯杀之；十七年郑高渠弥弑昭公；庄八年齐无知弑其君诸儿；十二年宋万弑其君捷；十四年傅瑕弑其君郑子；三十二年共仲使圉人荦贼子般；闵二年共仲使卜齮贼公于武闱；僖十年晋里克弑其君卓；二十四年晋弑怀公于高梁；文元年楚太子商臣弑其君頵；十四年齐公子商人弑其君舍；十六年宋人弑其君杵臼；十八年齐人弑其君商人；鲁襄仲杀子恶；莒弑其君庶其；宣二年晋赵盾弑其君夷皋；四年郑公子归生弑其君夷；十年陈夏征舒弑其君平国；成十八年晋弑其君州蒲；襄七年郑子驷使贼夜弑僖公；二十五年齐崔杼弑其君光；二十六年卫宁喜弑其君剽；二十九年阍弑吴子余祭；三十年蔡太子般弑其君固；三十一年莒人弑其君密州；昭元年楚公子围问王疾，缢而弑之；十三年楚公子比弑其君虔于乾溪；十九年许太子止弑其君买；二十七年吴弑其君僚；定十三年薛弑其君比；哀四年盗杀蔡侯申；六年齐陈乞弑其君荼；十年齐人弑悼公：凡三十六。①

颜师古提出弑君三十六具体人事，比对原文出处，知颜师古是从《春秋》及《左传》二书选录弑君之事。

出自《春秋》者二十五例：隐公四年卫州吁弑其君完；桓二年宋督弑其君与夷；庄八年齐无知弑其君诸儿；庄十二年宋万弑其君捷；僖十年晋里克弑其君卓；文元年楚太子商臣弑其君頵；文十四年齐公子商人弑其君舍；文十六年宋人弑其君杵臼；文十八年齐人弑其君商人；文十八年莒弑其君庶其；宣二年晋赵盾弑其君夷皋；宣四年郑公子归生弑其君夷；宣十年陈夏征

---

① （汉）班固著，（唐）颜师古注：《刘向传》，《汉书》卷36，中华书局1983年版，第1940页。

舒弑其君平国；成十八年晋弑其君州蒲；襄二十五年齐崔杼弑其君光；襄二十六年卫宁喜弑其君剽；襄二十九年阍弑吴子余祭；襄三十年蔡太子般弑其君固；襄三十一年莒人弑其君密州；昭十三年楚公子比弑其君虔于乾溪；昭十九年许太子止弑其君买；昭二十七年吴弑其君僚；定十三年薛弑其君比；哀四年盗杀蔡侯申；六年齐陈乞弑其君荼。

出自《左传》者十一例：隐公十一年羽父使贼弑公于寪氏；桓七年曲沃伯诱晋小子侯杀之；桓十七年郑高渠弥弑昭公；庄十四年傅瑕弑其君郑子；庄三十二年共仲使圉人荦贼子般；闵二年共仲使卜齮贼公于武闱；僖二十四年晋弑怀公于高梁；文十八年鲁襄仲杀子恶；襄七年郑子驷使贼夜弑僖公；昭元年楚公子围问王疾，缢而弑之；哀十年齐人弑悼公。

颜师古的著录原则，凡《春秋》已书者采用经文，经文无，《左传》言之者，则以《左传》传文书之。颜师古定出弑君人事后，后代遂有商榷，如僖公九年，晋里克杀其君之子奚齐。颜师古未列入弑君之列，但《左传》庄公二十八年有言“立奚齐”，故汪克宽、程端学、顾栋高、梁玉绳等皆认为此当作弑君。不过，若加了此例，弑君次数便成为三十七例，或许如此，颜师古不数。清儒段玉裁则云：

> 经文于杀诸侯必曰弑，二百四十二年，凡书弑二十有六。[1]

段氏以《春秋》弑君二十五，加上《公羊传》经文“晋里克弑其君之子奚齐”，共二十六例。云：

> 师古所注《汉书》之讹字，审矣。二十六弑者，汉经师旧说也。[2]

认为“三十六”之“三”为讹字，应作“二”。段氏数二十六[3]，前人数三十六或三十二，乃定义不同，致数不同耳。

除了经传是否应合算于内，顾栋高进一步为弑君分类，其《春秋乱贼

---

[1] （清）段玉裁：《春秋经杀弑二字辩别考》，《经韵楼集》卷4，第5页b。

[2] （清）段玉裁：《春秋经杀弑二字辩别考》，《经韵楼集》卷4，第9页a。

[3] （清）段玉裁：《公羊经传弑字辩误》，《经韵楼集》卷4，第29页b。

表·弑君》，分：

（1）公族而削其属与氏者四：隐四年卫州吁弑其君完、桓二年宋督弑其君与夷、庄八年齐无知弑其君诸儿、庄十二年宋万弑其君捷。

（2）大夫而书名书氏者六：僖十年晋里克弑其君卓、宣二年晋赵盾弑其君夷皋、宣十年陈夏征舒弑其君平国、襄二十五年齐崔杼弑其君光、襄二十六年卫宁喜弑其君剽、哀六年齐陈乞弑其君茶。

（3）称公子者三：文十四年齐公子商人弑其君舍、宣四年郑公子归生弑其君夷、昭十三年楚公子比弑其君虔于乾溪。

（4）称国以弑者四：文十八年莒弑其君庶其、成十八年晋弑其君州蒲、昭二十七年吴弑其君僚、定十三年薛弑其君比。

（5）称人以弑者三：文十六年宋人弑其君杵臼、文十八年齐人弑其君商人、襄三十一年莒人弑其君密州。

（6）世子而弑君者三：文元年楚世子商臣弑其君颊、襄三十年蔡世子般弑其君固、昭十九年许世子止弑其君买。

（7）弑称阍称盗者二：襄二十九年阍弑吴子余祭、哀四年盗杀蔡侯申。

（8）内讳不书弑者五：隐十一年公薨、桓十八年公薨于齐、庄三十二年子般卒、闵二年公薨、文十八年子卒。

（9）实弑而书卒者三：襄七年郑伯卒于鄵、昭元年楚子麇卒、哀十年齐侯阳生卒。

（10）不书弑而书杀者一：僖九年晋里克杀其君之子奚齐。

顾栋高条列弑君仅三十四例，与颜师古不尽相同。少了桓七年曲沃伯诱晋小子侯杀之、桓十七年郑高渠弥弑昭公、庄十四年傅瑕弑其君郑子、僖二十四年晋弑怀公于高梁，此四例《春秋》《公羊》《穀梁》皆无，故顾栋高未列。多了"桓十八年公薨""僖九年晋里克杀其君之子奚齐"。颜师古或以鲁君隐讳，又经文书晋里克"杀"其君之子奚齐而非"弑"，故二不算。

从颜师古标定《春秋》弑君人事，到了顾栋高为弑君进行分类，它不只是数量与对象为某的差异，还牵涉国君身份认定与书法褒贬的问题，已将"弑君"从《春秋》中独立出来成为一个讨论的主题。

二　傅隶朴三传比义

傅隶朴《春秋三传比义》认为左氏亲接闻于夫子，其著于竹帛又当春秋、战国之交，记事详赡，真切过于《公》《榖》[①]，基于《左传》的认识，傅隶朴对颜师古、顾栋高等论"弑君"有不同角度之理解。如：

1. 隐公四年戊申，卫州[②]吁弑其君完

傅隶朴先疏通三传文意，后讨论三传优劣得失。

《左传》"州吁弑桓公而立"，傅隶朴注意到《左传》比经文多了"而立"二字，认为《左传》特意突出州吁的目的，补充了州吁弑君的动机不止一事，乃为篡位。[③]

《公羊》"曷为以国氏？当国也"，云州吁以国为氏，以国君自命，无君之心。

谓《榖梁》"大夫弑其君以国弑者嫌也，弑而代之也"，乃袭取《左传》"而立"、《公羊》"国氏"二义作为己意。

在比义的内容中，傅隶朴花了一些篇幅否定《公羊》冠以国氏之义。傅隶朴说《公羊》解经州吁之上冠以国名，是以国为氏。不过，"国氏"之说引发后来削族与氏作为褒贬之例是不正确的。傅隶朴提出凡《春秋》书弑皆外国之事，鲁讳国恶不书弑，书弑既为外国之事，若不冠以国名于人名之上，怎能知其为何国之事？所以《公羊》书不书国氏是别内外，和褒贬无关。复引刘敞云：

> 《公羊》以谓不称公子，当国也，非也。诸弑君而称公子，公子而为大夫者也。公子而不称公子，公子而未为大夫者也。当国与不当国何足辨乎？[④]

这部分是驳何休云："据齐公子商人弑其君舍，氏公子。"查文公十四年"齐

---

① 傅隶朴：《春秋三传比义》，"自序"第6页。
② 《左传》《公羊传》作"州"，《榖梁》作"祝"。
③ 傅隶朴：《春秋三传比义》，第34页。
④ 傅隶朴：《春秋三传比义》，第35页。

公子商人弑其君舍"，《公羊传》云商人为未逾年之君，故称"公子某"，而此不称"公子州吁"，是以州吁当国不称公子。而刘敞认为凡《春秋》弑君书公子者，此公子已命为大夫了，若弑君不称公子，是此公子未命为大夫，而州吁就是未命为大夫的公子，与当国无关。刘敞的解释不一定是《公羊》之义，但傅隶朴据之来反驳《公羊》解经不当。又引顾栋高云：

> 春秋之初，诸侯犹请命于天子，不自命大夫，故隐、桓之世，无骇、翚、挟、柔、溺及郑之语、齐之年，俱不称公子，初不以其弑君而削之也。庄公以后，诸侯之公子多自命为大夫，故其弑亦称公子，此乃时世之异，非圣人有意严于前而宽于后也。[①]

复说明《春秋》经文书不书公子，乃鲁史原文，和夫子删削无关，以驳《公羊传》以国氏褒贬之义。

傅隶朴不仅批评《公羊传》，同时反对《穀梁传》解经。其引刘敞云：

> 《穀梁》曰："大夫弑其君以国氏者嫌也，弑而代之也。非也。"宋督、宋万亦可云弑而代之乎？公子商人岂非弑而代之乎？而督、万氏国，商人不氏国，何也？[②]

刘敞针对《穀梁传》云大夫弑其君以国氏者，有取而代之之意，举出宋督弑其君、宋万弑其君，二人均为国之卑者，虽冠以国氏却未自立为君；又引齐公子商人弑其君舍，商人取而代之，但《穀梁传》云"商人其不以国氏何也？不以嫌代嫌也"，说明齐公子商人未冠以国氏，既然传云"以国氏者嫌也，弑而代之也"，何以公子商人不冠以国氏？说明《穀梁》传例前后矛盾。[③]

本来《春秋》经文"卫州吁弑其君"，大义应在弑君，不过《公》《穀》

---

① 傅隶朴：《春秋三传比义》，第35页。
② 傅隶朴：《春秋三传比义》，第35页。
③ 傅隶朴：《春秋三传比义》，第34—35页。

解经着重在"当国""弑而代之也"，后世经师以为例，遂以经文书"国氏""公子"作为褒贬，傅隶朴引刘敞、顾栋高文，驳此传例。末引孔颖达疏云："州吁实公子而不称公子者，传文更无褒贬，直是告辞不同，史有详略耳。"① 以卫之赴告未称"公子"，史官照录未称公子，非夫子褒贬之笔。概括《春秋》即鲁史、赴告原文，没有褒贬。

2. 桓公二年春王正月戊申，宋督弑其君与夷

傅隶朴疏通文意，云《左传》未明言孔父是名抑或是字，未露褒贬之义。然从杜预注"孔父称名者，内不能治其闺门，外取怨于民，身死而祸及其君"，有贬义。

云《公羊》未言孔父是名是字，但因孔父正色立朝，维护殇公，经文赞孔父之贤，故书"及孔父"，以孔父为字。

云《穀梁》，谓臣死，君不忍称其名，所以"孔父"不是名，是字是谥。

这条经传，傅隶朴首先非议《穀梁》以孔父为字、谥。举孔颖达疏："春秋之世，有齐侯禄父、蔡侯考父、季孙行父、卫孙林父，乃皆是名，故杜以孔父为名。"② 说明《春秋》中多有以"父"为名者。再引赵匡：

> 孔父之事，自是史册载之，非殇公自书也。何关君不忍乎？又曰：不称名，盖为祖讳也。案《春秋》鲁史，非孔子家传，安得祖讳乎？③

言弑君之事由史册记载，而《穀梁》云"君不忍称其名"，实不可通。又云《穀梁》"不称名"，乃孔子为祖讳，此尤不可通。最后引刘敞作为总结：

> 《春秋》贤者不名，孔父者所贤也。则其名之何？父前子名，君前臣名，……《春秋》虽以字为褒，然已名君于上，不得字其臣于下，此所谓君前臣名，礼之大节也。④

---

① （晋）杜预集解，（唐）孔颖达疏：《春秋左传注疏》卷3，第13页 a。
② （晋）杜预集解，（唐）孔颖达疏：《春秋左传注疏》卷5，第3页 b。
③ 傅隶朴：《春秋三传比义》，第79页。
④ 傅隶朴：《春秋三传比义》，第77—78页。

就此，傅隶朴说孔父乃名非字，为人臣者岂能在君前称字。另外，《左传》云"宋华父督见孔父之妻于路，目逆而送之，曰美而艳"云云。傅隶朴引啖助驳《左传》误将《公羊》"孔父义形乎色"解为女色之色，遂妄为此说。又云《公羊》所叙的史实全属臆测。由此可知，在傅隶朴眼中三传解经无一无误。

3. 僖公十年，晋里克弑其君卓及其大夫荀息

傅隶朴先梳理文意，谓《春秋》于奚齐书"杀"称"子"，于卓书"弑"称"君"，都是依据献公之葬为别，下字可谓分寸不苟。而《左传》云"杀公子卓"，改"弑"为"杀"，改"君"为"公子"，傅隶朴认为左氏一字之差，大义失之千里，可谓荒谬。

谓《公羊》重点在"及"，义为"累及"，但荀息是在二子被弑后自杀，怎能说是累及？故云《公羊》实嫌穿凿。

谓《穀梁》重点亦在"及"上，义为"以尊及卑"，义较《公羊》佳。但云"荀息闲也"，也有累的意思，唯荀息死在君弑之后，同样无法说明荀息是为捍卫君而死。

傅隶朴云《左传》用字失当，《公》《穀》重点在"及"字，却与事实不合，故"三传各有其瑕疵"。三传中，傅隶朴特别注意《左传》与《春秋》用字不同，此差异杜预及孔颖达均无讨论，但傅隶朴认为经文是依据晋国的赴告而书，《左传》不应改字。用字对傅隶朴来说为什么这么重要，甚至严厉地说《左传》"叛经""背史""荒谬已极"？[1] 其中关键在于傅隶朴认为《春秋》用字极其严谨，卓已即位为君，故《春秋》曰"君卓"，《左传》仍称"公子卓"，会让身份产生混淆，仿佛卓为公子，尚未即位为君。另外，《春秋》弑君用弑，公子、大夫用杀，"杀""弑"代表被杀者的身份，用"杀"字表明公子卓未即位为君，但这与事实不符，与《春秋》也不相符，所以傅隶朴要用严正的措辞来纠正。

4. 文公元年冬十月丁未，楚世子商臣弑其君髡

此经《公羊》无传，《左传》叙述楚子先立商臣为太子，后欲废之，立王子职，仅传事，未涉经义。

---

[1] 傅隶朴：《春秋三传比义》，第 328 页。

　　《穀梁传》云："日髠之卒，所以谨商臣之弑也，夷狄不言正不正"，傅隶朴谓《穀梁》有"日卒正也"之例，恐人以髠卒为正，而怀疑其例，故为此辩正。云《穀梁》不知经之书弑并无正不正之分，书卒才有正不正之说。①傅隶朴举隐公四年十一月戊申，州吁弑其君完；桓二年正月戊申，宋督弑其君与夷；庄九年十一月癸未，齐无知弑其君诸儿；庄十二年八月甲午，宋万弑其君捷，都书日。但僖十年春，晋里克弑其君卓，却不书书日，难道是不谨其弑吗？傅隶朴认为"书日"与"不书日"都是鲁史原文，鲁之"书日"与"不书日"均根据当事国的赴告，赴告有卒日，则书日卒，赴告无卒日，则卒不书日，夫子未曾系褒贬于日卒、不日卒，《穀梁》所谓"谨"，所谓"正"，都是臆断，非属经例。②

　　傅隶朴藉《穀梁》解"弑君"之文，驳《穀梁》将弑君书日与不书日联系褒贬义的传例。就傅隶朴来说，弑君这件事没有正不正的问题，凡弑君均是不正，若《穀梁》以"日卒正也"之例解弑君之事，会让弑君之事模糊，故反对之。

　　5. 宣公二年秋九月乙丑，晋赵盾弑其君夷皋

　　傅隶朴疏通文意，云《左传》前段引董狐指正赵盾，赵盾语塞，后却引孔子赞扬赵盾，云"赵宣子，古之良大夫也，为法受恶。惜也，越境乃免"，此处古人已有评议，如赵匡："奸臣令人弑君，身越境而还，即为无罪乎？"朱熹也说："专是回避占便宜者得计，圣人作《春秋》而乱臣贼子惧，岂反为之解免耶？"不过，傅隶朴为左氏开解，云：揆之左氏的才识，似不当于赵、朱所攻击之理全然无知，观记事之翔实，于引夫子之言后即接"宣子使赵穿逆公子黑臀于周而立之"，则司马昭之心，路人皆知了，认为左氏作传之时，正值三家分晋之日，赵氏权倾一时，为投鼠忌器，故明讳其罪，实揭其隐。③

　　傅隶朴为《左传》解释，云左氏作传时迫于时势，遂借孔子慨叹之言，为赵盾减罪，以免触怒当权。此是少数傅隶朴在面对传文解经有疑义时，为之辩解。由此可见，傅隶朴以事义解经，犹有通情理之处。

---

①　傅隶朴：《春秋三传比义》，第 439 页。
②　傅隶朴：《春秋三传比义》，第 440 页。
③　傅隶朴：《春秋三传比义》，第 548—549 页。

6. 襄公二十六年春王二月辛卯，卫宁喜弑其君剽

此条经文，《公羊》无传，《左传》叙事，并发义"言罪之在宁氏也"，傅隶朴曰"此义明确"。

《穀梁》云："此不正，其日何也？殖也立之，喜也君之，正也。"傅隶朴认为《穀梁》用"诸侯日卒正也"之例解经，然此剽被弑而卒，不得谓正，《穀梁》以为正卒，《春秋》岂不成了奖励弑君的邪说了？[1] 此处傅隶朴批评《穀梁》"诸侯日卒正也"例用于"弑君书日"上，完全不可信。

7. 哀公四年春王二月庚戌，盗杀[2]蔡侯申

《左传》叙述蔡昭侯为大夫公孙翩射杀而卒，完全传事，未及义例。

《公羊》："弑君，贱者穷诸人，此其称盗以弑何？贱乎贱者也。贱乎贱者孰谓？谓罪人也。"傅隶朴认为《公羊》解经如阍杀吴子余祭之例，为罪人所为。但依《左传》所述公孙翩等并非贱人，且见下条经文"蔡公孙辰出奔吴""蔡杀其大夫公孙归姓、公孙霍"等，皆与《左传》叙述事件发生过程相符，所以批评《公羊》不读史，不顾上下经文，完全望文生义，可谓全错。[3]

傅隶朴云《穀梁》谓盗，使不得与君对称，称盗是无君臣上下之辞，既然称盗已经排除君臣上下关系，那就更不当用"弑"了。又云以称蔡侯为内其君，称盗为外弑者，是"不以盗道道也"，既然断绝了君与盗的关系，则盗之弑蔡侯，便与杀常人无异，应当书"杀"，不当书"弑"了。傅隶朴的阅读非常细密，发现《穀梁传》的传文释义与经文用字矛盾，云："窃疑《穀梁》经文本书'杀'，后误为'弑'，故有此矛盾的解释。"[4] 这是从传文判断经文用字是非。不过，傅隶朴却没有解释，既然臣杀君需用"弑"字，为何《左传》明知是蔡大夫射蔡昭侯而卒，《春秋》却书"杀"字，难道不是《左传》所传的《春秋》经文有误吗？

综上所举，傅隶朴对弑君的解释有三个特色：其一，认为弑君大罪，不可云君有罪，若传云君有罪，则促成臣弑君的合理性。其二，《穀梁传》有

---

[1] 傅隶朴：《春秋三传比义》，第 834 页。

[2] 《左传》作"杀"，《公羊》《穀梁》作"弑"。

[3] 傅隶朴：《春秋三传比义》，第 1106 页。

[4] 傅隶朴：《春秋三传比义》，第 1106—1107 页。

"诸侯卒日正也"例，傅隶朴认为鲁史书日无褒贬义，故此传例用于"弑君"是不可信的。其三，傅隶朴凡以事义重新检视经文大义，强调以事义解经有其必要性，若未参照史实解经，往往会望文生义而与经义事实不符，故有同时驳三传解经皆误之文。

三　春秋大义：弑君称君，君无道乎

前文提到傅隶朴反对《左传》"弑君称君，君无道"之解经，即杜预云："称君，谓唯书君名而称国以弑，言众所共绝也。"①查《公羊》文公十八年"莒弑其君庶其。称国以弑何？称国以弑者，众弑君之辞"，何休注："一人弑君，国中人人尽喜，故举国以明失众，当作绝也。"②《穀梁》亦有相同传例，传云凡君被弑"称国以弑其君，君恶甚矣"，与《左传》相同。足见三传对于《春秋》书法是有相同认识，此节针对"称国以弑"检视傅隶朴对弑君书法的理解。

1. 文公十六年，宋人弑其君杵臼

《左传》谓宋君庶弟公子鲍为人慷慨，宋国饥荒时，曾竭其粟而贷之于国人，言宋君杵臼则曰无道。冬十一月甲寅，宋昭公将田孟诸，祖母宋襄夫人王姬使帅甸攻而杀之。书曰，宋人弑其君杵臼，君无道也。依《左传》叙述，宋君杵臼无道，符合《左传》"弑君称君，君无道"传例。然而，傅隶朴并不如此看，其一，傅隶朴说昭公之庶弟公子鲍知昭公之不能久于其位，遂广施恩惠，收揽人心，阴谋继位，至此襄夫人乃联结公子鲍因昭公田于孟诸，使帅甸攻杀之。③不过，文公十六年《左传》有："宋公子鲍礼于国人，宋饥，竭其粟而贷之，年自七十以上，无不馈诒也，时加羞珍异，无日不数于六卿之门，国之材人，无不事也，亲自桓以下，无不恤也。"④原文并无透露出公子鲍有邪心，故傅隶朴此段解释有些牵强。

其二，傅隶朴说昭公之无道事迹如何，左氏并未证明，仅载宝以行，而不一加反抗，竟顺从其命往田孟诸，甘心受死？观其拒绝荡意诸"盍适诸

① （晋）杜预集解，（唐）孔颖达疏：《春秋左传注疏》卷21，第19页b。
② （汉）何休注，（唐）徐彦疏：《春秋公羊传注疏》卷14，第18页a。
③ 傅隶朴：《春秋三传比义》，第525页。
④ （晋）杜预集解，（唐）孔颖达疏：《春秋左传注疏》卷20，第4页b。

侯"的一段答话,不只是明于事理,且有几分英气,故左氏此传叙昭公之为人颇嫌不伦,他所述的史实与他下的判断完全是相反的。[1]这部分傅隶朴为宋昭公洗冤,认为《左传》中叙述的内容不足以证明宋昭公无道,相反,傅隶朴认为宋昭公颇明事理。傅隶朴如此迂回地讨论宋昭公为人,为的是反对《左传》"弑君称君,君无道"传例。

2. 文公十八年,齐人弑其君商人

《左传》曰:"齐懿公之为公子也,与邴歜之父争田,弗胜,及即位,乃掘而刖之,而使歜仆,纳阎职之妻,而使职骖乘。夏,五月,公游于申池,二人浴于池,歜以扑抶职,职怒,歜曰:人夺女妻而不怒,一抶女庸何伤?职曰:与刖其父而弗能病者何如?乃谋弑懿公,纳诸竹中,归舍爵而行。"传文叙述齐君商人为公子时,与人有争而败,即位后报复,导致杀身之祸。从《左传》来看,很明显齐君无道,可以以"称国弑君"传例解经。

不过,傅隶朴于此质疑《左传》,其云左氏追述商人生平无道行为,却于经文毫无交代。故不认同"称国弑君"传例。又云:"商人身行篡弑,本属国贼,人人得而诛之,故经不书盗而书齐人。但商人在位三年,已是齐国共奉之君,故仍用弑而不用杀。"[2]这里傅隶朴仍是委婉地驳杜预注"罪商人"之说,解释就算商人有不对之处,但已即位三年,当是名正言顺的齐国国君了。

3. 文公十八年,莒弑其君庶其

《左传》云"莒纪公生大子仆,又生季佗,爱季佗而黜仆,且多行无礼于国,仆因国人以弑纪公",说明莒君无道。傅隶朴不同意《左传》,其云"按太子仆不仅是以臣弑君,而且是以子弑父,即使庶其无礼该杀,经文也不当惩君恶而奖逆伦"[3],以此反对《左传》"弑君称君,君无道"传例。

傅隶朴向来尊信《左传》,不过在"弑君称君,君无道"这部分,傅隶朴反而愿意采用《公羊》"称国以弑何?称国以弑者,众弑君之辞"之解。

---

① 傅隶朴:《春秋三传比义》,第526页。
② 傅隶朴:《春秋三传比义》,第530页。
③ 傅隶朴:《春秋三传比义》,第535页。

其云："《公羊》云称国以弑者，众弑君之辞，也无太子仆弑君之说。"撇清了莒君非无道而被弑，云："准此论断，应以《公羊》之义为是。"①

4.成公十八年，晋弑其君州蒲

《春秋》在晋君州蒲被弑之前，于成公十七年记载晋君杀其大夫郤锜、郤犫、郤至；成公十八年又载晋君杀其大夫胥童，数月间连杀三大夫。依理，晋君州蒲用"称国弑君，君无道"解释并无不通。而傅隶朴解释曰："按厉公之恶，仅杀三郤而已，观其'一朝而尸三卿，余不忍益也'之语，他对于杀三郤也未尝自以为是。"②傅隶朴为晋君辩解，仿佛晋君颇不忍心。并再次强调："《春秋》宗旨在诛乱臣贼子，即使君有可杀之罪，其弑君之臣子也必定书其名，以正名分，怎能以乱臣弑君之罪行，嫁之于全国之人？如此，尚能使乱臣贼子惧吗？这绝不可能是夫子的笔削之义。"③

《穀梁传》"称国以弑其君，君恶甚矣"。傅隶朴云："若如《穀梁》所说'君恶甚矣'人皆曰可杀，应该书'人弑'了，经称国以弑而不称人，此足以证明君并无大恶，故《穀梁》之说为谬。"④直接反驳《穀梁》传例。

5.襄公三十一年，莒人弑其君密州

此条经文，《公》《穀》无传。《左传》："莒犁比公生去疾及展舆，既立展舆，又废之。犁比公虐，国人患之。十一月，展舆因国人以攻莒子，弑之，乃立。"依宣公四年《左传》"弑君称君，君无道；称臣，臣之罪也"，杜预解释："称君，谓唯书君名而称国以弑，言众所共绝也。称臣者，谓书弑者之名以示来世。"⑤以此来看此经文，莒子是众所共绝。傅隶朴认为经文所书乃被弑者不见容于国人，故称国人以弑，没有提到太子参与弑君行动。《左传》虽提到君虐，国人患之，导致被废的太子展舆借民怨之故弑父，傅隶朴说展舆非长子，本不当立，废之的过失并不大于立之，而展舆便可因国人之患，以公报私，弑其父而自立吗？故认为左氏以经书弑君君有罪的依

① 傅隶朴：《春秋三传比义》，第536页。
② 傅隶朴：《春秋三传比义》，第712页。
③ 傅隶朴：《春秋三传比义》，第712—713页。
④ 傅隶朴：《春秋三传比义》，第713页。
⑤ （晋）杜预集解，（唐）孔颖达疏：《春秋左传注疏》卷21，第19页b。

据，可谓荒谬绝伦。

傅隶朴另引赵匡之说，赵氏认为子弑父，经文不可能不书，恐是展舆因国人之攻弑莒子，乃立。《传》误以"之"字为"以"字。不过，傅隶朴并不同意赵匡之说，他认为："经当别有所据，左氏乃不知而妄作。"[①]

当经文指示国君有罪，《左传》又云太子参与弑君，这二者便产生孰是孰非、孰轻孰重的问题，当二者皆有问题时，《春秋》该如何表述，才不会导致后人误解？傅隶朴坚决认为就算君无道君有罪，子不可以弑父，臣不可以弑君，所以才会反应如此激烈。

6. 昭公二十七年，吴弑其君僚

杜预注"僚呕战民罢，又伐楚丧，故光乘间而动。称国以弑，罪在僚"[②]，孔颖达疏云："杜数僚之罪，以示无道之验。"[③]傅隶朴不认为吴君无道，其先举《左传》吴公子光弑君，说明《左传》仅书吴公子光弑君之事，未提到吴君僚有何不当罪行，其言："鄙见以为此非夫子笔削之辞，乃是史册原文，光既嗣位，自然不会以弑君之罪归之于自己，它无主凶，故以国弑赴告诸侯。"[④]故云不可如杜预解经云僚有罪。

另外，还有一例为定公十三年"薛弑其君比"，然三传无传，杜预虽注"称君无道"，傅隶朴于此并无评议，因傅隶朴以三传比义为主，既无传便无可比义，故此仅录经文而未议。

不论如何，傅隶朴在弑君上，均不同意"弑君称君，君无道"的解释。

四 为鲁隐讳：不书弑君之弑

前文所举为《春秋》经文弑君之例，尚有经文不书，传文书者。如鲁国弑君，《春秋》隐讳不书，但三传均有论及，三传不仅论及，往往会在弑君之君即位后再次提及弑君之罪。然而，傅隶朴从中梳理，却多着重在论辩三传合不合事义。如：

---

① 傅隶朴：《春秋三传比义》，第 874 页。
② （晋）杜预集解，（唐）孔颖达疏：《春秋左传注疏》卷 32，第 14 页 a。
③ （晋）杜预集解，（唐）孔颖达疏：《春秋左传注疏》卷 32，第 14 页 a。
④ 傅隶朴：《春秋三传比义》，第 1010 页。

1. 弑隐公

《春秋》于隐公十一年书"公薨"及桓公元年载"春王正月，公即位"，未提及隐公被弑，然三传皆提到被弑之事。傅隶朴对隐公被弑，并无疑义，不过对三传的解释则有评议。谓《左传》"不书葬，不成丧也"似欠正确，其云桓公虽实弑隐公，观传书"讨寪氏有死者"，是桓公自己掩饰弑君之罪，怎么可能不为隐公完成丧礼？此《左传》未能自圆其说之处。^① 关于隐公薨不书葬，不仅《左传》如此陈述，《公》《榖》亦皆如是说，此应是经师共同传授的经义。傅隶朴并非反对不书葬，而是不认同《左传》以"不成丧"作为经文不书葬的理由。

又桓公元年下《左传》无传，傅隶朴云："桓正式行即位之礼，国史据实书于策，乃属常例，无待解释。"^② 从此可知，傅隶朴认为《春秋》于隐公十一年隐讳了鲁君被桓公所弑，而于桓公元年经文上没有对桓公弑隐进行褒贬。

傅隶朴谓《公羊》于隐公十一年"公薨"有三义："其一，不书葬，以为无臣子也。其二，不地，不忍言也。其三，隐将让桓，故不有其正月。"^③ 称《公羊》三义极有力。而桓公元年《公羊传》云"继弑君不言即位，此其言即位何也？如其意也"，傅隶朴阐释其意，曰桓公继隐公之弑而立，例当不书即位，此经竟书即位，明桓公之意，正望隐弑而己得立，故经即如其意以书即位，彰显其恶。傅隶朴就此强调，若乱臣贼子欲为君，圣人即以君位予之，则《春秋》凭什么使乱臣贼子惧？傅隶朴也不同意何休云"弑君欲即位，故如其意，以著其恶"^④ 的解释，认为"即位"乃国史据实书于册之常例，驳斥《公羊》解"如其意"甚荒谬绝伦，是渎经诬圣。紧邻的传文，一则称赞，一则贬抑。实则"如其意"可以从如弑君贼之意解释，也可从"著其恶"来解释，端看解经的角度。傅隶朴以《公羊》传例继弑君而立者，新君哀痛不忍其先君之死，故史亦不书即位，来审视此经文，故产生矛盾；何休从特例来凸显桓公弑君之恶，遂解释得通。故从传以通经理解者，多能

---

① 傅隶朴:《春秋三传比义》，第71页。
② 傅隶朴:《春秋三传比义》，第73页。
③ 傅隶朴:《春秋三传比义》，第71页。
④ （汉）何休注，（唐）徐彦疏:《春秋公羊传注疏》卷4，第1页a。

文从理顺的解释；从事义解经者，固守史事，有时便以事义为标准，指责《传》不通经义了。

《穀梁》隐公十一年"君弑，贼不讨，不书葬，以罪下也"，傅隶朴认为这是将《公羊》"以为无臣子也"改作"罪下也"，意义全同。桓公元年《穀梁》"桓无王，其曰王何也？谨始也"，傅隶朴认为桓弑隐且无王法，《穀梁》解释等于允许桓公弑君即位，这算谨始吗？又说"元年有王，所以治桓也"，经文若要表达治桓，必须桓实有告庙即位，而经不书公即位，这才是治桓谨始，今书"王正月公即位"，未见贬义，无法得出《穀梁》所谓的治。此应从《左传》杜预"史有文质，辞有详略"之说来理解书王与不书王，其中无褒贬义。

又如，桓公二年四月、七月，《穀梁》两次发传，云"桓内弑其君，外成人之乱"，屡将桓弑君之恶揭示出来。傅隶朴对桓公之恶或许没有疑义，但对于《穀梁》以恶桓而书"谨而月之"来解"秋七月，纪侯来朝"经文，傅隶朴云："《穀梁》以为桓内弑其君，外成人之乱，故齐、陈、郑诸国兴讨，今纪侯来朝之，深为圣人所恶，故不书时，而书月以讥之。此又是不通之论，桓之恶，天子未加诛贬，且于四年夏，使宰渠伯纠来聘，难道诸侯之朝桓当讥，天子之聘桓，便不当讥了吗？"[1] 傅隶朴秉持《春秋》经文未有明显的褒贬字辞，遂不同意《穀梁》借"书月"来恶桓。

不过，傅隶朴并非否定"经义"的存在。例如庄公元年"春王正月"，不书公即位，按照傅隶朴的理解，因为庄公未行即位之礼，故国史不书，国史不书，《春秋》也不会有。但庄公何以不行即位之礼呢？《左传》云"文姜出故"，母在外，子不忍即位；《公羊》云"隐子也"，言庄公曾行即位大典，因夫子怜悯庄公丧父，故不言即位。傅隶朴认为《公羊》解经不知夫子笔削之义，在讥庄公忘父仇不报，《公羊》妄为隐子之说，殊失情理。《穀梁》言"继弑君不言即位之为正……先君不以其道终，则子不忍即位也"，此处傅隶朴难得肯定《穀梁》得经义之正。然而，傅隶朴并非把"先君不以其道终，则子不忍即位也"视为传例，而仅是认同《穀梁》阐释庄公不行即位的理由，谓此为"经义"。

---

① 傅隶朴：《春秋三传比义》，第 84 页。

2. 弑子般

《左传》庄公三十二年八月云"公薨于路寝，子般即位"，十月云"共仲使圉人荦贼子般于党氏"，可知子般为即位之君，庆父利用圉人弑之，《春秋》为鲁君讳，故不书。

《公羊》云"公何以不言即位？继弑君不言即位。孰继？继子般也。孰弑子般？庆父也"，傅隶朴谓《公羊》交代了闵公所继为子般而不是桓公，且《公羊》"继弑君不言即位"说明了经例。

《穀梁》闵公元年"继弑君不言即位，正也。亲之非父也，尊之非君也，继之如君父也者，受国焉尔"。傅隶朴认为《穀梁》此处解经与《公羊》"继弑君不书即位"之例同，也同意以此解《春秋》不书公即位的理由。不过，在庄公三十二年《穀梁》"子卒日，正也；不日，故也。有所见则日"，范宁注云："闵公不书即位，是见继弑者也。故庆父弑子般，子般可以日卒，不待不日而显。"傅隶朴不同意《穀梁》与范宁的说法，其云《穀梁》子卒书日，乃是死得其正，如果不书日，便是有故而死。今子般被弑而死，不能算是正，经也书日者，乃见闵公之被弑，这是曲成其日月之例的臆语。[1] 也就是说傅隶朴虽然同意子般被弑是鲁君被弑，但不能因此即用"书日"传例来解经，明明"有故"，但用"不日，有故"传例说不通，又要另外解释因为闵公被弑所以"书日"，如此反复往往会产生前后不一的矛盾。

由此可见，弑君与被弑者并非傅隶朴所关心的对象，傅隶朴讨论的是经传在解释时是否合乎事义。在傅隶朴看来，唯有充分地了解当时史官的实录为何，才能正确地解经。

小 结

以上所见，傅隶朴论"弑君"，重点不在弑君之罪，大抵弑君逆常，无须赘言。傅隶朴重点在于借弑君拨正三传之非，以事义厘析《春秋》本义。

傅隶朴三传比义可谓带有强烈主观，但也因为有先入为主的主观思想，才能够带有问题意识地进行阅读，如此往往能发现别人所未见的细节。同

---

[1] 傅隶朴：《春秋三传比义》，第263页。

时，因为主观强烈，前后解经得以一致。缺点是，因为过度主观也可能为了自己的观点，改变部分解经原则。

所以，阅读傅隶朴《春秋三传比义》应从两条脉络理解：其一，先立足于傅隶朴所谓的客观事义标准上从事义解经，从史实判断三传优劣，这部分是读者一眼就能够明白傅隶朴的立场的。其二，有一部分必须通过主题脉络的提取分析，方能明白傅氏细微却非常坚定的真实想法，如其自始至终反对"弑君称国，君无道"之说。

参考文献

一 今存《穀梁传》注疏版本

（战国）穀梁赤著，（晋）范宁集解：《春秋穀梁传集解》残本，宋刻本，现
　　藏台北"故宫博物院"，编号：赠善003087—003088。

（战国）穀梁赤著，（晋）范宁集解，（清）杨守敬校订：《春秋穀梁传集解》，
　　（清）黎庶昌编：《古逸丛书》，清光绪十年黎庶昌日本东京使署刊《古逸
　　丛书》校样本，现藏台北"故宫博物院"，编号：故观004653—004656。

（战国）穀梁赤著，（晋）范宁集解：《穀梁春秋》，不分卷，宋刻本。

（战国）穀梁赤著，（晋）范宁集解：《春秋穀梁传集解》，张元济等编：《四部
　　丛刊》经部，商务印书馆1919年版，据上海涵芬楼借常熟瞿氏铁琴铜
　　剑楼藏宋建安余氏刻本后六卷与古逸丛书本前六卷影印。

（战国）穀梁赤著，（晋）范宁集解：《春秋穀梁传集解》，张元济等编：《四部
　　丛刊》经部，台北：台湾商务印书馆1965年版，缩印本。

（战国）穀梁赤著，（晋）范宁集解：《春秋穀梁传集解》，（清）黎庶昌编：
　　《古逸丛书》，商务印书馆1936年版，据清光绪十年遵义黎氏日本东京
　　使署影钞宋绍熙重校本影印。

（战国）穀梁赤著，（晋）范宁集解：《春秋穀梁传集解》，（清）黎庶昌编：
　　《古逸丛书》，华东师范大学出版社2017年版，据遵义黎氏校刊本影印。

（战国）穀梁赤著，（晋）范宁集解，（唐）杨士勋疏：《监本附音春秋穀梁传
　　注疏》，北京图书馆出版社2003年版，据宋刻元修本影印。

（战国）穀梁赤著，（晋）范宁集解，（唐）杨士勋疏：《监本附音春秋穀梁注
　　疏》，北京图书馆出版社2003年版，据元刻明修本影印。

（战国）榖梁赤著，（晋）范宁集解，（唐）杨士勋疏：《春秋榖梁注疏》，明嘉靖李元阳刻本（闽本）。

（战国）榖梁赤著，（晋）范宁集解，（唐）杨士勋疏：《春秋榖梁注疏》，明万历北京国子监刻本（监本）。

（战国）榖梁赤著，（晋）范宁集解，（唐）杨士勋疏：《春秋榖梁注疏》，明崇祯毛氏汲古阁刻本（毛本）。

（战国）榖梁赤著，（晋）范宁集解，（唐）杨士勋疏：《春秋榖梁注疏》，清乾隆四年武英殿刻本。

（战国）榖梁赤著，（晋）范宁集解，（唐）杨士勋疏：《春秋榖梁注疏》，清同治十年据武英殿本重刊。

（战国）榖梁赤著，（晋）范宁集解，（唐）杨士勋疏：《春秋榖梁注疏》，台北：世界书局出版社1986年版，据摛藻堂钦定四库全书荟要本影印。

（战国）榖梁赤著，（晋）范宁集解，（唐）杨士勋疏：《春秋榖梁注疏》，台北：台湾商务印书馆1983年版，据文渊阁四库全书本影印。

（战国）榖梁赤著，（晋）范宁集解，（唐）杨士勋疏：《春秋榖梁注疏》，台北：艺文印书馆1997年版，据清嘉庆二十年阮元刻十三经注疏本影印。

（战国）榖梁赤著，（晋）范宁集解，（唐）杨士勋疏：《春秋榖梁传注疏》，《儒藏》（精华编89），北京大学出版社2015年版。

高峡主编：《开成石经·春秋榖梁传》，《西安碑林全集》，广东经济出版社、海天出版社1999年版。

张涌泉主编：《敦煌经部文献合集·春秋榖梁传集解》，中华书局2008年版。

二　古籍文献

（汉）毛公传，（汉）郑玄笺，（唐）孔颖达疏：《毛诗注疏》，台北：艺文印书馆1997年版，据清嘉庆二十年阮元刻十三经注疏本影印。

（汉）陆贾著：《新语》，张元济等编：《四部丛刊》正编，台北：台湾商务印书馆1979年版，据上海涵芬楼景印明弘治刊本影印。

（汉）董仲舒：《春秋繁露》，《四部丛刊》初编，商务印书馆1929年版。

（汉）孔安国传，（唐）孔颖达疏：《尚书注疏》，台北：艺文印书馆1997年版，据清嘉庆二十年阮元刻十三经注疏本影印。

（汉）司马迁：《史记》，中华书局 1963 年版。

（汉）王充：《论衡》，张元济等编：《四部丛刊》正编，台北：台湾商务印书馆 1979 年版，据上海涵芬楼藏明通津草堂本影印。

（汉）班固：《白虎通德论》，张元济等编：《四部丛刊》正编，台北：台湾商务印书馆 1979 年版，据元大德覆宋监本影印。

（汉）班固著，（唐）颜师古注：《汉书》，中华书局 1983 年版。

（汉）班固撰，（清）王先谦补注，上海师范大学古籍整理研究所整理：《汉书补注》，上海古籍出版社 2008 年版。

（汉）许慎撰，（清）段玉裁注，鲁实先正补：《说文解字注》，台北：黎明文化事业股份有限公司 1996 年版，据清嘉庆二十年经韵楼藏版影印。

（汉）郑玄注，（唐）孔颖达疏：《礼记注疏》，台北：艺文印书馆 1997 年版，据清嘉庆二十年阮元刻十三经注疏本影印。

（汉）郑玄注，（唐）贾公彦疏：《仪礼注疏》，台北：艺文印书馆 1997 年版，据清嘉庆二十年阮元刻十三经注疏本影印。

（汉）郑玄注，（唐）贾公彦疏：《周礼注疏》，台北：艺文印书馆 1997 年版，据清嘉庆二十年阮元刻十三经注疏本影印。

（汉）何休注，（唐）徐彦疏：《春秋公羊传解诂》，《中华再造善本》，北京图书馆出版社 2003 年版，据宋余仁仲万卷堂刻本影印。

（汉）何休解诂，（唐）徐彦疏：《春秋公羊传注疏》，台北：艺文印书馆 1997 年版，据清嘉庆二十年阮元刻十三经注疏本影印。

（汉）荀悦：《前汉纪》，张元济等编：《四部丛刊》正编，台北：台湾商务印书馆 1979 年版，据上海涵芬楼用梁溪孙氏小绿天藏明嘉靖本影印本影印。

（汉）赵岐注，（宋）孙奭疏：《孟子注疏》，台北：艺文印书馆 1997 年版，据清嘉庆二十年阮元刻十三经注疏本影印。

（三国）陆玑撰，（清）赵佑校正：《草木疏校正》，《续修四库全书》第 64 册，上海古籍出版社 1995 年版，据清乾隆白鹭洲书院刻本影印。

（晋）杜预：《春秋释例》，台北：台湾中华书局 1980 年版。

（晋）杜预集解，（唐）孔颖达：《春秋左传注疏》，台北：艺文印书馆 1997 年版，据清嘉庆二十年阮元校勘十三经注疏本影印。

（晋）杜预集解，（唐）孔颖达疏：《春秋左传正义》，北京图书馆出版社 2003

年版，据宋庆元六年绍兴府刻宋元递修本影印。

（南朝宋）范晔撰：《后汉书》，中华书局1965年版。

（南朝陈）顾野王撰，（南朝宋）陈彭年等重修：《大广益会玉篇》，《四部丛刊》初编，商务印书馆1929年版，据建德周氏藏元刊本影印。

（隋）刘炫撰，（清）杨锡龄校：《春秋左氏传述义》，王谟辑：《汉魏遗书钞》，《续修四库全书》第1200册，上海古籍出版社1997年版，据清嘉庆三年刻本影印。

（唐）陆德明：《经典释文》，北京图书馆出版社2003年版，据宋刻宋元递修本影印。

（唐）徐彦撰：《公羊疏》，《景印四部善本丛刊》第1辑，台北：台湾商务印书馆，出版年不详，据潘氏藏宋本影印。

（唐）徐彦撰：《公羊疏》，北京图书馆出版社2004年版，宋刻元修本影印。

（唐）徐彦撰，刘承幹刊：《春秋公羊疏》，《嘉业堂丛书》，1928年吴兴刘氏嘉业堂刊本。

（唐）魏徵：《隋书》，中华书局1997年版。

（唐）陆淳：《春秋集传微旨》，《景印文渊阁四库全书》第146册，台北：台湾商务印书馆1983年版，据文渊阁四库全书本影印。

（后晋）刘昫等：《旧唐书》，中华书局2013年版。

（宋）王溥：《唐会要》，中华书局1955年版。

（宋）王尧臣撰，（清）钱东垣等辑释：《崇文总目辑释》，《续修四库全书》第916册，上海古籍出版社1997年版，据清嘉庆刻汗筠斋丛书本影印。

（宋）刘敞：《春秋权衡》，《文渊阁四库全书》第147册，台北：台湾商务印书馆1983年版，据文渊阁四库全书本影印。

（宋）叶梦得：《叶氏春秋传》，《景印文渊阁四库全书》第149册，台北：台湾商务印书馆1983年版，据文渊阁四库全书本影印。

（宋）叶梦得撰，侯忠义点校：《石林燕语》，中华书局1984年版。

（宋）程公说：《春秋分记》，《景印文渊阁四库全书》第154册，台北：台湾商务印书馆1983年版，据文渊阁四库全书本影印。

（宋）岳珂：《九经三传沿革例》，《景印文渊阁四库全书》第183册，台北：台湾商务印书馆1983年版，据文渊阁四库全书本影印。

（宋）王应麟:《玉海》,《中华再造善本》,北京图书馆出版社 2006 年版, 据元至元六年庆元路儒学刻本影印。

（元）郝经撰, 秦雪清点校:《郝文忠公陵川文集》, 山西人民出版社 2006 年版。

（元）脱脱等撰:《宋史》, 中华书局 1977 年版。

（明）黄仲昭纂修:《弘治八闽通志》,《北京图书馆古籍珍本丛刊》史部第 33 册, 书目文献出版社 1988 年版, 据明弘治刻本缩印。

（明）陈第:《读诗拙言》, 凤凰出版社 2010 年版, 据清道光二十七年番禺潘氏刊本影印。

（明）陈邦瞻:《宋史纪事本末》,《景印文渊阁四库全书》第 353 册, 台北: 台湾商务印书馆 1983 年版, 据文渊阁四库全书本影印。

（清）朱彝尊撰, 林庆彰等点校:《经义考新校》, 上海古籍出版社 2010 年版。

（清）顾栋高:《春秋大事表》, 中华书局 1993 年版。

（清）顾栋高:《春秋大事表》,《景印文渊阁四库全书》第 179—180 册, 台北: 台湾商务印书馆 1983 年版, 据文渊阁四库全书影印。

（清）金鋐、郑开极纂修:《康熙福建通志》,《北京图书馆古籍珍本丛刊》史部第 35 册, 书目文献出版社 1988 年版, 据清康熙刻本缩印本影印。

（清）顾炎武:《音论》, 商务印书馆 2006 年版。

（清）臧琳:《经义杂记》,《续修四库全书》第 172 册, 上海古籍出版社 1995 年版, 据清嘉庆四年臧氏拜堂刻本影印。

（清）方苞:《望溪先生集外文》,《清代诗文集汇编》第 222 册, 上海古籍出版社 2010 年版, 据清咸丰二年戴钧衡刻本影印。

（清）齐召南:《宝纶堂文钞》,《续修四库全书》第 1428 册, 上海古籍出版社 1995 年版, 据清嘉庆二年刻本影印。

（清）纪昀等撰:《四库全书总目提要》, 台北: 台湾商务印书馆 1983 年版, 据文渊阁四库全书本影印。

（清）段玉裁:《经韵楼集》,《续修四库全书》第 1434 册, 上海古籍出版社 1995 年版, 据清嘉庆十九年刻本影印。

（清）段玉裁:《经韵楼集》, 据清道光元年七叶衍祥堂刊本。

（清）陈鳣:《经籍跋文》,《续修四库全书》第 923 册, 上海古籍出版社 1997 年版, 据清光绪四年成都叶氏龙眠山房刻本影印。

（清）阮元等:《春秋穀梁传注疏校勘记》,《十三经注疏校勘记》,《续修四库全书》第 183 册,上海古籍出版社 1995 年版,据清嘉庆阮氏文选楼刻本影印。

（清）阮元等:《春秋公羊传释文校勘记》,《十三经注疏校勘记》,《续修四库全书》第 183 册,上海古籍出版社 1995 年版,据清嘉庆阮氏文选楼刻本影印。

（清）阮元订:《诂经精舍文集》,《丛书集成初编》第 1836 册,商务印书馆 1936 年版。

（清）陈寿祺:《五经异义疏证》,《续修四库全书》第 171 册,上海古籍出版社 1995 年版,据清嘉庆十八年刻本影印。

（清）许桂林:《春秋穀梁传时月日书法释例》,（清）王先谦辑:《皇清经解续编》,据清光绪十四年南菁书院刊本。

（清）张金吾:《爱日精庐藏书志》,《续修四库全书》第 925 册,上海古籍出版社 1997 年版,据清光绪十三年吴县灵芬阁徐氏用集字版校印本影印。

（清）刘文淇:《青溪旧屋文集》,《续修四库全书》第 1517 册,上海古籍出版社 1995 年版,据清光绪九年刻本影印。

（清）沈垚:《落帆楼文集》,《清代诗文集汇编》第 598 册,上海古籍出版社 2010 年版。

（清）瞿镛:《铁琴铜剑楼藏书目录》,《续修四库全书》第 926 册,上海古籍出版社 1997 年版,据清光绪常熟瞿氏家塾刻本影印。

（清）柳兴恩:《穀梁大义述》,《续修四库全书》第 132 册,上海古籍出版社 1995 年版,据清光绪十四年南菁书院刻皇清经解续编本影印。

（清）钟文烝撰,骈宇骞、骈骅校点:《春秋穀梁经传补注》,《儒藏》（精华编 89）,北京大学出版社 2015 年版。

（清）杨守敬:《日本访书志·春秋穀梁传记》,贾贵荣辑:《日本藏汉籍善本书志书目集成》第 9 册,北京图书馆出版社 2003 年版,据清光绪二十三年宜都杨守敬邻苏园刻本影印。

（清）王先谦:《释名疏证补》,《续修四库全书》第 190 册,上海古籍出版社 1995 年版,据清光绪二十二年思贤书局刻本影印。

（清）柯劭忞撰,张鸿鸣点校:《春秋穀梁传注》,中华书局 2020 年版。

（清）皮锡瑞:《经学历史》,《续修四库全书》第179册,上海古籍出版社
　　1995年版,据清光绪三十二年思贤书局刻本影印。

（清）廖平撰,邰积意点校:《穀梁古义疏》,中华书局2012年版。

三　近人论著

专　著

陈汉章:《经学通论》,《民国时期经学丛书》第五辑,台中:文听阁图书公
　　司2013年版,据民国间排印本影印。

陈钟凡:《经学通论》,《民国时期经学丛书》第五辑,台中:文听阁图书公
　　司2013年版,据民国间东南大学排印本影印。

傅隶朴:《春秋三传比义》。

龚向农:《经学通论》,《民国时期经学丛书》第二辑,台中:文听阁图书公
　　司2008年版,据1917年成都铅印本影印。

胡熊锷:《经学通论》,《民国时期经学丛书》第三辑,台中:文听阁图书公
　　司2009年版,据1935年铅印本排印。

黄焯:《经典释文汇校》,中华书局2006年版。

姜广辉主编:《中国经学思想史》,中国社会科学出版社2003年版。

李霖:《宋本群经义疏的编校与刊印》,中华书局2019年版。

李学勤主编:《清华大学藏战国竹简·贰》,上海文艺出版集团、中西书局
　　2011年版。

李源澄:《经学通论》,《民国时期经学丛书》第二辑,台中:文听阁图书公
　　司2008年版,据1944年路明书局排印本影印。

林存阳:《清初三礼学》,社会科学文献出版社2002年版。

林庆彰:《清代经学研究论集》,台北:"中央研究院"中国文哲研究所2002
　　年版。

林义正:《公羊春秋九讲》,九州出版社2018年版。

刘家和:《经学与思想》,台北:唐山出版社2006年版。

刘师培:《国学发微》,《刘申叔先生遗书》,台北:华世出版社1975年版,
　　据民国二十三年宁武南氏校印本影印。

马衡:《汉石经集存》,上海世纪出版股份有限公司、上海书店出版社2014

年版。

马宗霍:《中国经学史》,商务印书馆 1937 年版。

涩江全善、森立之编:《经籍访古志·春秋穀梁传》,贾贵荣辑:《日本藏汉籍善本书志书目集成》第 1 册,北京图书馆出版社 2003 年版,据清光绪十一年徐承祖聚珍排印本影印。

苏莹辉:《敦煌论集续编》,台北:学生书局 1983 年版。

王静芝:《经学通论》,台北:环球书局 1972 年版。

王力:《汉语史稿》,科学出版社 1958 年版。

王天然:《〈穀梁〉文献征》,社会科学文献出版社 2014 年版。

王熙元:《穀梁范注发微》,《嘉新水泥公司文化基金会研究论文》第 270 种,台北:嘉新水泥公司文化基金会 1972 年版。

文廷海:《清代春秋穀梁学研究》,巴蜀书社 2006 年版。

伍宪子:《经学通论》,《民国时期经学丛书》第二辑,台中:文听阁图书公司 2008 年版,据 1936 年上海东方文化出版社之排印本影印。

杨伯峻:《论语译注》,中华书局 1980 年版。

野间文史:《春秋正义の世界》,广岛:溪水社 1989 年版。

叶国良、夏长朴、李隆献:《经学通论》,台北:空中大学出版社 1996 年版。

张宝三:《五经正义研究》,华东师范大学出版社 2010 年版。

张丽娟:《宋代经书注疏刊刻研究》,北京大学出版社 2013 年版。

张沛林:《追寻平实精微——汉唐春秋穀梁学论稿》,福建教育出版社 2019 年版。

张元济等编修:《四部丛刊书录》,商务印书馆 1929 年版。

张政烺:《张政烺文集·文史丛考》,中华书局 2012 年版。

章权才:《两汉经学史》,台北:万卷楼图书有限公司 1995 年版。

中国第一历史档案馆编,张书才主编:《清代档案史料·纂修四库全书档案》,上海古籍出版社 1997 年版。

中国第一历史档案馆编:《乾隆帝起居注》,广西师范大学出版社 2002 年版。

周予同:《周予同经学史论著选集》,上海人民出版社 1996 年版。

论 文

阿部隆一撰,陈捷译:《关于金泽文库旧藏镰仓抄本〈周易正义〉与宋刊单疏本》,《中国文哲研究通讯》2000 年第 10 卷第 4 期。

蔡德龙:《〈春秋穀梁传注疏〉(〈整理本〉)商榷》,《古籍研究》2007 年第 2 期。

曹景年:《河间刘炫生平考述》,《唐山师范学院学报》2016 年第 38 卷第 6 期。

程苏东:《京都大学所藏刘炫〈孝经述议〉残卷考论》,《中华文史论丛》2013
年第 1 期 (总第 109 期)。

程苏东:《〈毛诗正义〉"删定"考》,《文学遗产》2016 年第 5 期。

郜积意、曾新桂:《何休〈公羊〉外诸侯卒葬日月例释》,《汉学研究》2017
年第 35 卷第 4 期。

郜积意:《何休〈公羊〉字氏例释》,《中国文哲研究集刊》2016 年第 49 期。

顾永新:《正经注疏合刻早期进程蠡测——以题名更易和内容构成为中心》,
《文史》2020 年第 2 辑。

路远:《唐国学〈五经壁本〉考——从〈五经壁本〉到〈开成石经〉》,《文
博》1997 年第 2 期。

马承源:《晋侯稣编钟》,《上海博物馆集刊》1996 年第 7 期。

潘重规:《春秋公羊疏作者考》,《学术季刊》1955 年第 4 卷第 1 期。

乔秀岩:《〈礼记〉版本杂识》,《北京大学学报》(哲学社会科学版)2006 年
第 5 期。

王天然:《〈古逸丛书〉本〈穀梁〉的存真与失真》,《中国出版史研究》2021
年第 3 期。

王天然:《敦煌残本〈春秋穀梁传集解〉版本小识》,《中国经学》2013 年第
11 辑。

王天然:《蜀石经〈公羊〉〈谷梁〉残拓校理》,《中国典籍与文化论丛》2018
年第十九辑。

文廷海:《〈春秋穀梁传注疏〉例法研究》,《古籍整理研究学刊》2007 年第 5 期。

文廷海:《〈春秋穀梁传注疏〉引书考论》,《南阳师范学院学报》(社会科学
版)2005 年第 4 卷第 7 期。

许超杰:《"治诸侯"与"日月例":〈穀梁大义述〉"善经"体系研究》,《人
文论丛》2020 年第 2 期。

许超杰:《〈穀梁〉最善于经:钟文烝〈春秋穀梁经传补注〉约论》,《经学文
献研究集刊》2019 年第 21 辑。

许超杰:《柳兴恩〈穀梁大义述〉述略》,《中国四库学》2019 年第 3 辑。

许超杰:《论〈穀梁大义述〉之"阙"》,《历史文献研究》2019 年总第 43 辑。

许超杰:《述例与赋义:〈穀梁释例〉〈穀梁大义述・述日月例〉异同论》,《中国典籍与文化》2018 年第 3 期。

许建平:《跋国家图书馆藏〈春秋穀梁传集解〉残卷》,《敦煌研究》2006 年第 1 期。

许子滨:《〈左传〉礼制与"三礼"有合有不合说》,《人文中国学报》2012 年第 18 期。

张宝三:《杨士勋及其〈穀梁传疏〉相关旧说考辨》,《第二届唐代文化研究会论文集》1995 年。

张剑:《北京大学出版社〈春秋穀梁传注疏〉卷七、八、九校点补正》,《北方文学》2017 年第 32 期。

张剑:《北京大学出版社整理本〈春秋穀梁传注疏〉校点补正》,《中华历史与传统文化论丛》2018 年第 4 辑。

张剑:《从国子监本到坊刻本:宋本〈春秋穀梁传〉版本研究》,《经学文献研究集刊》2020 年第 23 辑。

张剑:《阮元〈春秋穀梁传注疏校勘记〉所据监本考》,《职大学报》2017 年第 5 期。

张剑:《世界书局缩印本阮刻〈十三经注疏〉底本初探——以〈春秋穀梁传注疏〉为考察对象》,《扬州文化研究论丛》2018 年第 21 辑。

张剑:《总论杨守敬〈穀梁〉校勘学的历史贡献与不足》,《图书情报研究》2020 年第 4 期。

张丽娟:《〈穀梁〉单疏本与注疏合刻本考》,《儒家典籍与思想研究》2009 年第 1 辑。

张丽娟:《明李元阳本〈春秋穀梁注疏〉浅探》,《儒家典籍与思想研究》2017 年第 9 辑。

张丽娟:《南宋建安余仁仲刻〈春秋穀梁传〉考》,《版本目录学研究》2009 年第 1 辑。

张丽娟:《元十行本〈监本附音春秋穀梁注疏〉印本考》,《中国典籍与文化》2017 年第 1 期。

赵友林:《杨士勋〈春秋穀梁传疏〉考》,《聊城大学学报》(社会科学版)
　　2009 年第 4 期。

学位论文

安敏:《〈春秋左传正义〉研究》,博士学位论文,华中师范大学,2008 年。

郜同麟:《〈春秋左传正义〉引经研究》,硕士学位论文,浙江大学,2008 年。

简博贤:《今存唐代经学遗集考》,硕士学位论文,台湾师范大学,1970 年。

蒋鹏翔:《〈古逸丛书〉编刊考》,博士学位论文,复旦大学,2011 年。

荆宏:《敦煌写卷〈春秋穀梁传〉异文研究》,硕士学位论文,大连大学,
　　2020 年。

梁煌仪:《春秋穀梁传校证》,硕士学位论文,(台北)"中国文化大学",1978 年。

马晓钰:《穀梁传日月时例研究》,硕士学位论文,西北师范大学,2021 年。

武黎嵩:《春秋穀梁经传综合研究》,博士学位论文,南京大学,2011 年。

袁步昌:《阮刻〈公羊传注疏〉、〈穀梁传注疏〉校勘研究》,博士学位论文,
　　南京师范大学,2018 年。

后　记

　　本书是国家社科基金一般项目"《春秋穀梁传注疏》版本校勘与义例研究"的最终成果。这些成果反映笔者此阶段对《穀梁传》的理解与学习，碍于学力，不足之处甚多，敬请海内外方家多多指正。

简逸光

2024 年 6 月 22 日